Anonymous

Die graphischen Künste

Anonymous

Die graphischen Künste

ISBN/EAN: 9783744681155

Hergestellt in Europa, USA, Kanada, Australien, Japan

Cover: Foto ©Thomas Meinert / pixelio.de

Weitere Bücher finden Sie auf **www.hansebooks.com**

DIE GRAPHISCHEN KÜNSTE

HERAUSGEGEBEN VON DER

GESELLSCHAFT FÜR VERVIELFÄLTIGENDE KUNST

XXVII. JAHRGANG

WIEN 1904

GESELLSCHAFT FÜR VERVIELFÄLTIGENDE KUNST

INHALT DES SIEBENUNDZWANZIGSTEN BANDES.

TEXT:

KUNSTBEILAGEN AUSSER TEXT:

ABBILDUNGEN IM TEXTE:

·HUGO·GRAF· ABENSPERG ·TRAUN·

Zu seinem 75. Geburtstage

20. September 1903

William Ungers Meisterhand hat ein Porträt des Präsidenten unseres Kuratoriums geschaffen, das wir hiemit veröffentlichen, allen Verehrern unseres Oberhauptes wie des Künstlers, der das Bild gefertigt, gewiß zu herzlicher dauernder Freude. Uns selbst ehren wir, indem wir dem Manne huldigen, der in treuer Hingebung durch viele Jahre der Kunstpflege in Österreich gedient hat und, wie wir alle wünschen und hoffen, noch recht lange kräftige Förderung wird angedeihen lassen. Graf Traun, seit 1872 Mitglied der Gesellschaft für vervielfältigende Kunst, hat bereits im

Jahre 1883 das Präsidium der Zentralkommission unserer großen graphischen Ausstellung, eines in der Geschichte unserer Gesellschaft wie der modernen graphischen Kunst bedeutungsvollen Unternehmens, geführt, 1884 wurde er zum Mitgliede des Kuratoriums und 1885, nach dem Tode des Freiherrn von Hofmann, zum Vorsitzenden dieser Körperschaft erwählt.

Einen Mann mit so klangvollem Namen für die Sache der Gesellschaft zu gewinnen, war für sie von hohem Werte; aber nicht nur seinen guten Namen hat Graf Traun ihr geliehen, er trat persönlich für sie ein zu allen Zeiten, in allen Lagen, mit der ganzen Wärme seiner starken Neigung zur Kunst. Er entstammt einem der ältesten Geschlechter Österreichs; berühmte Kriegsmänner, wie Hans von Traun, der Held von Crecy im 14. Jahrhundert, und der große Feldmarschall Karls VI. und der Kaiserin Maria Theresia, Otto Ferdinand Graf von Traun, gehören diesem Hause an, aber auch ein streitbarer Kämpfer der Kirche, wie Konrad von Traun, im 12. Jahrhundert Erzbischof von Salzburg, der Erbauer der alten Residenz, und ein Dichter, Karl Emanuel von Traun, der 1781 in Wien bei Gerold zwei Bände »Neue Schauspiele«, also vorher wohl schon andere veröffentlicht hat. Ehrenvolle Stellung in der Geschichte der Kunstpflege Österreichs hat Graf Hugo Traun seinem Hause gesichert. Weit über den Rahmen unserer Gesellschaft hat er sich seit Dezennien als Schätzer und Freund künstlerischer Bestrebungen bewährt. Im selben Jahre, da er in unsere Gesellschaft eintrat, ward er auch Mitglied des Kuratoriums des Österreichischen Museums, wirkte nach dem Ableben des Grafen Edmund Zichy von 1894 bis 1898 als Vorsitzender dieses Kuratoriums und war im Jahre 1887 Präsident der Ausstellung kirchlicher Kunst, wie er auch im Jahre 1896 den Vorsitz im Komitee der Wiener Kongreß-Ausstellung geführt hat. 1896 wurde er Oberstkämmerer, in welcher Stellung als oberster Leiter der Sammlungen des Allerhöchsten Kaiserhauses er, die Traditionen Crennevilles erneuernd, an der Bereicherung, wissenschaftlichen Erschließung und Popularisierung dieser Kunstschätze hervorragenden Anteil genommen hat. In unserer Gesellschaft nahm er, seit seinem Eintritte ins Kuratorium in stetem vertrauten Verkehr mit Leopold von Wieser, dem zielsicheren, bis an sein Lebensende von jugendlichem Enthusiasmus für die schaffende Kunst erfüllten Obmanne unseres Verwaltungsrates, an allem werktätig, sorgend und mahnend Anteil, was die Gesellschaft geplant, unternommen und durchgesetzt hat: an ihren artistischen und literarischen Hervorbringungen, die, in wohlerwogener Wechselwirkung stehend, alte und neue Kunst und alle Weisen der Reproduktion mit gleichem Ernst und Eifer pflegen; an der steten Erweiterung und Vervollkommnung unserer Druckerei, die mit von Jahr zu Jahr steigendem Erfolge arbeitet; an der Heranziehung und Beschäftigung zahlreicher Graphiker aller Nationen; an der Belebung des Interesses der Kunstfreunde für die vervielfältigende Kunst, die einen so wesentlichen Beitrag leistet zur Erhöhung und Veredlung der geistigen Kultur unserer Zeit. Nie versagte der Präsident seine Hilfe, wenn es galt, ein großes Unternehmen ins Werk zu setzen, das den Ruf und die Anerkennung unserer vielseitigen Bestrebungen zu steigern geeignet, die Stellung der Gesellschaft zu kräftigen und ihr neue Freunde und Mitarbeiter zu sichern schien. Wenn es uns gelang, in den lebhaften, oft stürmischen Bewegungen der Kunstentwicklung unserer Tage die bewährte Richtung der Gesellschaft zu behaupten, indem wir sie gleichwohl auch allem Guten und Gesunden neuerer Kunstauffassung zugänglich zu machen unternahmen, so fanden wir uns immer in Übereinstimmung mit ihm und waren seines Beifalls und seiner vorurteilslosen Unterstützung sicher.

Neben bedeutenden Blättern, deren Erscheinen in die Zeit des Präsidiums Traun im Kuratorium fällt, wie die Stiche Jaspers nach Dürers Allerheiligenbild, jenes der Doris Raab nach Holbeins Darmstädter Madonna, Hechts nach Ruysdaels großem Walde, Ungers Originalradierung Porträt Seiner Majestät des Kaisers und desselben Meisters Radierung nach Stucks Bakchantenzug, ist unseres Präsidenten Amtsführung verknüpft mit unseren großen Publikationen: dem Geschichtswerke ›Die vervielfältigende Kunst der Gegenwart‹, dem Prachtwerke ›Die Theater Wiens‹ und den ›Bilderbogen für Schule und Haus‹. Allen denen, welche für die Gesellschaft wirkten und noch tätig sind, war Graf Traun stets ein wohlmeinender Freund, voll Güte und Milde, ihrem Herzen steht er nahe, seine ehrliche hohe Begeisterung für das Schöne und für die sittlichen Mächte der Kunst, die er in vielseitigem Wirken an einflußreichen Stellen immer bewährte, hat Segen gestiftet und sichert ihm Dankbarkeit und Verehrung. Möge er dem Vaterlande noch lange erhalten bleiben!

Der Verwaltungsrat der Gesellschaft für vervielfältigende Kunst.

MATTHÄUS SCHIESTL.

Wer in den letzten Jahren die graphischen Ausstellungen besucht hat, dem werden hie und da aus der Menge von landschaftlichen Motiven derbe Figurenbilder aufgefallen sein, die so kraftvoll und kernig zwischen den übrigen weicheren Arbeiten standen wie alte Ritterrüstungen in einem modernen Ballokal. Matthäus Schiestl war auf den nicht allzustark in die Farbe gehenden Blättern zu lesen; und diesem stillen, ehrlichen, echt deutschen Künstler gelten die folgenden Zeilen. Ein nach allen Seiten hin abgerundetes Bild seines Schaffens geben sie allerdings nicht; ebensowenig eine genaue Analyse seiner starken, wurzelfesten Kunst. Dazu war einesteils der Raum zu knapp bemessen und anderenteils die Erwägung zu nachhaltig, daß der Versuch, das Spezifische einer Kunstweise genau zu definieren, immer mehr oder weniger mißlingen wird, da die Kunst die tiefsten Tiefen ihres Inneren ja schließlich nur selbst erschließen kann, und im Grunde genommen nicht einmal der Künstler selbst uns zu sagen vermag, worauf seine persönlichen Neigungen und Eigenheiten beruhen und woher jene Verschiedenheiten in Natur und Auffassung stammen, die seinen Farben- und Formensinn beeinflußt haben. Sie gehören, wie Walter Crane sagt, zu dem innersten Wesen seines Geistes und Körpers, sie entziehen sich seiner Herrschaft und oft beinahe seinem Bewußtsein. Sie gehören vielleicht ebenso sehr seinen Ahnen und Voreltern als ihm selbst an und sind in den abgebrochenen Erinnerungen alter Familiengeschichten zerstreut; man kann nur sagen, daß gewisse Formen und Farben seinem Auge so und so erscheinen, daß ihm die einen besser gefallen als die anderen — weil er so beschaffen ist.

Wie er aber beschaffen ist, das läßt sich bis zu einem gewissen Grade mit nicht allzu großer Schwierigkeit feststellen. Im Charakter wurzeln die Taten und wer den Menschen kennt, der kennt auch seine Werke. Unseres Künstlers Wesen scheint sich in letzter Linie auf einer schlichten, ehrlichen Einfachheit und derben Natürlichkeit aufzubauen; und einfach und schlicht, wie sein Charakter und seine Kunst, so war bis jetzt auch der Gang seines Lebens, der gar wenig Parallelen mit dem Verlauf eines Künstlerromans aufzuweisen hat. Am 27. März 1869 wurde Matthäus Schiestl in Gingl bei Salzburg geboren, wo sich sein Vater, ein Bildschnitzer aus dem Zillertal, angesiedelt hatte. 1873 wanderte die Familie nach Würzburg aus, und der junge Matthäus kam dann ein paar Jahre später, obwohl er schon frühzeitig von dem Wunsche beseelt war, Maler zu werden, ins Atelier seines Vaters, wo er an die zehn Jahre heilige und weltliche Figuren und Reliefs mitschnitzte, die dann vergoldet und bemalt wurden. In den freien Stunden aber widmete er sich der Zeichenkunst und Malerei und durchstreifte mit seinem Skizzenbuch das liebliche Frankenland, das mit seiner Fülle von romantischen Dörfern, Städtchen und Ruinen ihm die reichste künstlerische Anregung bot. Im Alter von 24 Jahren (1893) kam er an den Ort seiner Sehnsucht, nach München, woselbst er die erste Zeit mit Kopieren in der Pinakothek und im Kupferstich-

M. Schiestl, Die heilige Notburga. Nach dem farbigen Entwurf zu einem Glasgemälde

kabinett verbrachte, bis er in die Malschule von Wilhelm v. Diez eintrat und später dann Komponierschüler von Ludwig v. Löfftz wurde.

Nachdem er die Akademie verlassen hatte, begann er sich für die gerade damals zu neuem Leben erwachte Lithographie zu interessieren und hat uns seitdem in dieser Technik verschiedene Arbeiten beschert, die noch in weit größerem Maße als seine Gemälde die Aufmerksamkeit des kunstverständigen Publikums auf sich zogen. Viel ist es zwar noch nicht, was er auf den Kunstmarkt brachte, aber tüchtig war eine jede seiner Leistungen. In dieser Hinsicht unterscheidet er sich vorteilhaft von dem Heer seiner Zunftkollegen, die der Ansicht zu sein scheinen, daß der Menschheit ein unwiederbringlicher Verlust droht, wenn man ihr nicht Gelegenheit bietet, eine jede ihrer Skizzen und Studien, die sie auf Leinwand und Papier brachten, alsbald in irgend einem Kunsttempel anzustaunen und zu bewundern. Wenn dieser „Menschheit“ einmal gestattet wäre, einen Einblick in die schlichte Holzkiste zu tun, die Schiestls Skizzen und Entwürfe birgt, sie würde vielleicht manchen der bis dahin hochbewunderten Tagesgötzen von seinem morschen Postamente stürzen und sich herzlich des aus deutschem Eichenholz geschnitzten Bildnisses unseres Künstlers

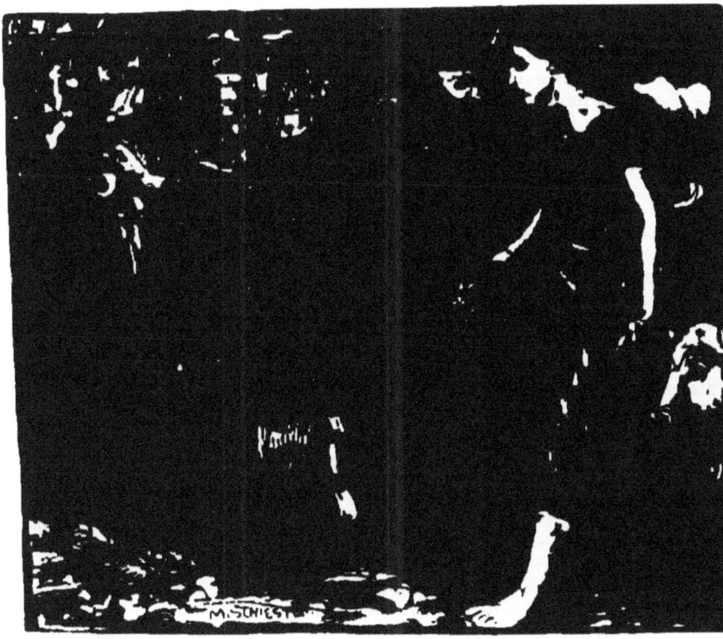

Nach der Originalzeichnung

freuen, das in seiner Kraft und Wucht und stillen Größe vielleicht dann noch auf seinem granitenen Sockel stehen wird, wenn andere längst auf Geheiß der allmächtigen Göttin Mode in die Rumpelkammer gebracht worden sind.

»Aus deutschem Eichenholz geschnitzt« sagte ich eben, und das scheint mir in der Tat der präziseste Ausdruck zu sein für diese etwas schwere, klobige Art, künstlerisch zu sehen und zu gestalten. Es scheint fast, als wenn die Hand, die so lange das Schnitzmesser geführt, noch nicht leicht und beweglich genug sei für Griffel- und Stiftarbeit: so bajuvarisch-derb und hart kommt alles heraus. Aber es ist Gott sei Dank nicht die harte, starre Unbeweglichkeit einer durch Abnutzung von ehemals frischen, lebendigen Formen hervorgerufenen greisenhaften Schwäche und Unfähigkeit; nein, es scheint vielmehr die unbeholfene Unzulänglichkeit des Kindesalters zu sein, die unsere Teilnahme eben darum nur noch lebhafter macht, weil so unendlich viel Hoffnung und Zukunft darin steckt, wie im ehrlichen, stetigen Ringen und Kämpfen um den grünenden Lorbeer des Wissens und den goldenen Ehrenpreis der Wahrheit. Und wahr und echt ist dieses Schaffen nicht minder, ehrlich und ohne alle Künstelei; und letzteres ist noch um so schärfer zu betonen, weil man hie und da schon die Achsel gezuckt hat über das vermeintliche Kokettieren mit altmeisterlicher Manier. Mit einem solchen Schlagwort geht es wie mit fast allen übrigen: es befreit die große Menge von einem ihr lästigen Nachdenken und trifft dabei den Nagel — neben den Kopf. Wenn man nämlich in unserem Falle auch wirklich zugeben muß, daß Schiestl auf den Schultern der altdeutschen Meister steht, so ist damit doch noch lange nicht gesagt, daß er ihnen nur das Räuspern und Spucken abgeguckt hat. Nein, er steht zu diesen seinen Lehrmeistern in einem bei weitem innerlicheren Verhältnisse; und wenn wir in seinen Arbeiten hie und da Akkorde angeschlagen finden, die uns wie tiefe, schlichte Weisen eines altdeutschen Volksliedes anmuten, so ist es in erster Linie ein verwandtes Empfindungs- und Gefühlsleben, das jene Melodien gebar.

Andrerseits: Ist nicht in den meisten Geweben, die künstlerische Fertigkeit zu prangenden Teppichen der Farbe wob, immer noch der Einschlag jener Fäden zu erkennen, die eines Anderen Hand begonnen und gesponnen hat? Wie sagt doch der geniale Hebbel: »Jeder tüchtige Mann muß in einem großen Manne untergehen, wenn er jemals zur Selbsterkenntnis und zum sicheren Gebrauch seiner Kräfte kommen will; ein Prophet tauft den zweiten, und wem diese Feuertaufe das Haar sengt, der war nicht berufen.« Nun, das müssen wir wohl zugeben: unserem Künstler ist es durch die Feuertaufe, die ihm die altdeutschen Meister reichten, nicht versengt worden. Im Gegenteil, er hat durch diese Taufe neben einer Fülle von künstlerischer Kraft auch den Geist der Wahrheit und Aufrichtigkeit in sich aufgenommen; jener Wahrheit, die die Quellen der Anregung zu verdecken nicht nötig hat, weil sie so viel gesundes, eigenständiges Kraftbewußtsein in sich birgt, daß sie sich sagen kann: Alles, was ich aufnehme, forme ich zu neuen, selbständigen Werken um, indem ich es meiner unveränderlichen Ursprünglichkeit unterordne, und wenn ich etwas borgen muß, so wird es von mir mit Wucherzinsen zurückgezahlt. Und auf diesem Wege entstehen dann neue eigenartige Gebilde, an denen man nur ab und zu noch einen alten verwitterten grauen Stein entdeckt, der von längst verwesten Händen gebrochen und in fernen Zeiten behauen und geformt wurde. Solche künstlerische Arbeit kann man aber doch unmöglich Eklektizismus nennen; es sei denn, daß man das Wort vielleicht im Goetheschen Sinne gebraucht, wonach wir schließlich alle Eklektiker sind, insofern als wir uns aus dem, was uns umgibt, aus dem, was sich um uns ereignet, dasjenige auswählen, was unserer Natur gemäß ist.

Unseres Künstlers Natur trägt den Stempel tiefer Innerlichkeit und ehrlicher Strenge auf der nachdenklichen Stirne, und darum braucht es uns auch nicht wunder zu nehmen, wenn er besonders solche Meister zu seinen Lieblingen erkor, deren stilles Sinnen und gemütvolles Gestalten jene wenn auch etwas groben, so doch ehrlich-treuen Werke schuf, bei deren Betrachtung es einem zumute ist, als sei man eingetreten in ein altes deutsches Bürgerhaus, wo alles still, schweigend, ernst und mit fast feierlicher Bedachtsamkeit vor sich geht, wo jeder treu das Seine tut, und wo man kein Geschwätz kennt, keine Hohlheit und keine Lüge — aber auch kein allzu lautes Lachen, ausgelassenes Fröhlichsein und tolles Jauchzen. Das ist echt deutsche Art, und das ist auch die Welt, in der Matthäus Schiestl lebt. Durch seine Werke geht es wie feierlicher Orgelklang im Kirchlein unserer Heimat. Wir horchen auf diese wohlbekannten tiefen Töne, die so langsam dahinschleichen wie wegmüde Wanderer im Schatten des Abends; wir gedenken dabei der Tage, die waren und nicht mehr sind, und heimwehmüde beginnt die Erinnerung von alten Geschichten zu plaudern, aber leis und still — so wie man von längst begrabenem Herzleid spricht. Dramatische Bewegung und tragisches Pathos findest Du da fast nie, aber auch kein spöttisches Grinsen, kein leidenschaftsfrohes Aufjauchzen — nur ein still vergnügtes Lächeln dann und wann, aber selten, wie bei einem wetterharten Manne, der von seiner alten teuern Mutter spricht.

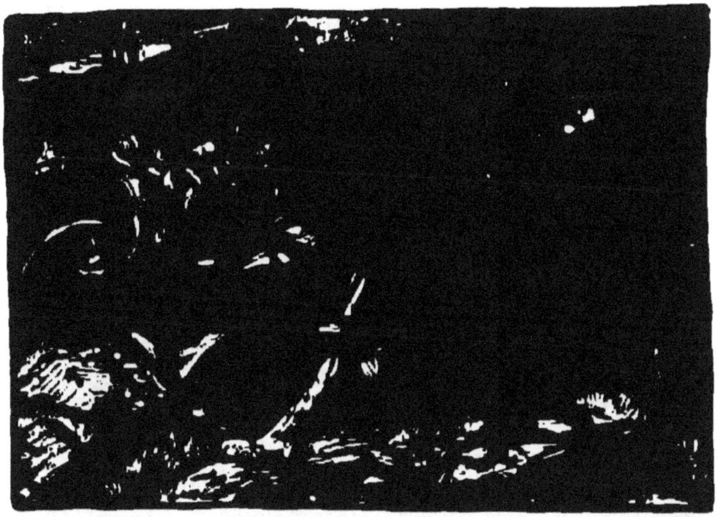

M. Schiestl, Der heilige Georg. Nach der Originalzeichnung.

Was Wunder, wenn die in sich gekehrte Künstlernatur sich der heiligen Geheimnisse und Legenden annimmt, aus denen so viel frommer Ernst und liebliche Innigkeit zu uns spricht. Und wie weiß er da alten, abgenutzten Themen immer noch neue interessante Seiten abzugewinnen! Wie versteht er es, den vielfach zu schemenhaften, fleisch- und blutlosen Masken gewordenen Heiligenfiguren Leben und schlichte Menschlichkeit einzuflößen! Da sprechen Menschen zum Menschen, und die Heiligkeit äußert sich nicht aufdringlich in niedergeschlagenen Augen und gefalteten Händen. Da findest Du auch keine rein formale Idealisierung, keine weichliche, parfümierte Eleganz, wie beim Kirchenkunstfabrikanten und Modejournalzeichner; da ist alles aus seelischem Empfinden heraus geschaffen, voll echter Frömmigkeit ohne rührselige Sentimentalität, voll wärmster Innigkeit ohne öde Salbaderei. Nichts Banales und Weichliches, nichts Armselig-Phrasenhaftes und Charakterlos-Fades kennt unser Künstler; und wenn man seine harten, ungefügen Heiligengestalten sieht, die bei aller Eckigkeit doch den Grundwesenszug einer milden, innigen, gemütvollen Idylle nicht verleugnen können, dann denkt man unwillkürlich an ein derb geschnitztes Wegkreuz, das, so roh es vielleicht auch gearbeitet sein mag, mitten im bunten Prangen der festgeschmückten Natur weit eindringlicher und beredter zu unserem Herzen zu sprechen vermag, als so mancher fein frisierte glatte Christustypus in den hochgewölbten Hallen unserer Wunderdome.

Doch wie viele sind es, die sich dieser Arbeiten ehrlich und von Herzen freuen werden. Die große Mehrzahl wird sie jedenfalls nicht »schön« genug finden. Und da haben die Leute auch in gewissem Sinne recht; allerdings nur dann, wenn sie mit Winckelmann die vollendete Schönheit als

M. Schwindt, Einsiedler. Nach der Originallithographie. Mit Genehmigung der Firma Breitkopf & Härtel.

ein reines Wasser betrachten, das keinen besonderen Geschmack hat. So etwas bietet unser Künstler allerdings nicht; wässerig sind seine Arbeiten nie, zum wenigsten die, in denen er religiöse Motive behandelt. Um ein Beispiel herauszugreifen: Wie scharf individualisiert zeigt er uns das Bild der Gottesmutter! Da ist nichts von dogmatischer Schönheit und nivellierender Verallgemeinerung zum Typus zu bemerken; auch nichts von unnahbarer Größe und scheuerregender Hoheit: nur ein schlichtes, einfaches Landmädchen finden wir, das voll Zärtlichkeit mit dem kleinen Kinde spielt, so wie Millet schrieb: »Wenn ich eine Mutter zu malen hätte, würde ich sie schön machen allein durch den Blick, den sie auf ihr schlummerndes Kind richtet.« Und doch, wie frisch und natürlich ist sein Bild der Gottesmutter, von welcher Fülle seelischen Lebens sind die kleinen Szenen durchweht, in denen wir sie dargestellt finden. Wie Tizians lebensvolle Madonnen, so sind auch diese mit einer unbefangenen Natürlichkeit gesehen, auch bei ihnen ersetzt eine anspruchslose Schlichtheit das, was ihnen an äußerem Pomp und glänzender Pracht mangelt. In einfacher Gewandung, mit einem dunkeln Tuch über dem blonden, die Schultern bedeckenden offenen Haar sitzt sie auf einem Bilde mit dem kleinen Jesusknaben, dem sie eine Blume reicht, in herbstlicher Landschaft vor einer anheimelnden kleinen alten Dorfkirche, während hinter den blauen Bergen der Ferne der milde leuchtende Tag zur Ruste geht. Es liegt etwas von der beseligenden Ruhe des Abends in diesem Bilde, etwas von dem Frieden, den die Glocken einer Dorfkirche

M. Schiestl, Der heilige Ägidius. Nach der Originalzeichnung

verkünden, wenn sie der müden Natur das Lebewohl sagen und dem schwer schaffenden Landmann die frohe Botschaft bringen, daß Arbeit und Last, Kummer und Müh' nun für einige Stunden ruhen und schweigen sollen. Eine ähnliche Ruhestimmung breitet sich über einer Skizze von der Flucht nach Ägypten aus, wo die Madonna mit dem stillen, ergebenen Antlitz, auf ihrem Schoße das verfolgte, nichts ahnende Kind, inmitten einer ihren Schmerz gleichsam mitfühlenden ernsten, schweigenden Natur sitzt, während der hl. Joseph an einer nahen Quelle für seine Schutzbefohlenen den Krug mit frischem Wasser füllt. Etwas grober erscheint die Lithographie von der Anbetung der Hirten, auf der der alte plumpe, biedere Bauer so lebenswahr vor der jungen zarten Heiligen kauert, um das Wunderkind auch recht genau sehen und betrachten zu können; ein kerniges, wahr empfundenes Blatt, das auch noch insofern interessant ist, als es uns ein Beispiel dafür bietet, mit welcher Naivetät Schiestl ab und zu über zeichnerische Schwächen und Nachlässigkeiten hinwegsieht. Jedermann hat bekanntlich die Fehler seiner Tugenden, und so scheint mir bei unserem Künstler die Stärke in der lebensvollen Charakterisierung der menschlichen Erscheinung manchmal von einer mehr als nötigen Außerachtlassung des Tierstudiums begleitet zu sein; wenigstens schaut uns das Öchslein auf unserem Blatte mit einem gar merkwürdig gezeichneten Auge an; und in ähnlicher Weise finden wir auf anderen Skizzen Schweine mit seltsamen Rüsseln und zu hohen

Beinen, ferner Hasen, die man allenfalls nur an ihrem Kopf als solche erkennen kann, und Vöglein, die so ernst und griesgrämig dreinschauen, als verstünden sie besser zu schimpfen und zu räsonnieren als zu singen und jubilieren. Doch wo immer solche Fehler zu finden sind, stets scheint es, als ob sie fast ein integrierender Bestandteil der Szenen wären, in denen sie auftreten, und sie fallen niemals auffällig aus dem Rahmen der Darstellung heraus, weil das darin aufgespeicherte Maß von originaler Kraft so groß ist, daß das hiervon gefangen genommene Auge über unbedeutende Einzelheiten leicht hinweggleitet.

Und es sind ja auch nur unbedeutende Kleinigkeiten im Vergleich zur Größe der Konzeption. Wer aber wollte wohl letztere leugnen bei Skizzen, wie uns eine zum Beispiel in St. Georgs Ringen mit dem Drachen vorliegt. Wieviel hundert-, ja tausendmal ist dieser Vorgang von der bildenden Kunst in allen möglichen Techniken zur Darstellung gebracht worden; und wenn man nur das Thema nennen hört, da sieht das Auge unseres Geistes schon die Scharen der schwergepanzerten Ritter auf hoch sich bäumenden Rossen heransprengen und mit der langen Lanze in der wehrhaften Rechten dem grausigen Drachen den Todesstoß geben. Wie anders hier: nichts von der üblichen Auffassung. Rittlings sitzt der in Eisen gekleidete Held auf dem Schrecken der Schluchten, stemmt sich mit den Beinen fest gegen ein vorspringendes Felsstück und umklammert mit seinen sehnigen Armen den Hals des furchtbaren Ungetüms, das, der Erdrosselung nahe, den mörderischen Rachen weit aufreißt und die spitze Zunge lang heraushängen läßt. Es steckt eine fast düstere Kraft in dieser prächtigen, lebensvollen Zeichnung, die der Künstler hoffentlich einmal zu einem Gemälde oder einer Graphik auszuarbeiten sich entschließen wird. Wirkliches Leben und echte Menschlichkeit spricht auch aus der Lithographie vom heiligen Christophorus, desgleichen aus seinem Sankt Wendelin, dem schlichten, frommen Schafhirten, dem man so ganz und gar nicht mehr ansehen kann, daß er aus königlichem Geblüte stammte und seinem hohen Stande gemäß erzogen war. Und wie prächtig und kernig stellt er auch das Sichelwunder der heiligen Notburga dar, von der die Legende erzählt, sie habe sich von dem Bauer, bei dem sie in den Dienst trat, ausbedungen, daß sie an den Feierabenden, sobald das Glockenzeichen gegeben würde, ungehindert ihren Andachtsübungen obliegen dürfe. Eines Abends jedoch habe sie ihr Brotherr hieran hindern wollen, und die fromme Dienstmagd habe Gott zum Richter angerufen, worauf dieser sich für seine getreue Dienerin entschied und zum Zeichen dafür die ihren Händen entfallene Sichel frei in der Luft schweben machte. Schiestl hat den Vorgang als Entwurf für ein Glasgemälde verarbeitet, bei dessen Reproduktion die als Verbleiung gedachten starken Linien nicht wenig die wundervolle Harmonie des Ganzen stören, während sie im Original von den tiefen und satten Farben, in die die ganze Szenerie getaucht ist, nahezu aufgesogen werden.

Stille, einfache, anspruchslose Menschen, die in der Welt nichts vorstellen und nichts gelten, das sind überhaupt die ausgesprochenen Freunde unseres Künstlers und so erklärt sich wohl auch seine Vorliebe für die alten Mönche, Klausner und Einsiedler, diese ob ihrer Bedürfnislosigkeit beneidenswerten Menschen, die die Welt entbehren können, weil sie in ihrem Innern eine Welt tragen, die reicher und vollkommener ist als jene. Ihr Gott und die Natur, das sind die einzigen Freuden dieser vom Sturm des Lebens vielfach arg geschüttelten Männer. Und diese kleinen, bescheidenen Freuden weiß Schiestl uns so lieb und traut zu schildern, daß wir diese armen Leute fast beneiden möchten um das still lächelnde Glück ihres ruhevollen Herzens. Da sehen wir sie die zutraulichen Tiere des Waldes füttern, finden sie vor ihren Felswohnungen sitzen und sich mit den kleinen, zwitschernden Vöglein unterhalten. In Sturm und Eis, hoch droben an der Grenze der grünen Vegetation, dort wo die Felsenungeheuer drohend in die Luft ragen und der weiße

Gletscher, das große Leichentuch der Natur, sich weithin ausdehnt, da sitzen sie einsam und schweigend als greise Bettler zwischen den armen, schroffen, nackten Steinen, und ihre einzigen Gefährten in dieser Wildnis sind die flinken, bärtigen Gemsen, die sich ab und zu bis in jene Höhen verirren, wo die Natur schließlich doch zuletzt als die große Siegerin über alle Lebewesen dasteht. Aber so weit des Menschen Fuß vordringt, so weit folgen ihm auch die Leidenschaften. Schiestl zeigt uns das in einer interessanten Studie der Versuchung des heiligen Antonius, der hoch droben im Gebirge sitzt, wo schneebedeckte Gipfel in die Wolken tauchen. Doch selbst in diese unwirtlichen Höhen ist ihm eine alte, häßliche Kupplerin gefolgt, die ihm ein frisches, leicht gekleidetes junges Mädchen zuführt, von dem sie wünscht, daß es jenem in seiner Einsamkeit Gesellschaft leisten soll. Er aber wendet sich voll Entsetzen ab und hält sich mit seinen knöchernen Händen die beiden Ohren zu, um die betörenden Reden nicht mit anhören zu müssen, die dem zahnlosen Munde der lasterhaften Schwätzerin entfliehen.

Im Gegensatz zu diesen vom leisen Odem eines geruhigen Lebens durchwehten Blättern sind die packenden Totenvisionen des Künstlers von fast düsterer Wirkung. Da zeigt er uns zum Beispiel in einer stark farbigen Skizze die verfallene Ruine einer ehedem trotzigen, wehrhaften Burg und vor derselben, über den unteren Bildrand gerade

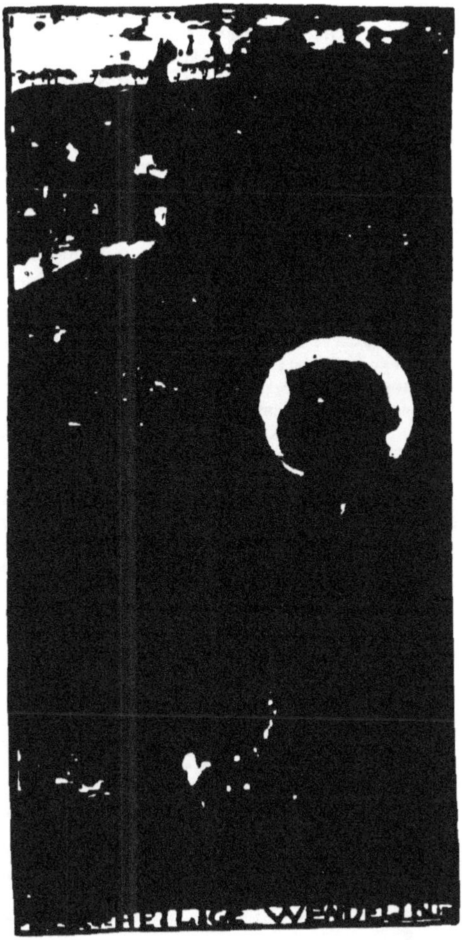

M. Schiestl, Der heilige Wendelin. Nach der Originalzeichnung.

noch hinwegsehend, wird der bleiche Tod sichtbar, der, ins dunkle Leichentuch gehüllt, schlotternd seinen altgewohnten Trauerweg von Dorf zu Stadt, von Hütte zu Palast zu wandeln scheint. Es ist eine direkt dumpfe Stimmung, die von Vergänglichkeit und Sterben predigt, ein Memento mori, dem der versöhnliche Zug jener auch weiteren Kreisen bekannten Lithographie des Künstlers fehlt, auf der wir einen lebensmüden, altersschwachen Mann erblicken, der an einen kahlen Baum gelehnt, fast darauf zu warten scheint, ob der nicht kommen will, der ihn wegführen soll von dem Orte der Not und Entbehrung. Und er kommt wirklich. In einen langen, dunklen Pelerinenmantel gehüllt, den schäbigen Hut ins entsetzenbringende Antlitz gezogen, tritt er an ihn heran, legt den rechten Arm über seine von der Last des Lebens gebeugten Schultern und weist mit der Linken auf die nahe Friedhofspforte hin, durch die er nun seinen Einzug halten soll ins dunkle Land, wo alle Wünsche schweigen und auch Sorge und Kummer mit schlafen gehen. Auf einem anderen Entwurf läßt Schiestl ein Arbeiter-Ehepaar auf dem öden Armenfriedhof der Vorstadt, in den die schimmelig schäbigen Kasernenbauten der trostlosen Umgebung wie aus hohlen Augen hoch hineinschauen, in der blauen Dämmerstunde eines Wintertages ein kleines Kind begraben. Der Vater mit dem Särglein unterm Arm und der Schaufel auf der Schulter schreitet voraus und die bitterlich weinende Mutter folgt ihm schwankenden Schritts auf dem schweren Gang zum allzufrühen Grabe. Wieder andere Skizzen zeigen Totentanzmotive in origineller Auffassung; eine darunter in fast grausigem Humor einen die Landstraße entlang taumelnden trunkenen Burschen, der den leeren Maßkrug schwingt und zu den Tönen der vom vorausschreitenden Tod gespielten Geige zu johlen und zu gröhlen scheint, während sich ein anderes Gerippe an seinen Arm gehängt hat und in tollen Sprüngen neben ihm hertanzt.*

Da ist doch noch Tiefe der Auffassung und Idee; kein phrasenhaftes Wichtigtun mit Technik und Handfertigkeit, was in der heutigen Studienmalerei eine so große Rolle spielt, als ob es nicht geradezu selbstverständlich wäre, daß ein Künstler, wenn er wirklich Anspruch auf diesen Namen macht, gelernt haben muß, mit seinem Handwerkszeug umzugehen. Oder nennt man etwa den Literaten »Künstler«, wenn er noch mit der Sprache auf dem Kriegsfuße steht, den Musiker »Künstler«, der sich noch mit leichten Fingerübungen abplagt? Nein, es muß auch Geist und schöpferischer Genius da sein, nicht nur technische Bravour und glänzende Fingerfertigkeit. Beide sollen sich gegenseitig ergänzen und vollenden und nur, wo beide zu gleichen Teilen vertreten sind, werden Werke geboren, die Jahrhunderte in Spannung und Bewunderung zu halten die Kraft haben.

Was nun Schiestls Technik betrifft, so ist nicht zu leugnen, daß sie vielfach etwas hart und spröde erscheint; sie trägt noch allzustark die stilistischen Merkmale der jahrelangen holzplastischen Tätigkeit des Künstlers an sich und diesem Umstand ist es wohl auch mit zuzuschreiben, daß seine Handschrift uns als so eng verwandt mit der der deutschen Cinquecentisten erscheint, die vielfach ebenso wie er vom Schnitzmesser zu Stift und Pinsel gegriffen hatten und daher gleich ihm immer etwas hart und eckig gearbeitet haben, ohne emailartigen Fluß und weiche, feine Übergänge. Doch wo kernige Zeichnung vorhanden ist, da fällt es ohnehin nicht leicht, Vollkommenheit der Farbe zu erzielen, ebenso wie es umgekehrt auch nur schwer möglich ist, meinetwegen die Farbenwirkung eines Opals mit dem Stift wiederzugeben. Freuen wir uns, wenn wenigstens eines von beiden in annähernder Vollkommenheit vorhanden ist, da eine restlose

* Diesem Ideenkreise verwandt ist die neueste Schöpfung des Künstlers, die Lithographie »Das Almosen des Armen«, die in unserer Jahresmappe enthalten ist. *Die Redaktion*

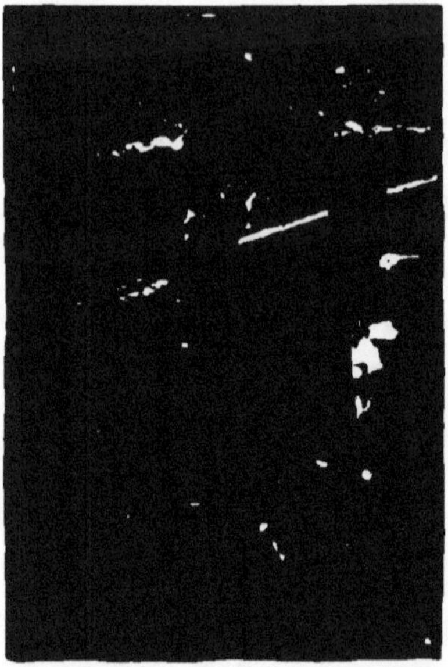

M. Schiestl, Schäfer mit Hund. Nach der Originalzeichnung.

Vereinigung beider nur in den allerseltensten Fällen gelingt. Schiestls Kunst ist vor der Hand noch wesentlich zeichnerisch; rein malerische Qualitäten findet man selbst in seinen Bildern kaum und wo er zur Farbe greift, da tut er es dann fast immer gleich etwas maßlos, so daß die Wirkungen vielfach zu schwer und derb werden.

Bedeutend leichter geht unserem Künstler die Gliederung des Raumes und die richtige Verteilung der Massen von der Hand. In dieser Hinsicht verrät er eine bewundernswürdige Meisterschaft. Während uns bei Betrachtung so mancher anderen Kunstwerke vielfach das Gefühl überkommt, als ob diese oder jene Teile eines Gemäldes oder einer Graphik nur noch aus dem Grunde hinzugekommen seien, weil Leinwand und Papier einen größeren Umfang aufwiesen als des Künstlers enger Ideenkreis, so müssen wir hier uns eingestehen, daß in jedem Falle überaus fein abgewogen und gegliedert worden ist, daß alles und jedes am richtigen Fleck sitzt und regelmäßig eine Gestaltung erfahren hat, vermittels deren sich die bestmögliche Wirkung erzielen läßt. Namentlich gilt dies für die Figuren seiner Darstellungen, die er niemals als Staffage gibt, sondern immer dominierend in den Vordergrund treten läßt. Das hindert ihn aber nicht, auch die Landschaft, in der sie stehen, ein gewichtiges Wort mitsprechen zu lassen. Ferner sind, sobald er mehrere Figuren im Raume verwertet, diese stets mit großem Geschick zu einander in Beziehung gesetzt;

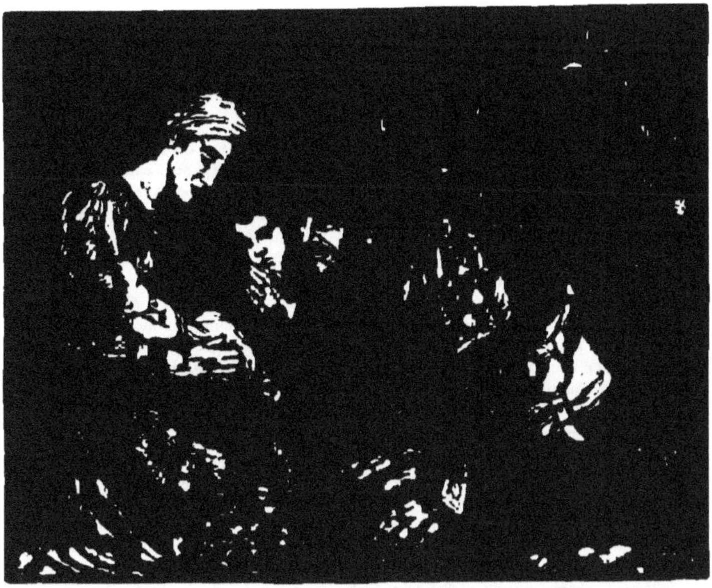

M. Schiestl, Anbetung der Hirten. Nach der Originallithographie. Mit Genehmigung der Firma Breitkopf & Härtel

nie sind unmotivierte Massenhaufungen zu tadeln und ein weises Maßhalten gibt den köstlichen Arbeiten jenen Zug von Größe, wie wir ihn selbst an den noch unfertigen Entwürfen beobachten und bewundern können. Man betrachte unter diesem Gesichtswinkel einmal die von uns reproduzierte einfache, anspruchslose Skizze des von seinem Hunde begleiteten Schäfers. Mit wie großem Geschick ist diese Figur in den Raum hineingestellt! Wie gehen die großen Hauptlinien des Waldsaumes und des kleinen Bachgerinnsels mit denen des merkwürdig gut gezeichneten Tieres zusammen! Man sieht förmlich, wie der Mann langsam und bedächtig auf den Punkt zustrebt, wo diese Linien zusammenlaufen. Und dann: In welch feinem Kontrast steht die dunkle Waldmasse zu dem hellen, lichten Weideland und wie lebenswahr ist der Hüter der Herde selbst charakterisiert! Er wendet uns nur seine Kehrseite zu, aber trotzdem wissen wir: es kann kein frisch-fröhliches Bauerngesicht unter diesem Schlapphut vorschauen und er beschattet wohl nur wetterharte, graue Züge, in denen Furchen und Runzeln wie Runen von unbekanntem Schicksal sprechen.

Als weitere Beispiele für die Art, wie der Künstler einzelne Figuren mit landschaftlichen Motiven zu einem lebensvollen Ganzen verbindet, seien hier noch die Lithographien Ulrich von Liechtenstein, Erwin von Steinbach und die Skizze Walter von der Vogelweide genannt; ferner die wenigen bislang von ihm geschaffenen Radierungen und die durch verschiedentliche Reproduktion bekannter gewordene poesievolle »Alpenfee«, die uns in ihrer simpeln Schlichtheit dennoch so königlich anmutet, als sei sie wirklich die Herrin jener himmelnahen Wunderzonen, wo die Gletscher wie leuchtende Krystalle im Sonnenschein glitzern und wo der Mensch mit seiner Hast und Plage nur selten hinkommt, um die heilige Ruhe zu stören, die seit der Tage Anbeginn auf diesen Gipfeln liegt.

Des öfteren erhöht Schiestl noch den Reiz seiner Darstellungen dadurch, daß er ein vom trauten Kirchlein bewachtes stilles, kleines Dörfchen in den Hintergrund der Szene setzt, oder ein pittoreskes, altes Städtchen, in dem die hohen Giebelhäuser wie verschlafen über die von wohlbeleibten Türmen gestützten altersschwachen Mauern hinweglugen. Auf der im Ton verunglückten Lithographie vom jungen Parzival finden wir einen solchen reizvollen Hintergrund; desgleichen in noch anziehenderer Weise auf dem Gemälde, das uns Meister Dürer auf der Reise nach den Niederlanden zeigt; ein anheimelndes, liebes Bildchen, das der Künstler augenblicklich als Graphik für die Voigtländersche Sammlung künstlerischer Wandbilder umarbeitet. Weiterhin gehört hierher eine größere Skizze, auf der ein entlassener Reservist vor den Toren des kleinen Städtchens sich in Gemeinschaft mit seinem Liebchen stillbeglückt des Wiedersehens freut, und schließlich als bestes Stück von allen ein Entwurf, den der Künstler hoffentlich noch als Lithographie ausarbeiten wird: Eine im Weichbilde eines kleinen, freundlichen Dörfchens auf einer Bank sitzende junge Mutter, die nachdenklich ihren Kopf in die Hand stützt und dabei still und sorgend auf ihren in der Wiege schlummernden Liebling schaut.

Mit diesem für Schiestls Art sehr charakteristischen Blatte wollen wir von unserem Künstler Abschied nehmen, zumal wir schon allzusehr aus der Schule geplaudert und von Dingen gesprochen haben, die vielleicht erst nach Jahren einmal in untadeliger Form die Künstlerwerkstatt verlassen werden. Wir nehmen von ihm Abschied, nicht in dem beliebten, sich mit widerlicher Wichtigkeit großtuenden Prophetenton, sondern mit dankbar warmem Händedruck für das Gute und Schöne, was er uns bislang geboten hat. Freuen wir uns von Herzen dieser Kunst, die so innig, sinnig und minnig ist und dabei doch voll Kraft und Saft. »L'art robuste a l'éternité« hat Theophil Gautier einmal gesagt; möge sich dies auch am Kunstschaffen Matthäus Schiestls erfüllen, der wie alle wirklichen Künstler stets die Mahnung Eichendorffs befolgt hat:

»Magst Du zu den Alten halten
Oder Altes neu gestalten,
Mein's nur treu und laß Gott walten.«

Alfred Hagelstange.

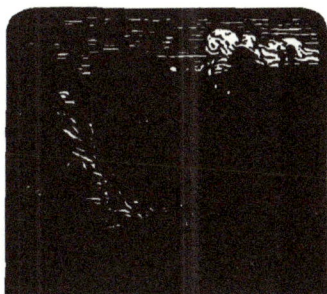

Paul Colin, Selbstporträt — Nach dem Originalholzschnitt.

DER HOLZSCHNEIDER PAUL COLIN.

Paul Colin ist von Haus aus Arzt. Das ist nicht unwesentlich für das Verständnis seiner Kunst. Seine Arbeiten zeigen, daß er gewohnt ist, scharf zu beobachten, und daß er den menschlichen Körper von Grund aus kennt. Soweit der Arzt. Dazu aber ist er noch ein begabter Künstler und ein selbständiger, fast eigenwilliger Geist.

Paul Colin, geboren zu Luneville am 14. August 1867, betrat nach Vollendung der gewöhnlichen Studien, wie sie jeder gebildete Franzose durchmacht, eine Laufbahn, die nur entfernte Beziehungen zu den schönen Künsten hat, er widmete sich der Medizin. Dabei zeichnete er zu seinem Vergnügen in den Mußestunden, was ihm gerade vor die Augen kam. Seine Mappen sind voll von Skizzen, hingeworfen auf Krankenzettel, Rezepte u. s. w. Damals betrachtete er das Zeichnen nur als Zerstreuung und die Kunst erschien ihm wie ein schöner Traum, ein heiliger Gral, an dem den Jüngern Äskulaps verwehrt ist, die Lippen zu netzen. Dabei verraten aber seine Zeichnungen einen sozusagen wissenschaftlichen Entwicklungsgang. Er begann mit Architekturen, dann folgten Bäume, Tiere und endlich der Mensch: von der geometrischen Linie ging er zu der belebten Linie über, von der toten Materie zu der Bewegung. Alle diese Skizzen des jungen Mediziners zeigen schon — zum Beispiel in der Art der Schraffierung — den geborenen Holzschneider. Und wirklich hatte es ihm der Holzschnitt schon früh angetan. Er sah immer »holzschnittmäßig«, sowie andere »malerisch, in Farben« sehen. Die erste ausgeführte Arbeit des Studenten ist ein winziger Holzschnitt, ein Weiblicher Kopf mit Blumen. Im Jahre 1893 entstehen drei Blätter: Die heiligen drei Könige, Der Tanz und Das Gebet an die Nacht, ausgezeichnet durch die Sorgfalt der Zeichnung. 1894 folgen die Reihe der Sieben Todsünden, die Zeugnis

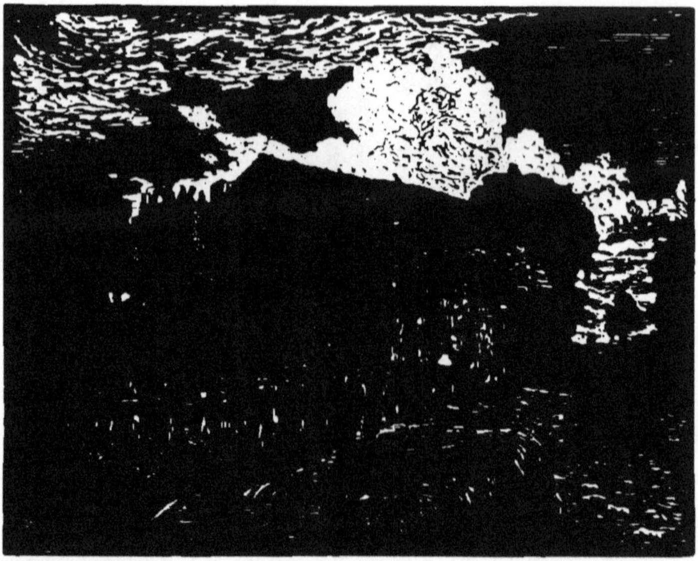

Paul Colin, »La Cabane«. Nach dem Originalholzschnitt.

geben von seiner Beobachtungsgabe, die vierzehn Blätter nach Edgar Poe, bei denen ihm seine anatomischen Kenntnisse sehr zustatten kommen, und endlich drei Holzschnitte, zu denen ihn Dantes Paradies begeisterte.

In demselben Jahre wird er Doktor und läßt sich in Lagny nieder, einer kleinen malerischen Stadt an der Marne. Hier entstehen bis zu Beginn des Jahres 1903 alle seine weiteren Arbeiten. 1895 erscheinen Der Todtengräber, Der Einsiedler, Douleur de Bruges und eine Aktstudie, 1897 Beim Pflügen, Le Fou du clocher und La Dame des Mers. Dann vermählt er sich und widmet sich ein Jahr lang ausschließlich seinem ärztlichen Berufe. Aber nach Verlauf dieses einen Jahres läßt er, müde, krank und »von einem Dämon getrieben«, die Medizin im Stich und will wieder zu dem Messer des Holzschneiders greifen. Da wirft ihn ein Nervenleiden nieder und drei lange Jahre kämpft er dagegen. Bald soll ihm die Luft der Heimat helfen, bald die Sonne des Südens. Von Grasse, Antibes und Venedig — wo er gezeichnet und gemalt hat — heimgekehrt, beginnt er 1901 wieder zu arbeiten.

Diese lange Pause in seinem Schaffen gibt uns Gelegenheit, die bisher entstandenen Arbeiten im Zusammenhange zu betrachten und zu würdigen. Dies ist umsomehr angezeigt, da sich die späteren Blätter wesentlich von ihnen unterscheiden.

Paul Colin, »La Fenêtre« Nach dem Original-Holzschnitt

Colins Erstlingsarbeiten sind gewiß sehr erfreuliche Talentproben, aber man kann sich bei ihnen doch dem Eindruck nicht verschließen, daß der Künstler sich selbst noch nicht ganz gefunden hat. Dies gilt ebenso von seiner Technik, wie von der Wahl der Darstellungen.

Seine Technik muß sich auf die Wirkungen beschränken, die sich bei ausschließlichem Gebrauch des Messers erreichen lassen. Die einfache Klinge eines gewöhnlichen Taschenmessers ist bisher, und auch noch bei einem großen Teile seiner späteren Blätter, sein einziges Werkzeug. Seine Hand weiß damit gut umzugehen. Kernig, fast bäuerisch kräftig ist seine Mache, aber so gefällt es ihm offenbar. An der Technik liegt ihm übrigens nur so viel, als nötig ist, seine Gedanken zum Ausdrucke zu bringen. Darum sehen wir auch bei ihm vom Anfang an ein beständiges Suchen und Tasten und das Streben, immer besser das Licht wiederzugeben, das der Eckstein des schwarz-weißen Holzschnittes ist.

Colin macht die ganze geschichtliche Entwicklung des Holzschnittes an seiner eigenen Person durch. Gleich den Meistern des fünfzehnten Jahrhunderts geht er aus von den Konturen, die die Licht- und Schattenmassen einrahmen, und nicht von dem einfachen Umriß der Formen. Dann gelangt er, wie die Künstler des sechzehnten Jahrhunderts, zu gewissen Halbtönen. Endlich, aber erst nach dem Zeitpunkte, bis zu dem wir jetzt seinem Schaffen gefolgt sind, erreicht er allmählich

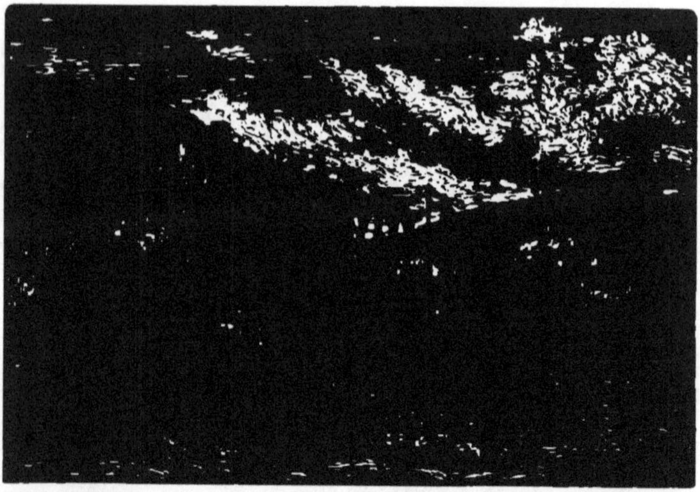

Paul Colin, »Les forêts«. Nach dem Originalholzschnitt.

die volle Herrschaft in der Wiedergabe aller Tonwerte, so wie sie sich die englischen und französischen Holzschneider des neunzehnten Jahrhunderts errungen haben.

Was nun die Wahl der Darstellungen bei seinen ersten Arbeiten betrifft, so lehren schon die Titel der Blätter, daß er bei der Bibel, der Legende und der schönen Literatur Anleihen macht. Er sieht noch nicht mit den Augen, sondern mit dem Verstande. Wenn er, in nicht zu ferner Zeit, frisch und frei mit den eigenen Augen um sich blicken wird, dann wird er an ländlichen Gegenden und am Leben des Volkes Gefallen finden und solche Motive wählen, die dem Wesen seine Kunst am besten entsprechen.

Sofort, nachdem er die Arbeit wieder aufgenommen hat, wird er ein anderer. Er sieht viel mehr unmittelbar, er fühlt tiefer, seine Technik wird geschickter und beweglicher. Das zeigt sich (1901) an dem Blatte Die Hütte (La Cabane), wo das Material so vorzüglich auseinandergehalten ist, und besonders an seinem Meisterwerk: La Péniche. Form und Licht sind hier ganz unübertrefflich herausgearbeitet, Gefühl und Zeichnung sind von überwältigender Größe und Einfachheit. In früherer Zeit hätte man vielleicht das Blatt »Die heilige Familie« betitelt, denn es hat den großen Stil, den Adel und die Zartheit eines religiösen Kunstwerkes.

Im Jahre 1902 folgen Das Gänsemädchen und Der Säer, zwei Blätter, zu denen Zolas Roman La Terre die Anregung gegeben hat, Der Hufschmied und Der Holzschläger, dann für die Ausstellung seiner Arbeiten bei Sagot (Mai und Juni 1902) das Plakat und die fünf Holzschnitte des Kataloges, zwei andere Blätter für eine Zeitschrift und die zweiunddreißig Vignetten für den »Almanach du Bibliophile«. Daneben sind noch einige Versuche in farbiger Radierung zu erwähnen.

Das beobachtende Auge Colins umfaßt zugleich Landschaft und Menschen. Sein starkes Naturgefühl läßt alle Lebewesen mit der Mutter Erde in Eins verwachsen. Daneben ist Colin aber auch Phantasiekünstler. Er träumt von nichts Geringerem, als den zweiten Teil des Faust und die Tragödien Shakespeares zu illustrieren. Seine Mappen sind voll von derlei Skizzen, und ein großes Blatt »Helena und Faust« liegt vollendet vor.

Die bedeutenden Fortschritte, die Colin ständig macht, sind in all diesen Blättern nicht zu verkennen. Man hat von seinen ersten Arbeiten nicht ganz mit Unrecht gesagt, es seien weiße Zeichnungen auf schwarzem Grunde. Aber je weiter wir zeitlich in der Betrachtung seiner Blätter vorrücken, desto mehr werden sie das, was sie sein sollen, schwarze Zeichnungen auf weißem Grunde. Immer mehr erfüllt er die Forderung Bracquemonds: »dégager le trait«. Was ihm am meisten gefehlt hat und wonach er immer am heißesten gestrebt hat, die Halbtöne wiederzugeben, die notwendigen Übergänge zwischen den schwarzen und weißen Massen, das konnte sein ursprüngliches, unvollkommenes Werkzeug, das einfache Messer nicht leisten. Darum hat er mit dem schönen Mut, der ihn auszeichnet, auch nicht länger gezögert und das Arbeiten mit dem Stichel erlernt. Er verbindet nun wie Lepère den Gebrauch der beiden Werkzeuge und erreicht so die mannigfaltigsten, glücklichsten Wirkungen.

In allerjüngster Zeit hat sich Colin auch mit dem farbigen Holzschnitt beschäftigt. Als Frucht dieser Bestrebungen liegen bisher zwei Blätter vor: ein kleines, das eine Marktszene darstellt, und ein größeres Blatt: »Sonntag auf der Marne«, das der Künstler zu unserer letzten Jahresmappe beigesteuert hat.

Clément-Janin.

OTTO UBBELOHDE.

Geborene Graphiker, die ohne Umschweife, ohne Anleihen bei der führenden Schwesterkunst, ›r Malerei, geradewegs auf das rein Graphische ausgehen, sind auch heute noch seltene Erschei-ıngen. Man sieht es der Griffelkunst unserer Generation noch recht deutlich an, daß sie sich aus ner dienenden, reproduzierenden erst langsam und noch nicht völlig frei gemacht hat. In der adierung insbesondere scheint sie immer noch mehr den Ton zu lieben als den Strich; sie hat ch noch nicht ganz von dem irreführenden Ideal der gemäldemäßigen Totalwirkung losgerissen; e hat zu lange reproduziert, um sich ihrer Originalmittel und ihrer eigensten Stilschönheit :hon wieder klar und ganz bewußt zu sein.

Otto Ubbelohde ist ein solcher geborener Graphiker, einer von den Kalligraphen der Radier-ıdel, bei dem jeder Strich sein klares Gepräge, seine oft eigenwillige Künstlerhandschrift aufweist, ıythmisch und höchst persönlich zugleich wirkt. Er ist nicht Radierer und Zeichner nebenbei, ındern er ist es ganz und gar, und wenige haben es wie er verstanden, ihre Ausdrucksmittel so :rsönlich und zugleich so stilvoll zu meistern. Anders Zorn, P. Helleu, Heinrich Wolff sind in rer Art vielleicht verwandte Temperamente, bei deren Werken sich mit ähnlich starker Betonung, enn auch in anderer Erscheinungsform, das Persönliche in dieser Liebe zum markanten Strich ım Stil erhebt.

Als der Sohn eines bekannten Juristen, des Pandektenlehrers der Marburger Universität und s Neffe des gefeierten Lehrers fast aller unserer deutschen Radierer, William Unger in Wien, :kam Ubbelohde ein gut Teil an alter Kultur, an Kunstgefühl und Verehrung für die Alten, ıd schließlich auch an Selbstkritik mit auf den Weg, als er 1884 die Münchener Akademie :zog. Unter Raupp begann er sein Studium; von ersterem Einfluß waren erst seine späteren ehrer Johann Herterich und Löfftz; im ganzen verdankt auch er das, was er Neues und

Ganzes zu geben vermag, sich selbst und der Natur: In Schleißheim, in Jagstfeld am Neckar, auf der Insel Reichenau und 1894 bis 1895 in Worpswede gehörte er zu der Schar der jungen Eroberer, die damals in emsiger Sommerarbeit ein Stück nach dem andern von der vielgestaltigen Schönheit unserer deutschen Landschaft wieder auffinden halfen. Wenn ihn dabei auch das Kulturgeschichtliche, das Schildern von Land und Leuten, von Volkstrachten und originellen Bauernhaustypen nicht wenig interessierte, wenn er auch manche reizende Charakterstudie davon notierte, so hatte Ubbelohde doch den guten Geschmack, dergleichen nur für illustrative Zeichnung oder für Gelegenheitsblätter zu verwenden. Seine radierten Hauptblätter sind von diesem lokalen Interesse unabhängig. — Nach allerhand Streifzügen in den Tälern seiner hessischen Heimat ließ er sich dann in dem nahe bei Marburg gelegenen Goßfelden nieder, um für sich allein ein Worpswede nach seiner Neigung zu haben. Es ist ein einfacher Bauernort, zerstreute Fachwerkbauten bilden die Gehöfte, Obstbäume und Pappeln stehen dazwischen, Gänseherden beleben die Wiesen und Wege; ruhige einfache Linien begrenzen den Horizont. Gerade das fesselt den Künstler: große ruhig verlaufende Hauptlinien der Landschaft, in der einsame Baumgruppen oder bewaldete Hänge mit ihrer kompakten Masse der Laubkronen oder schwere Luftstimmungen so eigen und stark wirken, oft so zauberhaft neu das Auge gefangen nehmen.

Es waren wenige Gemälde, die aus diesen Motiven entstanden, Ubbelohde fühlte sich mit Stift und Feder viel mehr in seinem eigenen Bereich, und wenn er malte, geschah es vielleicht oft mehr, um nicht ganz aus den Listen der offiziellen Ausstellungen zu verschwinden und den Zusammenhang mit seinen Malerkollegen zu verlieren. Hundertfältig war die Verwendung, die er bald für seine Zeichnungen fand; für Illustration und Buchschmuck, für Postkarten, Exlibris und andere Gelegenheitsblätter lieferten sie Klischeevorlagen in Menge. Am liebsten bedient er sich dabei der Feder und er weiß sie mit einer solchen ausdrucksvollen Lebendigkeit des Striches zu handhaben, daß man schon da den Radierer überall herausfühlt. Die frisch und scharf charakterisierten hessischen Bauerntypen in einer Folge von Postkarten und die Kopfstücke zu dem Werke »Bremen und seine Bauten« 1900, die er aus den Landschaftsmotiven der Weserniederung und der nächsten Umgebung Bremens nahm, sind aus der großen Masse ähnlicher Arbeiten vielleicht sein Bestes.

Nach ersten Versuchen unter Anleitung seines Ohms William Unger begann Ubbelohde seinen Werdegang als Radierer, unterstützt von Meyer-Basel in München 1894. Vedutenartig wie die meisten der Motive, die dieser von der Reichenau und vom Oberrhein in seinen Blättern geradeso wie in seinen klein und fein durchgearbeiteten Gemälden gegeben hat, sind auch die Mehrzahl von Ubbelohdes frühen Arbeiten aufgefaßt, die seitdem einzeln oder in der Münchener Vereinsmappe erschienen. Es gibt da ein großes Blatt von ihm mit einer Ansicht der Höhenzüge, die den Hohentwiel umschließen; zwei und drei Gründe von langgezogenen Bergrücken schieben sich kulissenartig hintereinander; man sieht unzählige Einzelformen; in der Natur ist der Eindruck dieser weithin gelagerten Massen wohl von mächtiger Wucht, aber für die Zeichnung ist er viel zu groß. Die Künstlerhandschrift, selbst wenn sie damals schon ganz ausgeprägt gewesen wäre, hat keinen Raum, wo sie ihre Züge spielen lassen kann; das Ganze atmet etwas die trockene Sachlichkeit einer Photographie. Auch das starke Betonen gemäldemäßiger Wirkung macht noch den Eindruck des Unfreien. Was Ubbelohde damals wollte, hat Meyer-Basel mit seinem sonnigen Realismus, der subtilen Finesse seiner Nadel, seinem sicheren Geschmack im bildmäßig wirksamen Begrenzen seiner Motive besser erreicht. Seitdem sind seine radierten Blätter Schritt für Schritt heraus-

gewachsen zu einer ganz eigenen starken Größe. Die Motive haben sich vereinfacht; sie sind groß und ruhig geworden. An Stelle des Strichelns, mit der Absicht, Tonwirkung zu erzielen, tritt der Strich, groß und fest und klar; der Künstler erobert sich allmählich eine Sicherheit, die seine besten Blätter nicht selten skizzenhaft erscheinen läßt, während sie in Wahrheit nur die größte Sparsamkeit und die größte Ausnützung der Ausdrucksmittel zeigen; so liegt in dem anscheinend Unfertigen eine innere Notwendigkeit. Jetzt erst beginnt das Persönliche, das in den realistisch sachlichen Schilderungen Meyers kaum hervortritt, sich klar herauszuarbeiten — diese Phantastik der Linie, die in den merkwürdigen Wolkengebilden Ubbelohdes am deutlichsten zum Ausdruck kommt. Der Strich scheint zu leben. Eine leidenschaftliche Erregung, ein wahres Schlachtgetümmel von hin- und herwogenden Naturkräften liest man aus dem scheinbar so willkürlichen Liniengewirr seiner Lüfte. Und wenn er über den eigensinnig und eckig aufragenden Grabsteinen eines verlassenen Judenfriedhofes die vom Winde gepeitschten Baumkronen sehen läßt, so ist es, als ob da Erlkönigs Mantel zerfetzt im Sturme flatterte. Er liebt es ganz besonders, das düster phantastische Wogen in den dunkeln geballten Laubkronen. Das Stille, Einsame seiner stets staffagelosen Motive ist auch wie geschaffen für diese eigene Art von ausdrucksvollem Linienstil: Gräber, Ruinen, ein Stück verfallenen Gemäuers vom Hohentwiel, ernsthafte wetterharte Häupter einsam stehender Baumgruppen — romantisch ist das höchstens in ganz eigener neuer

Bedeutung zu nennen, persönlich im höchsten Grade. Vom sachlichen Realismus hat er so seine Darstellungskunst erhoben zum Stil, dem Stil der Graphik.*

Bei solchem Stilisten, der seinen Blick auf das Große, die Massen und Hauptlinien der Landschaft richtet, hat naturgemäß das Detail keinen Anspruch auf eigenes Leben mehr; die Silhouette der Baumkrone ist ihm wesentlicher als Zahl und Form der Blätter; der Totaleindruck, die Bewegung in ihren Hauptmassen ist ihm alles.

Außer seiner Graphik, mit der er in den letzten Jahren immer fruchtbarer und reifer hervortrat, hat Ubbelohde noch ein zweites, scheinbar ganz fernliegendes Gebiet als Pionier bestellt und gepflegt, das der dekorativen Kunst der Stickerei und des Gobelins. Dekorativ im guten Sinne mag man schon viele seiner Radierungen nennen, weil sie auf breite, schwungvolle Wirkung angelegt und effektvoll in ihren Rahmen gestellt sind. Das Großzügige und sein Geschick, die Massen gegen einander abzuwägen, machen ihn für solche Arbeiten jedenfalls besonders geeignet. Man mag seine Auffassung dieser Aufgaben japanisch nennen. So wie diese scharfsichtigsten aller Naturbeobachter hat er seine Bildmotive ganz impressionistisch aus der Landschaft und dem Tierreich herausgenommen, ohne sie im Sinne heutiger Kunstgewerbler zu stilisieren. Nach großzügiger Einfachheit, nach Silhouettenwirkung strebt er auch hier, umsomehr als die Ausführungs-

* Ein Beispiel für diese Seite von Ubbelohdes Kunst hat die vorjährige Jahresmappe geboten.

Die Redaktion.

technik der Applikation oder der Gobelinweberei das an sich verlangen. Aber er verfügt auch über jene verblüffende Treffsicherheit des Japaners, wenn er die Bewegung seiner auffliegenden Falken, des hockenden Eulenpaars, das sich aneinanderduckt, seiner Reiher und flatternden Gänse mit keinen weiteren Mitteln als mit einer richtig beobachteten markanten Kontur erschöpfend wiederzugeben versteht. Auch hier ist es die »Impression«, die höchst charakteristisch erfaßte Silhouette, der diese Bewegungsbilder ihre überzeugende Wirkung verdanken. Das schlesische Museum für Kunstgewerbe in Breslau besitzt sein schönstes Werk dieser Art, einen dreiteiligen Wandschirm, zu dessen Bildfeldern wir hier zwei Studien wiedergeben. In Paris 1900 zeigte Ubbelohde ein zweites ähnliches Werk von gleich konsequenter Durchführung der mosaikartigen Aufnäharbeit. Für die Wandteppiche der Scherrebecker Webeschule hat er neben Eckmann und Vogeler die wertvollsten Entwürfe geliefert. Märchenbilder, die ihn außer der Landschaft stets am meisten fesselten, und die er auch als Buchschmuck mit Vorliebe behandelt, boten ihm den Stoff: Gänselisl, die Königskinder, der Froschkönig sind einige davon. Gerade in diesen hat er von der Vereinfachung der Linien auf ruhige Hauptzüge hin und von der flächenhaften Silhouettenwirkung gut abgewogener Massen mit dem schönsten Erfolge Gebrauch gemacht. Der dekorative Fries für jenes Kinderzimmer, das als erste Anregung in seiner Art auf der Dresdener Ausstellung von 1899 zu sehen war, hatte ihn die ersten Versuche als Märchenerzähler machen lassen; und die naive Einfachheit und die Phantastik, mit der er seine Wirkung da erzielt, lassen wünschen, daß er mit seinen Märchenbildern noch viel populärer werden möge, als er es zur Zeit schon ist.

Auf dem Felde der Graphik, so reich es heute von dem jungen Geschlecht allenthalben bestellt wird, dürfen wir jedenfalls von Otto Ubbelohde noch manch ein reifes, köstliches Werk erwarten, das nicht in dem großen Heer des Mittelgutes untergehen wird. Er gibt Dauerndes, denn er gibt aus Eigenem.

Bremen. Karl Schaefer.

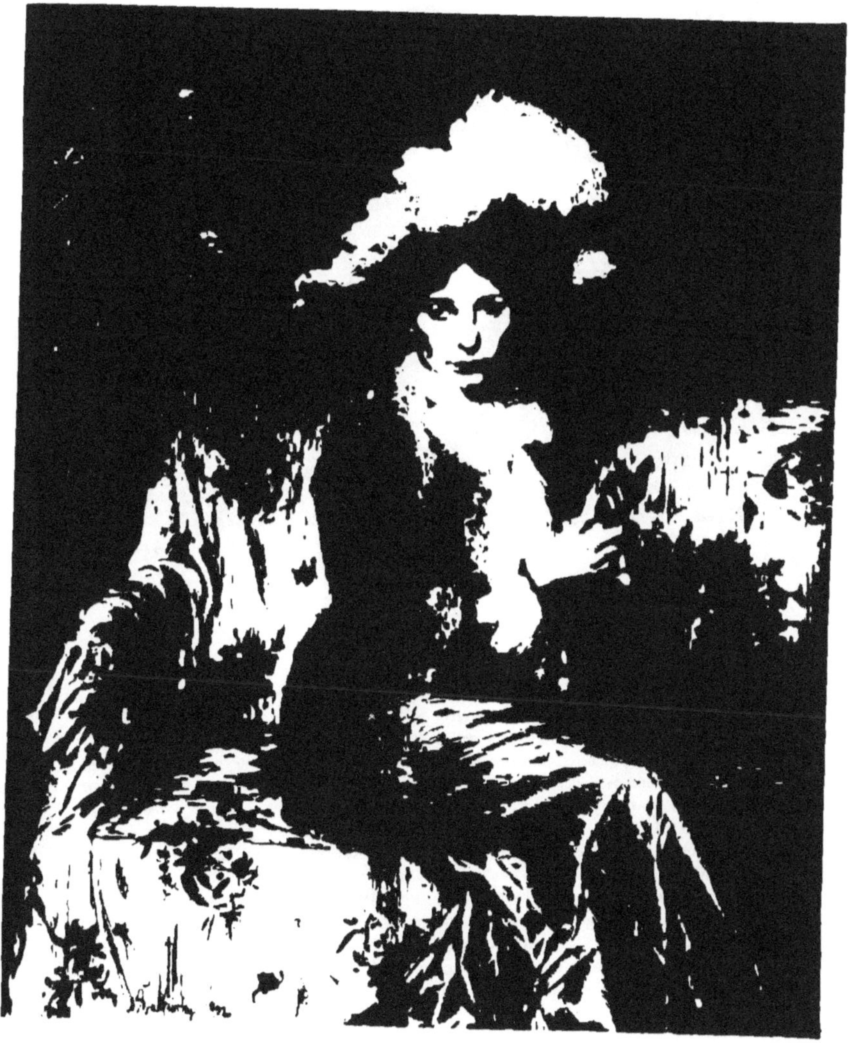

Max Švabinský, »Arme Gegend« Nach dem Ölgemälde.

VON MANES ZU ŠVABINSKÝ.

Das wichtigste Ereignis in der Geschichte der Kunst des XIX. Jahrhunderts hat sich zwischen den Jahren 1840 und 1870 in Paris vollzogen. In dieser Zeit ist nämlich der moderne malerische Stil entstanden. Bis zum letzten Viertel des XVIII. Jahrhunderts hat sich der malerische Stil in Europa einheitlich entwickelt. Die Bilder der Guardi, Watteau, Fragonard, Reynolds, Gainsborough, Goya sind auf Grund derselben malerischen Probleme und ähnlicher Darstellungsmittel entstanden, und diese sowie jene beruhen auf der ganzen Entwicklung der christlichen Malerei, wie sie sich seit der Antike bis zum XVIII. Jahrhundert als eine progressive Ausgestaltung bestimmter malerischer Aufgaben vollzogen hat. Diese Entwicklung wurde in der Aufklärungs- und Revolutionszeit unterbrochen, indem soziale Schichten in den Vordergrund traten, die nicht auf der Höhe jener tausendjährigen künstlerischen Kultur gestanden sind und den Mangel an Kunstverständnis durch philosophische, literarische oder politische Kunstprogramme ersetzten. Es war dies ein Prozeß, der noch heute nicht überall überwunden wurde, der jedoch zum Glücke nicht kräftig und allgemein genug war, um das Vermächtnis der vorangehenden Kunstperioden ganz zu vernichten. Wir verdanken es vor allem England, dieses Erbe bewahrt zu haben. Alle Ideen, welche die Stürme und

Umwalzungen der Aufklärungszeit verursacht haben, kamen aus England, wo sie sich jedoch nicht im Widerspruche zu einer bestehenden Kultur, sondern aus ihr heraus entwickelt haben, und zu den wichtigsten Gütern dieser Zivilisation gehörte auch die alte Kunsttradition, in der die Engländer als die unmittelbaren Erben der Niederländer zu betrachten sind. Die Niederlande waren aber nebst Italien lange Zeit die eigentliche Heimat und Wiege dieser Überlieferung. Während also auf dem Kontinente die Probleme einer hochentwickelten Malerei literarischen und sozialen Tendenzen weichen mußten, werden sie in England von Künstlern wie Turner und Constable ohne Unterbrechung weiter entwickelt. Aber auch in Frankreich dauerte die Unterbrechung nicht lange. Die alte Kunst und Kultur war zu tief eingewurzelt, als daß sie Demagogengerede und Pöbelwahnsinn auf die Dauer hatte ganz abschaffen können, um so weniger, da sie sich in England erhalten hatte. In der Kunst der Meister von Fontainebleau lebt sie auch in Frankreich wieder auf. Vergleicht man die Bilder Corots mit den Bildern Watteaus und seiner Schule, so könnte man meinen, daß es keine Revolution und keinen Klassizismus gegeben hat. Die Episode war überwunden und schnell ist man nun dem Fortschritte nachgekommen, der sich einstweilen in England vollzogen hat. Corot träumte noch von himmlisch schönen Landschaften, aber für Rousseau und Daubigny ist die Natur nur mehr ein großes Atelier, wo man sich nur umzusehen braucht, um allerorts Schönes und Interessantes zu finden. Da kam endlich auch der Meister, der in genialer und um alle Überlieferung unbekümmerter Kraft das zu einem allgemeinen Gesetz erhoben hat, was man bisher nur bei bestimmten Aufgaben vollinhaltlich durchzuführen wagte. Die bahnbrechende Neuerung der Kunst Millets bestand darin, daß er die Auffassung des Bildes als eines einfachen, künstlerisch und inhaltlich tendenzlosen Naturausschnittes, der nicht von einer figuralen Komposition ausgeht, sondern der im Gegenteile selbst das Primäre, die Grundlage und Veranlassung des Bildes ist und der so wie er ist oder dem Maler erscheint, auf die Bildfläche übertragen wird — eine Auffassung, die bisher nur in der Landschaftsmalerei manchmal geltend war —, zu dem allgemeinen Prinzip der malerischen Erfindung erhob. Er malte nicht mehr Bauern und eine Landschaft, sondern beides ist für ihn eins und wird als Ganzes mit ebensoviel Treue dargestellt, wie ein Porträt oder eine Landschaft allein, wodurch die letzten Fesseln der künstlichen Komposition zersprengt wurden. Auf den neuen Prinzipien der malerischen Treue, die wir Millet verdanken, beruhen alle Aufgaben, um welche die folgenden Generationen die Malerei bereichert haben. Da die künstlerische Arbeit des Künstlers in der malerisch-treuen Wiedergabe eines Naturausschnittes bestand, mußte man bald die Entdeckung machen, daß vieles von den alten Darstellungsmitteln der Malerei der natürlichen Erscheinung gegenüber noch als konventionell betrachtet werden muß und nach Wegen suchen, diesen Mängeln abzuhelfen. So entstanden die Bestrebungen der pleinairistischen und impressionistischen Malerei, die vielfach auf Beobachtungs- und Darstellungsmittel zurückgreifen, die zwar auch schon in der früheren Malerei gefunden werden können, aber da nur akzessorisch zur Verlebendigung einer Komposition angewendet wurden, während sie nun als wesentlicher Bestandteil der dargestellten Erscheinung das eigentliche Thema der Bilder ausmachen.

Ein Autor, der, die Bedeutung dieser Entwicklung und ihren universalhistorischen Zusammenhang ganz verkennend, in einer dickleibigen Geschichte der deutschen Kunst im XIX. Jahrhundert ein Sammelsurium von Provinzialkunstgeschichten an ihre Stelle setzte, hat die »Czechen — ein kunstloses Volk« genannt.

Die künstlerische Höhe eines Volkes ist nur nach dem Anteile zu bemessen, welchen es an der allgemeinen Kunstentwicklung genommen hat. Denn wenn es auch keine absoluten künst-

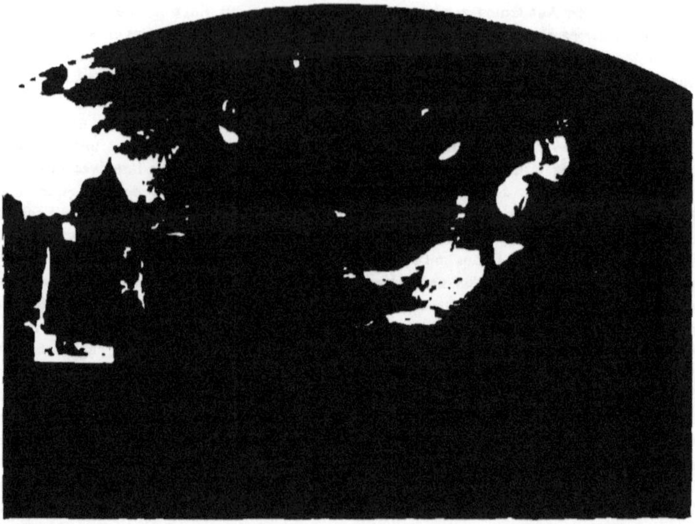

Josef Mánes, [illegible] Tod des [illegible] — Nach dem Ölgemälde

lerischen Werte gibt, so gibt es doch Kulturwerte, die einen höheren entwicklungsgeschichtlichen Inhalt besitzen als andere, und auf sie zu verzichten, wäre das Beginnen von Barbaren.

Meine ursprüngliche Absicht war es, eine kurze Übersicht der Kunstbestrebungen in Böhmen im XIX. Jahrhundert zu geben, wobei die Frage zu untersuchen gewesen wäre, ob sie an der geschilderten Entwicklung teilnehmen oder nicht, was mir die einzige Möglichkeit zu sein scheint, über die Stellung eines Volkes der allgemeinen Kunstentwicklung gegenüber Klarheit zu schaffen, wenn man nicht an Stelle von Tatsachen Phrasen bieten will. Es war mit anderen Worten dieselbe Methode anzuwenden, die bei jeder historischen Untersuchung ähnlicher Art anzuwenden wäre. Doch bei besserer Erwägung scheint mir eine Geschichte des modernen Kunstlebens in Böhmen, auch wenn sie nur als ein Abriß gestaltet werden sollte, sowohl die Grenzen dieser Abhandlung zu überschreiten, als auch eigentlich nicht notwendig zu sein. Es scheint mir zu genügen, wenn gezeigt werden kann, daß am Anfang und am Ende der zu behandelnden Periode Künstler zu finden sind, deren Schaffen auf der vollen Höhe der künstlerischen Kultur ihrer Zeit steht, ohne daß dabei ihre Kunst als eine zufällige Nachahmung fremder Vorbilder bezeichnet werden könnte.

Der Maler, dessen Originallithographie »Am Webstuhl« das Prämienblatt der »Graphischen Künste« für das Jahr 1903 bildet und den Anlass zu vorliegender Arbeit gegeben hat, gehört

Josef Manes, Frauenbildnis — Nach dem Ölgemälde.

einer Künstlervereinigung an, die den Namen »Manes« trägt, nach dem gleichnamigen Maler, damit andeutend, daß sie das Programm seiner Kunst als das richtige erkannt hat und fortsetzen will. Nun sind mit der Persönlichkeit Manes' die Anfänge der modernen Malerei des XIX. Jahrhunderts in Böhmen enge verbunden, und so hat es einen zweifachen Grund, wenn ich mir erlaube, einige Worte über ihn zu sagen.[1]

Josef Manes kam im Jahre 1820 in Prag auf die Welt. Er stammte aus einer Malerfamilie. Sein Vater war ein Landschafter, sein Onkel ein Historienmaler, seine Schwester eine Aquarellistin und sein jüngerer Bruder ebenfalls ein Maler. Josef Manes war zunächst Schüler seines Vaters, genoß dann auf der Prager Akademie den Unterricht des faden Nazareners Tkadlik und des talentlosen Düsseldorfers Ruben und ging in der Zeit der Kaulbachiaden nach München, wo er einige Jahre blieb und mit der Kunst Schwinds bekannt wurde. Dann lebte er in Böhmen bis zu seinem Tode im Jahre 1871. In diesem einfachen Rahmen spielte sich ein Leben ab, das, soweit wir hineinblicken können, so reich an inneren Erlebnissen war und so tragisch in seinem Gesamtverlaufe, wie sich nur das Leben der größten Genies zu gestalten pflegt. Seine Zeit und Umgebung vermochten ihm nicht das zu geben, wovon er träumte, und verstanden nicht, was er ihnen bieten wollte, und so mußte er an gebrochenem Herzen sterben. Mit ergreifenden Worten schildert Neruda seine letzten Lebensjahre. »Er ging herum«, heißt es da, »wie ein durch dämonische Macht geschobener Leichnam, der Körper verfiel, die Zunge war steif geworden, das Auge war ohne jeden Funken, das Antlitz ohne jedes Aufleuchten, und um den Mund konnte man nicht das leiseste Zucken beobachten. Manchmal blieb er stehen und seufzte tief auf. Man hatte die Empfindung, daß der Arme herumgehe, den Tod zu suchen . . . «

Das Tragische in seinem Leben war seine Kunst.

Man stelle sich vor, daß Millet nicht in Frankreich geboren worden wäre, sondern sagen wir, um nicht Böhmen zu nennen, in München, und nicht den unbeugsam trotzigen Sinn eines Bauern gehabt hätte, sondern das weiche Gemüt eines Poeten. So hat sich beiläufig das Leben des jüngeren Manes gestaltet. Es handelt sich dabei nicht um äußere Erfolge; leicht verschmerzt die, wer sich bewußt ist, über seiner Zeit zu stehen. Doch gerade dieses Bewußtsein mußte in Manes zerstört werden. Die Tragik seines Lebens bestand nicht darin, daß er nicht anerkannt wurde, sondern daß in seiner Kunst nicht das anerkannt wurde, was ihr eigenstes Wesen war, daß das siegte,

[1] Sein Leben wird in mustergiltiger Weise von Karl Mádl in dem begleitenden Text zu der noch im Erscheinen begriffenen Publikation seiner Werke geschildert.

was ihr von ihrer Zeit und Umgebung aufgedrungen wurde. Der Mensch akklimatisiert sich wie der Bildhauer in der Frau vom Meere bis er daran stirbt. So war das Leben unseres Künstlers.

Es kommt oft vor, daß sich eine bestimmte Todesart in der Familie wiederholt. Wir haben gehört, daß der Vater unseres Künstlers, Anton, auch ein Maler war. Nicht nur seine Wiege, sondern auch die Wiege seiner Kunst stand noch im XVIII. Jahrhundert Er war ein Müllerssohn wie Joshua Reynolds, und daß er sein Leben lang ein Landschafter blieb, beweist, daß seine Kunst noch in jenem Boden wurzelte, aus dem auch die des großen Engländers entsprungen ist. Wenn er auch kein großer Künstler ist, so lebt doch in seiner Kunst dieselbe Überlieferung wie in der Kunst der Watteau und Fragonard, der Gainsborough und Constable. In seinem Stile erhalten sich noch die malerischen Probleme der großen Landschafter des XVII. oder XVIII. Jahrhunderts und sie haben ihm die Kraft verliehen, sein ganzes Leben allen Verlockungen der neuen akademisch-klassizistischen Doktrinen zu widerstehen. Nicht etwa nur, weil er zu einer Zeit ein Landschafter blieb, da alles die »höhere Kategorie« der Historienmalerei vorzog. Das könnte man auch so erklären, daß er wie Turner durch Vedutenmalerei sein Fortkommen fand. Es erhielten sich aber in seiner Landschaft auch die künstlerischen Ziele der grossen, jahrhundertelangen malerischen Entwicklung.

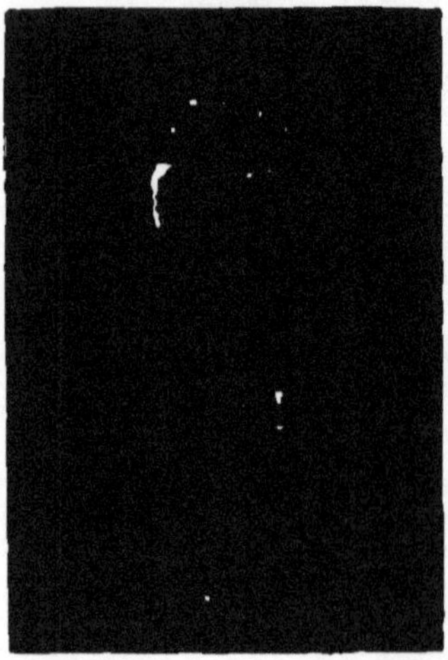

Josef Manes, »Sternennacht«. Nach dem Ölgemälde

Man hat wie bei Constable auch bezüglich seiner Kunst die Vermutung ausgesprochen, er sei ein Nachahmer der »alten« Niederländer gewesen, und zählte sogar die Bilder auf, welche auf ihn in der Sammlung des Prager Kunstvereines eingewirkt haben konnten. Man fand ihrer zwei, ein Bild von Allaert van Everdingen und ein Bild von Ruysdael. Nur seine Motive erinnern in der früheren Zeit wie bei Turner an Claude Lorrain und Vernet, in der späteren Zeit an die großen Holländer. Doch das, was man den Lebensnerv seiner Malerei bezeichnen könnte, die malerische Tendenz, ist bei ihm ebensowenig wie bei Turner oder Constable die Folge einer historischen Entlehnung, sondern entspringt zweifellos einer ununterbrochen fortlaufenden Tradition. Wir wissen noch viel zu wenig von der Geschichte der Malerei im XVIII. Jahrhundert, als daß wir die Straßen bezeichnen könnten, auf welchen die alte Überlieferung bis zu diesem bescheidenen Interpreten der alten Ideale gelangte. Besonders ist die Kenntnis der Kunst dieser Zeit in unseren Ländern mindestens sehr einseitig. Man bleibt gewohnlich bei den letzten Nachfolgern Caravaggios und Riberas stehen, als ob nach ihnen nichts mehr gekommen wäre. Und doch hat das Rokoko bei uns nicht minder herrliche Blüten getrieben als in Frankreich oder Bayern. Erst unlängst wurden wir über einen in Böhmen geborenen Maler unterrichtet, von dem mit Fug und Recht gesagt werden kann, daß er sich die Kunst Tiepolos ihrem vollen Inhalte nach anzueignen wußte. Doch auch die niederländische Richtung erhielt sich da in kontinuierlicher Weiterentwicklung. Die Landschaften Franz Hartmanns oder die Tierstücke von Roos, von welchen sich in den Schlössern und Galerien so viele erhalten haben, sind wenig erfindungsreich, aber technisch und stilistisch gegenüber den Landschaften des XVII. Jahrhunderts nicht minder entwickelt als die Bilder der großen gleichzeitigen französischen, italienischen und englischen Landschafter.

Wenn auch mit unvergleichlich geringerem Erfolge, so versuchen sie doch ihren idyllischen Landschaften ebenso eine bestimmte Licht- und Luftstimmung zu verleihen, wie etwa Guardi oder Piranesi. Besonders bei den Landschaften Hartmanns besteht der Inhalt fast nur in dem Versuche, das Vibrieren der Luft, das Verdampfen der Konturen am Morgen und am Abend oder das Aufleuchten der von der Mittagssonne getroffenen Farben darzustellen.

Und diese Bestrebungen hat auch der alte Manes noch voll und ganz geerbt. Das letzte Ziel seiner anspruchslosen Landschaften ist noch das Studium der malerischen Qualitäten eines Naturausschnittes. Ohne pathetisch zu sein und ohne einen großen Stil anzustreben, malt er laubbedeckte Hügel mit zerstreuten Architekturen, murmelnde Bäche, stille Täler. Wenige und unauffällig angebrachte Figuren dienen ihm als Staffage. Seine Zeichnung ist stets mittelmäßig, seine Farben in der Regel hart und schmutzig. Aber wenn wir uns die Mühe nehmen, eine Reihe seiner Landschaften zu betrachten, so entdecken wir bald, daß in ihnen noch Probleme und Qualitäten leben, die damals nur die englische Malerei zu wahren wußte, die in Frankreich erst wieder neu gefunden werden mußten, in Deutschland fast ganz verloren gegangen waren.

Man wird finden, daß bei ihm wie bei den Landschaftern des XVII. und XVIII. Jahrhunderts noch das Bestreben im Vordergrunde stand, sachlich wahr zu sein, und daß sich diese Wahrhaftigkeit ebenso auf die Motive wie auf ihre momentane Erscheinung erstreckte. Wie eine Hügelkette von der Abendsonne beleuchtet wird, interessiert ihn noch mehr als die Ruine, die sich zufällig auf einem der Berge befindet. Die letzte künstlerische Triebfeder seiner Landschaftsmalerei war das Studium der atmosphärischen Erscheinungen, war die Licht- und Luftmalerei wie bei den großen Meistern der vorangehenden Periode. Aber auch in Bezug auf ihre technischen Errungenschaften ist er ein Hüter dessen, was sie uns hinterlassen haben. Seine Farbe ist nicht nur dazu da, eine Umrißzeichnung zu kolorieren, sondern ist ein Form und Raum schaffendes Element, seine Malweise ist überall breit und flüssig, und kühn verwendet er übergangslos aneinandergereihte Farbenklexe, wo es ihm nötig erscheint. So bewahrt er auch in der Technik die Traditionen der Rokokomalerei, und zwar in einer Zeit, wo alle Bande der Vergangenheit im Osten Europas durch neue künstlerische Tendenzen der Aufklärungsperiode zerschnitten wurden.

Bereits das Josefinische Zeitalter hat den angesammelten kulturellen Besitz in Österreich zu entwerten begonnen, doch ganz entwertet hat ihn erst jene Zeit, in der die Träger der geistigen Bewegungen selbst auf das Vermächtnis verzichtet haben. In Frankreich kam die englische Aufklärung, die schönste Blüte einer tief eingewurzelten Zivilisation in die Hände von sozialen Klassen, die zwar noch nicht für sie reif waren, die jedoch die Lücke bald auszufüllen wußten, bei uns aber und im ganzen östlichen Europa zu Völkern, die noch nicht weit genug waren, um sie in ein bestehendes System allgemeiner geistiger Errungenschaften einzugliedern, und deshalb ist das, was man in Paris zu tun vermeinte, nämlich die Geschichte von Anfang an neu zu beginnen, in Deutschland und Österreich vielfach wirklich geschehen. An die Stelle der alten Kultur trat ein Hinterwäldlertum, an dem diese Gebiete noch heute kränkeln.

In der Kunst sind damals mit lautem Fanfarenschall alle jene literarisch-doktrinären und unkünstlerischen Tendenzen bei uns eingedrungen, die zwar älter sind als die Revolution, denen jedoch zweifellos erst die französische Katastrophe auch in Deutschland zum Siege verholfen hat. Auch in Prag folgt der Malerei der Maler zunächst eine Malerei der Philologen, dann der Theologen, dann der Historiker und zum Schluß der Volksdichter. In der Leitung der Akademie kam nach einem Nachahmer des Mengs, der vor dem Können des alten Manes noch ein wenig Respekt hatte, ein Nachbeter Overbecks, der auf den einfachen Landschafter bereits herabsah, und dann ein Schüler Cornelius' und Freund Kaulbachs, welcher für die bescheidene und antiquierte Malerei des alten Künstlers, der »die Ideen ganz fehlten«, nur mehr Worte des Spottes gehabt haben dürfte.

Josef Manes, »Sommertag«. Nach dem Ölgemälde.

Als Anton Manes auf dem Totenbette lag, malte sein Sohn an einem Gemälde, welches als ein Sinnbild dessen angesehen werden kann, was sich auf jenem Sterbelager vollzogen hat, welches uns aber auch am besten illustriert, aus welchem Zusammenhange die Kunst des jungen Manes zu erklären ist. Das Bild stellt eine Erzählung Karel van Manders dar, nach welcher sich Lucas van Leiden sterbend vor die Türschwelle seines Hauses tragen ließ, um in freier Luft zu sterben und vor dem Tode noch einmal die Sonnenstrahlen in der Landschaft zu erblicken.

Doch hat Josef Manes in diesem Bilde nicht nur dem Lebenskampfe des Vaters ein Epitaph gemalt, sondern wir finden auch das Programm dieses Kampfes in dem Bilde wieder. Auf einem Balkon vor seinem Hause sitzt der sterbende Künstler in einem Lehnstuhle, zwei Frauen stehen zu seinen Seiten, die eine weinend, die andere in stiller Wehmut. Ein junger Mann steht an die Balustrade der Terrasse gelehnt etwas abseits, den Blick scharf und in tiefem Ernst auf den totkranken Meister gerichtet. Dieser aber schaut, die Hände erhebend, mit verzücktem Blicke noch einmal die Herrlichkeit der Welt. Welch eine Gelegenheit für den Maler, das zu schildern, wovon das ersterbende Künstlerauge Abschied nahm, und wie hätte ein Klassizist oder Romantiker diese Gelegenheit ausgenützt, um auch uns die schönste, die feierlichste, die an Motiven reichste Landschaft sehen zu lassen, die er malen konnte. Darauf verzichtete Manes ganz, nur ein kleiner Teil einer Stadt wird im Hintergrunde sichtbar. Und dennoch erkennen wir gleich, was der Sterbende noch vor dem Tode sehen wollte. Die Schönheit, der er noch einmal in Bewunderung ins Antlitz schauen wollte, lag nicht nur in der Ferne, sie durchflutet das ganze Bild. Es sind die Sonnenstrahlen, die das ganze Bild durchdringen und deren Anblick den sterbenden Meister den Tod vergessen läßt. Der goldene Sonnengott erscheint noch einmal dem armen Manne, zum Danke für das ihm gewidmete Leben. Nicht der Tod des Lucas van Leiden ist das, sondern das Sterben eines Künstlers jener Generation, für die die Natur »der Spiegel des Himmels und der Tagesstunde« gewesen ist.

Der Jüngling aber, mit einem Bilde und einer Staffelei, der dieser feierlichen Szene zuschaut, ist das nicht der Sohn, der Schüler, der Erbe des Meisters? Das Bild bezeugt es mehr als die Attitude. Man dürfte wenige gleichzeitige Bilder nennen können, die soviel Lichtgehalt hätten als dieses im Jahre 1843 beendete Jugendwerk des 23jährigen Manes. Wie die Stadt im Hintergrunde aus dem Morgennebel auftaucht und in Sonnenstrahlen erglänzt, steht den besten Sonnengedichten Turners nicht nach. Vielleicht noch größer ist jedoch die Meisterschaft, mit der dieselbe Lichtstimmung über das ganze Bild verbreitet wird.

So zeigt uns dieses frühe Werk bereits den Schlüssel zu der Kunst seines Schöpfers. Er wahrte das Vermächtnis nicht nur des Vaters, sondern der ganzen vorangehenden Kunst in einer Zeit und Umgebung, die auf diese Vergangenheit verzichten zu können vermeinte.

Die seichte und talentlose Geschichtsmalerei seines Lehrers an der Akademie hat in der Kunst des jungen Manes keine Spuren hinterlassen. Er malte zwar auch Historien, doch mit Recht bemerkt Mádl, daß es nur dem Namen und Stoffe nach Geschichtsbilder sind. Anders wurde es in München.

Von der offiziellen Münchner Kunst der Vierzigerjahre hat sich zwar der junge Künstler auch nicht beirren lassen, dafür hat ihn aber dort das allgemeine Schicksal der kontinentalen Kunst in der ersten Hälfte des XIX. Jahrhunderts ereilt. Die große geistige Bewegung hat auch ihn ergriffen. Nicht der Künstler, sondern der Mensch wurde dort in ihm umgewandelt.

Wenige geistige Bewegungen können im Verlaufe der Geschichte des Mittelalters und der Neuzeit an spontaner und ansteckender Kraft und an Stärke der idealen Begeisterung mit jener verglichen werden, welche in dem zweiten Viertel des XIX. Jahrhunderts den Osten Europas ergriffen hatte, am ehesten vielleicht noch die, welche den Kreuzzügen vorausging. Es ist, als ob ein Sturmwind alle Leute erfaßt hätte, die nur denken konnten und wollten. Es ist nicht nötig, erst zu schildern, welche Ideen es gewesen sind, die damals im dumpfesten Gemüte eine Frühlingsahnung zu erwecken vermochten.

Die neuen Ideen von Volkstum und Nation waren viel zu lebenskräftig, als daß sie den empfänglichen Geist des Künstlers unberührt gelassen hätten. Ganz verändert kehrte er nach Prag zurück. Ohne Vorbehalt stellt er von nun an seine Kunst in den Dienst der neuen Bewegung. Der Emanzipation des Bürgertums folgte notwendigerweise eine Nobilitierung von allem, was damit zusammenhängt, wie Ahnengalerie, Genealogie u. s. w. Sowohl in der Vergangenheit, als auch in der Gegenwart suchte man nach Belegen für die erträumte politische und kulturelle Souveränetät und Selbstbestimmung, die an die Stelle der vorangehenden Rechtlosigkeit und des kulturellen Unbewußtseins treten sollte. Manes, der Maler, wurde der Interpret der nationalen Vergangenheit und Gegenwart, Märchen- und Mythendichter, wie Schwind oder Rethel, ein Volksliederillustrator wie Richter und ein treuer Darsteller des national individuellen Lebens seines Volkes, wie es wirklich war oder wie man es sah, dem an Einheitlichkeit der Auffassung und an schöpferischer Kraft wenige unter den Künstlern des XIX. Jahrhunderts zu vergleichen sind.

So könnte man meinen, daß auch bei ihm endlich die Flut der neuen literarischen und politischen Strömungen die alte malerische Erbschaft vernichtete. Doch es genügt, einige seiner Werke zu betrachten, um sich zu überzeugen, daß es nicht geschehen ist. Überall wird man finden, daß er nicht nur ein Illustrator, nicht nur ein Sucher und Entdecker der poetischen und

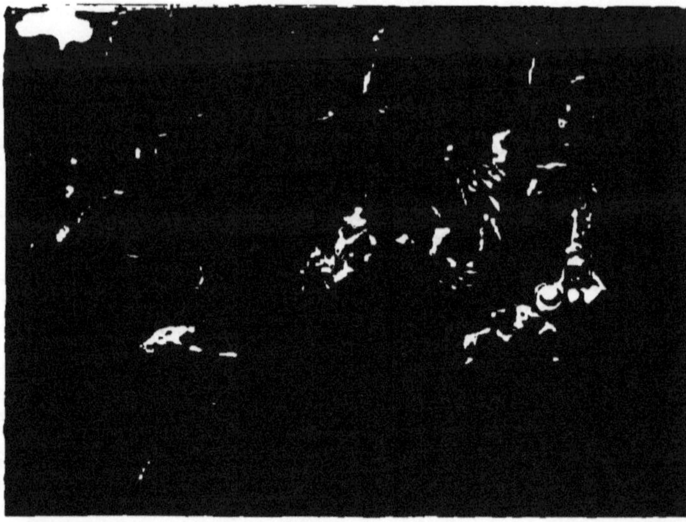

Josef Manes, »Die Landpartie« Nach dem Ölgemälde

national eigenartigen Elemente in der Vergangenheit und Gegenwart gewesen ist, sondern überall und vor allem auch ein Maler.

Es kam gewiß im Verlaufe der Kunstentwicklung oft vor, daß sich intellektuelle oder sentimentale Revolutionen im Geistesleben auch die Kunst dienstbar gemacht haben. Doch ohne die Grenzen zu durchbrechen, die einer künstlerischen Verdolmetschung durch die bestehenden Kunsterrungenschaften gezogen waren. Die Kunst nahm mit anderen Worten von den neuen Zielen so viel an, als mit ihren künstlerischen Zielen vereinbar war, wie es zum Beispiel in der ganzen Renaissance der Fall gewesen ist. So ist es im Gegensatze zu den deutschen Romantikern auch bei Manes gewesen. Neben den stofflichen Tendenzen beschäftigten ihn durch das ganze Leben Probleme, die die Triebkraft und das Ergebnis der vorangehenden Entwicklung der Malerei gewesen sind. Die Reproduktionen nach einigen seiner Werke, welche ich der Abhandlung beigebe, entheben mich der Notwendigkeit, viel Worte darüber zu verlieren, wie treu er das Vermächtnis seines Vaters behütete und wie er es zu vermehren wußte. Ist nicht das Frauenbildnis, welches hier reproduziert wird, ebenso sicher, breit und unter Beherrschung aller malerischen Darstellungsmittel gemalt, wie die besten Bildnisse des XVIII. Jahrhunderts? Von einem Verfall der malerischen Auffassung und Darstellung kann da keine Rede sein. Und doch ist das Bild im Jahre 1842 entstanden, beiläufig also in derselben Zeit wie Kaulbachs Hunnenschlacht. Oder sind etwa nicht die zwei Landschaften, die wir folgen lassen, auf der vollen Höhe des künstlerischen

Wollens und Könnens der gleichzeitigen Werke der Meister von Barbizon, obwohl sie von ihnen vollkommen unabhängig sind? Die Sternennacht heißt die eine. Dieser Name besagt, was der Maler in dem Bilde darstellen wollte: den Lichtzauber einer klaren hellen Nacht. Zwischen Gebüsch, an einer plätschernden Fontaine und an einer Venusstatue vorbei, führt ein Weg zu einem prunkvollen Barockschlosse. Ein Liebespaar wandelt diesen Weg, so etwa gemalt, wie es Watteau gemalt hätte. Doch wie das silberne Mondlicht die Landschaft durchdringt, ohne daß wir den Mond selbst zu sehen bekämen, die Schloßfassade in einem grellen Lichte von dem dunklen Himmel sich abheben läßt und silberne Reflexe durch das Laub auf den Weg wirft, das ist mit einer Meisterschaft und Sicherheit gemalt, die wir selbst bei Watteau oder Corot kaum finden würden. Das zweite Bild könnte man »Sommertag« benennen. Es führt uns noch mehr in die Nähe des französischen und englischen Paysage intime, nicht im Motiv und in der Mache, die davon unabhängig sind, wohl aber im Sehen der Natur und in der künstlerischen Intention. Das Motiv ist so einfach wie nur möglich. An einem Abhange, der zum Bache herunterführt, steht ein Bauernhaus, dessen Bewohner es wohl sind, die in dem Bache baden. Doch fühlt man geradezu die schwere, heiße, windstille und gewitterkündende Atmosphäre, die über der Landschaft lastet. Bewunderungswürdig ist der Charakter der landschaftlichen Szenerie getroffen, noch bewunderungswürdiger jedoch die Luft- und Lichtstimmung, die den Beschauer zu dem Glauben verleiten könnte, sie könne nicht länger als eine Minute andauern, so lebendig wahr ist sie. Da geht schon Manes über das hinaus, was die Maler des Waldes von Fontainebleau gesucht und erreicht haben.

Wie weit Manes in der impressionistischen Darstellung der Luftstimmung gekommen ist, beweist die Landschaft, die wir nächstfolgend abbilden. Eine Gesellschaft von Ausflüglern hat sich auf einer Felsenplatte in der Nähe einer Ruine niedergelassen. Es ist eine späte Nachmittagsstunde. Wohl scheint noch die Sonne, doch schon steigen aus der Tiefe die Nebel, und die Luft legt sich wie ein unendlich weicher Schleier auf alle Gegenstände, alle Umrisse auflösend. Das Problem der impressionistischen Darstellungsweise ist hier ebenso deutlich gefaßt und zielbewußt gelöst wie etwa in einem Bilde Goyas oder Manets. Daß das Bild noch in der ersten Hälfte des Jahrhunderts entstanden ist, beweisen die Kostüme. Zu welcher Reife der modernen Kunstanschauung aber der Romantiker Manes gelangt ist, beweist die letztabgebildete Landschaft mit der Dorfkirche. Sie ist, was künstlerische Anschauung anbelangt, gewiß in eine Höhe mit der berühmten Dorfkirche Millets zu stellen, mit der sie jedoch in keiner Weise zusammenhängt. Von der idyllisch-poetischen Stimmungsmalerei des XVIII. Jahrhunderts, die noch in der älteren Schule von Barbizon nachklingt, ist in dieser Landschaft ebensowenig etwas zu finden, wie von einer durch interessante Motive geleiteten Komposition. In diesem Dorfe wäre kein Platz für Nymphen oder Sylphiden und wer nicht das moderne malerische Problem versteht, würde umsonst fragen, warum der Maler diese Landschaft dargestellt hat. Es hat ihn zu dieser Wahl nichts anderes bestimmt, als die Aufgabe, einen solchen Naturausschnitt malerisch wiederzugeben.

So sehen wir also in Manes einen Künstler, der trotz der unglaublich ungünstigen künstlerischen und persönlichen Verhältnisse, in welchen er leben mußte, doch beiläufig dieselbe Entwicklung durchgemacht hat wie die Malerei in den damaligen großen und eigentlichen Kunstzentren, einen Künstler, der die ideelle Reaktion der Aufklärungszeit kraft seiner unmittelbaren künstlerischen Deszendenz zu voller malerischer Ausdrucksfähigkeit bereits in einer Zeit überwunden hat, in der in Deutschland noch die Malerei Pilotys das Wort führte, der also nicht nur seinen Stoffen nach, sondern auch seinem Stile nach als ein moderner Künstler zu betrachten ist. Während Schwind ein Romantiker geblieben ist, ringt sich Manes durch das Nazarenertum,

Josef Manes, »Dorfkirche«. Nach dem Ölgemälde.

den Historismus, die Romantik zur Höhe der modernen malerischen Probleme durch. Ich will nicht behaupten, daß sich sein Stil völlig unabhängig von den Errungenschaften der französischen und englischen Malerei entwickelte, obwohl das, was davon zu ihm gedrungen ist, nur höchst sporadisch sein konnte und keine merklichen Spuren in seinen Werken hinterlassen hat. Doch darauf kommt es nicht an. Entscheidend ist, daß er diese künstlerische Kultur nicht nur in sich aufzunehmen, sondern sie von seinem Jugendstile aus selbständig und organisch weiter zu entwickeln vermochte. Das ist der einzige objektive Maßstab für die Bedeutung eines Künstlers und eines Volkes für die Geschichte der Kunst.

Man hat Schwind in Deutschland, Manes in Böhmen als besonders nationale Maler betrachtet. Das ist doch nur so zu verstehen, daß sie, der Strömung ihrer Zeit folgend und auf Grund ihrer künstlerischen Individualität und Darstellungsgabe Gestalten geschaffen haben, die als national angesehen wurden und als solche sich einbürgerten. Doch falsch wäre es, darunter zu verstehen, daß ihr Stil ein nationaler gewesen ist. Der nationale Individualismus hängt ebenso wie der persönliche nicht von einem Willensakte ab und ist ein Faktor, über dessen Wirkung

Max Švabinsky, Selbstbildnis — Nach der Originalzeichnung.

uns erst Jahrhunderte und Jahrtausende belehren können. Doch das, was wir zu erkennen vermögen, ist die Stärke und Lebendigkeit des Zusammenhanges einer Kunst mit der ganzen vorangehenden Entwicklung, das Verhältnis des Neuen zu dem, was der Mensch früher ersonnen und erfunden hat. Jeder Fortschritt in dieser Richtung bedeutet eine Überwindung von Schemen, und eine Überwindung von Schemen öffnet die Bahnen der persönlichen und nationalen Individualität.

Wenige Jahre nach Manes' Tode verbreitete sich der neue malerische Stil, für den er sein Leben geopfert hatte, in beispiellosem Siegeslaufe aus England und Frankreich durch ganz Europa. Was Manes in einsamer Qual bewahrte und suchte, ist plötzlich die Tagesparole geworden. Wie in den Zeiten der fieberhaften Rezeption der gotischen Kunst oder des neuen niederländischen malerischen Stiles im XVII. Jahrhundert verbreitete sich auch jetzt wieder der alt-neu malerische Stil, wie er sich in England und Frankreich entwickelt hatte, in ganz Europa sowohl in seinen Prinzipien, als auch in seinen Resultaten. Auf einmal klopfte an alle Ateliers, in welchen es noch ein Leben gegeben hatte, die alte, durch tausendjährige Entwicklung geheiligte Forderung, daß der Maler vor allem wirklich ein Maler sein soll, das heißt ein Entdecker und Darsteller der Natur und nicht nur ein Illustrator eigener oder fremder Gedanken und daß er, um dieser Aufgabe gerecht zu werden, die Natur auch malerisch sehen muß, das heißt, unter dem Gesichtswinkel jener Darstellungsprobleme und Darstellungsmittel, die aus der ganzen vorangehenden Entwicklung der Malerei nicht als eine Schablone, sondern als die eigentliche Aufgabe des malerischen Schaffens hervorgegangen sind. Nach fast hundertjähriger Unterbrechung wurde man sich wieder in ganz Europa bewußt, daß das Wie in der Malerei das Wesentliche ist, wogegen das Was erst in zweiter und dritter Reihe in Betracht kommt. Aber mit dieser Erkenntnis ging zugleich Hand in Hand auch eine bestimmte Aufgabe, eine bestimmte Lösung, die in der Auffassung der Natur über die vorangehenden Entwicklungsstadien der Kunst hinausgeht und als der eigentliche Stil des XIX. Jahrhunderts bezeichnet werden muß.

Wie oft in vorangehenden Kunstperioden hat man in bestimmten Kunstzentren den Weg entdeckt, den man, wenn auch nicht mit denselben Erfolgschancen auch anderswo suchte, und

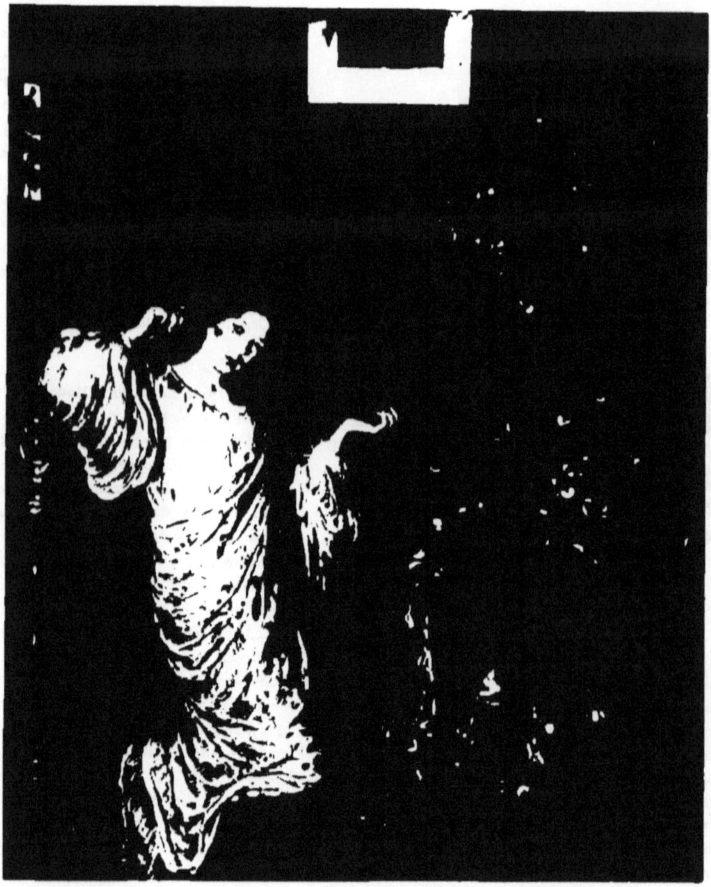

Max Svabinsky, »Kamelien«. Nach der farbigen Originalzeichnung

eine wesentliche Beeinflussung durch diese poetische Programmalerei. Die Revolution in den malerischen Problemen hat sich bald zwischen den Lehrer und Schüler geschoben, vielleicht ohne daß sie es beide gemerkt hätten.

Später war Švabinský eine Zeitlang in Paris. Doch man würde den Einfluß eines bestimmten französischen Meisters ebenfalls vergeblich in seinen Werken suchen. Seine künstlerische Individualität war bereits ausgeprägt, bevor er in die Fremde ging, und konnte auch dort keinen Schaden erleiden. Doch, was merkwürdiger erscheint, auch die Richtungen und Schlagwörter der gleichzeitigen französischen Künstler und Künstlergruppen scheinen spurlos an ihm vorbeigegangen zu sein. Weder die sogenannten Neoidealisten, noch die Maler der Décadence oder der unergründlichen Symbolik, noch die extremen Freilichtmaler haben ihn gefangen genommen, so daß mancher von seinen Altersgenossen auf den Zurückkehrenden als auf einen Philister herabgesehen haben mag. Wenn wir aber überblicken, was er damals und in den folgenden Jahren — er lebt seitdem in Prag — geschaffen hat, so erkennen wir leicht, daß seine Kunst bereits über diesen Tagesströmungen stand, indem sie das beherrschte, was an ihnen fortschrittlich und bleibend, und das vermissen konnte, was an ihr vorübergehend und Parteisache war. Wer fremde Errungenschaften nicht sehen will, ist ein Tropf, wer nichts anderes versteht als ihr Prophet zu sein, schaut sein Leben lang rückwärts. Der wahre Künstler weiß sie aber seiner Kunst dienstbar zu machen.

Wenn wir von geringen Ausnahmen absehen, so sind fast alle Bilder Švabinskýs Bildnisse oder Farbenstimmungen, manchmal beides zusammen, so daß man zuweilen die Behauptung zu hören bekommt, das wäre »seine Sache«, in welcher er Vorzügliches leisten kann. Ebenso wird als seine »Spezialität« die Technik erklärt, in der die meisten seiner Porträte ausgeführt sind, nämlich eine lasierte oder unlasierte Federzeichnung, was man ja eher gelten lassen kann, wenn man die Meisterschaft in Betracht zieht, mit welcher er diese Technik beherrscht. Doch es kann kein Zweifel sein, daß sowohl die stoffliche Einschränkung als die merkwürdige Technik aus dem innersten Wesen seiner Kunst entsprungen sind und nicht durch irgend ein einseitiges Talent bedingt wurden.

Wenden wir uns zunächst zu seinen eigentlichen Bildnissen.

Es sei mir erlaubt, bei einem unter ihnen an eine persönliche Wahrnehmung anzuknüpfen. Es ist dies das Porträt eines Universitätsprofessors, dessen Schüler ich gewesen bin. Durch zwei Universitätsjahre sah ich ihn mindestens viermal in der Woche und doch, als ich das Porträt Švabinskýs sah, kam es mir vor, als ob ich ihn erst jetzt kennen gelernt hätte und wenn ich mir seine Erscheinung in Erinnerung bringen will, so klingt durch jede Vorstellung, die ich mir von ihm mache, stets jenes Bild durch, in dem ihn mir Švabinský gezeigt hat. Das ist gewiß nicht so zu erklären, daß das Bild durch irgend welche äußere Umstände so in meinem Gedächtnisse haften geblieben wäre, daß es die lebendige Erinnerung an meinen Lehrer vernichtet hätte, sondern kommt daher, daß das Porträt das festgehalten hat, was bei der Erscheinung des Porträtierten das allermarkanteste, allerpersönlichste ist.

Ich bin überzeugt, daß ein Porträt der älteren und ältesten Richtung, ein Porträt etwa im Stile Manets oder gar Lenbachs nie einen solchen Eindruck in mir hervorgerufen hätte und nie imstande gewesen wäre, mein Erinnerungsbild so zu beeinflussen. Worin besteht nun dieser Unterschied?

Was mir das Bild so frappant ähnlich, so treffend, so eindringlich wahr erscheinen ließ, war nicht die rein sachliche Ähnlichkeit, die für uns zu einer fast selbstverständlichen Voraussetzung geworden ist, so daß wir nur ihretwegen ein Bild selten bewundern oder tadeln, sondern die Wiedergabe eines bestimmten, für den Dargestellten charakteristischen Bewegungsmotives.

Max [illegible]

Nach der Originalzeichnung

Sachlich neu ist auch eine jede Photographie bis zum geringsten Detail, und dennoch gibt es Aufnahmen, die bis zur Unkenntlichkeit unähnlich sind, weil auf ihnen das natürliche Spiel der Bewegungen, Gesten und Mienen verloren gegangen ist. Bei einer Zeitaufnahme verschwindet es, weil sie Bewegungslosigkeit voraussetzt, bei einer Momentaufnahme kommt es nicht zur Geltung, weil es in seine Elemente zerlegt wird, die in der Wirklichkeit nicht wahrgenommen werden. So kann uns nur eine malerische Abstraktion darüber Bericht erstatten, was eine statuenhafte Form zu einer lebendigen Erscheinung gestaltet. (Deshalb ist auch die moderne Photographie viel mehr von der Malerei beeinflußt worden als umgekehrt, wie manchmal behauptet wird.)

Die Entstehung des neuen malerischen Stiles hat naturgemäß auch das Porträt in seine Errungenschaften einbezogen. Bis dahin war die Sachlichkeit in der Porträtkunst mit konventionellen Ensembles und Posen verbunden, und ein jedes Porträt war ein Atelierbild in der vollsten Bedeutung des Wortes. Die erste Reform der neuen Malerei bestand darin, daß sie uns die Menschen in ihrer natürlichen Umgebung und diese Umgebung in einer bestimmten momentanen Erscheinung zeigte. Auch der porträtierte Mensch wird nur ein Teil eines bestimmten natürlichen Raumausschnittes, und das Hauptbestreben der Maler ist darauf gerichtet, die Relationen zwischen diesem Milieu und dem darin befindlichen Modell darzustellen. Man beginnt jene Bildnisse zu malen, bei welchen wie bei dem bekannten Porträt Kröyers in den Uffizien das Sonnenlicht blaugraue Schatten über das Gesicht des Dargestellten wirft, oder wo das Bildnis wie in einzelnen Werken Besnards oder Zorns vollkommen in seine farbigen, der Bildszenerie untergeordneten Valeurs aufgelöst wird.

Es kann kein Zweifel sein, daß diese vollkommene Unterordnung der Bildnismalerei unter den Gesichtspunkt der landschaftlichen Beleuchtungsprobleme und unter die Aufgaben der neuen Raummalerei nicht das letzte Ziel der Porträtkunst sein kann, sondern daß man früher oder später zu jener Einschränkung und Anwendung dieser Prinzipien gelangen mußte, durch welche die eigentliche Aufgabe der Porträtmalerei, die Darstellung der individuellen Erscheinung eines Menschen, noch mehr gefördert werden. Denn die illusionistische Darstellung einer natürlichen momentanen Erscheinung hat nicht nur die zeitlich und räumlich beschränkten und bestimmten Licht- und Luftqualitäten des dargestellten Raumzusammenhanges zu berücksichtigen, sondern auch noch ein drittes Accidens einer jeden in einem bestimmten Augenblicke gesehenen Gestalt oder Szene, nämlich die Bewegung, durch welche diese Gestalt oder Szene in einem bestimmten Momente belebt wird und welche bisher zumeist schablonenhaft oder abstrakt dargestellt wurde. Diese Konsequenz hat bereits Velazquez in vereinzelten Beobachtungen gezogen, indem er etwa das Drehen eines Speichenrades als eine Scheibe malte; doch daß solche Beobachtungen zu dem allgemein angestrebten Plus der rein sachlichen Wiedergabe eines Bildnisses geworden sind, war erst eine Konsequenz der Entwicklung der Malerei im XIX. Jahrhundert. Bei einem Bildnisse ist aber die Darstellung eines individuellen Bewegungsmotives, sei es nun eine wirkliche Bewegung im Raume oder eine Pose oder Miene, falls sie in ihrer spontanen Eigentümlichkeit wiedergegeben wird, eine ungeheuere Erweiterung der malerischen Darstellungsmittel, die uns die einfache sachliche oder Milieu-Wahrhaftigkeit der vorangehenden Bildnismalerei als »steif und leer« erscheinen läßt. Sie ist also der wichtigste Gewinn, den die Porträtkunst aus dem neuen malerischen Prinzipe ziehen konnte, zugleich aber eine Vertiefung und Umgestaltung dieses Prinzips, durch welche zu der toten Welt auch der lebende Mensch neu erobert wurde.

In dieser Richtung bewegt sich die moderne Bildnismalerei von Manet zu Degas, von Degas zu Whistler. Ist es auch dem letztgenannten in unübertrefflicher und genialer Weise gelungen, in

[illegible] Doppelbildnis

Nach der farbigen [illegible]

seinen Bildnissen die natürliche spontane Bewegung und Pose für die Lebendigkeit des Porträts zu verwerten, so kann doch kein Zweifel sein, daß gerade in dieser Hinsicht die moderne Malerei noch nicht ihr letztes Wort gesprochen hat. Die Bildnisse Whistlers sind fast durchwegs ganze Figuren, bei welchen sowohl das Ambiente als auch die spontane Pose besonders deutlich und überzeugend sind. Es kann jedoch kein Zweifel sein, daß dasselbe Prinzip auch auf jeden einzelnen Kopf übertragen werden kann und daß die Beschränkung noch eine weitere Vertiefung des Problems bedeutet, wie ja auch etwa die Brustbilder Velazquez' an künstlerischer Geschlossenheit und Eindringlichkeit der Darstellung über allen anderen seinen Werken stehen. Und das Bestreben, in dieser Beziehung über das Bestehende und Gefundene hinauszugehen und das Problem der Bildnismalerei in dieser Richtung zu bereichern, scheint mir ein wesentlicher Vorzug der Bildnisse Švabinskýs zu sein. Das, was man oft als eine inhaltslose Phrase von Bildnissen behauptet, daß sie »sprechend ähnlich« sind, hat bei seinen Porträtstudien einen gewissen wahren Sinn. Es sind keine toten Masken, sondern es scheint ihnen alles das zuteil geworden zu sein, was die tote Form zum Leben erweckt.

Dabei ist diese psychische Belebung keine literarische »Seelenmalerei« wie bei den Präraffaeliten oder eine intellektuelle und konstruierte Charakteristik wie bei Lenbach, sondern die einfache Wiedergabe einer Beobachtung der tatsächlichen, für den Porträtierten in einem bestimmten Momente bestehenden Relation zwischen seinem psychischen Leben und seiner äußeren Erscheinung. Wie der Dichter Čech den Kopf neigt und in der stillen und vornehmen Reserve eines zurückgezogenen Mannes auf eine Frage des Besuchers zu warten scheint, oder wie ein anderer Dichter, Hugo Salus, verträumt und wie geistesabwesend vor sich hinstarrt, oder wie der Staatsmann Rieger sich schwer auf einen Sessel niedergelassen hat und sich in seinem Gesicht ein flüchtiges Lächeln voll Bonhommie mit der abgeklärten Ruhe und Melancholie eines alten Mannes verbindet, dessen Leben voll von Kämpfen und Enttäuschungen gewesen ist, das sind alles Züge, die uns die dargestellten Männer menschlich so nahe bringen, wie es mit den Mitteln der alten Kunst nie möglich gewesen wäre. Wie der Wind durch die Landschaft, so gleitet über das Gesicht des alten Bauern, der in dieser Landschaft steht, ein Ausdruck, der aus Verdruß, Schwermut, Trotz und Nachdenklichkeit zusammengesetzt zu sein scheint. Es ist das ein Ausdruck, wie man ihn oft bei unseren Bauern beobachten kann, doch so charakteristisch wiedergegeben, daß man die Überzeugung hat, an ihm allein diesen alten Mann unter Hunderten wieder zu erkennen.

Das flüchtigste Lächeln eines Menschen ist sein Lächeln und nur, was sich in einem Moment abspielt, kann der lebendigen Erscheinung entsprechen, weil das Leben eine immerwährende Bewegung ist. In dieser zweifachen Erkenntnis besteht das Geheimnis dieser Bildnismalerei, die uns das Persönlichste am Menschen zeigt, indem sie bestrebt ist, die Veränderung seiner Erscheinung durch äußere und innere Bewegung darzustellen. Dieselbe Lebendigkeit finden wir manchmal bei Skizzen älterer Meister, die gemacht wurden, um später für das »eigentliche« Bild verwertet zu werden. Eine Skizze stützt sich auf eine unmittelbare Beobachtung des Modells, und da mußten oft auch ohne Absicht des Malers jene Faktoren zur Geltung kommen, die von der momentanen Erscheinung abhängig sind. In dem ausgeführten Bilde wurden sie verwischt oder als Zufälligkeiten weggelassen. Nachdem nun aber für uns diese Zufälligkeiten das Entscheidende sind, muß da nicht auch der äußere Vorgang umgedreht werden, das heißt, muß da nicht das Bild selbst bis zu einem gewissen Grade zu einer Skizze werden? Doch welch ein Vorteil es ist, auch die Technik einer Skizze in dem Bilde selbst beibehalten zu können, liegt auf der Hand. Eine Linie, die über eine momentane Erscheinung Bericht erstattet, wie soll die in Fläche umgesetzt werden? So kann die

Max Švabinský: Bildnis des Lyrikers Hugo Salus — Nach der Originalzeichnung

Malerei, die die Ziele Švabinskýs verfolgt, fast nie, auch in dem ausgeführten Bilde, der illusionistischen, nur durch Zeichnung wiederzugebenden Striche und Linien entraten. Man erinnere sich nur etwa der Bilder Raffaells. Und wo die Zeichnung mit solcher Meisterschaft und Sicherheit beherrscht wird, wie von Švabinský, ist sie jene Technik, die den geschilderten künstlerischen Intentionen vielleicht am allermeisten entspricht.

Und nun die Landschaften und Farbenstimmungen Švabinskýs. Eine seiner Zeichnungen stellt nichts dar als die Baumwipfel einer Tannengruppe und den darüber befindlichen Himmel. Mit wenigen Strichen ist es Švabinský da gelungen, das Zittern des Waldes, das Ziehen der Wolken über dem Walde und die Luftströmung, die das alles in Bewegung gesetzt hat, festzuhalten. Auch die Niederländer des XVII. Jahrhunderts und Hunderte ihrer Epigonen haben den Sturm, das Gewitter, den Wind in der Landschaft gemalt, aber diese Darstellung der atmosphärischen Bewegung war eine Abstraktion, eine Gedankenarbeit, eine Erinnerung an bestimmte auffallende Erscheinungen, an den finsteren Himmel, das Zucken des Blitzes, das Sichbiegen der Bäume. Diese Darstellungen, obwohl treu der Natur nachgemalte Landschaften, waren so abstrakt, wie etwa die gleichzeitigen figuralen Kompositionen.

Mit solchen Bildern des »brausenden Windes, des tobenden Sturmes« hat die Zeichnung Švabinskýs nichts gemein. Sie geht auf keine »Idee« zurück, ist keine abstrakte Verbindung von verschiedenen und in verschiedenen Zeitpunkten gemachten Beobachtungen und Erfahrungen, sondern die unmittelbare Beobachtung selbst, an einer bestimmten Stelle in einem bestimmten Momente gemacht. Es ist im Grunde dasselbe, was wir bei seinen Porträten beobachten konnten. Wie bei dem menschlichen Kopf den flüchtigen Ausdruck, die flüchtige Bewegung, so versteht er bei diesen Baumkronen das Zittern im Winde und in der Luft, die Bewegung, die nur wie ein Hauch ist, zu erhaschen. Und wie wir aus der mimischen Momenterscheinung eines Menschen über das wesentlichste und persönlichste an ihm unterrichtet werden, so spiegelt sich auch in diesen Baumwipfeln und in den Wolken, die über ihnen jagen, ebenso die atmosphärische Stimmung des Tages und der Minute, wie auch der ganze Charakter der Landschaft, der diese Bäume angehören.

Wenn wir uns etwas eingehender mit dieser Zeichnung beschäftigt haben, so geschah es deshalb, weil sie uns vielleicht am deutlichsten die eigentlichen Probleme der landschaftlichen Studien Švabinskýs erkennen läßt. Das leise Zittern der Gräser und Blumen in der lindbewegten Luft eines Frühlingstages fesselt ihn, oder das Gleiten der Schatten über eine Heide an einem Sommernachmittage, oder das kaum merkliche Zittern der Fluren in der heißen Sommerluft. Nur ein Beispiel erlaube man mir hier anzuziehen, weil es mit einem oben besprochenen Bilde von Manes verglichen werden kann. Es ist eine Nachtlandschaft, doch malt Švabinský darin nicht, wie seinerzeit Manes und wie es in der letzten Zeit tausendmal geschah, eine Mondlichtstudie, sondern begnügt sich, über einigen Häusern, die fast ganz im tiefen Dunkel der Nacht verschwinden, und die wir nach den aus einzelnen Fenstern herausleuchtenden Lichtern mehr ahnen als sehen, einen hohen, dunklen, mit Sternen besäten Himmel zu malen. Durch den Kontrast der fast ganz verschwindenden Formen und Farben und der einzelnen aufblitzenden Lichter, deren Bedeutung wir nur erraten, ist es ihm gelungen, die merkwürdige Ruhe, die stille Bewegungslosigkeit einer Landschaft in der Nacht, wie wir ihren Zauber schon oft auf uns haben einwirken lassen, so treu wiederzugeben, wie ich es noch auf keinem Bilde gesehen habe.

Aus denselben Quellen des malerischen Schaffens stammen aber auch seine Farbenstimmungen. Mag die ältere pleinairistische und impressionistische Malerei noch so sehr eine dargestellte Erscheinung mit ihren vorübergehenden und subjektiv wahrgenommenen Elementen in Einklang

Max Švabinský, Bildnis des Dichters Svatopluk Čech — Nach der Originallithographie

bringen, so beruht sie doch auf der Prämisse eines angenommenen relativen Stillstandes dieser Erscheinung, die sich doch in einer ununterbrochenen Bewegung befindet. Selbst die grünen Reflexe, die das Laubwerk auf die Körper wirft, die blauen Schatten, die nur beim vollen Sonnenlicht zu sehen sind, das Verdampfen der Formen und Umrisse in der Luft, das Auflösen des farbigen Eindrucks in seine Bestandteile, setzt ein Stillstehen der Erscheinung voraus.

Es scheint unmöglich zu sein, in einem Bilde die Veränderung und Bewegung der plastischen und farbigen Malerei darzustellen und doch gibt es ein Mittel, sie den Beschauer ahnen zu lassen. Dieses Mittel besteht in einer gewissen Einschränkung.

Es ist unmittelbar vor Sonnenaufgang, und auf dem Meere und auf dem Himmel liegt ein silberner Schleier, durch den hie und da farbige Tinten zu schimmern scheinen, ohne daß sie ihn durchbrechen könnten. Dieses silberne Kleid hat jedoch selbst bei jeder Wolke, an jeder Welle eine andere Nuance und wir erraten, daß in dieser Tausendfarbigkeit eines Tones das Momentane liegt, die Bewegung in der farbigen Erscheinung, eine Impression, eine Stimmung, wie sie uns oft in der Natur den Atem benimmt durch eine Ahnung, daß wir sie in der nächsten Sekunde nicht mehr sehen werden. Das ist der Zauber der modernen Farbensymphonien — der Leser dürfte bemerkt haben, daß wir ein bekanntes Bild Whistlers schilderten — und die Wirkungskraft der Bilder des einheitlichen Tones, die von einem künstlerisch fein geschulten Auge als die höchsten künstlerischen Leistungen der modernen Malerei empfunden werden. Die künstlichen Farbenharmonien sind nicht nur durch natürliche, sondern durch momentane, wie sie die Bewegung der Luftstimmung erzeugt, ersetzt worden, die uns zugleich eine Landschaft in ihrem individuellen Gepräge und das Zauberspiel der in Zeit und Raum immerwährend sich vollziehenden Wandlung der Erscheinungen, die Seele der Landschaft könnte man sagen, zu bieten versuchen.

Diese neue Vertiefung der malerischen Wiedergabe von natürlichen Luft- und Farbenerscheinungen hatte naturgemäß eine ungeheuere Vermehrung der malerischen Farbenwerte zur Folge. Der Maler mußte immer wieder seine Nuancen beobachten, und aus dieser Beobachtung sind immer wieder neue Verbindungen entsprungen und aus diesen Verbindungen immer wieder neue Farbenharmonien. In dieser Richtung liegen aber auch die weiteren Vorzüge und Eigentümlichkeiten der Bilder Švabinskýs und zwar sowohl seiner Landschaften als auch seiner figuralen Kompositionen. Es gibt Bilder von ihm, die nur Farbenstudien und Farbenharmonien zu sein scheinen. Die Flügel der Schmetterlinge, farbenglühende Blüten, das Gefieder des Paradiesvogels fesseln ihn als die einzelnen Töne, aus welchen ein neuer Farbenakkord entstehen kann. Und die Akkorde und Harmonien sind, im Grunde genommen, ähnlich wie bei jenen Landschaften, ein Versuch, die Poesie des Augenblickes, das subjektive Farbensehen des Malers mitzuteilen. Wie in seinen Köpfen das Spiel der Miene, in seinen Landschaften die atmosphärische Bewegung und Luftstimmung, so malt er in seinen Farbenstimmungen nicht feststehende Werte, sondern Impressionen, wie sie ihm der Wandel und die Mannigfaltigkeit der Farbenverbindungen angegeben haben. Das sind jedoch alles Eigenschaften einer Kunst, welche das bereits Gefundene zu vermehren, das neue Problem der Naturauffassung intensiver zu bewältigen bestrebt ist, welche in ihren Aufgaben als ein weiterer Fortschritt in der alten kunstlerischen Kultur betrachtet werden kann und sich in ihren Zielen mit dem Suchen jener Meister der modernen Malerei berührt, die am weitesten in solchen Aufgaben vorgedrungen sind, ohne daß sie von einem dieser Meister einfach übernommen worden wäre.

So steht wie am Anfang der skizzierten Entwicklung auch am Schlusse ein Künstler, der nicht nur auf der Höhe seiner Zeit steht, sondern bestrebt ist, »in die Zukunft zu blicken und für die Zukunft zu schaffen«.

Max Dvořák.

SEIT WHISTLERS TOD.

Felix opportunitate mortis: das darf sicherlich von James Mc Neill Whistler gesagt werden. Er hatte lange genug gelebt, noch nicht zu lange; er starb auf der Höhe seines Ruhmes und hatte den Spott und die Verleumdung Lügen gestraft, die in früheren Jahren sein Genie angriffen, während man zweifeln kann, ob irgend ein neues Werk, das er noch hätte schaffen können, seinen Ruhm erhöht hätte. Sein Tod ist nicht nur für eine Nation, sondern für die ganze zivilisierte Welt ein Verlust. Von Geburt ein Amerikaner, gab er, wie es so viele namhafte amerikanische Künstler getan haben, zugunsten Europas sein Heimatland auf und lebte viele Jahre in England. In London war es, wo er am 17. Juli 1903 starb und zwar in Charles Ashbees Hause im Cheyne Walk zu Chelsea. Es ist ein seltsamer Neubau aus gelben Ziegeln, dessen Tor mit getriebenem Kupfer überzogen ist und auf die Themse geht. Chelsea ist von Holbeins bis zu Rossettis Zeiten ein Künstlerviertel gewesen. Hier genoß Whistler während der letzten Monate seines Lebens beinahe denselben weiten Blick über Wasser, Bäume und Himmel, von dem Turner, der gleichfalls im Cheyne Walk starb, in den letzten Tagen inspiriert wurde. Hier schaute Whistler nach Jahren wieder jene wunderbaren ewig wechselnden Lufterscheinungen der Londoner Themse, die er in all ihren Veränderungen durch Licht und Wetter als der erste zu würdigen und dem Auge, das sie noch nie gesehen hatte, und dem Geiste, der ihre Schönheit noch nicht beachtet hatte, als der erste zu offenbaren wußte. Die Szenerie von Whistlers Hinscheiden war nicht weniger passend als der Moment. Das Haus und seine Lage, die dessen Bewohner dem öden Getriebe einer gewöhnlichen Londoner Straße entrückt, stimmte zu dem Künstler, der in nichts gleich anderen Menschen war, dessen Tracht, Geberde und Sprache ebenso wie seine Kunst einen individuellen Akzent hatte, den Akzent ausgesuchter Verfeinerung.

Aber die Jahre, die Whistler auf der Höhe und gegen Ende seines Lebens in London zubrachte, machten ihn weder zu einem Engländer, noch begründeten sie eine tiefere Sympathie zwischen ihm und seinem Adoptivvaterland. Er lebte viel in Paris, viel auch in Holland, von den Besuchen in Venedig, dem wir einige der Meisterstücke seiner Radierkunst verdanken, nicht zu sprechen. Er war ganz und gar Kosmopolit und das Leben in Frankreichs Hauptstadt, wo alles Neue und Hoffnungsvolle auf dem Gebiete der Kunst rascher erkannt und gefördert wird, war ihm wesensverwandter als englischer Konservatismus mit seiner Gleichgültigkeit oder Feindseligkeit gegen alles Unbekannte. Whistler war überdies empfindlich, ungeduldig und streitsüchtig, und wenn er mit privater oder öffentlicher Dummheit oder vielmehr mit jener Unfähigkeit, die Dinge von seinem Standpunkte aus zu betrachten, die es ihm Dummheit zu nennen beliebte, in Berührung kam, so bekämpfte er seinen Feind mit den Waffen seines beißenden Witzes und seines sarkastischen Spottes. Es gab kaum einen Kritiker oder eine Institution für Kunstpflege in England, die er nicht befehdete, kaum einen Freund, mit dem er nicht in Streit geriet, und all diese Händel wurden von ihm selbst in seinem unterhaltenden Buch »The gentle Art of making Enemies« zu Protokoll gebracht. Zweifelsohne war er als Präsident der Royal Society of British Artists nicht nur ungeeignet, sondern geradezu unmöglich, — ein Amt, das er auch nach kurzer Zeit niederzulegen gezwungen war; hierauf wurde er Präsident der International Society of Painters, Sculptors and Gravers und diesen Titel hatte er bis zu seinem Tode inne.

Eine Zeitlang schien Whistlers Tod in London wenig Aufsehen zu erregen. Wohl brachte jedes Tagesblatt eine Todesnachricht und rief irgend eine Äußerung oder eine Paradoxie, die vor zehn oder fünfzehn Jahren die Frivolen amüsiert oder den Grimm der Ernsthaften erweckt hatte, ins Gedächtnis zurück, dann aber kam die tote Saison und das Thema wurde fallen gelassen. Als sich jedoch die Stadt im Oktober wieder füllte, schwebte Whistlers Name auf aller Lippen; jede Zeitschrift, die erschien, brachte einen Artikel über Whistler; jeder Kunsthändler trieb Whistlers auf, gute oder schlechte, echte oder falsche, und stellte sie in seinem Schaufenster aus. Gegnerschaft und Geringschätzung waren vergessen; es erscholl nur eine Stimme des Lobes. La princesse du pays de porcelaine wurde nach Amerika für 5000 £ (120.000 K) verkauft. Eine von Whistlers Radierungen, das Porträt seiner Mutter, soll seinen Besitzer für 250 £ (6000 K) gewechselt haben. 15 £ (360 K) waren ungefähr die niederste Summe, wofür ein guter Abdruck einer recht gewöhnlichen Radierung zu erhalten war, und von allem, was selten oder ungewöhnlich schön war, stieg der Preis auf das Fünffache oder auf noch mehr. Whistlers Schüler und enthusiastischer Vorkämpfer, Josef Pennell, veröffentlichte einen Artikel, in dem ein beliebiger Rembrandt und ein Whistler auf derselben Seite reproduziert waren, und diese Nebeneinanderstellung sollte dartun, daß Whistler der größere Künstler war. Und dann begannen einige nüchterne Leute, die noch nicht ganz ihre Urteilskraft eingebüßt hatten, sich zu wundern und zu fragen, wie lange dieser Enthusiasmus noch vorhalten werde, und ob jene übertriebenen Preise nicht hauptsächlich auf die Nachfrage um Whistlers Radierungen von Seiten amerikanischer Sammler zurückzuführen seien und ob Rembrandts Ruhm durch Mr. Pennells Entscheidung für den Tagesgötzen dauernd geschädigt sei.

Die erfreulichste Tatsache in all dem Begeisterungstaumel war, daß sich noch nicht dagewesene Gelegenheiten ergaben, Whistlers Radierungen kennen zu lernen, von denen bisher mehr gesprochen ward, als sie gekannt wurden. Das Britische Museum besitzt eine schöne, wenngleich sehr unvollständige Sammlung seiner frühen Arbeiten, die französische und die Themse-Serie sowie einige von den seltenen Kaltnadelarbeiten aus den Fünfziger- und Sechziger-Jahren; es besitzt auch die 1886 von Dowdeswell publizierte Folge von 26 Blättern, deren Stoffe größtenteils der Dogenstadt entnommen sind, aber kein einziges Blatt späteren Datums. Das South Kensington-Museum verfügt über eine noch kleinere Sammlung. Demgemäß ist 188 die höchste in einem Londoner Museum vertretene Wedmore-Nummer, während die Gesamtzahl der Radierungen Whistlers, einschließlich der im amerikanischen Supplement zu Wedmores Katalog beschriebenen und anderer noch nicht verzeichneter, ungefähr 370 ausmacht. Von dieser großen Zahl waren etwa zwei Drittel und zwar beinahe ausnahmslos in Drucken ersten Ranges in der Ausstellung bei Obach zu sehen, und zu gleicher Zeit war auf dem Leicester-Square eine kleinere Ausstellung, bestehend aus der Sammlung Mortimer Menpes', der ehemals ein intimer Freund und Nachahmer Whistlers war, geöffnet.

Die Kollektion Menpes enthielt nichts von Whistlers letzten Arbeiten und wenig von seinen frühesten; sie beschränkte sich absichtlich auf die mittlere Periode (1860 – 1880) und war besonders stark in Kaltnadelarbeiten und Probedrucken oder frühen Zuständen; viele der hier zu sehenden Blätter waren sogar Unica. Unter den Schönheiten, welche die Ausstellung enthielt, mögen das bereits erwähnte, nur einmal vorhandene Porträt von Whistlers Mutter (W. 88), verschiedene Porträte der Familie Leyland, Porträte des Dichters Swinburne (W. 110), Lord Wolseleys (W. 138) in zwei Zuständen, Irvings als Philipp II. von Spanien (W. 139) in vier Probedrucken, nebst einer unbeschriebenen Platte mit demselben Vorwurf in zwei Zuständen, und eine Landschaft, die von Whistler und Haden, seinem Schwager, gemeinschaftlich gearbeitet und von beiden signiert wurde, Erwähnung finden. Viele von diesen Raritäten waren jedoch schwaches und unbedeutendes Zeug; flüchtige Skizzen nach Modellen, Landschaften oder Architekturstudien, eben begonnen und gleich wieder liegen gelassen; Kleinigkeiten, um deren Veröffentlichung oder Aufbewahrung sich der Künstler nicht kümmerte und die bisher unbeschrieben geblieben sind, weil sie niemand einer Beschreibung wert erachtete. Es ward jedoch nahezu alles verkauft und zwar zu ungeheueren Preisen. Die von Menpes aufbewahrten frühen Probedrucke der venetianischen Radierungen enttäuschten; sie sind, wie Wedmore richtig bemerkt hat, schwächer als die nachträglich publizierten Drucke. Whistler schritt allmählich zur richtigen Druckart vor, und wenn er auf der Platte arbeitete, so war das Ergebnis nicht wie bei vielen weniger erfahrenen Künstlern ein Verlust, sondern ein Gewinn. Die Ausstellung enthielt auch eine kleine Auswahl von frühen Lithographien, die um 1878 entstanden sind. Eine vollständige Sammlung von Whistlers Arbeiten auf Stein ist niemals in London zu sehen gewesen. Ways 1896 publizierter Katalog der Lithographien umfaßt 130 Nummern, und Whistler soll gegen Schluß seines Lebens noch viel mehr gemacht haben.

Die Sammlung Menpes war besonders interessant für ernste Forscher und für Sammler; nun, da sie zerstreut ist, ward die Vorbereitung für einen vollständigen und abschließenden Katalog von Whistlers Oeuvre eine Aufgabe von hoffnungsloser Schwierigkeit. Die Ausstellung in der Bond Street, deren Kern aus der en bloc erworbenen Sammlung eines Privatmannes in Dundee bestand, übte auf das große Publikum und auf Freunde der Radierkunst, die sich Whistlers Werk von einer rein ästhetischen Seite her näherten, eine weit größere Anziehungskraft aus. Ungefähr 100 der schönsten Drucke waren, soweit dies mit der dekorativen Wirkung in Einklang zu bringen war, in chronologischer Reihenfolge aufgehangen. Sie waren in weißen Rahmen an den gelben Wänden angebracht, die durch einen weißen Fußstreifen vom grauen Teppich geschieden waren, — ein Dekorationsschema ganz nach Whistlers Sinn, nur daß das Gelb ein bischen zu glänzend war. Die übrigen Drucke, ungefähr 150, waren in Mappen aufbewahrt. Dem Londoner Publikum kann niemals eine für das Auge gefälligere, für den kritischen Geist lehrreichere Ausstellung von Radierungen geboten worden sein.

Alle Perioden von Whistlers Entwicklungsgang waren unparteiisch vertreten. Von der frühen französischen Serie waren beinahe sämtliche Blätter da, und die Themse-Radierungen, welche er der Meinung einiger Kritiker zufolge niemals übertroffen hat, waren alle in jenen frühen Probedrucken vorhanden, die lange vor ihrer Publikation als Folge im Jahre 1871 von den Platten genommen worden waren und nach denen allein diese Blätter beurteilt werden können. Ihnen fügten sich einige der frühen Kaltnadelarbeiten an, einschließlich Fumette (W. 50), The Forge (W. 63), The Boy (W. 100), The Guitar-Player (W. 122) und Battersea: Dawn (W. 125) in beiden Zuständen, deren erster eine von Whistlers ausgezeichnetsten Wiedergaben von Nebel und fahlem Licht über dem Strom ist. Wych Street (W. 132), braun gedruckt, Battersea Bridge (W. 141) und Putney Bridge (W. 145) gehörten zu den schönsten der Londoner Sujets aus der mittleren Periode. Daran schlossen sich die venetianischen Radierungen in Drucken ersten Ranges; The Little Lagoon (W. 152), nicht immer eine durchaus wirkungsvolle Platte, konnte in diesem Falle das Herz der ganzen Gruppe genannt werden, die ungefähr 1880 entstanden ist und sowohl die in diesem Jahre veröffentlichten zwölf Radierungen (W. 149—160), als auch die 21 venetianischen Vorwürfe umfaßt, die dann sechs Jahre später in der Folge der von Dowdeswell herausgegebenen 26 Blätter erschienen sind.

Es war beim Drucke dieser venetianischen Radierungen, daß Whistler seine ganze Geschicklichkeit im Erzielen von atmosphärischen Effekten und dem Spiel der Reflexlichter auf breiten Wasserflächen entfaltete, indem er die Farbe auf verschiedenen Stellen der Platte ungleich verteilte, ein Verfahren, das von einigen Puristen, Verteidigern der strengen Linientechnik, als unerlaubt verpönt wird. In den meisten seiner späteren Arbeiten, vom Jahre 1885 angefangen (W. 200 und die folgenden Nummern), kehrte er zu einer einfacheren Druckmethode zurück; er bediente sich beinahe stets eines hellen Braun als Druckfarbe, wovon er einen dünnen Schleier auf der Platte stehen ließ, aber niemals so viel, daß dadurch die Wirkung der radierten Linie selbst übertönt wurde. Beinahe all die letzten Radierungen sind klein, zart und nur in wenigen Drucken vorhanden; man kann kaum sagen, daß sie überhaupt publiziert wurden, und die bei Obach ausgestellten 70 Stücke dieser Periode waren, abgesehen von dem engen Kreise eingeweihter Sammler und von Whistlers persönlichen Freunden, für die meisten Besucher neu.

Es fällt schwer, aus einer so großen Anzahl von beinahe durchwegs köstlichen Blättern einige mit einem besonderen Lob zu bedenken, doch darf vielleicht eine Ausnahme gemacht werden zugunsten von Fruit Shop, Chelsea (W. 210), Savoy scaffolding (W. 217) und der Folge von acht Marinedarstellungen (W. 237—244), die an die Jubiläumsflottenschau von 1887 erinnern. Dann gibt es unter den kontinentalen Radierungen viele bewunderungswürdige Arbeiten: die Architekturstudien von Brüssel, Brügge und Bourges, die Little Drawbridge (W. 263), das Nachtstück Dance House (W. 265), das sonderbar benannte Embroidered Curtain (Fassade eines holländischen Hauses, sehr detailliert ausgeführt), vor allem aber Zaandam (W. 268), das sicherlich eines der Meisterstücke der Radierung überhaupt ist und gleich hervorragend ein anderes holländisches Thema, Amsterdam from the Tolhuis (W. 82), viele Jahre vorher entstanden, wovon die Ausstellung einen frühen Zustand von außerordentlicher Schönheit enthielt. Flüchtig und unbedeutend, wie einige dieser Blätter erscheinen, können wir doch sicher sein, daß jede dieser späten Radierungen die Frucht sorgfältigen Nachdenkens und ebensolcher Auswahl war. Whistler wußte als Radierer ebenso wie als Maler mit wunderbarer Sicherheit, wie das Überflüssige außer acht zu lassen und der angestrebte Effekt genau festzuhalten sei; er war mehr als der bloße Improvisator, wie ihn einige seiner Kritiker genannt haben. Er war zweifellos, besonders während seiner mittleren Periode, bisweilen in der Zeichnung der menschlichen Figur, namentlich der Arme und Beine, sorglos bis zur Fehlerhaftigkeit. Seinen Radierungen mögen einige strenge Richter vorwerfen, daß sie allzusehr den Menschen vernachlässigen. Es gibt eben verschiedene Ideale und verschiedene Arten hoher Künstlerschaft. Wir können nicht alle Whistler auf einen Gipfel stellen. Aber warum müssen wir ihm einen Platz über oder unter Rembrandt oder einem anderen der größten Radierer, alten oder neuen, zuweisen? Es genügt zu sagen, daß er in den meisten Eigenschaften, die wir gegenwärtig von einer guten Radierung verlangen, in der Kraft, in der Leichtigkeit der Strichführung und in der Unmittelbarkeit der Absicht, weit über den meisten seiner Zeitgenossen und weit über allen seinen Nachahmern steht. Es ist leicht, fast alles in der Natur wegzulassen, was der gewöhnliche Mensch darin sieht, aber nicht so leicht, etwas hineinzulegen, was der gewöhnliche Mann aus sich selbst heraus niemals sieht, nämlich das Wesentliche der Dinge. Sieht man zum ersten Mal eine umfassende Sammlung von Whistlers Arbeiten, so kann man sich nur wundern, wie wenig er irgendeinem Vorgänger verdankt und wie viel die Kunst der jüngeren Generation ihm. Uns zum mindesten, wenn schon nicht allen kommenden Zeiten, muß er als ein großer Meister gelten.

Campbell Dodgson.

Charles Huard, »Markt zu Falaise«. Originalradierung

CHARLES HUARD.

Wie einst auf dem Pont-Neuf und längs den Kaien der Seine Ausstellungen von Gemälden veranstaltet wurden, so hat jetzt ein kunstfreundlicher Buchhändler gewissermaßen auf offener Straße, im Passage de l'Opéra, mit einer Reihe moderner, zeitgemäßer Zeichnungen einen ähnlichen Versuch gemacht. »Au Mur«, das ist der allgemeine Name für diese Schaustellungen. Nach Léandre und Jossot ist jetzt Charles Huard an die Reihe gekommen. Das anspruchslos muntere Auftreten dieser Ausstellung, die jedermann zugänglich ist, ja sozusagen jedermann von selbst entgegenkommt, paßt vortrefflich zu dem Wesen der ausgestellten Arbeiten. Denn das sind keine Zeichnungen von der peinlichen, fast gesuchten Ausführung, wie sie die eines Ingres oder eines Cazin aufweisen, sondern breite, kräftige Blätter, die Originale von Reproduktionen, die in den Witzblättern Le Rire, Le Sourire, Le Journal Amusant, Le Cocorico, L'Assiette au Beurre u. s. w. die Massen der Leser erheitert haben. Die besten unter ihnen sind übrigens unter dem Titel »Province« auch in Buchform gesammelt erschienen, in derselben Folge, die früher auch die Zeichnungen Steinlens und Willettes gebracht hatte.

Provinz! Das eine Wort faßt prächtig den Charakter der ausgestellten Arbeiten zusammen. In der Tat, es ist die Provinz, auf deren Kosten Huard die Leute lachen macht. Paris ist ja bekanntlich

Nach einer Zeichnung von Charles Huard

Athen, und Provinz ist alles, was nicht Athenisch ist, alles Böotische.

Huard schwingt nicht die Geißel des Archilochus, er ist kein Forain. Er ist ein Spötter, der beobachtend um sich blickt und dem, was er wahrnimmt, zu dem Lustspiel unserer gegenwärtigen Zeit wird. Er ist aus dem Geschlechte der Carle Vernet, der Gaudissart, der Henri Monnier, der Gavarni, der Daumier und der Keene. Sein Spott ist ohne Bitterkeit; er findet sein Vergnügen an den Verkehrtheiten und Wunderlichkeiten, die er entdeckt. Denkt er auch nur daran, sie zu verbessern? Ganz und gar nicht! Dazu machen sie ihm viel zu viel Spaß und sie sind so ewig und unveränderlich wie die menschliche Natur selbst — zwei Gründe, die hinreichen, jeden Versuch einer Besserung oder Abhülfe von Anfang an als fruchtlos und unnütz aufzugeben.

Die ausgestellten Zeichnungen sind mit einer ungewöhnlich rasch zugreifenden Hand hingeschrieben. Die beschränkte Eitelkeit, die kindische Neugierde, der Klatsch und Tratsch und der Müßiggang der Kleinstadt sind in schreiender Wirklichkeitstreue auf den Gesichtern von Huards Figuren zu lesen. Von einer ungewöhnlich tiefen Menschen- und Seelenkenntnis zeugt die Art, wie der Künstler all die Mißbildungen, die Male und Narben zum Ausdruck bringt, die das Leben im allgemeinen oder ein bestimmter Beruf im besonderen den Gesichtern und Leibern aufprägt. Huards Typen begegnen uns auf Schritt und Tritt in allen Gassen. Das ist ein Beweis dafür, daß er nicht etwa Porträte zeichnet, sondern daß er immer den Charakter sozusagen abkürzend zusammenfaßt, was gewiß viel schwieriger ist.

Wir haben schon einige Namen angeführt: aber daraus darf man noch nicht auf Ähnlichkeiten schließen. Huard ist einfach Huard. Er ist bei niemand in die Schule gegangen und sein künstlerischer Stammbaum ist unbekannt. Seine Beobachtungsgabe ist ein Geschenk der Natur. Senie Mache kommt ohne Zweifel von den illustrierten Zeitungen her, besonders vom Punch, aber auch hier muß man dem angeborenen Talent den größten Platz einräumen. Die Raschheit der Beobachtung hat zur Folge die Raschheit der Ausführung. Es ist ganz ausgeschlossen, daß Huard sich mit einer Zeichnung lange abmüht und sie ein dutzendmal wieder vornimmt und umarbeitet, wohl aber kann man es sich ganz gut vorstellen, daß er in nervöser Hast darauf losarbeitet und mit dem allereinfachsten Werkzeug vorlieb nimmt, mit dem Bleistift, den er besonders meisterhaft handhabt, der schwarzen Kreide, dem Pinsel und der Feder. Selbst wenn er eine Zeichnung mit Aquarellfarbe höht, so tut er dies mit einer gewissen Aufregung. Das sind dann keine zarten, bescheidenen Fleckchen, die hübsch aussehen wollen, sondern kräftige, kühne Farbenklekse, die die Zeichnung stark unterstreichen und ihre Komik erhöhen, aber doch ohne Übertreibung und nur durch eine kaum merkliche Verstärkung der richtigen Wirkung. Denn bei Huard ist alles von verläßlichster Genauigkeit und der Ausfluß der ehrlichsten, aber auch unerbittlichen Beobachtung.

Huard ist kein sklavischer Kopist des Modelles. Er arbeitet aus dem Gedächtnis. Sein Kopf ist ein Schrank, dessen Laden und Fächer in schönster Ordnung die verschiedenen Reihen und Arten des Ausdruckes, der Gesten und der Stellungen enthalten. Er kennt zum Beispiel ganz genau die Falte, die der Mantel eines trinkenden Kutschers an der Schulter macht, die ganz bestimmte Art, wie eine alte Frau ihre Hände aneinander preßt, die Furchen und Rillen am Halse eines Wohlbeleibten; er weiß, wie sich ein Hemdkragen zerdrückt, wie je nach der Beleuchtung die Backenknochen hervortreten u. s. w. Und das alles ist so sauber und unmittelbar gegeben, nicht lange gesucht, sondern auf den ersten Wurf geglückt, die Einzelheiten passen sofort zusammen, alles steht gleich fest da und hat vom Anfang an Haltung. Das Modell dient dann nur mehr zur Korrektur von Kleinigkeiten und zur allernötigsten Kontrolle.

Soviel über die ausgestellten Blätter.

Es gibt aber auch noch andere und künstlerisch höher stehende Zeichnungen Huards. In diesen wird der „Molière der Bauern" zum Dichter der Natur und der Stadt. Immer mit dem Skizzenbuche in der Hand schenkt er seine Aufmerksamkeit und herzlichste Teilnahme der Landschaft, den alten, phantastisch geformten Bäumen, den Windmühlen auf den Hügeln, den engen, verschlungenen Gäßchen, den vielhundertjährigen Marktflecken, den gotischen Kirchen mit ihren Strebepfeilern und

Nach einer Zeichnung von Charles Huard.

Bogen, den vorsintflutlichen, schlechten Landkutschen, die mit der Deichsel in der Luft in den schmutzigen Höfen der Herbergen über Nacht eingestellt sind. Sein größtes Entzücken sind aber die Schiffe, »diese großen Vögel des Meeres, die kommen und gehen«; er zeichnet als seine eigenste Domäne ihre gewaltigen Formen, den schwärzlichen Rumpf mit den zinnoberroten Verzierungen, die beweglichen Masten und die safranfarbenen Segel. Er ist nicht minder zu Hause im Gewimmel der Märkte, in dem malerischen Durcheinander der Landleute, der Waren, der Karren und der weidenen Körbe. Und alles das — zugleich auch, nebenbei bemerkt, der Vorrat, aus dem er die Motive für seine Radierungen schöpft, von denen gleich die Rede sein wird — hat auch eine Spur hinterlassen in den Zeichnungen, die jetzt »an der Mauer« angeheftet sind, denn gar oft heben sich da die Figuren, die uns zum Lachen oder Lächeln reizen, von dem Hintergrund eines alten Städtchens ab, dessen stimmungsvolle Poesie in entzückender Weise zum Ausdruck kommt.

Nach einer Zeichnung von Charles Huard.

* * *

Wer kennt Huards Radierungen? Mit Ausnahme derjenigen Blätter, die gemeinsam mit denen Eugène Béjots zur Illustration der »Bateaux de Paris« gedient haben, sind sie, wie man ruhig sagen kann, bisher gänzlich unbekannt geblieben. Und doch sind es mehrere Hundert an Zahl und sie bilden einen der wichtigsten Teile von des Künstlers Werk. Sie sind nicht minder bedeutend an Wert als durch ihre Zahl, diese kleinen Blätter, die er für sich selbst gemacht hat, nur weil er die Radierung liebt, diese bewegliche, wirkungsvolle und in der Wirkung so schwer zu berechnende und an Überraschungen reiche Technik. Im Gegensatz zu den Zeichnungen enthüllen die Radierungen den ganzen Umfang von Huards künstlerischem, besonders technischem Wissen. In diesen feinen, zarten Blättern sehen wir ihn abwechselnd im Banne Rembrandts, Félix Buhots und Adolphe Herviers, dieses entzückenden Kleinmeisters des neunzehnten Jahrhunderts. Dabei ist er durchaus kein Nachahmer der genannten Radierer, er wählt auch nicht ihre Motive, noch entlehnt er ihre Mache, aber er fragt sie um Rat, sucht sie zu verstehen und in das Wesen ihrer Kunst einzudringen, kurz, er sieht die Dinge von demselben künstlerischen Gesichtspunkte aus. Wir begegnen also hier einer ähnlichen Erscheinung wie bei Alphonse Legros, dessen ganzes Werk ja laut genug verkündet, was und wer ihn zur Bewunderung hingerissen hat. Es heißt doch sicherlich nicht sein Talent knechten, wenn einer die Kette der

Nach einer Zeichnung von Charles Huard

Nach einer Zeichnung von Charles Huard.

Überlieferung weiterknüpft. Der Fortschritt in der Kunst wird nicht von den Unwissenden, sondern von den Unterrichteten gemacht. In einer Technik, wie die Radierung es ist, gibt es nichts zu erfinden, man muß einfach das Handwerk von denen lernen, die sich darin ausgezeichnet haben, so daß man dann alles so gut ausdrücken kann wie sie. »Und wenn du für hunderttausend Franken Handwerk besitzest«, pflegte Ingres zu sagen, »um zwei Sous kannst du dir immer noch dazu kaufen.«

Die schönen Zeichnungen Huards mit ihren einschneidenden Umrissen und ihren geradlinig schraffierten Schatten enthalten im Keime einen Meister der Radierung. Die Unmittelbarkeit, die Sicherheit und auch die geheimnisvolle Tiefe der Radierung vertragen sich gut mit der ehrlichen Künstlerseele Huards, die bald harmlos fröhlich ist, bald tief erregt. Man spürt auch, wie er sich hier wohl und zu Hause fühlt.

* * *

Nicht minder wohl und behaglich fühlt sich Huard als Illustrator. Die Frische seiner Zeichnung, die Abneigung gegen Tuschungen, gegen Saft und Sauce bewirken die glücklichste Wechselbeziehung zwischen dem Bild und dem gedruckten Text. Man kann dies schon sehen bei seinen Illustrationen zum Père Milon von Guy de Maupassant und zum Ecornifleur von Jules Renard, wenngleich hier durch schlechten Holzschnitt viel verloren gegangen und verdorben worden ist. Traduttore, traditore. Einen besseren Begriff von Huards Illustrationskunst werden die zweiundfünfzig Radierungen geben, die Georges Clémenceaus Figures de Vendée (Paris, bei Maurice Méry) schmücken, und die hundertundzwei, zum Teil farbigen, Radierungen zu Flauberts Meisterwerk Bouvart et Pécuchet, an denen er gegenwärtig im Auftrage des Verlegers Piazza arbeitet.

Charles Huard. »Markt zu Arras« — Heliogravüre nach der Originalradierung

Das ist bisher das künstlerische Gepäck eines jungen Mannes von siebenundzwanzig Jahren. Als Zeichner, Illustrator und Radierer verrät er immer und überall den eigenartigen Künstler. Charles Huard gehört zu denen, die man für die Zukunft im Auge behalten muß. Sein jugendfrisches Talent, das doch schon voll künstlerischer Erfahrung ist, bietet die volle Gewähr für eine kommende Zeit üppigster Reife. —

Durch das liebenswürdige Entgegenkommen des Künstlers können wir den Lesern nicht bloß die Reproduktionen mehrerer seiner Arbeiten bieten, sondern auch eine seiner kleinen Radierungen, den »Markt zu Falaise« im Abdruck von der Originalplatte. Eine große Radierung Huards, »Kai in Marseille«, wird unserer nächsten Jahresmappe zur besonderen Zierde gereichen.

Clément-Janin.

FRIEDRICH PRELLER.

Zu seinem hundertsten Geburtstage.

Auf der ersten allgemeinen deutschen Kunstausstellung in München 1858, die zugleich einen Rückblick auf die von Carstens ausgegangene Wiedergeburt der deutschen Kunst gewähren sollte, zogen unter den Schöpfungen der Gegenwart vor allen zwei die Aufmerksamkeit auf sich: Moritz von Schwinds Märchen von den sieben Raben und Friedrich Prellers Odyssee-Kartone. Sie wurden vom Preisgericht ausgezeichnet, und der Großherzog Karl Alexander von Sachsen erwarb die Sieben Raben, Preller aber erhielt von ihm den Auftrag, die Odyssee-Landschaften in Weimar in einem dafür zu schaffenden Raume als Wandbilder auszuführen. Beide Künstler, fast genau gleichalterig und einander befreundet, standen damals auf der Höhe ihres Lebens und ihrer Kunst. Jetzt haben wir vor wenigen Wochen Schwinds hundertsten Geburtstag begangen, zu Prellers Gedächtnis steht die gleiche Feier für den 25. April d. J. bevor. Ihm gelten die nachfolgenden Zeilen. Wie Schwind ist auch er seinen eignen, vorher nicht betretenen Weg gegangen. Lebte jener mit Vorliebe in der deutschen Märchenwelt, so war Prellers Phantasie vor allem in dem für die deutsche Kultur nicht minder bedeutsamen Gebiet der griechischen Heldensage heimisch, und mit Recht hat von seinem Odyssee-Zyklus, der nach seiner ausgesprochenen Absicht »nicht eine Illustration, sondern selbst wieder ein Gedicht« werden sollte, Wilhelm Lübke geurteilt: wie in Goethes Iphigenie, so sei auch hier die Antike mit der ganzen Innerlichkeit deutschen Geistes erfaßt. Beide Künstler, Schwind und Preller, lebten mit Leib und Seele in ihrer Kunst, beiden war sie eine hohe, heilige Sache, und der Mahnung, die wenige Jahre vor ihrer Geburt Schiller an die Künstler gerichtet hatte: »Der Menschheit Würde ist in eure Hand gegeben, bewahret sie!« — dieser Mahnung sind sie so treulich gefolgt wie nur irgend einer. Kernhafte, ursprüngliche Menschen, aufrichtig und keusch in ihrem Wesen und Schaffen, verbanden beide mit feiner Empfindung die Liebe zu munterem Scherz und zu volkstümlich derber Rede. Beiden galt als Krönung ihrer Arbeit, was Goethe als die schönste Aufgabe der bildenden Kunst bezeichnet hatte: einen gegebenen Raum mit einer einheitlichen Folge von Darstellungen zu schmücken. Und den Werken beider eignete in besonderem Maße das innige Zusammenstimmen der landschaftlichen Umgebung mit den sich darin bewegenden Menschen und ihrem Tun und Leiden.

In Eisenach geboren, war Friedrich Preller schon in frühester Kindheit mit seinen Eltern nach Weimar übersiedelt, das, »wie Bethlehem klein und groß«, das Gepräge seines geistigen Lebens und zu einem guten Teil auch sein Äußeres — man denke nur an den das Städtchen von zwei Seiten umschließenden Park — von Goethe empfangen hatte. Die Neigung zur Kunst und die Liebe zur Natur, die ihm bis ans Lebensende die höchste Lehrmeisterin blieb, verdankte Preller dem eignen Vater. An der Hofkonditorei angestellt, hatte dieser für das Geschäft Formen in Holz

Friedrich Preller, »Am Palatin«. Nach der Originalzeichnung (1829) im Besitze des Herrn Eduard Cichorius in Dresden.

zu schneiden: Früchte, Laubwerk und allerhand Zierat, zuweilen auch Tier- und Menschengestalten; seine Erholung aber suchte er in den Wäldern des Ettersbergs und der weiteren Umgebung. Und der Knabe ahmte sein künstlerisches Tun nach, begleitete ihn auf seinen Spaziergängen und lernte durch ihn die Natur kennen und beobachten. Als Schüler des Gymnasiums besuchte er dann die von Goethe begründete öffentliche Zeichenschule, und hier zeigte er so viel Eifer und Geschick, daß sein Lehrer, der Schweizer Heinrich Meyer, Goethes Freund, sich von freien Stücken erbot, ihn auch im Malen zu unterweisen. Bald aber griff auch Goethe selber in die Entwicklung des angehenden Künstlers hilfreich ein, und zwar so kräftig, wie vor und nach ihm kein anderer Künstler das erfahren hat.

Was Preller in Weimar von Kunst zu sehen bekam, erweckte in ihm die Begierde, in der Dresdner Galerie weiter zu studieren. Die Mittel dazu erwarb er sich durch Ausmalen von Kupfern für das berühmte Bertuchsche Bilderbuch und ähnliche mühselige Arbeiten. Im Frühjahr 1821 konnte er die erste Reise nach Dresden unternehmen. Damit begann für ihn, wie er selber sagt, ein neuer Lebensabschnitt; eine neue Welt ging ihm auf. Im Herbst kehrte er heim und brachte treffliche Kopien nach Ruisdaels Kloster und einem Potterschen Viehstück mit, daneben auch viele Naturstudien. Die beiden Kopien ließ Goethe für die Sammlung der Zeichenschule ankaufen. Was aber mehr bedeutete, er bestellte den jungen Mann zu sich und trug ihm auf, »seine Wolkenstudien ins Reine zu bringen« und dann nach eigener Beobachtung Wolkenbildungen für ihn darzustellen — eine Beschäftigung, deren gute Früchte auf Prellers Bildern deutlich wahrzunehmen sind. Als dieser dann im folgenden Frühjahr wieder nach Dresden ging, gab ihm Goethe einen (uns im Abdruck erhaltenen) Empfehlungsbrief an den jungen Arzt Dr. C. G. Carus mit, der ihm zunächst als Naturforscher, dann auch als Kunstkenner und Dilettant näher getreten war und sich in diesen Eigenschaften, zugleich durch seine Studien über die menschlichen Geberden und deren Sprache, für den werdenden Künstler überaus anregend bezeigte.

Nach dem dritten Besuch in Dresden, 1823, wagte sich Preller an das erste selbständige Bild, das ihn selbst und seine Freunde bei der Eisfahrt darstellt. Dieser glückliche Griff wurde für seine Zukunft entscheidend. Im Einvernehmen mit Goethe brachte ihn der Großherzog Karl August, der Wohlgefallen an dem Bilde fand, nach Antwerpen auf die Akademie, wo er sich unter van Bree in der Kenntnis des menschlichen Körpers und durch Kopieren nach Rubens und van Dyck im Malen vervollkommnete. Nach zweijährigem Studium aber wurde ihm auf Empfehlung des Direktors die Möglichkeit eines Aufenthaltes in Italien gewährt, der sich von 1826 bis 1831 ausdehnte. Den größten Wert verlieh dieser Vergünstigung die wahrhaft väterliche Teilnahme, mit der sowohl Goethe als auch der Großherzog selber an dem Ergehen und den Fortschritten ihres Schützlings teilnahmen. Es war ein Verhältnis, dem in der Geschichte unserer Kunst nicht leicht etwas Ähnliches an die Seite zu stellen ist. Besonders vor der Abreise nach Italien beschäftigte sich Goethe viel mit dem jungen Menschen und erteilte ihm Ratschläge, die tief in dessen Seele hafteten. Zwei hebt Preller selbst hervor, und Goethe sprach sich auch gegen Eckermann darüber aus. Der eine ging dahin, die Gegenstände in der Natur immer in ihren Beziehungen zur Umgebung zu studieren, damit ihm der organische Zusammenhang deutlich werde. Der andere, daß er neben den ernsten und strengen Poussins, an die ihn seine Naturanlage zunächst weisen werde, auch den Claude Lorrain nicht vernachlässigen möge. Unwillkürlich wird man an diese Worte des feinen Menschenkenners erinnert, wenn man Prellers wilde Seestürme und Hochgebirgslandschaften und andrerseits zum Beispiel den lauschigen Platz am Strande betrachtet, wo der schiffbrüchige Odysseus von der Fürstentochter Nausikaa empfangen wird, mit der warmen duftigen Ferne. »So ist mein Leben«, schreibt der Meister selbst 1860 aus Rom an eine Freundin, »sonderbar geteilt zwischen wahrhafter, innigster Liebe des Vaterlandes und dessen, was es umschließt, und der Liebe zu Italien, die nur der in dem Maße begreifen wird, dessen ganzes Sein mit der Kunst bis ins Innerste verwachsen ist.«

Kehren wir jetzt zu seinem ersten Aufenthalt in Italien zurück. Als Schutzengel geleitet ihn die geistige Nähe der jugendlichen Braut, die er in Antwerpen zurückgelassen hat. Die an sie gerichteten Briefe sind ein wertvoller Familienbesitz. Die ersten zwei Jahre verbrachte er mit seinem Genossen Adolf Kaiser, der Anordnung des Großherzogs entsprechend, in Oberitalien, zur Sommerszeit mit Naturstudien an den Seen beschäftigt, im Winter an der Mailänder Akademie mit Aktstudien und mit der Ausführung landschaftlicher Gemälde, hie und da auch bestellter Bildnisse. Die bedeutungsvollste Zeit begann aber für ihn erst in Rom, wo die beiden jungen Leute Mitte September 1828 eintrafen. Kurz vor der Abreise von Mailand hatte sie die Trauerkunde vom Tode des Großherzogs erreicht. Noch letztwillig hatte dieser für seine Schützlinge gesorgt.

In Rom genoß Preller die Nachklänge jener wunderbaren Frühlingszeit deutscher Kunst, wie sie damals nur auf diesem fremden Boden aufblühen konnte. Oder an welchem Orte Deutschlands wäre in den Jahren der Freiheitskriege oder gar der Reaktion, die ihnen folgte, ein solcher Zusammenfluß von Künstlern aus allen deutschen Gauen, ein solch lebendiges Gefühl der Zusammengehörigkeit, ein so freier Ausdruck dieses Gefühls denkbar gewesen? Durchaus bezeichnend dafür sind die Worte, die der junge Schnorr aus Rom an Goethes Freund Rochlitz schrieb: »Der Deutsche ist nie deutscher gewesen, als er es jetzt hier ist.« Schnorr und Cornelius

Friedrich Preller, »Acqua acetosa bei Rom«. Ölbild (um 1870) im Besitze der Witwe des Künstlers.

waren vor Prellers Ankunft bereits nach Deutschland zurückgekehrt, letzterer kam jedoch 1830 auf ein Jahr wieder nach Rom. Preller aber schloß sich vor allem an den Tiroler Josef Koch an, diesen seltnen Menschen und Künstler, dessen Leben und Schaffen noch immer der verdienten Darstellung harrt. Was Koch den jüngeren Künstlern war, lehrt das Zeugnis des römischen Kestner: »Wenn Koch mit ihren Arbeiten zufrieden war, fragten sie nach keines andern Lob oder Tadel mehr«; Preller bekennt, schon der erste Besuch bei Koch sei für sein ganzes Künstlerleben entscheidend geworden. »Mein Entschluß,« sagt er, »stand schon auf dem Heimwege fest: ich wollte streng und redlich das A-B-C von neuem vornehmen.« Bald genoß er den Vorzug, an der Seite des verehrten Meisters nach der Natur zeichnen zu dürfen. Hier kam ihm zu klarem Bewußtsein, welche Bedeutung die Richtung auf das Wesentliche — der Stil — gerade für den Landschafter hat. Auch der sonst wenig zugängliche Christian Reinhart, Schillers Freund, legte ihm bereitwillig seine Studienmappen vor und lud ihn zu gemeinsamen Ausflügen ein. Was ihm so die Herzen erschloß, das war sein offenes, grundehrliches und bescheidenes Wesen. Dreißig Jahre später schreibt sein Jugendfreund Ernst Rietschel an ihn: »Es gibt Menschen, in deren Nähe sich einer ungemein behaglich fühlt; Du bist ein solcher.«

Noch zwei treten aus dem Kreise der Freunde besonders hervor: der geniale Buonaventura Genelli, der später, freilich erst gegen das Ende seiner dornenvollen Laufbahn, auf Prellers Anregung nach Weimar berufen wurde, und der schon genannte Kestner, der allezeit hilfreiche Berater der jungen Künstler, in dessen Seele uns sein jüngst herausgegebener Briefwechsel mit der Schwester Charlotte einen tieferen Einblick gestattet. Ein Sohn des Ehepaares, das in Werthers Leiden unsterblich fortlebt, kam er dem Schützlinge Goethes mit großer Herzlichkeit entgegen, so daß dieser das Gefühl des Fremdseins in Rom bald verlor. Kestner war es auch, der sich, als im

Herbst 1830 August von Goethe in Prellers Armen gestorben war und ihn mit den schwarzen Blattern angesteckt hatte, des Kranken liebevoll annahm. Ein Jahr nach seiner Heimkehr schickte ihm Preller die ergreifende Zeichnung, die er vom Vater Goethe auf dem Totenbett hatte aufnehmen dürfen.

Mehr und mehr hatte sich unserem Künstler während seines römischen Aufenthaltes die ernste, herbe Schönheit der Campagna erschlossen, die ihm anfangs, wie er in einem Briefe an Goethe bekennt, unverständlich geblieben war. Noch mehr zogen ihn die Sabiner Berge an, vor allem das Felsennest Olevano, wo er auch auf seiner zweiten italienischen Reise (1859—1861) längere Zeit verweilte. Dort, sagt er, sei ihm der organische Zusammenhang in der Natur am klarsten geworden. Von unseren Abbildungen gibt die erste eine im April 1829 am Palatin in Rom aufgenommene Studie in Bleistift, Sepia und Tusche wieder, die zweite das im Besitze der Witwe Prellers befindliche weit spätere Ölbild von Acqua acetosa in der Campagna, an einer Biegung des Tiberstroms nördlich von der Stadt. Das Motiv der dritten ist der Gegend bei Olevano, in der Nähe der berühmten Serpentara entnommen, von der Phantasie des Künstlers mit spielenden und tanzenden Faunen und Bacchanten belebt, während die vierte Olevano selbst bei aufziehendem Gewitter darstellt.

Im Sommer 1830 begleitete Preller die Gräfin Julie von Egloffstein, eine Freundin des Goetheschen Hauses, die sich im Malen vervollkommnen wollte, nach Neapel und Sorrent. Von da aus unternahm er dann mit dem Buchhändler Dr. Hermann Härtel aus Leipzig, den er in Rom kennen gelernt hatte, und einigen anderen Bekannten einen Ausflug nach den Gestaden der Kyklopen und Sirenen. Hier erlebte er, was vierzig Jahre früher Goethe an sich erfahren hatte: die Gestalten der Odyssee gewannen für ihn in dieser Umgebung volles Leben. Daß er durch Goethe besonders darauf hingewiesen war, ist mindestens wahrscheinlich; hatte doch dieser früher einmal den jungen Künstlern die Preisaufgabe gestellt, die Gegenden am tyrrhenischen Meere »nach homerischen Anlässen« zu behandeln.

Nach seiner Heimkehr war es Preller noch vergönnt, dem greisen Beschützer seine Studienmappen und später die Entwürfe zu zwei italienischen Landschaften vorlegen zu dürfen, von denen er die eine für die Großherzogin Maria Paulowna, die andere für Dr. Härtel zu malen hatte, und sein teilnehmendes Urteil zu hören. Wie tief ihn Goethes Tod ergriff, kann nur ermessen, wer die Ehrfurcht des Jüngers vor dem Meister teilt.

Preller hatte zunächst vertretungsweise den Unterricht an der ersten Klasse der öffentlichen Zeichenschule übernommen, 1834 ward er mit dem bescheidenen Gehalt von 100 Talern angestellt. Dies und der sogleich näher zu erwähnende Auftrag Dr. Härtels gaben ihm den Mut, die Braut heimzuführen. Ich habe an anderer Stelle (Velhagen und Klasings Monatshefte, November 1903, Seite 329 ff.) das Künstlerheim in der Mansarde des Jägerhauses geschildert. Hier nur wenige Worte. Prellers Gattin Marie, geb. Erichsen, war eine Künstlers-Ehefrau von Gottes Gnaden. Von ihr galt in besonderem Maße, was Ruskin von der echten Hausfrau rühmt: wo sie waltet, da ist Heim. Verständnisvoll folgte sie der Arbeit ihres Mannes, immer bedacht, ihn zu erfreuen und alles Störende fernzuhalten; und wenn ihm einmal der Mut sank — denn auch der gereifte Künstler wollte noch zuweilen an seinem Können verzweifeln —, dann wußte sie ihn bald wieder aufzurichten. In der Führung des Haushaltes wurde sie von ihrer Mutter unterstützt, die, von allen hochgeschätzt und gern zu Rate gezogen, das Bild eines gesegneten Lebensabends bot. Drei Söhne entsprossen der Ehe, von denen der älteste, dem Beispiel des Großvaters Erichsen folgend, Seemann wurde, der zweite später als Arzt die Wasserheilanstalt Ilmenau übernahm, der jüngste aber, nach

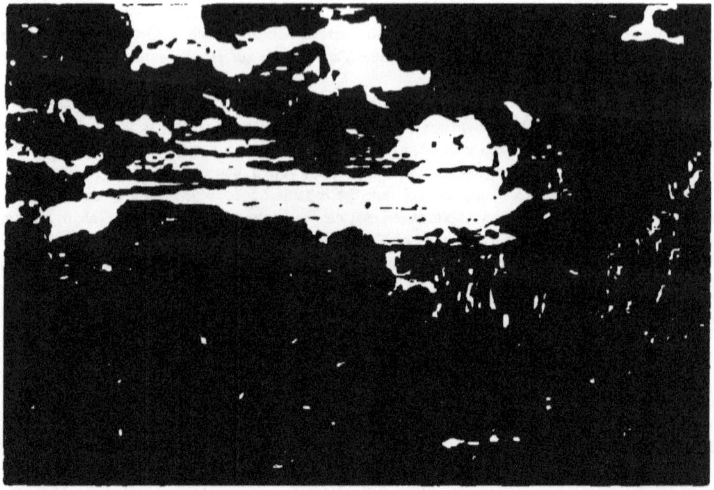

Friedrich Preller, Italienische Landschaft mit tanzenden Bacchanten und Faunen. Nach der Originalzeichnung (um 1870).

dem Vater Friedrich genannt, zu dessen besonderer Freude in seine Fußtapfen trat. Auch für ihres Mannes Schüler, denen ein Saal in demselben Haus als Atelier eingeräumt war, sorgte die Frau Meisterin mütterlich.

Kurz nach Goethes Tode hatte Preller von Dr. Härtel die Aufforderung erhalten, in seinem im Bau begriffenen Römischen Haus ein größeres Zimmer mit Wandbildern zu schmücken — ein Auftrag, von dem er sofort ahnte, daß er von entscheidendem Einfluß auf sein Leben werden könne. Nach näherer Besprechung kam er mit dem Besteller überein, sieben Landschaften mit Szenen aus der Odyssee zu wählen. Ergänzt wurden diese Darstellungen durch einen Fries in der Art etrurischer Vasenbilder; die Komposition dieser kleinen Bilder wurde dem Maler Alexander Bruckmann in München, auch einem Bekannten aus der römischen Zeit, übertragen, Preller führte sie, zum Teil von seinem Schüler Karl Hummel unterstützt, zugleich mit den Landschaften in Tempera aus. Die Arbeit wurde im Herbst 1833 begonnen, aber erst im Dezember 1836 vollendet, da der Künstler immer nur auf Wochen, 1835 überhaupt nicht von Weimar abkommen konnte. Ich kann hier auf das schöne Werk von Julius Vogel: »Das Römische Haus in Leipzig« (1903) verweisen, dem die Odyssee-Landschaften in trefflichen Lichtdrucken beigegeben sind und das auch die nur zum Teil oder überhaupt nicht ausgeführten Entwürfe Genellis und Kochs enthält. Prellers Werk, das er mit Bangen begonnen hatte, war schließlich zu voller Zufriedenheit des Bestellers gelungen, und wohl kein Bürgerhaus in Deutschland hatte damals ihm etwas Ähnliches an die Seite zu setzen.

In den folgenden Jahren beschäftigte den Künstler neben einer Reihe größerer Ölbilder mit Szenen aus der thüringischen Geschichte, die für den Sitzungssaal im großherzoglichen Schlosse bestimmt waren, hauptsächlich die Ausschmückung des Wieland-Zimmers ebenda mit Darstellungen aus dessen Oberon und kleineren Dichtungen. Berater der Großherzogin war der an Meyers Stelle nach Weimar berufene Dr. Ludwig Schorn, der Prellers Arbeit in Leipzig mit warmer Teilnahme verfolgt hatte. Preller selbst, der noch in der homerischen Welt lebte, sträubte sich gegen diese Aufgabe, da er sich nicht dazu geeignet glaubte, und suchte dafür eine andere einzutauschen, allein vergebens. Bemerkenswert ist die Leichtigkeit und Anmut, mit welcher er den dekorativen Teil der Aufgabe, ein ihm neues Gebiet, bewältigt hat.

Die Sehnsucht nach Italien war noch öfters wiedergekehrt. Um sie zu bekämpfen — so berichtet Preller selbst in seinen Aufzeichnungen —, beschäftigte er sich mit nordischer Poesie, besonders mit den (damals noch für echt gehaltenen) Gesängen Ossians. Im Sommer 1837 ging er zum erstenmal nach Rügen, und die herbe Schönheit der sagenreichen Insel regte seine Phantasie lebhaft an. »Mit dem Ossian in der Tasche trat ich meine Wanderungen durch verschiedene Teile der Insel an. Ganze Tage brachte ich an den Seeufern oder auf alten Hünengräbern zu. Ich hatte wieder ein Feld gefunden, auf dem ich Neues und Interessantes zu schaffen dachte. Höheren Genuß, als in Wind und Wetter einsam durch die Heide zu streifen, kannte ich nicht, und so rückte mir der Süden immer ferner — gerade das Entgegengesetzte fing an mich zu erwärmen.« Schon 1839 ging er wieder nach Rügen, diesmal von seinem Schüler Hummel und dem Kollegen Bellermann begleitet, der seine Laufbahn in Weimar begonnen hatte. Die Frucht dieser beiden Reisen waren, außer verschiedenen Ölbildern und Aquarellen, mehrere Radierungen: Eichen im Sturm und Apfelbäume mit einem weidenden Pferd und Schafen, beide mit Ausblick auf die See (1837); am weitesten bekannt ist das Hünengrab geworden, das Julius Buddeus in sein Album deutscher Künstler (Düsseldorf 1841) aufgenommen hat. Unsere fünfte Abbildung zeigt eine Gruppe sturmbewegter Eichen auf dem Vilm bei Rügen. Er hatte als charakteristisch für diesen seinen Lieblingsbaum beobachtet, »daß er sich im Holze wehrt, während das Laub gepeitscht wird und sich um sein Gerippe windet und krümmt«. Das ist hier treffend wiedergegeben.

Noch fruchtbarer wurde für Preller die Reise nach Norwegen, die er 1840 mit denselben Begleitern, dazu noch seinem Schüler Sixt Thon unternahm und die ihn bis nach Balholm am Sogne-Fjord, dem Schauplatz der Frithjofssage, führte. Über eine Ausstellung der aus Norwegen mitgebrachten Skizzen berichtete das Deutsche Kunstblatt von 1840 (Seite 438): »Die großartige und rauhe Natur des Nordens war hier mit kühnen, geistreichen und höchst lebendigen Zügen wiedergegeben. Es sind öde felsige Küsten, anschäumende Wellen, stille, von Bergen umgebene Binnenseen, einsame Kirchen, alles von einem grauen, trüben Himmel bedeckt, aber der entschiedene und ernste Charakter aller Formen und Farben hat einen eigenen Reiz.« Preller selbst schrieb an seinen Jugendfreund Julius Thäter: »Die Erinnerung an dieses herrliche, grandiose Land und an die Nordsee, die man dort in ihrer ganzen Pracht und Herrlichkeit sieht, nehme ich mit ins Grab und werde mich noch im Himmel an diese Zeit erinnern.« Eine große Zahl seiner Bilder behandelt norwegische Gegenden. Vor allem hatte es ihm Skudesnäs angetan, die mächtige Felsennase bei Skude, nordwestlich gegenüber der Landzunge von Stavanger, die er noch 1873 zu einem als Jubelfestgabe für den Sänger Feodor von Milde bestimmten Bilde: »Der fliegende Holländer« benutzte.

Viel Ähnlichkeit mit Norwegen fand er 1849 im Riesengebirge, dessen knorriges Nadelholz ihm »gewaltigen Respekt« einflößte. Die folgenden Jahre aber führten ihn meist nach Tirol oder an die Nordsee. »Ich muß Gottes Hauch im Sturme wieder fühlen«, schreibt er an eine Freundin, »und darin neues Leben für die übrige Zeit holen.« Und an Dr. Härtel: »Die See wirkt auf mich wie ein

Friedrich Preller, Kalkwerk bei Olevano, Gewitterstimmung Nach der Originalzeichnung (1871) im Besitze des Herrn Alphons Dürr in Leipzig.

mächtiger Magnet auf ein klein Stück Eisen.« Ich möchte Prellers Seebilder, besonders wenn er die See in ihrem wilden Ungestüm schildert, zu seinen größten Leistungen zählen. Wie die Wellen daherrollen und sich schäumend an den Felsen brechen, das hat kaum ein anderer Künstler so überzeugend geschildert. W. von Seidlitz sagt von einem dieser Bilder, das er in seine »Zeichnungen deutscher Künstler von Carstens bis Menzel« (München 1893) aufgenommen hat: »Ergreifende Stimmung ist hier mit schönem Zusammenfluß der Linien gepaart. Kühn türmen sich die Felsenmassen, die Örtlichkeit gliedernd und deutlich bezeichnend; unaufhaltsam wälzen sich die langen Wogenreihen, tief sich wölbend und in stetigem Rhythmus zurückfließend, gegen den einsamen Strand, der den armen Schiffbrüchigen zur Rettung oder zum Verderben werden kann; am Himmel aber, der von unruhig flatternden Möven belebt ist, jagen sich die Wolken, zu schweren Massen geballt, zwischen denen die Lichtstrahlen, jäh die Erde beleuchtend, hindurchblitzen.« Das Meer in seiner nicht minder majestätischen Ruhe vergegenwärtigt uns die beigegebene Tafel Sonnenaufgang auf Helgoland, nach einer seiner sorgfältig ausgeführten Sepiazeichnungen. Preller liebte die Natur in ihrer jungfräulichen Schönheit, wie sie sich besonders in den frühesten Morgenstunden offenbart. Die Ferne ist in leuchtenden Duft gehüllt, vorn plätschern leise die Wellen, die Fischer haben ihre Arbeit eingestellt und betrachten andächtig das jeden Morgen neue Schauspiel.

Fast zwei Jahrzehnte waren seit Vollendung der Arbeiten im Römischen Hause vergangen, bis sich Preller wieder tätig mit der Odyssee beschäftigte. Der nächste Anlaß war die Nachricht, daß seine Wandbilder wegen geschäftlicher Benützung des Raumes durch den damaligen Besitzer gefährdet seien. Auf Wunsch seiner Frau nahm er mit seinem Sohne Kopien davon, und hierbei erwachte wieder die Begeisterung für »das alte, das ewig junge Lied«, die unter der Asche geschlummert hatte. Während eines Aufenthaltes in Düsternbrook bei Kiel im Sommer 1856 reifte, angeregt von der Gattin, der Plan für eine neue Bearbeitung in erweiterter Gestalt. Auf Betrieb einer werten Freundin, Frau Anna Storch, wurden zunächst im Frühjahr 1857 sieben Kohlenzeichnungen, die früher behandelten Szenen in neuer Darstellung enthaltend, in Dresden, darauf nach längerem Sträuben des Künstlers — in Berlin mit einigen Seestunnzeichnungen ausgestellt. Größere Ausstellungen hatte Preller nie beschickt; er hielt sie für verderblich, da sie den Künstler verführten, nach dem Beifall der Menge zu haschen, seine eigenen Bilder aber hatte er immer auf Bestellung gemalt oder von der Staffelei weg an Liebhaber ernster Kunst verkauft. Um so größer war das Aufsehen, das jetzt die großzügigen Werke des nur Wenigen bekannten Künstlers erregten. Schon nach den ersten Besprechungen in der Presse wurden sie dringend nach Düsseldorf begehrt; auch dort gestaltete sich die Ausstellung zu einem Ereignis. Auf die Münchner historische Ausstellung des folgenden Jahres, von der im Eingang die Rede war, konnte Preller sieben weitere Odyssee-Bilder, zusammen also vierzehn, schicken, und nach der Ausstellung kamen noch zwei hinzu. Diesen Zyklus von sechzehn Kohlenzeichnungen hat die königliche Nationalgalerie in Berlin erworben; seit Jahren sind nur einige davon sichtbar, jetzt werden wohl auch die übrigen wieder einmal ans Tageslicht kommen.

Dem Auftrage des Großherzogs, den Zyklus als Wandgemälde auszuführen, hatte Preller das Bedenken entgegengesetzt, daß ihm das ohne neue Studien im Süden nicht möglich sei. Hochherzig gewährte ihm der Großherzog die Mittel zu einer längeren Reise nach Italien. Diese bezeichnet den Höhepunkt seines Lebens. Sein künstlerisches Können war in unablässiger Arbeit zur Vollreife gelangt, dabei erfreute er sich noch ungeschwächter Kraft, die er sich anschickte in den Dienst seiner höchsten Aufgabe zu stellen. Nicht nur er selber sollte das geliebte Land wiedersehen, sondern es war ihm auch vergönnt, seine teure Lebensgefährtin und seinen zum Künstler heranreifenden Sohn in dieses einzuführen. Auch einige vertraute Freunde schlossen sich an. Prellers Tagebuch zu lesen, das die Hauptstücke der Reise — Florenz, Rom und Neapel mit ihrer Umgebung — umfaßt, ist ein hoher Genuß, zumal wenn man die gehaltreichen Skizzenbücher dazu nehmen kann. Roquette hat in seinem Lebensbild des Meisters (Frankfurt a. M. 1883) ausführliche Auszüge daraus gegeben. In Rom hatte Preller Gelegenheit, mit Cornelius eingehend über seine Arbeit zu sprechen und dessen Rat einzuholen.

Bei seiner Rückkehr nach Weimar fand Preller die neue Kunstschule als eine vollendete Tatsache vor. Vor der Reise um sein Gutachten ersucht, hatte er dieses in verneinendem Sinne gegeben, dagegen vorgeschlagen, tüchtige Künstler zu berufen und mit monumentalen Aufgaben zu betrauen, ihnen aber sonst, auch hinsichtlich der Ausbildung von Schülern, völlige Freiheit zu lassen. Akademien, meinte er, seien nur geeignet, die Ausbildung der Eigenart zu hemmen und ein Heer von Mittelmäßigkeiten heranzuziehen. Natürlich ging er auch fortan, ebenso wie Genelli, seinen eignen Weg. Auch hatte er auf Jahre hinaus mit seiner großen Aufgabe genug zu tun.

Über die Ausführung war inzwischen in der Weise entschieden worden, daß die Landschaften nebst einem Sockelfries, der die Abenteuer des Telemach und die Begebenheiten im Hause des Odysseus darstellt, eine besondere Galerie von 80 Fuß Länge und 20 Fuß Breite in dem von dem Österreicher Josef Zitek zu erbauenden Museum schmücken sollten. Dem entspricht die rhythmische Gliederung: an den Schmalwänden je zwei Höhenbilder zu den Seiten der Eingangs- und der Ausgangstür, an der Hauptwand aber vier Gruppen von je einem Breitbild mit Höhenbildern zu beiden Seiten. Um die Bauzeit benutzen zu können, wurden die Bilder auf, in die Mauer

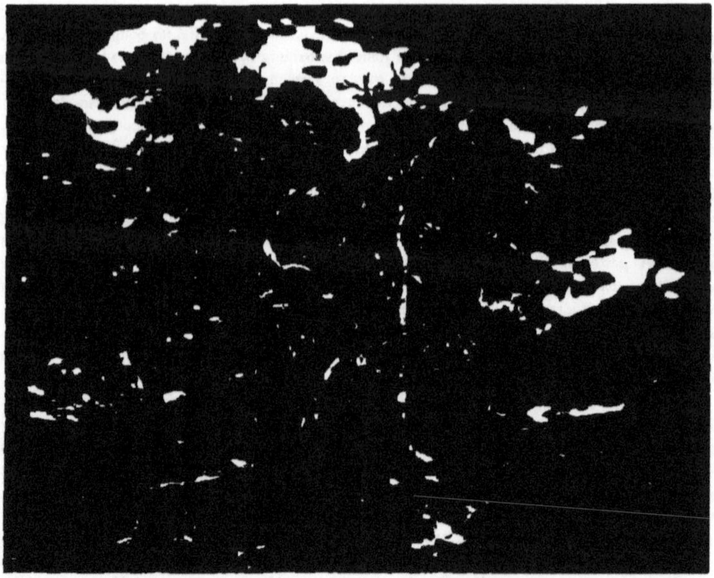

Friedrich Preller, »Sturmbewegte Eichen auf dem Vilm«. Nach der Originalzeichnung.

einzulassende, Zementtafeln (in eisernen Rahmen auf Drahtgitter) gemalt, während der Fries im Gebäude selbst ausgeführt werden mußte.

Im Spätherbst 1862 waren 13 Kohlenzeichnungen vollendet. Da traf den Meister der schwerste Schlag seines Lebens: am 2. Dezember wurde ihm unerwartet die Gattin nach kurzem Krankenlager durch den Tod entrissen. Er fühlte sich wie betäubt, und nur allmählich fand er wieder einigen Trost in der Arbeit, mehr noch in dem Vorsatz, mit seinem Werk ihr, die ihn dazu angeregt und es bis zum Tode mit ihrer Teilnahme gefördert hatte, ein dauerndes Denkmal zu setzen.

Nach Vollendung der Kohlenzeichnungen, die im Kuppelraum des städtischen Museums zu Leipzig eine würdige Aufstellung gefunden haben, blieben vor der eigentlichen Ausführung noch zwei große Aufgaben zu erledigen: die Farbenskizzen für die Landschaften und der Sockelfries mit etwa dreihundert Menschen- und Tiergestalten. Preller gehörte nicht zu den Malern, die in Farben denken. Die Grundlage war ihm die Komposition, deren Ausführung in Kohle ihm als der unmittelbarste Ausdruck des Gewollten immer besondere Freude machte. Daß er gleichwohl, im Gegensatz zu manchen seiner Zeitgenossen, auch für die Farbe feines Gefühl hatte und auf die Farbenstimmung hohen Wert legte, beweisen nicht nur viele Stellen in seinen Briefen und in dem

Reisetagebuch, sondern namentlich auch die Ausführung selber. Wer die Leipziger Kohlenzeichnungen noch so genau kennt, den wird trotzdem die Galerie in Weimar wie ein neues Werk anmuten. Hier erst leuchtet uns die Sonne Homers, und erst jetzt werden wir inne, wie sich das blaue Meer als Horizontlinie durch die ganze Reihe der Landschaften hinzieht. Und dazu bildet der Fries mit den dunkelroten Gestalten auf schwarzbraunem Grunde den wirksamsten Gegensatz. In diesem Fries konnte Preller seiner alten Liebe zur Plastik folgen. Ein namhafter Bildhauer rühmte mir, man könne ohne weiteres nach den Zeichnungen das Ganze modellieren.

Auf den Inhalt des Werkes einzugehen, fehlt hier der Raum. Wer sich überhaupt mit Kunst beschäftigt, wird wenigstens die eine oder andere der verschiedenen Nachbildungen kennen, denen sich jetzt dem Vernehmen nach eine Volksausgabe nach photographischer Aufnahme anreihen wird (in Holzschnitt ist das Werk von Alphons Dürr nach Prellers eigens dafür gefertigten Zeichnungen veröffentlicht). Ebenso anziehend wie lehrreich ist die Vergleichung der drei Zyklen. Die demnächst in der Knackfußschen Sammlung erscheinende Monographie gibt einige Beispiele dafür.

Am 27. Juni 1869 wurde das Museum mit der vollendeten Galerie feierlich eingeweiht. Unter den vielen Ehrungen, die ihm aus diesem Anlaß zuteil wurden, erfreute den Meister besonders die Ernennung zum Ehrenbürger von Weimar. Seine persönlichen Verhältnisse hatten inzwischen wieder eine freundlichere Gestalt gewonnen. Im Jahr 1864 hatte er sich zum zweitenmal verheiratet, mit einer jungen Witwe, Jenny Krieger, geb. Ventzky, aus Breslau, die mit seiner unvergeßlichen Marie befreundet gewesen war und sich es nun pietätvoll angelegen sein ließ, sie ihm zu ersetzen. Sie brachte aus ihrer ersten Ehe zwei Kinder mit, von denen namentlich das kleine Mädchen, »der Putt«, des neuen Vaters Liebling wurde.

Seit 1867 bewohnte die Familie ein eigens erbautes Haus an der geliebten alten Belvedere-Allee, in dem sich, wie einst im Jägerhaus, abends eine geistig belebte Geselligkeit entwickelte. Noch zweimal besuchte Preller Italien: im Herbst 1869 mit seinem Sohne, den ein Auftrag des Freiherrn von Eichel in Eisenach dahin rief, und dem Finanzrat Heerwart, 1875 aber mit Frau und Tochter. Kurz zuvor hatte er, der ehrenvollen Aufforderung der Generaldirektion der Museen in Florenz folgend, sein Selbstbildnis für die Sammlung der Bildnisse berühmter Künstler aller Nationen eingesandt. »Man hat mich«, schrieb er von dort seinem zweiten Sohne, »zum berühmten Maler machen wollen . . . Gott weiß, daß ich solchen Gedanken nie gehabt, ich habe gearbeitet, weil ich die Kunst liebe, und bin meinem Berufe nachgekommen.«

Preller hat bis zu seinem Tode, der ihn zwei Tage vor seinem 74. Geburtstage abrief, noch eine Reihe bedeutender Gemälde und eine große Zahl von Zeichnungen gefertigt, für die das schwächer werdende Augenlicht länger ausreichte als für größere Flächen. Mit Vorliebe behandelte er Gegenstände aus dem Alten Testament. Sein Hauptwerk bleiben doch die Odyssee-Bilder, durch die er die unsterbliche Dichtung seinem Volke näher ans Herz gerückt hat. Sie werden nicht so leicht verdrängt oder vergessen werden. Er selber pflegte zu äußern: Ich habe ihnen einen Weg gezeigt, mögen nun andere darauf weiterschreiten!

Julius Gensel.

Albert Haueisen. »Badisches Landstädtchen«. Nach der farbigen Originallithographie aus R. Voigtländers Deutschen Künstler-Steinzeichnungen.

ALBERT HAUEISEN.

Bei der Einschätzung unserer heutigen Zustände in ihrer Wirkung auf die Kunst tritt immer die Frage in den Vordergrund, ob wir uns in einer Verfallzeit befinden oder ob wir einer neuen Blütezeit, dem großen Stil, entgegen gehen. Die Antwort lautet zumeist sehr pessimistisch. Namentlich diejenigen, die unsere Zeit an vergangenen Epochen messen, verneinen die Wahrscheinlichkeit einer Aufwärtsbewegung durchaus: es sei unmöglich, daß aus dem stillosen Wirrwarr der heutigen Kultur eine große Kunst erblühe. Das wäre also ein richtiges Todesurteil aus allgemeinen Betrachtungen heraus. Glücklicherweise fehlen aber jene besonderen Momente nicht, die den Betrachter zögern lassen, das Todesurteil unbedingt zu unterschreiben. Zu einer Verfallzeit gehört wohl ein Zweites, die Erschlaffung innerhalb der Künstlerschaft selbst, das satte Beharren auf einer glücklich gefundenen Formel. Wenn in den Künstlern der Durst nach eigener Erfahrung und eigener Gestaltung erlischt, wenn ein großes Vorbild das allein Maßgebende wird, das nachzuahmen sie sich alle bemühen, dann entsteht allerdings jene Kunst, die in der dumpfen Luft des Ateliers erstickt. So weit sind wir aber noch nicht. Sieht man sich unter der jungen Künstlerschaft um, dann macht man die freudige Erfahrung, daß sie des eigenen Suchens in der Natur noch nicht überdrüssig ist, daß sie sich nicht mit den bequemen Erfolgen der Nachahmung eines populären Meisters begnügt. Für die große Masse der Mittelmäßigen mag das vielleicht nicht gelten, sie kommt nicht in Betracht. Wir sprechen von jenen Gruppen, die in stillen Winkeln sich von den verwirrenden Eindrücken des großen Marktes befreien und sich der Natur ergeben, von den Einzelnen, die den Rat des großen, weisen Lionardo: »Der Maler soll der Einsamkeit ergeben sein« zu ihrem Lebensprinzip machen. Es sind die Starken, über die die Zerfahrenheit der modernen Kultur keine Gewalt hat, und von einem von ihnen haben wir heute zu sprechen, von Albert Haueisen.

Haueisen ist noch jung, er wurde am 7. Juli 1872 in Stuttgart geboren. Er selbst will als junger Künstler gewertet sein. Das erscheint als selbstverständlich, ist es aber heute nicht. Durch die vielen Ausstellungen werden die meisten Künstler schon zu einer Zeit in die Öffentlichkeit gezogen, da sie noch nichts weiteres zu bieten haben als Talentproben. Der Parteikampf legt diesen jugendlichen Werken dann eine Bedeutung bei, die ihnen nicht zukommt, und verführt die Künstler zu dem Selbstbetrug, sich für reifer zu halten, als sie sind. Gewiß, Wunderknaben gibt es auch heute. Aber im allgemeinen tritt die künstlerische Reife viel später ein als zum Beispiel in der italienischen Renaissance. Der Grund jener früheren Reife lag aber nicht nur in dem großen Charakter der Zeit, sondern auch darin, daß, nach Morelli, »in jenen für die Kunst so glücklichen Zeiten die Künstler schon im fünfzehnten oder sechzehnten Jahre die Technik vollkommen erlernt hatten«. Das hat sich geändert, unsere Künstler drücken in diesem Alter noch die Schulbänke! Es ist deswegen nicht nur der Ausfluß eines kräftigen Selbstvertrauens, sondern auch ein Akt ehrlicher Selbstkritik, wenn Haueisen sagt: Laßt mir noch mehr Zeit, ich bin noch nicht fertig, und so soll die Betonung seines jugendlichen Alters auch mehr sein, als eine rein biographische Notiz. Der Lehrgang sei hier nur in kurzer Form erzählt, da keiner seiner Abschnitte auf Haueisens Entwicklung einen bestimmenden Einfluß ausübte.

Albert Haueisen, »Bettler«. Nach dem Original-Holzschnitt

Mit 15 Jahren kam Haueisen auf die Karlsruher Kunstgewerbeschule, die ihm aber so wenig entsprach, daß er sehr bald zur Akademie überging, wo er 1½ Jahre in der Antike — verlor. Die nächsten drei Jahre sahen ihn in München, dann lebte er ein Jahr in Italien und darauf wieder ein Jahr in München. Ein programmäßiger Fleiß war in jener Zeit seine Sache nicht, er lebte das

Albert Haueisen, »Hernau« Nach dem Original-Holzschnitt.

Leben eines temperamentvollen, allen Zwang abschüttelnden jungen Menschen. Ganz seine eigenen Wege ging er im Malen, eine Malschule hat er überhaupt nie besucht, so wenig wie er jemals Bilder kopierte. Aber auch in den Zeichnungen ist nirgends ein nachhaltiger Einfluß des einen oder anderen seiner Lehrer zu spüren. Haueisen arbeitete nur, »zu was er Lust hatte«, und wenn jene Zeit charakterisiert werden soll, so kann sie nur ein durstiges Aufnehmen genannt werden, ein Baden in der sprudelnden Fülle des Lebens. Oder, um auf ihren Wert für den Künstler hinzuweisen, ein intensives Beobachten, ein Stärken des Gedächtnisses. Man schlage Haueisens Mappen auf. Dieser fröhlich durch das Leben Schreitende hatte ein allzeit wachsames Auge. Wenn er durch das Fenster seines Ateliers einem Gewitterregen zusieht, so finden wir das wütende Peitschen des

Sturmes, die erschrocken laufenden Menschen auf einer Skizze wieder. Er weiß, wie der Bauer pflügt, sät und erntet, ein lustiger Abend »in böser Gesellschaft« wird ihm zur Studie, im Boudoir einer schönen Frau schärft sich sein Auge für die Anmut der Linie, für das sanfte Spiel des Lichtes, in einer vorüberziehenden Prozession sieht er die Fülle der charakteristischen Geberden. Neben dem Genießenden steht immer der scharfe, intelligente Beobachter, der unermüdliche Zeichner, der keine Unbequemlichkeiten des Motivs kennt. Er zeichnete von jeher Alles.

Nach der zweiten Münchener Zeit verbrachte Haueisen einige Jahre im Elternhause in Ludwigshafen am Rhein und in dem alten Pfalzdorfe Jockgrim, von wo aus er während einiger Winter die Karlsruher Akademie von neuem besuchte, zuerst als Schüler des Grafen Kalckreuth, später Hans Thomas. Der Drang, sich von allem frei zu machen, was ihn von der nur ihm allein gehörenden Art des Sehens und Gestaltens ablenken konnte, wurde in ihm aber immer mächtiger, und so lebt er seit einem Jahre mit seiner Frau in dem stillen Schwarzwalddorfe Bernau und gedenkt da lange zu bleiben.

Die Jahre in Ludwigshafen und in Jockgrim waren besonders reich an Zeichnungen, an Studien aller Art, das Material, das sich in seinen Mappen ansammelte, ist beinahe unübersehbar. Aus allen diesen Zeichnungen blickt der forschende Künstler. Das Gefällige, die reinen Handfertigkeiten fehlen beinahe gänzlich, selbst die in allen Einzelheiten mit peinlicher Genauigkeit ausgeführten Studien sind selten. Es sind Probleme, die er sich stellt. Bei den Menschen forscht er nach dem Charakteristischen der Bewegung, nach der Ausdrucksfähigkeit einer Stellung oder einer Geberde, in der Landschaft sieht er neben der großen, dominierenden Linie vor allem das Licht, die Kontraste von Hell und Dunkel. Er zeichnet nicht des Zeichnens wegen, sondern um sich klar zu werden über das Bestimmende in der Erscheinung, und dafür genügen ihm meistens wenige, flüchtige Striche für eine Bewegung, oder breite, zudeckende flächenhafte Strichlagen für die Dunkelheiten gegen eine leichte Modellierung im Licht. Er richtet sein Auge stets nur auf eine einzige, bestimmte Seite der Erscheinung, man weiß immer, worauf es ihm ankommt. Interessant sind unter anderem einige Versuche, die Wirkung des direkten Sonnenlichtes, das Undeutlichwerden der Formen hinter dem Lichtmantel darzustellen. Aber auch das Anmutige und das Stimmungsvolle gehören in seinen Bereich. Eine junge Frau, die träumerisch von dem Balkon aus auf eine stille Landschaft blickt, nennt er »Pfingstmontag«. Er erlebt seine Motive, und man begegnet der herzlichen Liebe zur Natur, den Spuren seines warmen Gefühles auf Schritt und Tritt — wenn man zu lesen versteht.

Über seine Gemälde zu berichten, müssen wir uns hier versagen, obgleich Haueisen vor allen Dingen Maler ist und sein will. Was uns hier zu beschäftigen hat, sind seine graphischen Werke, die er selbst als Nebenarbeiten zu bezeichnen pflegt, die aber wichtig sind, weil in ihnen sich der Maler Haueisen ergänzt. Seine ersten Versuche fallen in die Münchener Zeit. Der äußere Anstoß mag ihm von seinen Freunden gekommen sein, aber die graphischen Darstellungen entsprechen auch einem inneren Bedürfnis. Klinger sagt in seiner bekannten Broschüre »Malerei und Zeichnung«, der besondere Charakter einer Radierung gestatte, alles Dargestellte mehr als Erscheinung, denn als Körper wirken zu lassen. Wir haben gesehen, daß Haueisens Zeichnungen diesen Charakter sehr oft tragen. Seine Menschen sind häufig nur Bewegungserscheinungen, ohne daß die Körper auf das Runde hin durchmodelliert wären, die Landschaften heben namentlich die Kontraste von Hell und Dunkel heraus. Beide Dinge aber sind die Hauptmittel der Radierung. Die ersten Münchener Blätter sind noch etwas leer, große dunkle Häusersilhouetten stehen gegen einen hellen Himmel, das Licht ist noch unfrei und wagt sich nicht in die dunkeln Flächen hinein. Haueisen überwindet das Schematische aber bald, die Töne werden reicher, er belebt das Einzelne, ohne ihm den geschlossenen Tonecharakter zu nehmen. In den zwei Fischern von 1901 zum Beispiel stellt er den Kahn mit den beiden Figuren als dunkle, nur leicht aufgehellte Silhouette gegen die ganz helle Fläche des Wassers, in dem sich eine breite Baumgruppe spiegelt. Durch eine sparsame, äußerst zarte Innenzeichnung wirkt diese Baumgruppe wieder dunkler als das Wasser und als der Himmel, erscheint gegen den Kahn aber als hell. Auf diese Weise erreicht Haueisen eine reiche Abstufung von der größten Dunkelheit zur größten Helligkeit und erzielt zugleich eine sehr starke Raumwirkung. Das Schwesterblatt hiezu ist die Fähre. Der Hintergrund wiederholt mit kleinen Abweichungen den breiten Fluß und die mächtigen Baumgruppen am jenseitigen Ufer. Die der Fähre entgegen schauenden Menschen — rechts die große Figur eines Malers mit seinem Hund, links ein kleineres Bauernpaar — sind infolge des anders fallenden Lichtes jedoch nicht als dunkle Silhouetten behandelt, sondern als Umrißzeichnungen mit kräftiger, einfacher Modellierung. Diesen beiden Radierungen schließt sich der große frühstückende Bauer an, ein Blatt von besonderer Kraft und Energie. Auf das weite, von Bäumen umsäumte Kornfeld brennt die heiße Sonne der Erntezeit; ihr den Rücken kehrend sitzt der Bauer neben der Sense auf dem gemähten Korn, stützt die Arme auf die Knie und läßt sich sein Frühstück schmecken. Seine große Silhouette beherrscht das ganze Bild. Allen drei Blättern gemeinsam ist das volle, warme Licht, das wohlige Sichdehnen des Raumes, die Fülle. Es geht etwas Sonniges von diesen Radierungen aus, der Atem der Lebensfreude. Mehr der Silhouettewirkung nähert sich die feine, kleine Radierung mit einer Baumkulisse am rechten Rand, zwei Häuschen und einem gebückt schreitenden Bauern. In einigen Platten, die Haueisen direkt vor der Natur radierte, hält er hauptsächlich die Formen fest. Es sind Notizen eines geistvollen Künstlers, eines liebevollen, ehrlichen und strengen

Albert Haueisen, »Bauer«. Nach der Originalzeichnung.

Beobachters. Das Wort Radierung bedarf bei Haueisen übrigens einer gewissen Beschränkung, da man damit im engeren Sinne geätzte Platten bezeichnet. Haueisen arbeitete vorwiegend mit der kalten Nadel, beim frühstückenden Bauer benützte er sogar das Taschenmesser, da ihm die meisten Nadeln zu fein sind. Jetzt wendet er sich wieder mehr der Ätzung zu und gedenkt der graphischen Kunst überhaupt mehr Zeit zu widmen.

In den Holzschnitten steigert Haueisen das Zusammenhalten der hellen und dunkeln Flächen, zartere Strichlagen, die sich beim Drucken eines Holzstockes doch rasch abnützen, vermeidet er. Seine Schnitte haben oft etwas Ungefüges, man glaubt den Kampf des widerstrebenden Materials mit der ungeduldigen Hand zu sehen. Trotzdem gehören sie zu seinen bezeichnendsten Werken. Sie zeigen mit besonderer Deutlichkeit, wie tief er in das Wesentliche der Erscheinung eingedrungen ist. Er bedarf keiner Details, um eine Bewegung in ihrer ganzen Lebendigkeit, um eine Lichtwirkung in ihrer ganzen Kraft zu schildern, hier ist wirklich mit den einfachsten Mitteln eine große Wirkung erreicht. Am prägnantesten zeigt sich das erstere in dem »Kirchgang«. Die Füße sind nur schwarze Flecken, die Modellierung der Gesichter ist auf das allernotwendigste beschränkt, bei den Gewandungen besteht die Innenzeichnung nur aus breiten, weißen, rauhen Strichen. Und doch, welche Wirklichkeit in dieser Gruppe! In einem anderen Schnitt, einem Bauern, der sein Pferd am Zügel nachführt, gibt er das blendende Strahlen der untergehenden Sonne in elementarer Weise wieder. Auch der große Holzschnitt -- eine waschende Frau in einem Hausdurchgang mit dem Ausblick auf eine waldige Landschaft -- ist ein Beweis für die konzentrierte Kraft seiner Schilderung.

Von seinen farbigen Lithographien dürfen wir die bei Voigtländer & Teubner erschienenen drei Schulbilder wohl als bekannt voraussetzen. Wir möchten aber noch auf eine entzückende, kolorierte Umschlagzeichnung hinweisen, die er für einen badischen Kalender »Der Landwirt«, 1903 (G. Braun'sche Hofbuchdruckerei) gemacht hat. In zehn kleinen Feldern schildert er das Landleben zu den verschiedenen Tages- und Jahreszeiten in jener schlichten, innigen Weise, die man nicht anders als mit »deutsch« bezeichnen kann. Wieviel muß ein Maler beobachtet haben, um so einfach erzählen zu können!

Haueisen ist ein moderner und ein deutscher Maler. Er will, daß man in seinen Werken seine Zeit und sein Volk wiederfinde. Alles, was er darstellt, ist frisches, deutsches, gegenwärtiges Leben. Darin liegt das Bodenwüchsige und Kräftige seiner Kunst. Er ist bis heute ein Realist im besten Sinne des Wortes. Phantastische Entwürfe, religiöse oder historische Motive sind selten bei ihm. Aber ebenso fern steht er einem leeren Naturalismus oder einem sogenannten Stil, der alle Erscheinung in seine Schablone zwängt. Absolute Ehrlichkeit ohne vorgefaßte Meinung, strenge Beschränkung auf das, was ihm zum Klarmachen des gerade Gewollten als notwendig erscheint, sind die Elemente seiner Kunst. Es gibt bei ihm kein leeres Wort, er sieht nur noch das Ausdrucksvolle, keine seiner neuen Zeichnungen macht den Eindruck eines vom Zufall gewählten Ausschnittes. Ihr Inhalt ist oft einfach genug -- aber jede Linie spricht: die Früchte seines langjährigen Beobachtens werden reif. Jetzt steht er vor dem Alter, in dem bei den meisten Künstlern das Eigene sich in voller Kraft zu entfalten pflegt. Wir haben das Vertrauen, daß er uns viel zu geben haben wird, daß er den Pessimismus besiegen hilft, von dem in der Einleitung die Rede war.

Karl Fischer.

[illegible]

D. Y. CAMERONS RADIERUNGEN.

D. Y. Cameron, »Veronica«.
Nach der Originalradierung.

Es ist nicht nötig, in dieser Zeitschrift bei der beachtenswerten Lebenskraft zu verweilen, die von der schottischen Kunst in den letzten Jahren entfaltet wurde. Sie verdankt viel fremdem Einfluß, denn Schottland hat sich während der letzten vier Jahrhunderte trotz seiner größeren Entfernung vom kontinentalen Europa oft flinker und aufnahmsfähiger als England erwiesen, wenn sich draußen in der Welt der Wissenschaft oder Kunst neue Strömungen geltend machten. Besonders mit Frankreich ist Schottland, um nicht weiter zurückzugreifen, seit den Tagen Maria Stuarts in steter Berührung geblieben. In der Architektur zum Beispiel finden sich französische Reminiszenzen in den spätgotischen und Renaissance-Bauten des nördlichen Königreiches, sowohl kirchlichen als auch profanen, häufig. So hat auch in der modernen schottischen Malerschule, die hauptsächlich mit der Stadt Glasgow verknüpft ist, jede französische Bewegung, von der Zeit des Romantizismus angefangen, ihre Spuren zurückgelassen. Aber der fremde Ansporn hat auf dem heimatlichen Boden stets eine gesunde Tätigkeit hervorgerufen; das schottische Temperament ist zu kräftig, um seine Nationalität aufzugeben und der bloßen Nachahmung von Pariser Malmoden zu verfallen.

Anderseits stößt das kosmopolitische Element im schottischen Charakter im Ausland auf Verständnis, und die schottische Kunst wird in Paris und den wichtigsten Kunstzentren Deutschlands besser gekannt und mehr geschätzt als in London. Dies gilt zweifellos von der Malerei in einem höheren Grade als von der Radierung, einem Kunstzweige, der während der beiden letzten Jahrzehnte in Schottland gleichfalls bemerkenswert blühte. Schottland hat in einer früheren Generation zwei Originalradierer von wirklicher Bedeutung hervorgebracht: David Wilkie und Andrew Geddes. In der Gegenwart kann es sich einer größeren Anzahl rühmen. Strang und Cameron werden überall als Größen ersten Ranges unter den lebenden Radierern anerkannt; das Werk Frank Laings und D. S. Maclaughlans ist auf dem Kontinent besser bekannt als in England; Muirhead Bone, ein junger Künstler aus Glasgow, der seit zwei Jahren in London lebt, machte sich hier mit einem Male einen Namen als Künstler von vielversprechender Originalität, während der aus Ayrshire stammende Robert Bryden außer in der Radierung auch auf anderen Gebieten der Graphik — Linienstich, Schabkunst und Holzschnitt — einiges Gute geleistet hat, obgleich es unglücklicherweise scheint, daß Kränklichkeit seiner Entwicklung ein zu frühes Ziel gesteckt hat.

Der Künstler, mit dem wir uns hier befassen, David Young Cameron, wurde 1865 in Glasgow geboren. Er lebte in oder nahe dieser Stadt, bis er vor wenigen Jahren Kippen in Stirlingshire zu seinem Aufenthaltsort erkor. Er bereiste Holland, Italien und Frankreich. 1888 begann er zu radieren und machte bald solche Fortschritte, daß er schon 1890 die 20 Radierungen der Clyde-Serie in London bei den Painter-Etchers ausstellte. Bis 1902 steuerte er regelmäßig zu den Ausstellungen dieser Gesellschaft bei, aber 1903 legte er seine Mitgliedschaft nieder. Seitdem waren seine neuen Arbeiten hauptsächlich bei Gutekunst zu sehen. Mit Ausnahme von ein paar Fingerzeigen, die er hinsichtlich des Grundierens der Platten von einem Amateur erhielt, genoß Cameron keinerlei Unterricht im Radieren und fand sich seine Technik selbst. Unter seinen Zeitgenossen stand er, auf eine streng individuelle und unabhängige Weise arbeitend, immer abseits. In England sind bestimmte Gruppen lebender Radierer durch starke Geschmacksverwandtschaft oder durch Beherrschung einer ähnlichen Technik eng verbunden; solche Gruppen sind die Legros-Schüler oder die zahlreichen Landschaftsradierer, die mehr oder weniger eng mit der Radierschule von South Kensington verknüpft sind, Frank Short, Frederick Burridge, Oliver Hall, Constance Pott, Mary Sloane und Margaret Kemp-Welch. Die vier letztgenannten senden zu jeder Jahresausstellung so gleichgeartete Werke, daß es ohne eine Signatur schwer wäre, irgend eine einzelne Landschaft dem einen oder dem anderen Künstler zuzuschreiben. Cameron gehört keiner solchen Gruppe oder Clique an; seine Werke könnten weder mit denen eines anderen Künstlers seiner Zeit verwechselt noch von irgendeiner Schule als jener der klassischen Radierer abgeleitet werden.

Unter den Meistern, die ihn beeinflußt haben, muß Rembrandt genannt werden, aber in einem höheren Maße tat dies Whistler und vor allem Méryon. An Haden werden wir in einigen frühen Landschaften erinnert, wo die Bäume in einer bestimmteren, naturalistischeren Weise gezeichnet sind, als dies bei Cameron sonst der Fall zu sein pflegt, der ihre Struktur gewöhnlich vernachlässigt und sie summarisch, generalisierend, in der Regel als dunkle Massen behandelt, die sich von einem leuchtenden Abendhimmel abheben und bei genauerer Untersuchung eine wenig sorgfältige Zeichnung verraten. Doch kann die Ähnlichkeit mit Haden wohl zufällig sein. Der Einfluß Rembrandts ist zweifellos häufig als eine Eingebung und ein Ansporn wirksam gewesen; er äußert sich häufiger in der Art der Handhabung der Radiernadel als in irgendwelcher direkter Nachahmung. Nur ein einziges Mal ging Cameron weiter und nahm Rembrandt geradezu als Vorbild. Das war im Jahre 1892, als er Holland besuchte und einige Gegenstände radierte, die den vom Meister selbst oft gewählten verwandt sind: holländische Kanäle und Windmühlen, Bauernhäuser und Heuschoppen. Cameron hat offen einbekannt, was ihm im Sinne lag, als er eine seiner schönsten Landschaftskompositionen (W. 62) »The Rembrandt Farm« nannte. Es ist unmöglich, Camerons Werk oder zum mindesten dessen erste Hälfte durchzusehen, ohne recht häufig an Whistler gemahnt zu werden. Er ist kein eingestandener Nachahmer des amerikanischen Meisters wie Pennell oder Roussel, aber man fühlt, ob sich nun der Künstler selbst dessen bewußt ist oder nicht, daß er gleich vielen anderen von Whistlers Entdeckungen neuer Stoffgebiete für die Radierung Nutzen gezogen hat. Solche Vorwürfe wie das Trio »Thames Wharf«, »Thames Warehouses« und »Thames Barges«, wie »Marij«, »The Market Boat« und »Tabak en Sigaren« (diese drei in der Nordholländischen Serie) sind von einem Manne gewählt, der auf die Natur durch Whistlers Augen geblickt hat; »The Flower Market« ist das Werk jemandes, der Whistlers Druckverfahren studiert hat. Die Flußschiffe im Vordergrund von »St. Pauls« sind dieselben, welche Whistler auf »The Little Pool« radiert hat. Eine viel spätere Platte, »Abbazia«, scheint Whistlers ausschließliches Recht auf eine gewisse Behandlung venezianischer Architektur in Anspruch zu nehmen. Es wäre

D. Y. Cameron, »Siena«. Nach der Originalradierung

töricht, hier von Plagiaten zu reden; für eine derartige Anschuldigung ist keinerlei Grund vorhanden, und solche Ähnlichkeiten wie diese werden bloß erwähnt, um zu zeigen, daß das Studium Whistlers eines der bildenden Elemente in Camerons Entwicklung war.

Der Einfluß Méryons hat länger angehalten und ist ersprießlicher geworden. Cameron wird in seinen letzten Jahren mehr und mehr für einen Architekturradierer und nur für einen solchen angesehen. Méryon hat ihn, dürfen wir sagen, die Kunst, würdige Motive auszuwählen, und sie würdig, nicht unordentlich und willkürlich, sondern mit kenntnisreicher, gewissenhafter Sorgfalt zeichnen gelehrt. Und heute noch, wie weitgehend auch die Ausführung gewisser Platten sein mag, ist doch niemals, und zwar seit der frühesten Glasgow-Zeit das Ergebnis der prosaische Bericht des Topographen oder des zeichnenden Architekten, dessen Absicht einzig darin besteht, dem Detail und der Perspektive gerecht zu werden; Cameron suggeriert stets die Assoziationsvorstellungen, die an dem ihn gerade interessierenden Gebäude haften, mögen sie nun romantisch, historisch oder tragisch sein; er blickt auf die Architektur mit dem Auge eines Künstlers, eines Dichters. Er hat von Méryon vielleicht einen wenig glücklichen Kunstgriff angenommen, der in einigen seiner späteren Werke (zum Beispiel »The Rialto«, »Loches«, »Chinon«, »Amboise«) ein eingewurzelter Hang zu werden droht — den Kunstgriff, mit übertriebenen Schatten zu arbeiten. Schwarze Flecke in heftigem

D. Y. Cameron, »The Unicorn, Stirling.«
Nach der Originalradierung.

Gegensatz zum Sonnenschein üben auf einigen dieser Radierungen eine unangenehme Wirkung aus; noch ärgerlicher, ja geradezu irreführend ist die ihm ganz eigentümliche Gepflogenheit, das tiefe Blau eines französischen oder italienischen Himmels durch dicke horizontale Schraffen wiederzugeben. Der Himmel auf »The Rialto«, »Amboise« oder »Chinon«, ebenso auf »Siena«, das in anderer Hinsicht so meisterhaft ist, deutet mehr auf Nacht als auf Tageslicht hin, obgleich die Richtung, in der das Licht kommt, und die Beschäftigung der Leute in den Straßen beweisen, daß glänzender Sonnenschein, nicht Elektrizität die Lichtquelle ist.

Das Studium von Camerons Werk in seiner chronologischen Aufeinanderfolge ist durch die Publikation von Wedmores Katalog im Jahre 1903[1] erleichtert worden. Reizend, wie er in Format, Druck und äußerer Erscheinung ist, — die Ausstattung des Buches ist durchaus nach dem Muster von Ricketts' Katalog von Shannons Lithographien gemacht — enttäuscht der Katalog, wenn man den Text praktisch prüft. Er ist unvollständig, unklar und ungenau. Unvollständig, denn er läßt viele von den frühen Arbeiten, darunter Blätter, die bei den Painter-Etchers ausgestellt waren, vermissen, alle Exlibris[2] und beinahe alle Illustrationen.[3] Unklar, denn er beschreibt selten verschiedene

[1] Cameron's Etchings: a Study and a Catalogue. By Frederick Wedmore: London: R. Gutekunst, 1903. 150 Exemplare. Preis 21 Schilling. Vergriffen.

[2] Von denen gibt es eine beträchtliche Anzahl. Ich will nur die von J. Craig Annan, Sir James Bell, James Robertson Cameron, John A. Downie, Beatrice Maclaurin und John S. Robertson erwähnen. Neun andere werden in Finchams »Artists and Engravers of British and American Bookplates,« 1897 angeführt.

[3] Cameron ist nicht stolz auf seine Illustrationen und er hat recht. Der Auftrag eines Verlegers übt eine lähmende Wirkung auf seine Kraft aus. Man glaubt an der Arbeit selbst wahrzunehmen, daß Illustrationen, die er auf Bestellung schaffen muß, ihn weniger interessieren, als von ihm selbst ausgewählte Themen.

Im folgenden sind die wichtigsten Bücher und Zeitschriften aufgezählt, in denen seine Radierungen erschienen sind:

1. Regality Club Papers, Glasgow. 2 Folge, 1889—1893. 13 Radierungen, von denen 2 von 1889 datiert sind. 3. Folge, 1894—1899. 11 Radierungen, unter denen einige aus dem Jahre 1891 stammen. Einige gute Platten, zum Beispiel »Provan Hall«; »Old Houses, Govan Ferry«; »House in Buchanan Street«; »Old Houses, Byres Road«. »St. Enoch's Church (Apse)« ist das einzige bei Wedmore (Nr. 101) erwähnte Blatt. 4. Folge 1. Teil, 1900. 2 Radierungen.

2. Einige Radierungen in der »Border«-Ausgabe von Scotts Waverley-Geschichten, 48 Bde., 1892—1894 (5. und 24. Bd.).

3. »J. A. Symonds, a biography«, von Horatio Brown, 2 Bde., 1895. 2 Radierungen.

4. »Charterhouse old and new«, von Wilmot und Streatfeild, 1895. 4 Radierungen.

5. »Scholar Gipsies«, von John Buchan, 1896. Titelblatt und 6 Radierungen

Zustände, ja nicht einmal die Komposition selbst so genau, wie es der Sammler braucht, während ein Buch, in dem eine Radierung erschienen ist, wenn es überhaupt Erwähnung findet, nicht unter seinem Titel, sondern unter Umschreibungen wie etwa ein »Lokalwerk«, eine »ausführliche schottische Veröffentlichung über Burns« angeführt wird. Schließlich ungenau, denn eines der bestbekannten Gebäude Londons wird die »Kapelle Heinrichs VIII.« (anstatt Heinrichs VII.) genannt. Im Vorwort heißt es »Jove nods« und gemeint ist damit zweifelsohne das horazische »Dormitat Homerus«. Das Zitat kann auf Wedmore selbst mit mehr Recht angewendet werden als auf Cameron.

Trotz aller seiner Mängel jedoch ist der Katalog nützlich. Er beschreibt 152 Nummern und endet mit »St. Laumer, Blois« (1903), einer Radierung, auf die seither schon gefolgt sind: »Harfleur«, »Haddington«, »Montivilliers«, »A French Village« »John Knox's House, Edinburgh« und eine kürzlich publizierte Pariser Serie von

D. Y. Cameron, »Rue des Filles-Dieu, Angers«. Nach der Originalradierung.

6. »The Quarto« (Zeitschrift), Bd. 2, 1896. »Une cour, Rue du Petit Salut, Rouen«. (Gut.)

7. »Memorial Catalogue of the Burns Exhibition, 1896«, Glasgow 1898. 1 Radierung, »Ye Banks and Braes«, W. 105. (Auch »The Vision« von Strang.)

8. Gazette des Beaux-Arts, Dezember 1899. Artikel von Gustave Bourcard über Cameron. »Un palais écossais« (Teil von Stirling Castle) von Wedmore n. 124 erwähnt.

9. Izaak Waltons »Compleat Angler«, Winchester-Ausgabe, 2 Bde., London 1902 (150 Exemplare). In jedem Band 10 Radierungen von Cameron (Landschaft und Architektur) und 5 von Strang (Porträte und Figürliches). Auch viele kleine Reproduktionen von Zeichnungen im Text.

10. »Catalogue of Pictures by old Masters at the Glasgow International Exhibition, 1901«, Glasgow 1902. Titelblatt radiert von Cameron.

11. »Representative Art of our Time«, herausgegeben vom Studio, 1903. »Amboise«, W. 150.

12. »The Artist Engraver«, Nr. 1 Jan. 1904. »A French Village«.

sechs Blättern. Diese samt den kleineren Arbeiten, auf die ich bereits hinwies, und der Clyde-Serie von 20 Radierungen (1890), die Wedmore nur in einer Fußnote anführt, ergeben bereits ein Oeuvre von beträchtlichem Umfang für einen noch in so jungen Jahren stehenden Künstler. Es muß erwähnt werden, daß sich Cameron auch mit dem Pinsel ausgezeichnet hat, und zwar sowohl als Öl- als auch als Aquarellmaler. Doch wir haben uns hier nur mit seinen Schwarz-Weiß-Arbeiten zu beschäftigen. In jüngeren Jahren hat er selten mehr als vier oder fünf Platten in einem Jahr fertiggestellt; diese geringe Ausbeute ist jedoch kein Zeichen von Lässigkeit, sondern entspringt vielmehr dem Gegenteil, der Peinlichkeit und Sorgfalt, mit der er seine Radierungen entwirft und ausführt. Cameron ist kein gewandter Improvisator, und Spuren von Nachlässigkeit und Hast sind bei ihm, je mehr sich sein Werk der Reife und Vollendung näherte, immer seltener geworden.

D. Y. Cameron, »Waterloo Bridge«. Nach der Originalradierung.

Derlei Fehler können wohl in einigen seiner Erstlingswerke gefunden werden, aber viele von ihnen sind bereits ausgezeichnet: zum Beispiel »The Unicorn, Stirling« (1891), einige seiner frühen Flußlandschaften, »Tweedside«, »Tayside« (1890) und die besseren Platten der Nordholländischen Folge. Diese seltene Serie von 22 Radierungen, von denen 1892 zehn Stück als Mappe herausgegeben wurden, enthält einige köstliche Blätter: »The Dolphins«, eine Studie nach einer merkwürdigen Amsterdamer Hausfassade aus dem XVII. Jahrhundert; »Zaandam«, wo zahllose Windmühlen, in der Entfernung immer kleiner werdend, unter dem Dach eines langen, niederen Schuppens zu sehen sind; »The Dutch Farm«, »The Windmill«, »The Arch« und »The Rokin« sind frühe Behandlungen eines von Cameron zu verschiedenen Zeiten wieder und wieder vorgenommenen Themas: eine entfernte Straße voll geschäftigen Lebens, in kleinem Maßstab durch die Öffnung eines Torweges gezeichnet. In einem schönen Drucke ist »The Arch« für den ersten Anblick höchst anziehend, aber sowohl an der Perspektive als auch am Helldunkel sind Ausstellungen zu machen. »Waves«, womit die Serie endet, ist eine sehr hübsche Spielerei, äußerst zart und einfach. In dieser Serie finden sich auch zwei figurale Studien, die selten in Camerons Werk

vorkommen: »A Dutch Damsel« und »A Lady of Holland«. Beide sind hart und erreichen lange nicht den Reiz von »Veronica, a Maid of Italy« (W. 77), einem Blatte, das zu der 1896 publizierten Norditalienischen Folge (28 Radierungen, W. 73—100) gehört. »Veronica« ist ein anmutiges Mädchenprofil mit einem perlenbesetzten Renaissancekopfputz, inspiriert durch das wohlbekannte Porträt in der Ambrosiana, das gewöhnlich unter dem Namen Leonardo da Vincis geht. In der nämlichen Serie finden sich »Paolo Salviati« und »Father Ambrose«, die nebst den beiden frühen Porträtstudien »A Veteran« und »Old Age« (W. 23—24) die einzigen anderen publizierten Platten Camerons sind, wo die Behandlung der menschlichen Figur die Hauptsache bildet. Auf vielen seiner architektonischen Platten sind gehende oder sitzende Weiber als Staffage eingeführt, und oft würde man sie, das muß einbekannt werden, lieber missen.

In der Pause zwischen der Holländischen und Italienischen Serie (1893—1894) erschienen einige gute Landschaften: »Lecropt«, »The Border Tower« und eine seltene Kaltnadelarbeit, »A Lowland River«, sehr wirkungsvoll in den besten Drucken, reich an Grat, obzwar die Zeichnung keiner genauen Untersuchung standhielte. In der Italienischen Folge selbst findet sich eine vortreffliche Landschaftskomposition, »Landscape with trees« (W. 94), poetisch und klassisch dem Stil nach und an Claude Lorrain erinnernd. Aber die besten Platten in der Serie sind architektonisch, und das ist die Art von Werken, worin Cameron seit jener Zeit besonders geglänzt hat. Er hat alte Schlösser radiert, Holyrood, Schloß Stirling (und zwar zu wiederholten Malen unter verschiedenen Titeln), Schloß Dieppe und den Eindruck trotziger Kraft erweckt; aber er ist nicht weniger glücklich in der Darstellung der erhabenen Wölbung mittelalterlicher Dome und der reizvollen Dekoration spätgotischer Hallen und venezianischer Palastfronten. 1900 veröffentlichte er noch einmal eine zusammenhängende Folge von Radierungen, zwölf an der Zahl (W. 118—129), die hauptsächlich im Jahre 1899 radierte Londoner Serie. In dieser Gruppe ist »Newgate« besonders gepriesen worden; ich finde, daß es an Kraft und Würde ein bischen zu wünschen übrig läßt. Es hat wie »The Rialto« (W. 134), »Kingsgate, Winchester« in Waltons »Angler« und neulich wieder »Rue St. Julien des Pauvres« ovale Gestalt. Diese Form aber, die an ein Zierstück gemahnt, paßt nicht zu den Vorstellungen, die man mit jenem mächtigen Gefängnis, das 1903 leider niedergerissen wurde, verknüpft. »The Custom House«, »The Admiralty« und »Waterloo Bridge« sind die gelungensten der Londoner Sujets; die Serie selbst aber, als Ganzes betrachtet, steht, besonders wenn man die vorgeschrittene Zeit, in welcher sie entstanden ist, bedenkt, unter Camerons Leistungen nicht sehr hoch.

Zu dem Besten, was er geschaffen hat, rechne ich einige seiner Einzelradierungen aus den letzten Jahren, mit Vorwürfen, die von schottischer, französischer und italienischer Architektur genommen sind. »The Gargoyles« und »The Palace of the Stuarts« (1898) sind die zwei gelungensten Behandlungen von Stirling Castle; auf dem letzteren Blatte ist die schöne Lage des Gebäudes dadurch angedeutet, daß das in der Ferne liegende Tiefland gezeigt wird, obgleich das Schloß von seinem eigenen hohen Standpunkt aus aufgenommen ist. »Roslyn« und »Roslyn Chapel« sind prächtige Radierungen nach einem berühmten Gebäude in reichem spätgotischen Stil unweit Edinburghs. »The Smithy« (1896) ist eines von Camerons besten Interieurs, und »Cour des Bons Enfants«, ein alter Hof inmitten von gotischen Holzhäusern zu Rouen, kann vielleicht das schönste Sujet genannt werden, das er der Privatarchitektur entnommen hat. Gleichfalls entzückend ist der kleine sonnbeschienene Hof am Ende eines kleinen schmalen Durchgangs in »A Venetian Street«. Aber die prachtvollsten Blätter, die wir seinem Aufenthalt in Venedig verdanken, sind »Venetian Palace« (W. 117), »Abbazia« (W. 132), »Joannis Darius« (W. 137), eine ausgezeichnete Studie

D. Y. Cameron, »[illegible]« — Nach einer Originalradierung

nach einem kleinen Palast am Canale Grande, dessen unregelmäßige Fassade durch Rundschilde von buntem Marmor belebt ist, »Ca d'oro« (W. 138), und »The Doge's Palace« (W. 144). Auf den letzten drei Blättern hat der Künstler einen Gesichtspunkt genau gegenüber dem Gebäude gewählt, und die Platte umfaßt beinahe nichts als die aus der Nähe gezeichnete Fassade mit etwas Wasser davor. Es war eine schwierige Aufgabe, mit einer solchen Radierung eine Wirkung zu erzielen, doch hat Cameron wenigstens in zwei von den drei Fällen die Schwierigkeit siegreich überwunden. Das schmuckreiche und zarte Detail der beiden kleineren Palastfronten ist gerade mit dem rechten Maß von Vollendung angedeutet; die Arbeit ist weder kleinlich noch langweilig; sie bereitet dem Auge großes Vergnügen, ohne es zu ermüden, und überläßt es der Einbildungskraft, das Bild mit Luft und Farben zu vollenden. »The Doge's Palace« wird durch die ungleichmäßige Behandlung des Seitenkanals, über den sich die Seufzerbrücke wölbt, etwas beeinträchtigt. Diese Partie hätte entweder ausgelassen oder sorgfältiger behandelt werden sollen. Die beiden Innenansichten der Markuskirche (W. 132, 139) sind ebenfalls sehr schöne Blätter. Auf dem ersteren wird die glänzende Oberfläche einer Hängelampe durch den dunkeln Schatten unter der großen Fensterrose hervor-

D. Y. Cameron, »The Rembrandt Farm«. Nach der Originalradierung

gehoben; die Luftwirkung ist wunderbar und bringt vollständig den Eindruck der großen Entfernung zwischen der Lampe und der Wand am Ende der Kirche hervor. Ein etwas ähnlicher Effekt ist in »St. Laumer«, dem Innern einer unermeßlich hohen gotischen Kirche zu Blois, wiederholt; auch hier hebt sich ein Hängeleuchter vom dunkeln Schatten ab.

Einige der späteren Radierungen, »Loches«, »Angers«, »Chinon«, »Amboise«, »Place Plumereau, Tours«, sind die Früchte einer Reise in der Touraine (1902). Für die allerletzten hat Cameron Motive aus der Normandie und Paris gewählt. »Harfleur« (1903) ist eine sehr schöne Studie nach einer an eine gotische Kirche, deren Mauern im Hintergrund leicht skizziert sind, angebauten Renaissancevorhalle. »Montivilliers«, eine der reizvollsten von allen Arbeiten Camerons, ist eine Skizze nach einem Klostergang, dessen Dach durch schwere hölzerne Querbalken gestützt wird. Das Auge wird unter dem reichen tiefen Schatten des Daches eine lange Perspektive hinab und durch einen spitzen Toreingang hinaus auf eine mit Bäumen besetzte Straße geleitet. Die drei französischen Bauernweiber mit ihren weißen Hauben sind, auf einer Bank an der Klostermauer sitzend, in voller Harmonie zu ihrer Umgebung. An dieser entzückenden Radierung findet sich auch nicht ein Detail, das man sich anders wünschte. Aquarellstudien zu diesem Sujet und der gleichzeitigen Radierung »A French Village« waren vergangenen Winter in der Leicester Galery ausgestellt. »Le Pont Neuf« ist entschieden die Perle der neuen Pariser Serie, wenn sie auch so schöne und kräftig gezeichnete Architekturstudien wie »Hôtel de Sens« und »St. Germain l'Auxerrois« enthält. Im engsten Anschluss an Méryon hat Cameron hier kühn versucht, ein Stück des heiligen Grundes um Notre Dame zu erobern, das sein großer Vorgänger sich nicht auf immer zugeeignet hatte. Es ist nicht zu leugnen, daß er in diesem Wetteifer sein Ziel erreicht hat; das köstliche Blatt, besonders wenn man einen von den seltenen Drucken auf bläulich-grünem Papier ansieht, erinnert bis zur Täuschung an den Franzosen; und doch sollte man im XX. Jahrhundert etwas anderes zu tun haben, als ein verspäteter Méryon zu werden. Es wäre ein wenig Abwechslung zu wünschen.

Viele der letzten Platten sind stufenweise dadurch bereichert worden, daß hier und dort mit der kalten Nadel zarte Linien hinzugefügt wurden. Das Vorhandensein oder das Fehlen von

D. Y. Cameron, »Ayr« (Schottland). Nach der Originalradierung. (Verlag von E. and E. Silva White, Glasgow.)

derlei Ergänzungslinien charakterisiert zuweilen eine Serie von Probedrucken, die vom Künstler genommen wurden, während er Schritt vor Schritt auf die von ihm beabsichtigte Endwirkung hinarbeitete. Derlei Druckunterschiede sind jedoch gewöhnlich unbedeutend, denn Cameron überblickt in der Regel vom Anbeginn an die volle Wirkung seiner Arbeit und druckt nicht eher von einer Platte, als bis sie praktisch vollendet ist. Daher sind verschiedene Zustände seiner Radierungen verhältnismäßig selten. Die Gesamtzahl von Drucken, die er herstellt, beläuft sich selten auf mehr als dreißig oder vierzig und oft auf viel weniger. In den letzten paar Jahren ist jede Radierung gierig aufgekauft worden, sobald sie nur fertig war, und es ist beinahe unmöglich geworden, Drucke älterer Blätter zu erhalten. Wahrscheinlich kann sich kein Sammler einer vollständigen Serie rühmen.

Wenige werden in Abrede stellen, daß dieser Erfolg und diese Popularität wohl verdient sind, wenngleich man denken kann, daß die gegenwärtige Leidenschaft für Camerons Arbeiten ein bischen übertrieben ist und aus Geschäftsgründen von den Kunsthändlern genährt wird. Wir wollen uns zum mindesten freuen, wenn die Mode eine solche Richtung einschlägt und die Aufmerksamkeit des wohlhabenden Sammlers von den Farbstichen und Schabblättern, welche die Kunsthändler so in die Höhe getrieben haben, ab- und zu der Originalradierung hingelenkt wurde. Der Künstler wenigstens wird durch diesen Wechsel, wenn schon nicht allzusehr bereichert, so doch ermutigt. Was Cameron betrifft, so braucht man geringe Angst zu haben, daß er durch Popularität verdorben würde, übt er doch selbst am eigenen Werk allzustrenge Kritik und ist mehr und mehr entschlossen, uns fürderhin nur von seinem Besten zu geben.

Campbell Dodgson.

GEORG JAHN.

Jeder Versuch, ein Sondergebiet der modernen Griffelkunst eingehenderer Betrachtung zu unterziehen, wird aus der Kenntnis von dem Schaffen Max Klingers heraus den Standpunkt festlegen, die Richtschnur des Urteils ziehen müssen. Heute, wo dieser im Lauf durch die Künste, deren von der Ästhetik festgesetzte Schranken er kühn zu Boden warf, bei der Plastik heimgekehrt ist, erhebt sich in doppelt monumentaler Größe, wie von seinem Schicksal selbst eingegraben, das Wort seiner Kampfschrift: »Der Kern- und Mittelpunkt aller Kunst, an den sich alle Beziehungen knüpfen, von dem sich die Künste in der weitesten Entwicklung loslösen, bleibt der Mensch und der menschliche Körper.« In diesem Gedanken begegnet dem grandiosen Werke, das er auf solchem Grunde erbaute, die Summe der herben und mühevollen Erscheinungen, die sich dem tragischen Künstlerleben Karl Stauffer-Berns entringen. Was der Japonismus, was die Antike, was Francisco Goya für die frühesten Blätter, die »Ratschläge zu einer Konkurrenz über das Thema Christus« und die »Radierten Skizzen«, opus 1, bedeuteten, soll nicht ausgelöscht werden. Grundlegend für ihr Wesen aber bleibt die unerbittliche Wahrhaftigkeit in der Wiedergabe der Form, das »fleißig Kläubeln« an dem, was objektiv meßbar ist, der zweckbewußte Realismus. Das ist es, was diese Arbeiten innerlich mit den Werken älteren germanischen Schönheitsuchens, sei es bei Albrecht Dürer, sei es bei Julius Schnorr von Carolsfeld, sei es bei Ford Madox Brown und Holman Hunt verbindet. So mächtig auch bald der Strom der Phantastik bei Klinger diese geduldige, ringende und forschende Wahrhaftigkeit überflutete, so heiß auch das Gefäß dieses technischen Könnens von dem Feuertrank der kompliziertesten, sinnlich und spirituell aus den unergründlichen Tiefen eines Genies quellenden Gedanken und Vorstellungen überschwoll, Vorstellungen, denen Ausdruck zu verleihen nur eben diese Kunstgattung sich erkühnen durfte — der Form, als Kontur und Modellierung, blieb die Herrschaft in dem neuen Reich.

Hie und da hat man versucht, Phantasiekunst und Realismus als die beiden Hauptströmungen in der Malerei unserer Zeit in einen gewissen Gegensatz zu einander zu bringen. Das mag auch für das Gebiet der Graphik gelten, soweit man sich bei solchem Schematismus darüber klar ist, daß der Realismus der ersteren in der Erkenntnis von der unantastbaren Heiligkeit des wirklichkeitsstrengen Umrisses wurzelt, während bei jener das Streben weiterführte, farbige Impressionen, Töne durch den Kontrast von Schwarz und Weiß zu versinnlichen. Je früher aber die Grenzen der so umschriebenen Gebiete ineinander übergingen, desto lebensvoller, reicher und ursprünglicher ward der Ertrag der künstlerischen Arbeit. Von Klinger, dessen radiertes Werk im Wesentlichen, von Stauffer-Bern, bei dem es, unvollendet, aber ganz abgeschlossen ist, auch abgesehen, bleibt die Schar der deutschen Malerradierer heute groß genug, um jeder Einzelprovinz, der strengen Linienkunst, dem mit breiten, verschwimmenden Tönen und dem mit zarten Umrissen und abbreviierten Formenwerten arbeitenden Impressionismus, der dekorativen wie der intimen Landschaft und dem Bildnis, wie dem bunten Schattenvolk der reinen Imagination einen Führer zu sichern. Ein Vierteljahrhundert hat genügt, um eine dienende Kunst zur Selbständigkeit emporzuführen. Ihr

eine führende Rolle in der Entwicklung des Kunstschaffens der Gegenwart zu verschaffen. Das lehrt jeden, dem die Existenz dieser Blätter hiefür noch nicht Beweis genug ist, ein Blick in unsere Ausstellungen.

Und gerade in Dresden, dem Ort der erfolgreichsten Ausstellungen im vergangenen Jahrzehnt, verkörpert sich die zeichnerische und die malerische Linie der modernen Graphik durch mehrere Künstlerpersönlichkeiten von anerkannter und weitreichender Bedeutung. Neben Richard Müller, der mit nie versagender Virtuosität die Form beherrscht, dem Auge fast unbekannte Feinheiten der Modellierung mit der Nadel ans Licht lockt und der Wahrheit der Erscheinung mit kühler Hand ihre letzten Schleier raubt, steht hier Otto Fischer, der Poet, der Grübler und Phantast. Auch er im Besitze eines tadellosen zeichnerischen Könnens, das ihm aber nicht Endziel, sondern nur Durchgangspunkt bedeutet, das ihn befähigt, die Stimmung eines Naturausschnittes ohne Gewaltsamkeit ins Leidenschaftliche, Grandiose, ja Erschütternde zu steigern. Georg Müller-Breslau, dessen echte deutsche Märchenpoesie aus den Gemälden in die radierten Blätter hinüberströmt, Max Pietschmann, Georg Lührig, in jüngster Zeit mit Arbeiten von gesundem, großzügigem Realismus Georg Erler, dringen gleichfalls auf eignen Pfaden in das dem Meere der Rückständigkeit abgerungene neue Land vor.

Wenn Georg Jahns Name unter denen der jungen Dresdener Künstlerschaft nicht mit so kräftigem Nachdruck erklungen ist wie wohl mancher der eben Gewürdigten, so erklärt sich das sowohl aus der Art des Künstlers, wie nicht weniger aus der des Menschen. Er ist weder in seiner Kunst ein Stürmer und Dränger, noch hat er es je versucht, persönlichem Ehrgeiz zuliebe die Aufmerksamkeit des Publikums in Anspruch zu nehmen oder gute Freunde für seinen Ruhm werben zu lassen. Er gehört nicht zu denen, die aus der Unklarheit jugendlich-unfertigen Strebens auf verschlungenen Wegen, stets ihr Wollen von den Mängeln des Könnens bedroht, sich den Besitz des Preises erkämpfen. Seine Kunst tritt schon in ihren ersten Äußerungen reif und in sich gefestigt, als kräftige Frucht ernster, gediegener Arbeit hin. Es ist nichts Mühseliges, nichts Gequältes in ihr; aber doch enthält der Genuß, den sie verschafft, neben den Reizen rein sinnlicher Herkunft die ethisch schöne Genugtuung darüber, daß hier eine gesunde und ehrliche Natur sich in voller Erkenntnis aller Hemmnisse und Schwierigkeiten rastlos strebend einem reinen Ideal entgegen bemüht.

Die Stätte, an der Jahn die erste künstlerische Unterweisung empfangen, die ersten Schritte eigener Produktion getan hat, glänzt im Lichte alten künstlerischen Ruhmes. Aus einer Familie stammend, die seit Jahrzehnten im Berufe der Maler an der königlichen Porzellanmanufaktur zu Meißen tätig ist, hat auch unser Künstler, der am 5. Mai 1860 in der alten Bischofsstadt an der Elbe das Licht der Welt erblickte, in seiner Jugend fünf Jahre lang als Porzellanmaler gearbeitet. In diesem Reich der zierlichen, koketten Dekoration, wo die Wirklichkeit in Form und Farbe dem Szepter des schmiegsamen, launischen, stets dem Ernst des Lebens abholden Stoffes unterworfen ist, ist ja auch Jahns Fachgenosse, Richard Müller, groß geworden. Von Meißen aus bezog dann Jahn, als Stipendiat der Manufaktur, die Dresdener Akademie, wo er im Malsaal bei Leon Pohle, dem ausgezeichneten Porträtisten, die breite, saftige, altmeisterlich solide Technik der älteren Historienschule pflegte. Bei Max Thedy in Weimar wurde sein künstlerisches Studium nach dieser Richtung hin weiter abgerundet, ohne daß freilich der junge Maler selbst über diese Entwicklung sonderlich befriedigt gewesen wäre. Genötigt, selbst für seinen Unterhalt zu sorgen, wandte er sich seit Anfang der Neunzigerjahre besonders der Illustration zu und folgte damit dem Beispiel vieler seiner Genossen, denen die wirtschaftliche Unfruchtbarkeit der hohen Kunst

Georg Jahn, »Weiblicher Akt«. Nach der Originalzeichnung.

der »absoluten Bildermalerei« die Beschäftigung mit dieser beweglicheren und anspruchsloseren Kleinkunst zur oft recht bitteren Pflicht macht. Und gerade Jahn war seiner ganzen Anlage nach am letzten der Mann, den verflachenden Wirkungen einer solchen Tätigkeit auf die Dauer wehrlos nachzugeben. In seinem Drange, der Kunst in konzentriertem Schaffen auf einem Gebiet zu dienen, wies ihm, der inzwischen in Dresden ansässig geworden war, sein Freund Max Pietschmann den Weg. Als opus 1 des Radierers entstand so im Jahre 1897 der »Weibliche Akt«. Und fortan ist Jahn der Nadel und Roulette treu geblieben.

Das Beste, was Jahns Talent sich durch die Jahre des Studiums und des Broterwerbes mit kleineren Mitteln bewahrt hat, kommt gleich in diesem ersten Blatt mit größter Deutlichkeit zum Ausdruck: das außerordentliche zeichnerische Können, die Schärfe und Gewissenhaftigkeit in der Behandlung der Form. Die eigenwillige Kontur dieses weiblichen Körpers hebt sich mit staunenswerter Plastizität von dem hellen Grunde ab. Aber der Künstler ist bei der Beobachtung der linearen Form nicht stehen geblieben. Schon in der »Pietà«, zu der eine meisterhafte Studie nach der Leiche existiert, ist durch die Behandlung des weißen Tuches ein malerisches Problem berührt. Der Kopf einer trauernden Frau, im Profil (1897), sowie der außerordentlich bildmäßig aufgefaßte einer Alten aus demselben Jahre zeigen, wie weit es dem Künstler gelungen ist, durch feinste Verschmelzung der Strichlagen den malerischen Werten blühenden Fleisches und runzlicher Haut nahezukommen. Die eiskalte, lupenscharfe Präzision des zeichnerischen Stiles, wie ihn Richard Müller entwickelt hat, zu vermeiden hilft ihm sein Empfinden für die Reize der verschleierten Töne, für malerische Harmonie und für den Stimmungsgehalt des Naturbildes. Daß einem Charakter wie dem seinen die menschliche Physiognomie im Vordergrund des Schaffens steht, wird dabei niemanden verwundern. Bei einem radierten Frauenbildnis, im Hute, einer Erstlingsarbeit, mag der unsichere Strich, die Unausgeglichenheit der Töne und der etwas banale Bildausschnitt noch befremden. Schon in dem Bildnis der Mutter des Künstlers (1897) und dem Selbstbildnis im Profil (1898) entschädigen eine stupende Ähnlichkeit und eine unsagbar liebevoll ins Einzelne gehende Durcharbeitung für solche Mängel. Je mehr dann der Künstler sich in die verschiedenen Techniken des Kupferstiches einarbeitete, desto reifer entwickelte sich auch die Fähigkeit, in das Innere der Individualität einzudringen, die verborgenen Fäden der seelischen Eigenart im Bilde bloßzulegen. Die Porträte seiner Eltern (Schabkunstblätter, 1902) sind von einer Tiefe, ja Größe des Ausdrucks, von einer Sicherheit des Stilgefühls und einem Reichtum der Tonunterschiede, daß das Prädikat »meisterhaft« hier nicht zu hoch gegriffen erscheint. An diese Glanzleistungen schließen sich ein Selbstporträt en face (Schabkunstblatt) und der ausgezeichnete Kopf Max Pietschmanns als weitere, technisch glänzend behandelte Blätter an.

Ein »Weiblicher Kopf« vor frei-dekorativem landschaftlichen Hintergrund (1902) schlägt die Brücke zu den Arbeiten, in denen dem poetischen und imaginativen Eigenleben der Individualität des Künstlers freierer Spielraum gelassen wird. Der Charakter des Bildnisses — des Künstlers Gattin — wird durch die Landschaft, eine Flußszenerie mit badenden Frauen, ins Lyrische, Musikalische erweitert. Im Gegensatz zu einem kühn verkürzten weiblichen Rückenakt auf weißem Tuch ist in dem Schabkunstblatt »Sitzendes Mädchen am Ufer« (1900) nicht der Organismus in dem ungewöhnlichen Bewegungsmotiv, sondern der malerische Kontrast des weichen Fleisches mit dem dunkeln Grund das künstlerisch Leitende. Ähnlichen Problemen, der Verbindung des nackten Körpers mit einer Landschaft, ist Jahn mehrfach, besonders auch in der großen Radierung »Pan und Kind« nachgegangen. Auch in der Komposition »Der tote Hirt« (Rad.-Schabk.) liegt ein solcher Gedanke zu Grunde, während hier noch die eigenartige Beleuchtung die Tragik der Szene erhöht. Es darf nicht verschwiegen werden, daß es in manchen dieser Arbeiten dem Künstler noch nicht ganz gelungen ist, vom Modell loszukommen, daß die Genauigkeit der Individualisierung sich dem Aufkommen der reinen, wirklichkeitsentrückten Märchenstimmung zuweilen hindernd in den Weg stellt. Jahn ist nun einmal in erster Linie Wirklichkeitsschilderer, Realist, wenn das vielgeschmähte Wort erlaubt ist, und erst danach und nur bedingungsweise Phantasiekünstler. Daß er indes, offnen Auges die Welt betrachtend, auch die Natur in ihrem Reichtum nur gefühlsmäßig faßbarer Einzelerscheinungen sich zu eigen zu machen, das zauberhafte Weben von Licht und Finsternis im Traumgewand der Atmosphäre nachzudichten, daß er den gewaltigen Akzenten der Meeresbrandung Widerhall zu geben vermag, beweisen eine Reihe landschaftlicher Blätter, die seit etwa 1901 entstanden sind. Eine im kleinen Maßstab groß empfundene Radierung zeigt das Erbbegräbnis der Jahnschen Familie auf dem kleinen St. Wolfgangskirchhof zu Meißen; in düsterem Schwarz ragt eine riesige Zypresse empor, aber an das Tor schmiegt sich ein voller Busch eben erblühter wilder Rosen. Durch die Mischung verschiedener graphischer Manieren, vor allem durch eine Verbindung von Vernis-mou- und Aquatinta-Technik erzielt der Künstler auf seinen landschaftlichen Darstellungen oft die überraschendsten Effekte. So in den »Fischerbooten« (1902): die einfachsten Mittel, ein paar helle Flecken im schweigenden Wasser, das an die Hafenmauern schlägt, und die friedevolle Weltvergessenheit der Szene ist erinnerungsmächtig festgehalten. Eine »Wiese, voller Margueriten«, wie in Otto Julius Bierbaums feinem Gedicht »Freundliche Vision« (Sternblumenwiese 1902) mag, in Wahl und Behandlung des Naturausschnittes und in der zarten Lyrik des Gedankens wohl an Einzelnes von Heinrich Vogeler erinnern. Zu einer Naturanschauung aber, wie sie durch Böcklins Schaffen in die deutsche Landschaftskunst eingeführt ist, schwingt sich Jahn in zwei Blättern auf, deren Motive er bei einem Aufenthalt auf der Insel Bornholm geschaut hat. Die »Ruine am Meere« und das »Gewitter am Meere« (1902) konzentrieren auf engem Raume die grollende Wucht der Brandungskette, die gegen die felsige Küste stürmt, und darüber die furchtbare Schlacht der

Gewitterwolken in all ihrer hinreißenden Urgewalt. Die außerordentlich farbige, dramatische Wirkung besonders des ersten Blattes erklart sich aus der feinsinnigen Anwendung der verschiedenen Manieren. Während die Felspartie als Vernis-mou behandelt ist, wurde der Ton des Wassers durch Aquatinta-Technik und das tiefe Schwarz der Wolken mit Hilfe der Roulette erzielt. Die Puristen der Radierkunst mögen über eine derartige Stilvermischung die Köpfe schütteln; wer aber mehr nach dem künstlerischen Erfolge, als nach den technischen Mitteln fragt, wird dem kühnen Vorgehen des Künstlers, der aus der Mannigfaltigkeit eine so harmonische und stimmungsgewaltige Bildeinheit zu schmieden wußte, ohne Zögern den Tribut seiner Bewunderung zollen.

Es liegt nicht im Sinne dieser Zeilen, das Werk des Künstlers, der jetzt auf eine siebenjährige Tätigkeit in seinem Fache zurückblicken darf, vollständig aufzuzählen. Seine jüngste Arbeit »Zwei polnische Juden« (1903) bezeichnet in der sicheren Beherrschung des großen Formates, in der Ausgeglichenheit und dem farbigen Reichtum der Töne und der einfachen und doch delikaten Durchbildung des Zeichnerischen wenigstens technisch einen Höhepunkt seines Könnens. Daß Georg Jahn, jetzt im Vollbesitz aller äußeren Mittel und Kräfte, immer mehr auch zu einer inneren Vertiefung seiner Kunst gelangen wird, das anzunehmen gibt uns der Überblick über seine bisherige Entwicklung ein volles Recht. Nicht als einer, der auf niegekannten Pfaden uns zu neuen Reichen der Anschauung führt, nicht als ein Gewappneter, der die Tradition zerschmettert, um auf ihren Trümmern den Kampf mit der Zukunft aufzunehmen — aber als ein rüstiger und fester Wahrheitkünder und Schönheitsucher von deutschem Fleiß und deutscher Ehrlichkeit des Strebens schreitet er den Marmorstufen zum Ehrensitz der Meister seiner Kunst entgegen.

Erich Haenel.

ADOLF ZDRASILA.

Nach einem Original-Holzschnitt von Adolf Zdrasila

»Ich bin im Jahre 1888 in Poruba (Österr. Schlesien) geboren. Mein Vater war Schneider, hat einige Jahre in Italien geweilt, wo er gerne die Kunstwerke betrachtete, er hat uns Kindern immer von all diesen schönen Dingen in Italien erzählt und er kann es nur gewesen sein, der in mir die Liebe zur Kunst geweckt hat, denn ich hatte sonst absolut keine Gelegenheit dazu in unserem Dorfe. Ganz nahe beim Hause war ein grüner Froschteich mit einer großen Linde am Ufer. Dieser Teich war für mich der Inbegriff aller Seen, sogar ein Meer stellte ich mir dabei vor. Die Linde wurde gefällt und der Stamm lag jahrelang, von der Rinde entblößt, weiß, am Ufer des Froschteiches. An diesem Stamme lag ich täglich und zeichnete mit einem Bleistift alles, was ich um mich sah und was ich mir erdacht habe. Schließlich war der Stamm ganz bedeckt mit meinen Zeichnungen, so daß kein Plätzchen mehr frei war. Dieser Stamm lag noch an seinem Platze, als ich bereits meine ersten Studien in Wien begonnen hatte, bis er schließlich auf Bretter zerschnitten wurde. Später kopierte ich Heiligenbilder, die ich in den Bauernstuben vorfand. Die Farben bereitete ich mir selbst aus verschiedenen Pflanzen, bis mir der Vater zu meiner großen Freude einen Farbenkasten aus der Stadt (Mährisch-Ostrau) mitgebracht. Dort war ein Stubenmaler, der auch Heiligenbilder malte, dieser hatte von mir gehört und nahm mich in die Lehre, was mich anfangs ungemein erfreute, doch fand ich bei ihm nicht das, wovon ich so viel träumte, aber viel Praktisches habe ich mir dort angeeignet. Als meine Lehrzeit (4 Jahre) zu Ende war, reiste ich auf eigene Faust nach Wien, wo ich zuerst eine Zeichenschule besuchte und später die Akademie bezog.«

Ich habe diese kurzen Angaben, die mir mein Freund Zdrasila gab, zitiert, weil sie sehr viel von des Künstlers Wesen sagen. Der schwere stille Mensch hatte und hat recht viel Autoritätsglauben, überhaupt viel Glauben und so ergriff er mit seiner ganzen Art das Neue, an das er herantrat. Er wurde ein guter, treuer und tüchtiger Schüler von Lichtenfels. Sie zogen hinaus in allerlei malerische und interessante Gegenden und malten schöne Landschaftsbilder. Daneben arbeitete der frühere Anstreicherlehrling an seiner allgemeinen Kultur, er las viel und tiefgehend und er las originell, das Neue organisch aufnehmend. Es hat mich gar nicht gewundert, daß er Homer sehr liebt, Goethes Lyrik und Gottfried Keller. Das Kosmische in Böcklins Bildern war ihm etwas Heiliges, Großes. Zdrasila hat von jeher viel gedacht, so gab ihm denn auch die erste Wiener Sezessionsausstellung viel Probleme. Ungefähr gleichzeitig bekam er das große Staatsstipendium, ursprünglich auf zwei Jahre, dann infolge seines Abfalles von der alleinseligmachenden schönen Sonntagnachmittagslandschaft nur auf ein Jahr. Er kam nach Karlsruhe zu Kalckreuth, Kallmorgen

Adolf Zdrasila. Original-Farbenholzschnitt

und Schönleber, nach Paris, wo er nur sah und aufnahm, weiter nach Holland, wo er außerordentlich wenig malte, und endlich uber Bremen nach Worpswede. Von selbst trieb es ihn da in die schlesische Heimat. Er war sich klar geworden über sein Schaffen und sein Wollen und in einem langen einsamen Winter in Troppau gewann das alles Gestalt und Leben, es ward das Treibende, Bewegende seines Lebens. Viele, viele Abende haben wir damals in meinem Bibliothekszimmer verraucht und verplaudert, und ich mit ihm, er mit mir, so gingen wir durch die Kunstgeschichte und lernten Beide von einander. Und da muß ich gleich etwas Wichtiges niederschreiben. Ich litt damals noch am Erbübel aller Kunsthistoriker, wenn ich auch an warnenden Beispielen genug versucht habe, es abzutun: ich dogmatisierte und dozierte. Und der Freund betrachtete halb ängstlich, halb ernst den erhobenen Zeigefinger und ging still nachhause und oft kam er erst nach Tagen, da hatte er es aber verarbeitet und hatte gesiegt. Was ihm fremd war oder zu rasch ging — ich wollte ihn möglichst rasch »modern« haben — konnte er nicht aufnehmen. Und jedesmal, wenn mein Kunst- und Freundeseifer des Guten zu viel getan, wenn ich ihm etwas Unorganisches aufprägen wollte, lehnte er es ab. Ich habe es mir schon längst abgewöhnt, aber es war eine lehrreiche

Zeit für uns Beide und es war ein gutes Zeichen für seine gesunde Kraft, daß er meinem etwas impetuosen Temperament widerstand.

Unterdessen hat sich Zdrasila langsam, schwerfällig weiter entwickelt, er geht der ihm eigenen Art entgegen, ganz sicher, wie ich glaube.

Im Jahre 1897 hatte das Troppauer Museum seine ersten Studien aus der Troppauer Umgebung ausgestellt, schlichte, ehrliche, etwas spießbürgerliche Sachen, mit viel Respekt vor der Natur und guter solider Technik, aber es waren eben doch nur gut abgeschriebene Bilder. Persönlich an ihnen war die Schlichtheit, die Einfachheit und die Liebe. Mir fällt der »Zaunkönig« in Heyses Roman »Kinder der Welt« ein. Prinzipiell anders waren dann die schlesischen Landschaften in der Zdrasila-Ausstellung von 1902, die im Troppauer Museum und im Salon Pisko in Wien zu sehen war.

Nicht etwa in den Motiven, die waren dieselben geblieben, die schlesischen Birkenwäldchen, die schmalen klaren Flüßchen, die ruhigen Täler und einfachen stillen Häuser an dem Wasser. Aber es war ein neuer Rhythmus darin, eine starke synthetische Kraft, etwas Zusammengefaßtes, auf einen großen Ton Gestimmtes. Ich möchte am liebsten sagen, etwas Musikalisches, verwandt mit den Volksliedern oder Gebirgsmärchen. Ganz klar war es noch nicht, es war noch viel Ringen dabei und manches Überflüssige, Äußere, aber die Linien des neuen Stils für sich hatte Zdrasila gefunden.

Und bis heute ist er noch nicht im vollen Besitze seines Stils, er ist jetzt wieder einmal versunken in eine Zeit mehr technischen Schaffens und Übens, in der man vieles an Äußerem lernt, aber dafür auch zu sehr in der strengen Nachahmung der Naturvorbilder lebt. Ein Mensch von der ruhigen gesunden Kraft Zdrasilas arbeitet allerdings unter dieser Oberfläche ruhig weiter und geht seiner Lösung entgegen.

Jene Ausstellung von 1902 enthielt einiges, was hier erwähnt werden muß. Zwei Bilder im Troppauer Museum geben ein Stück einer Troppauer Vorstadt an der Oppa, wo die Wege enger werden und kleine, niedrige, einstöckige Häuser unter breiten Bäumen am Ufer lagern, mit Geranientöpfen in den Fenstern.

Diese enge liebe Stimmung, eine richtige Biedermeierstimmung, hat der Künstler in diesen Bildern stark niedergelegt. Eine alte winklige Vorstadtstraße, die »Schwarze Gasse«, krumm, unregelmäßig, von der Oppa, über die eine niedere Brücke führt, ausgehend, hat er mit seiner Liebe für das Enge, Verbogene, Bucklige und Groteske wiedergegeben.

Ein anderes Bild zeigt ein Dorf, im langgezogenen niederen Format, friedlich hingelehnt, darüber die Wolken. Überhaupt seine Wolken, sie sind so individuell, so variabel und sagen so viel. Wir haben in unserem Schlesien tiefblaue, unermessliche Himmel nur im Spätherbst, der ist schön, wie es Träume oft sind, sonst haben wir fast stets Wolkengewimmel, graublaues, düsteres Gemenge, fortwährend wechselnd. Und die liebt Zdrasila. Seine Bilder zeigen stilisierte Wolkensymphonien. Die Wolken und die Bäume, die Birken und die Weiden vor allem nahmen zuerst Stil und eigene Form in seinen Bildern an. Dann folgte das Wasser, das er immer wieder studiert, liebevoll, eindringlich, wenn es in ausgefransten verrückten Bachwindungen in einer Tümpelecke sich staut und das blaue Sonnenlicht aufsaugt, die grünen Blätter widerspiegelt. Und jetzt folgen ihnen die großen Linien unserer Vorberge.

Ich kenne wenig Maler, die so leidenschaftlich den Winter lieben wie Zdrasila. Er hat stundenlang trotz der strengsten Kälte bei einem kleinen transportabeln Öfchen im Freien gemalt. Bei Dr. Wilhelm von Hartel in Freiwaldau hängt ein Stück Fichtenwald, nur die Stämme und überall Schnee. Blau lagern im Sonnenlicht die Schatten der Bäume im kalten Weiß des Bodens. Es ist

Adolf Zdrazila, Originalholzschnitt

noch in Karlsruhe gemalt und von verblüffender Einfachheit der Technik, lebend in jedem Zug, ein Meisterstück. Ich werde noch später davon sprechen müssen, bei seinen graphischen Arbeiten, wie raffiniert einfach Zdrasilas Technik ist, die nur das Wesentliche gibt. Er ist einer der geschicktesten Menschen, die ich kenne. Er hat seine Schränke geschnitzt, seinen Rosenofen getöpfert, seinen Bodenteppich auf eigengebautem Stuhl gewebt und die leichte Einfachheit seiner Farbenholzschnitte hat in Paris Aufsehen erregt.

Ich liebe an Zdrasila, dem Menschen wie dem Künstler, seine keusche Scheu, die Schamhaftigkeit seiner Seele. Er sagt nie das Letzte und doch ruht es so tief in seinen Werken. Sie ist wie die herbe verschleierte schlesische Luft, leise ist der Jubel, zart rieselt der Wind durch die Bäume, besonders die geliebten Birken, die hier manchmal zusammenstehen mit Fichten: eine graziöse entzückende Ehe. Wie im Traum starren die Wolken in das blaue Wasser. Es ist Geheimnis überall; so wie er es liebt und wie er um seine Offenbarungen unablässig wirbt, so schreitet es durch seine Bilder.

Sein hier abgebildeter »Winterabend«, wie die »Herbststimmung an der Oppa« zeigen seine Art und die Musik seiner Naturbilder. Der große kosmische Zug der Jahreszeiten fesselt ihn immer wieder. Diese beiden letzten Bilder sind in der von Zdrasila viel und außerordentlich geschickt angewandten Buntstifttechnik. Es ist ein schweres Arbeiten mit diesen fetten Stiften und zwingt zur summarischen Einfachheit; die Wirkung ist eine bedeutende, auch in der Leuchtkraft.

Unter den Bildern der Ausstellung 1902 war eines, das für sich allein war, ein Vorläufer seiner Kunst, wie sie werden mag, ein Gnadengeschenk, wie es suchenden Künstlern in seltenen Stunden zuteil wird, um sie zum Ausharren auf dem Wege zu bestimmen, wenn sie verzagen und keine Sonne mehr sie zu grüßen scheint. Es hängt jetzt im Troppauer Museum. Drei Birken im Vordergrunde mit leise niederrieselndem zartem Laub, vom oberen Bildrand abgeschnitten, ragen aus leuchtend grünem Wiesenboden heraus. Es ist im Hochsommer, wenn die Sonne tiefer geht und breite dunklere Schatten fallen. Hinten traute Biedermeiergiebel eines Dorfes, lauter Gänseblümchen uud andere Volksliedblumen im Gras und rechts vorne ein dummes Bauernmädel im roten schlecht sitzenden Sonntagskleid unter blühenden Heckenrosen, ganz versunken darin, einen Heckenrosenkranz um den Hut zu flechten. Die Klugen im Lande stört das Bauernmädel, aber es gehört dahin in all seiner plumpen süßen Tumbheit mit dem leuchtenden roten Kleid, wie es die Heiligen bei van Eyck und Memling tragen. Ach, und all der süße stille Jubel in dem Bild, das die Seele Zdradilas trägt, seine Seele, die so was Stilles, Liebenswürdiges, Schalkhaftes, Heiteres ist: man denkt an Volkslieder, Rübezahl, Kindermärcheh und Kinderglauben, holde Mystik, Kinderlachen und Vogelsang, Dorfkirchlein unter Bäumen, weidende Herden und rauschende Bäche. Dies sich Einsfühlen mit der Natur! Unsere große ewige Sehnsucht!

Zdrasila hat schon manches Bild und manche Studie gemalt mit figuralem Inhalt, manches kenne ich erst aus seinen Wünschen. Sie knüpfen immer an seine Jugend an, seine Sehnsucht, seine Naturliebe. So, wenn der Nickelmann sorgsam die bunten Bander rund um seinen Brunnen herum aufhängt zum Trocknen und ängstlich zusehende Kinder in jagender Flucht sich verziehen. Oder auf einem anderen, wo einen niederen Abhang herab von den früchteschweren Feldern eine Quelle über die Steinchen rinnt und eine Lache bildet, in der sich Himmel und Wolken spiegeln. Und zwei kleine blonde Mädchen, die sich an den Händen halten, starren in diese Spiegelwelt, ängstlich, im Schauer des Neuen.

Der Graphiker Zdrasila, wie man ihn heute kennt, hat seine ersten modernen Blatter auf der großen Reise und dann in Troppau geschaffen. Das war mitten in seiner Wandelzeit. Seinem

Schaffensdrang entsprachen die modernen graphischen Künste mit ihrer Freiheit und technischen Vielseitigkeit, mit all dem Reiz, den das Vertiefen in handwerkliche Geschicklichkeit gewährt. Da hat er am meisten gegrübelt und experimentiert. Er sah bei mir die ersten japanischen Farbenholzschnitte und gemeinsam haben wir das Buch von Tokuno über deren Technik studiert.

Er brachte viel gediegenes technisches Können mit. Unger war sein Lehrer und dessen frisches junges Interesse an der modernen Kunst hat den Versuchen Zdrasilas bis heute die größte Anteilnahme geschenkt. Früher hatte er Landschaften aller Art radiert, auf der Reise verliebte er sich inbrünstig in den Holzschnitt, besonders den Farbenholzschnitt. Einflüsse der Holländer, Franzosen und seines Karlsruher Freundes Albers wirkten zusammen. Versuche aller Art liegen vor, das erste bedeutende Blatt aber war der vom Troppauer Museum im Jahre 1900 gedruckte Vierplattendruck, der farbige Holzschnitt der Birkenallee bei Radun in der Nähe von Troppau. Die Glut des Herbstes ruht in ihm. Es folgten rasch im selben Format die gleichfalls in vier Platten von Zdrasila geschnittenen Blätter, das alte Schloß in Schlakau gegen Abend, in Rotbraun und Graugrün, und endlich das kleine badische weiße Bauernhaus mit dem roten Dach und dem blauen Himmel. Die drei Blätter sind ja von der vorjährigen Wiener Sezessionistenausstellung bekannt. Das war glückliche freie Kunst, breit, groß, mühelos geschaffen in volltiefer schöner Stimmung.

»Zur Zeit der Heckenrosen sollt' ich seiner harren!« heißt der nächste Farbenholzschnitt. Heckenrosensträuche, ein weites Land mit tiefem Horizont, am blauen Himmel große, geballt ziehende Wolken, und dann im gelben wallenden Gewand, in sehnsüchtiger Haltung ein junges Weib, wartend, harrend; auch technisch ein wundervolles Blatt voll Zartheit und Schönheit. Die Handdrucke auf Japanpapier zeigen eine samtartige Weiche des grünen Rasens, die man dann besonders bewundert, wenn man die geradezu auf das Äußerste beschränkte Sparsamkeit des Schneidemessers betrachtet.

Ein Gelegenheitsblatt bester Art ist das große Ehrendiplom des Troppauer Männergesangvereines, auch ein Farbenholzschnitt, vier Szenen umgeben von Rosenguirlanden, oben ein Sängerfest aus Schuberts Zeit, links ein Biedermaierständchen im Mondscheinschimmer, in der Mitte der Troppauer Stadtturm, rechts ein junges Mädel, die unter Blüten sitzt und hold ernsthaft in die Harfe greift und über ihr auf den Zweigen die Vögel des Waldes. Ein einfaches liebes Blatt voll unsagbaren Reizes.

Das letzte große Blatt ist der Farbenholzschnitt unserer Jahresmappe, der tiefe runde Bergsee, schon im Schatten des nahenden Abends liegend, während die letzte Sonne auf den Abhängen in die Höhe kriecht. Friedvoll ruht das Gehöft, ruhig weidet die Herde. Es zeigt die synthetische Kraft und die Fülle des musikalischen Naturempfindens in Adolf Zdrasila.

Ein kleineres Blatt ist hier beigegeben, der »Winter«, in 4 Platten, einer grauen, blauen, gelben und einer Konturplatte. Ein Gehöft, Bäume und ansteigende Höhen im tiefen Schnee und klarer Luft. Locker und doch so schwer wuchtet die Schneedecke auf allem. Man denkt als Gleichwertiges unwillkürlich an Winterbilder der Japaner oder an das genialste europäische Winterbild, die Bank im Schnee im Hamburger Elbpark von Fritz Thaulow, dem Norweger (Hamburger Kunsthalle).

In der letzten Zeit hat Zdrasila auch einige Radierungen geschaffen, den von Birken und Weiden umgebenen kleinen See bei Schlakau mit der auf der Höhe stehenden Windmühle im Hintergrund und dann diese Windmühle allein, an einem windigen sturmreichen Tag, breit und einfach gesehen, mit sehr viel Stil und Temperament in der Zeichnung.

Die Stirnseite seines Ateliers in Troppau schmückt ein zartes Fresko, ein Sommerreigen junger Mädchen in Blüten und Sonnenlicht, auch technisch sehr gelungen, denn der rauhe

schlesische Sturm, der das vor der Stadt stehende Haus, einen Bau von Kastelitz, umweht, hat das Bild in seinen lieblichen lachenden Farben nicht antasten können.

In den letzten zwei Jahren hat uns Beiden eine gemeinsame Arbeit viel Freude gemacht. Wir sammeln im Landesmuseum alle Reste schlesischer Kultur zum Zwecke ihrer Erhaltung und späteren Veröffentlichung, Volkslieder, Trachten, Möbel, Stickereien, Gläser, Keramiken etc. Da hat er mit Liebe und Eifer mitgearbeitet, es entstand ihm der Plan zu einem Rübezahlzyklus, dessen erstes Blatt, ein gelungener kräftiger Holzschnitt, schon vorliegt, und für das Bauernzimmer des Museums schuf er vier feine Aquarelle, die ältesten erhaltenen schlesischen Gebirgsbauernhäuser darstellend. Einige Exlibris hat er ebenfalls geschnitten und als es sich darum handelte, den Speise- und Betraum der Schwestern in der Landes-Irrenanstalt künstlerisch auszugestalten, übertrug man ihm auf Anraten des Museums die Aufgabe, die er in mustergiltiger Weise gelöst hat. Fresken, Bemalung, Möbel gleicherweise gehen auf ihn zurück.

Zdrasila steht jetzt in seiner Kraft, er arbeitet schwer und streng, aber glücklich und frei. Ich habe manche Linien vorweg gezeichnet, aber sein Weg liegt jetzt klar vor ihm. Wenn er aus Niederösterreich, wo er jetzt weilt, wieder zurückkehren wird nach Schlesien, wird ihm seine geliebte Heimat alles schenken, was seine Kunst reich und blühend machen wird.

Edmund Wilhelm Braun.

Adolf Zdrasila: Rosenburg. Nach dem Original-Holzschnitt

MITTEILUNGEN

DER

GESELLSCHAFT FÜR VERVIELFÄLTIGENDE KUNST.

BEILAGE DER „GRAPHISCHEN KÜNSTE“.

JAHRGANG 1904.

WIEN.
GESELLSCHAFT FÜR VERVIELFÄLTIGENDE KUNST.

DRUCK DER K. K. HOF- UND STAATSDRUCKEREI.

INHALTSVERZEICHNIS.

Abbildungen.

HUGO GRAF VON ABENSPERG UND TRAUN.

Gestorben am 3. August 1904.

Mit einer Huldigung für unseren Kuratoriumspräsidenten eröffneten wir den laufenden Jahrgang unserer Zeitschrift — mit seinem Nekrologe müssen wir das Jahrbuch schließen. Schmerzlich bewegt beklagen wir den jähen Verlust des uns Allen so teuren Oberhauptes unserer Gesellschaft.

Als wir des Verewigten 75. Geburtstag vor Jahresfrist feierten und ihm und seinen Freunden und Verehrern sein von Unger radiertes Bildnis darbrachten, ahnten wir nicht, daß der verehrte Mann, der in voller körperlicher und geistiger Frische vor uns stand, uns so bald entrissen werden sollte. Wir hofften dem Achtziger neue Beweise unserer Liebe und Dankbarkeit widmen zu können. Das Schicksal hat es anders gefügt.

Was Hugo Graf Traun der »Gesellschaft für vervielfältigende Kunst« gewesen, wie er ihr gedient und sie gefördert hat all die Jahre, in denen die oberste Leitung der Gesellschaft in seinen Händen ruhte, haben wir damals in schlichten Worten zum Ausdruck gebracht. Mit Freude und Stolz wiederholen wir: er war ganz unser; Alles, was er tat, tat er mit vollem Einsatz seiner Persönlichkeit, mit offenen Sinnen, mit warmem Herzen, mit Begeisterung, Treue und Hingebung. Von früher Jugend der Kunst ergeben, unablässig bemüht, in ihr Wesen einzudringen, historisch geschult und immer lernend, freudig und voll Verständnis jede neue kraftvoll eigenartige Erscheinung des modernen Schaffens begrüßend, stand er, da er berufen ward, bestimmend in das Kunstleben des Vaterlandes einzugreifen, der rechte Mann an der rechten Stelle.

Er war kein Stürmer und Dränger, er hatte starke konservative Neigungen auch in der Kunst, allem Überschwang, allem Experimentieren, allem sprunghaften Vorwärtseilen war er abhold. Aber wie er als gründlich gebildeter, freisinniger Mann in Wissenschaft und Literatur jedes ernste Ringen nach erweiterter Erkenntnis mit herzlicher Freude begrüßte, so trat er bei all seiner starken, tief begründeten Liebe zum guten Alten auch in der Kunst den Forderungen und Ausdrucksweisen einer neuen Zeit nicht entgegen. Wo er tüchtiges Können, seiner selbst sicheres Wollen erblickte, war er stets voll Teilnahme und gerne bereit, anzuerkennen und zu fördern.

Diejenigen, welchen die unmittelbare Führung der administrativen, wissenschaftlichen, künstlerischen Geschäfte der Gesellschaft anvertraut war, hat er nie gehindert, das zu tun, was sie für recht hielten und wofür sie mit ihrem Namen die Verantwortung trugen. Er faßte sein Amt weder rein repräsentativ und dekorativ, noch in dem Sinne auf, daß er hätte immer steuern und alles beeinflussen wollen. Aber er interessierte sich für alles, wußte von allem, kümmerte sich um alles, ließ sich berichten und aufklären, wohl auch belehren, und hörte jeden, der hiezu berufen war, mit Wohlwollen und jener einsichtsvollen liebenswerten Geduld und Zartheit an, die so recht zu seinem Wesen gehörten. Er war voll Edelsinn und Herzensgüte, von weichem Gemüte, in seiner stillen zurückhaltenden Art ein Enthusiast für alles Gute und Schöne. Diese Sensibilität, gepaart mit der durchsichtigen Lauterkeit seines Charakters und jenen weltmännischen Formen, die man oft fälschlich höfische nennt, umgaben alles, was er tat und wirkte, mit einer Anmut, die ihm bis ans Lebensende eigen blieb. Stolzes und herrisches Wesen war ihm fremd und zuwider, nie hat jemand ein hartes, kaum einer je ein strenges Wort von ihm gehört. So hatte er keinen Gegner, keinen Feind; seinen Freunden nicht nur, auch seinen Mitarbeitern und Untergebenen war er ein treuer, verläßlicher, opferwilliger Freund, er wurde von allen geliebt und verehrt, die ihm nahe standen. Hatte das Schicksal ihn in die erste Reihe derer gestellt, welche den Thron umgeben und in weithin sichtbarer Stellung mit Macht und Einfluß ausgestattet sind, so hat er jedes Amt, das ihm anvertraut war, mit sittlichem Ernste und fruchtbringender Tätigkeit ausgefüllt. Er wußte, was er sich und anderen schuldig war, mühelose Ernte kannte und suchte er nicht, selbst ein unermüdlicher, immer vorwärtsstrebender, sich nie genug tuender Arbeiter, achtete er jede ehrliche Arbeit anderer, unterstützte sie und hielt mit freundlicher Aufmunterung und Ehrung nicht zurück.

In unserem Kreise wird das Andenken an Hugo Grafen Traun lebendig erhalten bleiben. Dankbarkeit und Liebe wird die Trauer um ihn verklären, in dem freudigen stolzen Gefühle, daß er unser war und wir ihm nahe stehen durften in gemeinsamer Arbeit zur Förderung von Kunst und Kunstwissenschaft.

Der Verwaltungsrat der Gesellschaft für vervielfältigende Kunst.

MITTEILUNGEN

DER

GESELLSCHAFT FÜR VERVIELFÄLTIGENDE KUNST.

BEILAGE DER „GRAPHISCHEN KÜNSTE".

1904. WIEN. Nr. 1/2.

Studien und Forschungen.

Lancelot Blondeel als Graphiker.

Lancelot Blondeel, ein sehr merkwürdiger Künstler, ist bis zum heutigen Tage noch nicht zum Gegenstand einer Einzeldarstellung gemacht worden, die seiner Bedeutung entspräche. Er stammt aus Paperinghe in Flandern, läßt sich 1519 in Brügge nieder und nimmt hier bald eine hervorragende Stellung ein. An den dekorativen Arbeiten für den feierlichen Einzug Karls V. in Brügge im Jahre 1520 hatte er einen beträchtlichen Anteil, und Weale, dem wir die Kenntnis dieser Einzelheit verdanken, fügt hinzu, Blondeel habe Vorzeichnungen für Glasmalerei, Wandteppiche, Goldschmiede- und Bildhauerarbeiten geschaffen und sei selbst als Architekt tätig gewesen. Der Ruhm Blondeels wird durch neue Funde sicherlich noch erhöht werden und nur der Zeit bleiben noch wichtige Entdeckungen über ihn vorbehalten. Man kann ihn als einen der Schöpfer der niederländischen Renaissance betrachten, für die er als Maler und Architekt bahnbrechend gewirkt hat.[1] Betrachtet man die Gesamtheit seines Lebenswerkes, so kann man ihn in gewissem Sinne mit seinem Zeitgenossen Peter Flötner vergleichen.[2] Obwohl Dürer Blondeel in dem Tagebuche seiner niederländischen Reise nicht erwähnt, so spielte dieser doch zur Zeit von Dürers Besuch unter den Brügger Künstlern eine bedeutende Rolle, da er ja, wie gesagt, an den Arbeiten für die Dekoration der Stadt zum Einzug Karls V. in hervorragender Weise beteiligt war. Man hatte zu dieser Gelegenheit die Straßen und Plätze Brügges aufs glänzendste geschmückt. Leider ist uns dieses prächtige Bild durch keine graphische Wiedergabe erhalten.

Lancelot Blondeel, Der hl. Petrus. Holzschnitt in der königl. Bibliothek zu Brüssel.

Der mächtige Kamin des Franc in Brügge (1520) und die ebenfalls noch in Brügge erhaltenen Gemälde des Meisters sind alle aus späterer Zeit: Dürer hat sie also nicht kennen lernen können. Diese Werke zeichnen sich durch ganz besonderen Reichtum an Ornamenten aus, hinter denen oft der Gegenstand der Darstellung zurücktritt und die, schwarz auf Goldgrund gemalt, fast auf keinem seiner Gemälde fehlen. Sie sind von einem so feinen Geschmack, wie man ihm kaum sonst in der niederländischen Kunst dieser Zeit

[1] Schoy, Histoire de l'influence italienne sur l'architecture dans les Pays-Bas, Brüssel 1879, S. 78, und Graul, Beiträge zur Geschichte der dekorativen Skulptur in den Niederlanden während der ersten Hälfte des XVI. Jahrhunderts, Leipzig 1889.

[2] Sieh über diesen Konrad Lange, Peter Flötner, ein Bahnbrecher der deutschen Renaissance. Berlin 1897.

begegnet. Graul neigt zu der Vermutung, Blondeel habe seine Ornamente direkt aus italienischen Quellen geschöpft. Diese Annahme ist aber keineswegs gesichert, da auch andere Meister derselben Epoche, wie zum Beispiel Lucas van Leiden eine Ornamentik von ähnlich liebenswürdigem Geschmacke verwenden, die sicherlich dem italienischen Stile entlehnt ist, ohne daß darum solche Künstler Italien besucht haben mußten.

Daß Blondeel in diesem ornamentalen Teile seiner Gemälde, von denen wir ja nur wenige kennen, sozusagen die Summe seiner malerischen Fähigkeiten gegeben habe, kann man kaum glauben. Vasari, der seine Nachrichten von Stradanus hat, stellt vielmehr den Künstler als einen Landschaftsmaler hin, der mit Vorliebe in seinen Bildern Brände, wie den bei der Erstürmung von Troja, dargestellt habe. Das Reichsmuseum von Amsterdam besitzt nun von Blondeel ein merkwürdiges, von 1548 datiertes und durch das Monogramm beglaubigtes Gemälde, das, wie es scheint, einen Stoff aus der alten Geschichte behandelt. Auf diesem Bilde, das 56 *cm* hoch und 71 *cm* breit ist, nimmt den größten Raum eine abwechslungsreiche Landschaft ein, in der römische (?) Ruinen verstreut sind, die etwas die Erinnerung an das Kolosseum wachrufen. Die Figuren sind sehr klein und zeugen von starkem italienischen Einflusse, welche Beobachtung der Vermutung Graufs eine gewisse Stütze verleiht.

Daß Blondeel für Glasmaler, Bildhauer, Goldschmiede u. s. f. Entwürfe geliefert hat, kann uns nicht wundernehmen und selbst ohne die Bezeichnung des Künstlers könnten solche Arbeiten ihm zugeteilt werden. Ohne Zweifel wird man solche Gegenstände in Sammlungen wiederfinden, besonders Werke der Goldschmiedekunst, eines Gebietes, für das der Stil des Brügger Künstlers ganz besonders gut paßt.

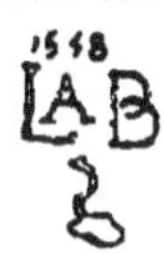

Die Bezeichnung Blondeels ist bekannt. Wir geben sie hier wieder nach einem Faksimile, das wir der Güte des Herrn van Riemsdyck, Direktor des Amsterdamer Museums, verdanken. Die Maurerkelle ist nach Van Mander eine Erinnerung an das Handwerk, mit dem der Maler begonnen hatte, das des Maurers. Sicherlich konnte es nur einem großen Talent gelingen, sich aus der Tiefe so niedriger Anfänge zur achtunggebietenden Stellung eines Künstlers zu erheben.

Bis jetzt hat man Blondeels Tätigkeit als Holzschneider oder wenigstens als Zeichner für den Holzschnitt noch nicht beachtet, aus dem einfachen Grunde, weil seine graphischen Arbeiten weder in Sammlungen vorkommen, noch in den Handbüchern erwähnt werden. De Jongh hat zuerst, in seiner Ausgabe von Van Manders »Schilderboek«, Blondeel als Graphiker genannt. In einer Anmerkung behauptet er, daß es unter anderen hübschen Holzschnitten, besonders großen Figuren, von Blondeel 8 Stück mit tanzenden Bauern gebe, die sehr hübsch gezeichnet seien.[1] Bemerkenswert ist, daß der Text Van Manders nichts von diesen Holzschnitten sagt. Heinecken,[2] der Van Mander als Quelle seiner Nachrichten über Blondeels Tätigkeit als Holzschneider angibt, übernimmt einfach den Text De Jonghs: »Landsloot ou Lanzelout Blondel, ancien peintre de Bruges qui gravait aussi en bois et qui vivait vers 1510 v. C. v. Mander. Nous avons de lui une suite de paysans qui dansent, 8 pièces gravées en bois.«

Daraus sollte man schließen, daß diese Stücke in der Tat noch existieren und daß sie im Dresdner Kabinett vorhanden sind, dessen Direktor Heinecken war. Dennoch versichert uns Max Lehrs, daß es kein Blatt von Blondeel in der ihm anvertrauten Sammlung gebe. Vergeblich haben wir sie auch in anderen Kupferstichkabinetten gesucht. Existieren sie oder nicht? Wir wissen es nicht zu sagen.

Daß aber Lancelot Blondeel wirklich für den Holzschnitt gezeichnet hat, das beweist der kleine Holzschnitt, den wir durch diese Zeilen bekannt zu machen versuchen wollen. Er stellt den heiligen Petrus vor, aufrecht stehend vor einer Nische, die mit Ornamenten verziert ist, in denen der uns aus den Gemälden bekannte Stil des Künstlers nicht zu verkennen ist. Die Bezeichnung ist nicht leicht zu entziffern, da der Griff der Maurerkelle auch für den Buchstaben S genommen werden kann und da das A fehlt, das sonst zwischen den Buchstaben L und B steht. Die Gestalt des Heiligen kann man nicht als ein Muster von Stil bezeichnen; doch fehlt es ihr nicht an Charakter. Die Zeichnung ist sicher und das Ganze hat eine gute malerische Wirkung. Sicher ist, daß die Ornamentik einen Raum einnimmt, der nur durch die dekorative Begabung des Zeichners seine Berechtigung findet. Die Manier der Ornamentik ist nicht übel, was man von den Seitenpfeilern sieht, ist recht originell. Es ist antizipiertes Rokoko, das an Mabuse denken läßt.

Das kleine Blatt gehört sicherlich zu einer Folge, deren übrige Blätter, die höchst wahrscheinlich Christus, Maria und die zwölf Apostel enthielten, von uns nicht wiedergefunden worden sind. Man bemerkt, daß der Holzstock Spuren des Wurmstiches zeigt: er war also nicht neu, als man ihn für ein Brevarium verwendete. Dies geschah, nach dem Druck der Rückseite zu schließen, im XVII. Jahrhundert. Leider ist unser Exemplar, das die königliche Bibliothek zu Brüssel besitzt, aufgezogen. Doch war es uns möglich, zu erkennen, daß es sich um einen Text in vlämischer Sprache handelt. Vielleicht glückt es uns einmal das Buch wiederzufinden, für das unser Holzschnitt bestimmt war, der wohl schwerlich als Einzelblatt gedacht war.

---

[1] Levens der Hollandsche en Hoogduitsche Schilders, Amsterdam 1764, I, p. 30.

[2] Dictionnaire des Artistes.

Anonymer Holzschnitt vom Jahre 1566 in der königl. Bibliothek zu Brüssel.

Den zweiten Holzschnitt, den wir hier den Lesern vorführen und der einen Bauernkampf vorstellt, Lancelot Blondeel zuzuschreiben, liegt uns ferne. Das Blatt trägt das Datum 1566 und der Meister ist 1561 gestorben. Auch kann man es kaum als zu der Folge gehörig ansehen, die De Jongh und Heinecken erwähnen. Doch rührt der Holzschnitt, von dem wir nur ein einziges Exemplar, das in der königlichen Bibliothek zu Brüssel, kennen, von der Hand eines nicht unbedeutenden Künstlers her. Auch gehört er einer Zeit an, in der Werke dieser Art nicht häufig sind: er ist von einem Zeitgenossen Peter Brueghels des Älteren, aber nicht von diesem selbst. Dem Blatte fehlt nicht eine gewisse Größe, und wenn auch die Szene, die es vorstellt, von den ländlichen Sitten jener Zeit keinen sehr erfreulichen Begriff gibt, so muß man doch andererseits anerkennen, daß es einen bemerkenswerten Stil und die Hand eines geborenen Künstlers aufweist.

Das zur Zeit seiner Entstehung mit schweren Farben angelegte Blatt verdient das Interesse der Kenner und Liebhaber. Es kann uns nicht gleichgiltig lassen, wenn wir sehen, wie sich in dieser ungewöhnlichen, volkstümlichen Form eine Kunst widerspiegelt, die gerade unter den Vlamen ganz hervorragende Vertreter gefunden hat.

Den Holzschnitt einem bestimmten Meister zuzuschreiben, dürfte etwas kühn sein. Außer dem Datum 1566 lesen wir darauf nur den Buchstaben A, der ohne Zweifel anno bedeuten soll. Ist etwa Peter Aertssen der Zeichner? Der Stil dieses Meisters ist dem des Blattes etwas verwandt, doch läßt sich nicht mehr sagen. Die Publikation des Holzschnittes wird uns vielleicht, wie wir hoffen, zu einer sicheren Bestimmung verhelfen.

Henri Hymans.

Burgkmairs Celtis-Medaille.

In einer kürzlich veröffentlichten kleinen Studie über »Über Burgkmair und Dürer«[1] ergab sich mir Veranlassung, jene Gruppe von Holzschnitten Burgkmairs zu besprechen, die, zwischen 1504 und 1507 entstanden, den nahen Beziehungen des Künstlers zu Konrad Celtis ihre Entstehung verdanken.[2]

Es wurde in diesem Zusammenhange auch eines bisher unbekannten Holzschnittes gedacht, der das Bildnis Konrad Celtis' in Form einer Gedenkmünze darstellt. Das einzige mir bis dahin bekannte Exemplar, das sich in der Wiener Hofbibliothek, und zwar eingeklebt auf dem Vorsatzblatte der Handschrift Nr. 3448 befindet, hatte sich infolge seines schlechten Erhaltungszustandes als für eine Reproduktion ungeeignet erwiesen. Der Umstand, daß mir bald nach dem Abschlusse des erwähnten Aufsatzes ein zweites und zwar sowohl vorzüglich gedrucktes als auch tadellos erhaltenes Exemplar bekannt wurde, veranlaßt mich, die Reproduktion dieses künstlerisch feinen und gegenständlich nicht unwichtigen Blättchens hier nachzutragen.

In der manche Kostbarkeit in sich schließenden Sammlung von Einzelblättern der Münchener Staatsbibliothek wird auch ein schöner Druck von Burgkmairs »großem Reichsadler« (Pass. 120) verwahrt, auf dessen unterem Rande sich der hier in Originalgröße abgebildete Holzschnitt der Celtis-Medaille abgedruckt findet. Er bildet mit dem Reichsadler keineswegs eine ikonographische Einheit, so daß das Ganze als ein besonderer Zustand von Pass. 120 aufzufassen wäre, er ist vielmehr nur wegen seiner gegenständlichen Zusammengehörigkeit mit dem Adler oder sogar wahrscheinlicher nachträglich unter dem Adler abgedruckt worden. Das Blatt war einmal gefaltet gewesen und ist mit zwei Ziffern, 148 und 149, versehen, die die bekannten Züge Hartmann Schedels aufweisen. Mit Schedels übrigem Nachlasse ging auch das Werkchen Peutingers, Romanae vetustatis fragmenta in Augusta Vindelicorum, Augsburg 1505, aus seinem Besitze in die Münchener Bibliothek über, dem das sogenannte Totenbild des Celtis von 1507, ein Geschenk des Celtis an Schedel, vorgeheftet ist. Dieses Doppelblatt und das ganze Heftchen tragen die fortlaufende Seitenbezifferung 123 bis 134, und zwar von derselben Hand, Größe und Tinte wie die beiden Nummern auf dem »Reichsadler«. Auch das Format des Bogens, auf dem dieser abgedruckt ist, entspricht in der alten Faltung dem der Druckschrift. Es geht daraus hervor, daß das Blatt einem von Schedel zusammengesetzten größeren Konvolut entnommen ist, dessen übrige Teile sich aus seinem Nachlaß wohl auch feststellen ließen.

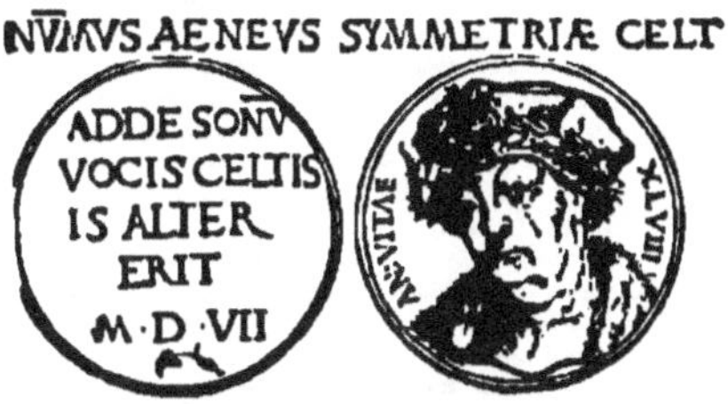

Ohne Zweifel geht die Anregung zu dem Holzschnitt von Celtis selbst aus, in dem wir auch den Autor der Schrift darauf annehmen müssen. Das Wort »Symmetria« in der Überschrift dürfte einfach als Maaß, Form, Gestalt zu deuten sein. In der späteren Gräzität wird der Ausdruck, wie Herr Dr. v. Premerstein die Güte hatte mir mitzuteilen, auch vom Übereinstimmen eines Bildes mit seinem Original, also im Sinne von »Porträt« gebraucht. Ob diese Anwendung bei den Humanisten anzunehmen ist, weiß ich nicht. Der die Revers-Seite der Medaille ausfüllende Text, der sich sonst auf die dargestellte Person zu beziehen pflegt, klingt hier in ein Lob auf den Künstler aus. Und in der Tat stellt diese Münze die beste und deutlichste Überlieferung dar, die wir von den Gesichtszügen des Dichters besitzen.

Die Überschrift nennt das Bild kurzweg einen »nummus aeneus«. Die Frage ist: Haben wir es mit dem Abbild oder dem Entwurf einer Medaille zu tun?

So viel ich in Erfahrung bringen konnte, ist eine Celtis-Medaille bisher nicht bekannt geworden. Daß dem Künstler ein solches Werk vorlag, dünkt mich schon aus dem Grunde unwahrscheinlich, weil der Celtiskopf durchaus das Gepräge Burgkmairscher Auffassung trägt und der Künstler in anderen, nach italienischen Medaillen gearbeiteten Porträten, wie in den Holzschnitten B. 33 und besonders B. 20 bewiesen hat, wie gut er sich in

---

[1] »Beiträge zur Kunstgeschichte. Franz Wickhoff gewidmet von einem Kreise von Freunden und Schülern. Wien, 1903«.

[2] Ich benütze die Gelegenheit, zu dem erwähnten Aufsatze hier nachzutragen, daß die beiden in der »Rhapsodie« des Celtis erschienenen Holzschnitte, darstellend das »Insignium des Poetenkollegs« und die »Böhmische Schlacht« schon von Thausing Burgkmair zugeschrieben wurden, und zwar in einem in Bd. 17 der »Berichte und Mitteil. des Wiener Altertumsvereines« veröffentlichten Aufsatze über »Die Celtes-Ciste der Wiener Universität«, der mir früher leider entgangen war.

fremde Formen einzufühlen versteht. Also ein Entwurf? Auch das scheint mir nicht zu bejahen. So viel wir wissen, war damals in Augsburg niemand, der den Entwurf hätte ausführen können, die ersten dort entstandenen Medaillen datieren von 1518. Ob Celtis, damals schwer krank und den Tod in nächster Nähe fühlend, sich der Hoffnung hingegeben hat, daß sich sein Holzschnitt jemals in eine Medaille verwandle, muß dahingestellt bleiben; wahrscheinlicher dünkt mich, daß er den Holzschnitt nicht als Entwurf, sondern als Ersatz einer Medaille aufgefaßt und veröffentlicht hat. Die Freude und der Stolz an der eigenen Persönlichkeit trieb in Italien die Kunst der Medaille hervor und brachte sie zu einer so wundervollen Entfaltung. Man kann sich vorstellen, wie heiß es den »Erzhumanisten« Celtis verlangte, auch einer solchen Verherrlichung seiner Person teilhaftig zu werden. Doch es fehlte ihm die ausführende Hand. Was ihm die deutsche Kunst dafür bot, war der herrlich entwickelte Holzschnitt. So griff er vorläufig auf ihn, um seinen Freunden sein Bild zu dauerndem Gedenken zurückzulassen, ähnlich wie sich der Kaiser selbst an Stelle eines aus Marmor aufgerichteten Triumphbogens mit einem im Holzschnitt ausgeführten Phantasiebilde begnügen mußte.

In der Auffassung, Bekleidung und Haltung steht das Celtis-Porträt der Medaille dem auf dem »Totenbilde« Burgkmairs (Pass. 118) ungemein nahe. Der einzige Unterschied besteht darin, daß der Kopf des Totenbildes einen matteren, grämlicheren Ausdruck zeigt und die Augen halb geschlossen hat.[1] Beide Blätter stammen aus dem Jahre 1507; die Medaille aber ging vermutlich voran. Ohne Zweifel schwebten dem Zeichner italienische Werke als Vorbilder vor. Medaillen, auf denen der Dargestellte von vorn oder halber Wendung erscheint, gehören freilich im ganzen italienischen Quattrocento zu den größten Seltenheiten. Immerhin lassen sich einige Beispiele anführen, die ganz analoge Darstellungen aufweisen. Besonderes Gewicht möchte ich auf drei Medaillen von der Hand des Sperandio legen — darstellend: Francesco Sforza (Armand I. 74, 42), Camilla Sforza (Armand I. 74, 43), Agostino Barbarigo (Armand I. 75, 46)[2] — von denen wenigstens die beiden ersten als sicher im Besitze Kaiser Maximilians, demnach im Kenntnisbereiche seiner Gelehrten und Künstler anzunehmen sind. — Die Rückseite der italienischen Medaille bietet bekanntlich fast immer eine allegorische Darstellung oder ist in einzelnen Fällen ganz leer. Es scheint wenigstens vor dieser Zeit eine ganz seltene Ausnahme zu bilden, daß die Reversseite nur von Textschrift ausgefüllt ist, wie es merkwürdigerweise beim Celtis-Blatt der Fall ist. Doch findet sich auch dafür ein vereinzeltes italienisches Beispiel und zwar wieder auf einer Sforza-Medaille (Armand II. 58, 20).

In Deutschland wurde die Kunst der Medaille, so viel wir wissen, vor dem Jahre 1507 nicht ausgeübt.[3] Die wenigen bekannten, diesseits der Alpen entstandenen Werke entstammten italienischen Händen, wie des Giovanni Candida, Adriano Fiorentino, Gian Marco Cavalli u. a. Das früheste Datum 1507 trägt eine kleine Medaille, die nach der Beischrift den Hermann Vischer (im Profil) darstellt und von der Hand seines Bruders Peter d. J. herrührt.[4] Aus demselben Jahre stammt die Medaillenzeichnung Burgkmairs. Das Datum des folgenden Jahres findet sich auf jener Gußmedaille in Berlin, deren flaches Relief einen etwas nach links geneigten weiblichen Kopf und daneben das Monogramm Dürers zeigt. Bekanntlich ist A. von Sallet für den Dürerschen Ursprung des schönen Werkes eingetreten und diese Möglichkeit scheint mir trotz Thausings Widerspruch aufrecht zu bleiben. Worauf es mir hier jedoch allein ankommt, ist, den Umstand zu betonen, daß in Nürnberg im Jahre nach Burgkmairs Medaillenzeichnung, die im Nürnberger Humanistenkreis gewiß nicht unbekannt geblieben ist, eine solche Arbeit in derselben En-face-Stellung entsteht, die, ganz entgegen dem allgemeinen Brauche, die Burgkmairsche Zeichnung aufweist.

Jedenfalls dürften diese Daten zeigen, daß Burgkmairs Medaillen-Holzschnitt, obgleich wohl niemals ausgeführt, doch auch in der Geschichte der Anfänge der deutschen Medaille eine kleine Stelle beanspruchen darf.[5]

Friedrich Dörnhöffer.

---

[1] Es gibt, wie schon Rudand im Arch. f. zeichnende Künste 1856 gezeigt hat, zwei Zustände, die sich durch die Schlußziffer der Jahreszahl unterscheiden. Zuerst stand nämlich VII; dann wurde, da Celtis erst 1508 starb, diese Ziffer durch geschickte Benützung eines Teiles der entfernten Umfassungslinie in VIII verwandelt. Dieses ist der einzige Unterschied der Ausgaben. Die bisher unwidersprochene Angabe Muthers (Zeitschr. f. bild. Kunst 1884, S. 344), daß die Augen des Dichters im ersten Zustand offen, im zweiten geschlossen sind, ist ein Irrtum.

[2] Abb. bei Heiss, Les médailleurs de la renaissance, VI, Pl. 13, 14, 2.

[3] Einen merkwürdigen Vorläufer nennt Domanig (Jahrb. d. kh. Samml. d. Allerh. Kaiserh., Bd XIV, S. 18), nämlich eine Medaille mit dem Bildnis Sigmunds von Tirol, die er als Teston zu einer 1484 zu datierenden Prägung auffaßt und dem Bernhard Beheim d. Ä. (1435—1507) zuschreibt.

[4] Seeger, Peter Vischer d. J. S. 8. Bode, Gesch. der deutschen Plastik, S. 188. Erman, Deutsche Medailleure, S. 18.

[5] Während an dem vorliegenden Artikel schon gesetzt ward, wurde mir erst das vor kurzem erschienene Buch von Gustav Bauch, Die Reception des Humanismus in Wien (Breslau, M. & H. Marcus, 1903) bekannt, wo auf Seite 155 eines weiteren Abdruckes der Celtis-Medaille Erwähnung getan wird, der sich in der Stiftsbibliothek zu Klosterneuburg befindet. Der Holzschnitt, auch hier unterhalb des »Großen Reichsadlers« abgedruckt, ist einem Exemplar des »Ligurinus« beigebunden. Wie immer man sich zu der neuen Deutung stellt, die Bauch dem »Reichsadler« gibt, sicherlich darf meine Ansicht, daß Adler und Medaille nicht ursprünglich zusammengehören, aufrecht bleiben. Der Adler bildet, wie er gedanklich eine ungemein fein erwogene Einheit darstellt, auch künstlerisch ein geschlossenes Ganzes, in dem Schrift und Zeichnung in wohl erwogenem Verhältnisse stehen. Da diese Harmonie durch das Format, die Schrift und die Zeichnungsweise der Medaille in gleicher Weise verletzt wird, so steht es außer Zweifel, daß die beiden Holzschnitte nur nachträglich einigemale auf demselben Blatte abgedruckt wurden. — Dem Klosterneuburger Ligurinus-Druck ist übrigens außer dem »Reichsadler« auch eine vollständige Serie der seltenen »Celtis-Holzschnitte« beigebunden, die ich in dem eingangs zitierten Aufsatze (S. 125/126) beschrieben habe. Sie erweisen sich hier als auf demselben Papier und in derselben Anordnung abgedruckt wie die in der Wiener Hofbibliothek und der Münchener Staatsbibliothek erhaltenen Folgen.

Dürers Stich „Melencolia I" und der maximilianische Humanistenkreis.

III. Konrad Celtis' Verhalten gegenüber Ficinos Lehre vom melancholischen Temperament.

Zu den Hofhumanisten, die sich für Marsiglio Ficinos Philosophie begeisterten, gehört als einer der ersten Konrad Celtis, der bereits vom Vater Maximilians gekrönte Dichter, dessen Begabung jedoch erst der Sohn zu verwerten verstand. Seine Beziehungen zu dem Italiener entstammen der Bekanntschaft, die er bei einem Besuche in Florenz wohl noch vor Drucklegung von Marsiglios Werk De vita triplici gemacht hatte, und sind zur Zeit von dessen Ableben nicht erkaltet. Denn als Celtis' Schüler Vincentius Longinus gegen Ende 1499 seine italienische Reise antrat, von der zurückgekehrt er aus Maximilians eigener Hand den Dichterlorbeer erhielt, nahm er Grüße für Ficino mit. Doch bevor er Florenz betrat, war, wie er dem Celtis schreibt, »der allerlieblichste platonische Philosoph« verschieden.[1]

Der Neuplatonismus, dem der Florentiner huldigt, erfüllt mit seiner poetischen Lehre von einer Weltbeseelung und einem Einwirken der Gestirne auf alles Irdische ganz das Dichtergemüt des deutschen Humanisten; auch an ein Herabschweben von Geistern glaubte er. Wenn er seinem Nürnberger Freunde Sebald Schreyer gesteht, daß die Dichter und Redner nur bei bestimmter Konstellation »nescio quo δαίμονι aut spiritu« gedrängt zum Schreiben sich erwärmen, so ist das im Munde eines Anhängers Marsiglios nicht eine poetische Floskel, sondern es steckt dann die ernsthafte Vorstellung von einem überirdischen Wesen, das sicher vor seinem inneren Auge eine körperliche Gestalt besaß.[2]

Bestrebt, den »semina mundi« nachzuspüren, die sich in den Elementen verbergen, konnte Celtis an der neuen Theorie seines platonischen Lehrers, die gerade den elementaren Qualitäten des melancholischen Temperamentes eine den menschlichen Geist zu den höchsten Leistungen befähigende Kraft zuschreibt, nicht achtlos vorübergehen. Freilich, sein Epigramm, welches die Wirkung des Rebensaftes auf die vier Komplexionen besingt, charakterisiert in launiger Weise nur das weinerliche Elend des Melancholikers und verdient lediglich als ein scherzhaftes Gelegenheitsgedicht Beachtung, das zeigt, welch einen beliebten Unterhaltungs- und Darstellungsstoff die vier Temperamente damals abgaben.[3] Dagegen sind diese ein Gegenstand tiefer, naturphilosophischer Spekulationen in dem Hauptwerke des Celtis, den Quatuor libri amorum, jenen »hortante Maxmyliano« geschriebenen Reisebildern, welche die im Osten und Süden, Westen und Norden Deutschlands erlebten oder erdichteten Liebesabenteuer zum Ausgangspunkte seiner Beobachtungen über Land und Leute nehmen und so einen Vorläufer zu seiner großen, nach dem Vorbilde von Flavio Biondos Italia illustrata geplanten Germania illustrata bilden.

In der Widmung an den Kaiser fehlt nicht der Hinweis, daß dieser dann eine Schilderung der Temperamente finden werde, wie sie den Körper und Geist des Menschen bedingen.[4] Demnach ist jedem der vier den Lebensaltern entsprechenden Bücher ein neunfaches Schema vorangestellt, das die herrschende Komplexion inmitten ihrer Beziehungen zu den Jahres-, Lebens- und Tagesabschnitten, zu den Winden und Himmelszeichen, zu den Elementen und der von diesen abhängigen Temperatur und Farbe darstellt.

Insoferne das letzte »Novenarium« die Melancholie mit der Erde, der Nacht, dem Zeichen des Steinbocks, dem Nordwind, der Erkaltung und der bläulich-weißen Farbe in Verbindung bringt, weicht Celtis nicht von den üblichen Vorstellungen der Kalender und Komplexionenbücher ab, wohl aber, wenn er die Melancholie nicht mehr mit dem Herbst, sondern dem Winter vergleicht. Offenbar bewogen ihn hiezu die ihr in der Temperamentenlehre zukommenden kalten und trockenen Qualitäten, die ihn denn auch dazu bestimmten, das melancholische Temperament das Greisenalter beherrschen zu lassen. Jedoch geschieht das nicht mehr in dem unbedingt bösen Sinne, wie es nach Villeneuves Kommentaren zu den Gesundheitsregeln von Salerno der Fall sein soll; vielmehr bekennt sich Celtis zu Ficinos mit klassischen Beispielen belegter Lehre vom Zusammenhange der Melancholie mit der Fähigkeit zum philosophischen Denken, wenn er in der Überschrift des letzten Buches ausdrücklich vom Greisenalter, sowie von den Bedingungen

[1] Vgl. Celtis' Briefkodex Nr. 3448 der Wiener Hofbibliothek, p. 122v ff. und über Longinus G. Bauch in der Zeitschrift des Vereines für Geschichte und Altertum Schlesiens, Bd. XXXI.

[2] Vgl. den Brief des Celtis vom 1. Februar 1502, abgedruckt am Schlusse der Quatuor libri amorum.

[3] Vgl. die Epigramme von Konrad Celtis, herausgegeben von Hartfelder, Berlin 1881, S. 31: de moribus ebriorum ex complexione. — Auch Hans Sachs hat in einem kurzweiligen Spruch dasselbe Thema 1529 gewählt.

[4] Celtis schreibt an den Kaiser: Invenies item anni descripta a nobis tempora et ex cardinalibus coeli signis mutationes eius et temperamenta et (ut natura comparatum est) ingenia secundum coelum et terram sequi; sic hic depicta et figurata secundum quatuor aetatum circulos et hebdomadas (ut Pythagorici putant) hominum animos et eorum corpora contemplabere

zur Erkenntnis der Weisheit und Philosophie zu handeln verspricht und vollends eine der folgenden Elegien dieses Alter deswegen preist, weil es im Altertum die größten Philosophen hervorgebracht habe.[1]

Der den Pythagoräern entlehnte Gedanke, den Stoff nach den vier Himmelsstrichen, Jahreszeiten und Lebenskreisen zu gliedern, brachte es für Celtis mit sich, in den Büchern der Liebe die Melancholie als eine Eigentümlichkeit des hohen Alters aufzufassen; darum wird er nicht weniger die Ansicht seines platonischen Lehrers gebilligt haben, daß diese »irdische« Komplexion mit ihren außerordentlichen Wirkungen auf den menschlichen Verstand auch angeboren sein könne. Ohne Beziehung auf einen bestimmten Lebensabschnitt hat Longinus die Verse auf die quatuor humores et complexiones gedichtet, die zusammen mit den anderen das »Novenarium« verherrlichenden Epigrammen von Celtis der Ehre gewürdigt wurden, dem eigenen Werke vorauszugehen. Sie lauten:

Sanguis est habenda
Cura, ne atra bile caput fumigerum laboret
Neve calore adusto
Humor incensus teneram diffugiat medullam,

und wiederholen somit die im Buche »De studiosorum sanitate tuenda« jedem Melancholiker erteilte Mahnung, auf das Blut als eine Temperierung der Schwarzgalligkeit zu achten und sich besonders vor der melancholia adusta, als ihrer allergefährlichsten Erscheinungsform, zu hüten. Demnach wird der allgemein gehaltene Satz Marsiglios, daß der humor melancholicus nur, wenn er einen bestimmten Prozeß durchmacht, die den Geist zur Konzentration und philosophischen Spekulation befähigenden Kräfte entwickeln kann, auch für Celtis Giltigkeit besessen haben.

Albrecht Dürer, Holzschnitt aus Celtis' Quatuor libri amorum.

Der eben geschilderten Anlage des Werkes entspricht weiter die Darstellung der Temperamente auf der obenstehenden Abbildung des von Dürer gezeichneten Holzschnittes, den der Humanist gewissermaßen als philosophisches Glaubensbekenntnis seinen Elegien beigegeben hat. Die in den Ecken befindlichen Köpfe, die zunächst nur in üblicher Weise die Winde mit ihren eine heiße oder kalte Trockenheit, beziehungsweise Feuchtigkeit hervorrufenden Strömungen zu versinnbildlichen scheinen, zeigen trotz der Unbeholfenheit des Formschneiders doch deutlich das Bestreben des Zeichners, durch Unterschiede in der Gesichtsbildung die verschiedenen Komplexionen zu charakterisieren. Es hätte nicht der Beischriften bedurft, um außer Zweifel zu stellen, daß das jugendliche Lockenhaupt den Sanguiniker, das kraftvolle Mannesantlitz den Choleriker, das an dem Fettansatz der reiferen Jahre kenntliche Gesicht den Phlegmatiker und der langbärtige Kahlkopf eines Greises den Melancholiker wiedergeben hat. Der von Celtis beliebte Parallelismus der Lebensalter mit den Temperamenten kommt also auch im Bilde zur Geltung; nur mußte der Choleriker diesmal dem Sanguiniker vorangehen, weil den Grundgedanken der ganzen Allegorie die vier Elemente bilden, deren Anordnung hier mit dem leichtesten, dem Feuer, beginnt. Die Rücksicht auf ihre Reihenfolge bedingte auch, daß auf die feurigen Reben die bei feuchtwarmem Frühlingswinde sprießenden Maiglöckchenblätter als Bestandteile des Kranzes folgen, dessen Kreisform zweifelsohne ebensowohl den Kreislauf der Jahreszeiten, wie den des Lebens symbolisieren soll.

Der Wunsch, den Celtis als Grübler über naturwissenschaftliche Probleme haben mußte, besonders dieses Gebiet der Philosophie dargestellt zu sehen, schließt schon aus, daß die darauf bezüglichen Sinnbilder eigene Zutaten des Künstlers sind. Allerdings schreibt ein noch erhaltener Entwurf des Humanisten nur die zwischen einem Φ und Θ übereinander geschriebenen Namen der sieben freien Künste vor, um die sich vier Kreise mit Inschriften zum Ruhme der in der Geschichte der Philosophie hervorragenden Völker gruppieren; aber gerade diese Genügsamkeit, die weder die in den Medaillons abgebildeten Philosophen nennt, noch die Figur der Philosophie selbst näher beschreibt, erweist

---

[1] Vgl. Quatuor libri amorum; lib. IV, Elegia III: Laus senectutis et veterum philosophorum in philosophia meditationes. In der Überschrift des lib. IV heißt es: (Liber quartus ...., qui .... senectus .... inscribitur) incipit feliciter ad laudem peregrinationis et quod ad cognitionem sapientiae et philosophiae necessaria (wohl necessarium) sit.

deutlich, daß hier nur flüchtige Gedanken vorliegen, die später wohl noch mehr durch mündliche als schriftliche Anweisungen ergänzt worden sind.[1] Als die vier Bücher der Liebe im Frühling 1502 endlich erschienen, hatte der Dichter über zehn Jahre daran gearbeitet und hatten häufige Besuche in Nürnberg nahe Bande mit dem dortigen Humanistenkreise geknüpft, zuletzt besonders mit Pirckheimer, der in einem Briefe später auch Grüße Dürers an ihn übermittelt.

Celtis' Verkehr mit Dürer hat diesem nicht zumindest die Bewunderung vor dem Florentiner Platonismus mitgeteilt, die in seinen ästhetischen Schriften immer wieder zum Ausdruck kommt. Was dadurch seine künstlerische Phantasie an poetischem Reichtum »innerer Ideen« gewann, läßt gern die »gelehrte Maßregelung« mit in den Kauf nehmen, die damit Hand in Hand ging. Die Unterhaltungen über die Darstellung der Philosophie wurden für Dürer zu Unterrichtsstunden über die Kunst des Allegorisierens. Ihre Bedeutung für das Verständnis seiner allegorischen Schöpfungen, insbesondere der Melencolia, liegt auf der Hand, so daß der sich hier bietenden Versuchung, etwas darauf einzugehen, nicht widerstanden werden soll.

Gewissermaßen als Leitfaden diente die Schilderung der Philosophie in Boethius' Schrift »De consolatione philosophiae«, zu der kein Geringerer als Thomas von Aquino den damals wohl jedem Texte beigefügten Kommentar geschrieben hatte.[2] Darin werden alle von dem Philosophen Theodoriche beobachteten Mittel der Charakteristik logisch durchsucht und so ein System von Regeln geschaffen, das nun auch für Dürer Geltung gewann.

Freilich, die Symbolik, die in der lebhaften Gesichtsfarbe und selbst in dem subtilen Gewebe der Gewandung zum Ausdruck kommen soll, war in der Technik des Holzschnittes nicht darstellbar, während der Holzschneider den erforderten, durchdringenden Blick gründlichst verdorben hat. Dafür zeigen die Attribute der Philosophie — die Bücher in der Rechten und das Szepter in der Linken, womit der Vorzug der contemplatio philosophiae vor der dem Philosophen sich auch gebietenden Sorge um das regimen reipublicae gekennzeichnet werden soll — eine genaue Befolgung des Vorbildes; absichtlich hat aber Celtis die Zahl der Bücher auf drei bestimmt, um so die philosophia naturalis, rationalis und moralis anzudeuten, eine Vorschrift, welche auch der Darstellung der Philosophie auf dem für ihn später von Hans Burgkmair gezeichneten sogenannten großen Reichsadler zugrunde lag. Ein besonderer Wert ist vom Humanisten schließlich auf die Wiedergabe der Stufenleiter der freien Künste gelegt, die Boethius auf dem Kleide der Philosophie, zwischen einem griechischen P und T, als den Anfangsbuchstaben der praktischen und theoretischen Philosophie, eingewebt erblickte. Doch hat Celtis bereits in dem frühen, kurz vorher erwähnten Entwurfe das P in ein Φ verändert, wohl im Hinblick auf einen Ausspruch Marsiglios, der die Philosophie für ein Aufsteigen des Geistes vom Niederen zum Höheren erklärt. Demzufolge dürfte in der Tat der Humanist unter dem Θ als Gegensatz zur Philosophie vornehmlich die Theologie verstanden haben.[3]

Das offensichtliche Wohlgefallen an spitzfindigen Deutungen selbst der kleinsten Einzelheiten fällt bei einem sonst in so großen Zügen und mit Schwung arbeitenden Dichter vom Schlage des Celtis doppelt auf; jedoch auch er stand inmitten jener der Kunstgeschichte bis jetzt so gut wie unbekannten Geistesbewegung, die mit dem Aufleben und Zunehmen der Interessen für die Geheimnisse der altägyptischen Bilderschrift die Vorliebe für derartige Ideogramme immer mehr anwachsen ließ. Wieder ist er hier Marsiglios Schüler. Seine Verse, welche die Ägypter als »Erfinder« der Philosophie und Lehrmeister des Plato preisen, beruhen auf der wiederholt von dem Florentiner vertretenen Ansicht, daß die ägyptischen Priester in einer Pflanzen, Bäume und Tiere wiedergebenden Schrift auf Säulen ihr Wissen niedergelegt hätten, zu dessen Studium dann die griechischen Weisen nach dem Nillande gepilgert wären.[4] Auch an einem den Hieroglyphika des Horapollo entnommenen Beispiel hat Ficino näher dargelegt, in welch einfache Form diese Urphilosophen ihre profunden Ideen zu kleiden verstanden. Er wählte dazu den Kreis, welchen die Flügelschlange bildet, um daran tiefe Philosopheme über den Zeitbegriff zu knüpfen. Ob im Anschluß daran nicht dem deutschen Humanisten bei Angabe des kreisförmigen, gleiche Begriffe versinnbildlichenden Kranzes der Gedanke an ein ägyptisches Geheimbild vorgeschwebt sein mag?

Zu gleicher Zeit verbreiteten sich überdies zwei Werke in Deutschland, die durch die Schilderung und Erklärung hieroglyphischer Denkmäler besonderes Aufsehen erregten. Nannis da Viterbo 1498 veröffentlichte Schrift De antiquitatibus, die als Quelle für die Urgeschichte den mit der Genealogie Maximilians beschäftigten Gelehrten und so auch Celtis sehr bald bekannt werden mußte, beschreibt ausführlichst die Hieroglyphen, welche Osiris, der Vater des Herkules Aegyptius, zur Verewigung seines Siegeszuges durch Europa auf einer Säule in Viterbo hatte einmeißeln lassen, und gibt damit ein Muster subtilsten Allegorisierens; es wimmeln dann geradezu solche Inschriften in Francesco

[1] Vgl. Ruland in Naumanns Archiv für zeichnende Künste, Leipzig 1855, Bd. II, S. 234, über die Entwürfe zu den Holzschnitten der Werke des Conradus Celtis im Schedelkodex der Münchener Hof- und Staatsbibliothek Nr. 434.

[2] Hier lag vor die Nürnberger Ausgabe (Koberger) von 1486; vgl. dort p. A IIv und IIIr.

[3] Vgl. hierüber F. v. Bezold, Konrad Celtis, »der deutsche Erzhumanist«, in Sybels histor. Zeitschrift, München und Leipzig 1883, 49. Bd. (N. F. 13. Bd.), S. 298; anderer Auffassung P. Weber, Beiträge zu Dürers Weltanschauung in Studien zur deutschen Kunstgesch., Straßburg 1900, S. 79.

[4] Vgl. in den Amores IV, fol. LIX, die Verse: Platoque Niliacas peregrinus venit in oras accipiens animo dogmata sacra suo.

Colonnas Hypnerotomachia Poliphili, an deren Druck Aldus gerade arbeitete, als ihm Longinus 1499 Grüße von Celtis überbrachte, so daß dieser womöglich die Hieroglyphen Colonnas eher kennen gelernt haben wird, als sein Freund Pirckheimer, der daraus nachweisbar Lobsprüche auf Maximilian zusammengestellt hat. In der Hypnerotomachia spielt aber wieder der Kreis als Zeitsymbol eine Rolle; und ein Erasmus ist es gewesen, der dieser vermeintlich den Werken des Chairemon entlehnten Hieroglyphe die geistvollsten Betrachtungen gewidmet hat. Es steht daher wohl außer Frage, daß der die Philosophie des Celtis umschließende Kreis keineswegs eine gedankenlose Nachahmung ähnlich geformter, mittelalterlicher Bilder ist, sondern gemäß der neubelebten Hieroglyphenkunde Ideen zum Ausdrucke bringt, die den ursprünglichen antiken Vorbildern auch zugrunde gelegen haben werden. Dabei bleibt zu beachten, daß alle die humanistischen Hieroglyphiker, Nanni da Viterbo an der Spitze, ihren Sinnbildern oft mehrfache Bedeutungen beimessen. Wenn also Celtis in der poetischen Beischrift das ganze Weltall als Gebiet der Philosophie bezeichnet, so wird er auch diese Bedeutung von »orbis« der Kreisform des Kranzes beigelegt haben, zumal die nach ihren Qualitäten verschieden ausgewählten Pflanzen sich deutlich auf die vier die Welt bildenden Elemente beziehen. Aus dem Vorhandensein eines Textes auf dem Holzschnitte erhellt jedoch, daß der deutsche Humanist noch nicht gewagt hat, die Hieroglyphen ihrem inneren Wesen nach als vollkommenen Wortersatz aufzufassen; dazu ist Pirckheimer im Verfolg seiner hieroglyphischen Studien gelangt.[1]

Als Vertreter der griechischen Philosophen hat Celtis allein den Plato zeichnen lassen. Eine so absichtliche Außerachtlassung des Aristoteles auf einem für den Kaiser berechneten Holzschnitt läßt ebenso sehr die Stärke der Gefolgschaft Ficinos in der kaiserlichen Umgebung, wie die Vorurteilslosigkeit des Monarchen selbst ermessen. Denn der Karthäuserprior Gregor Reisch, in dem Maximilian seinen »Gewissensrat« erblickte, ist der Verfasser der Margaritha philosophica, worin die Lehre von einer Weltbeseelung nachdrücklichst bekämpft wird. Infolgedessen nimmt sich der Titelholzschnitt dieses zuerst 1503 erschienenen Lehrbuches geradezu wie ein wohlbedachter Protest gegen die Allegorie des Celtis aus.[2] Allerdings hinsichtlich der eingewebten Leiter und der übrigen dem Boethius entlehnten Attribute stimmen beide Darstellungen der Philosophie überein; dagegen dient bei Reisch der ebenfalls ihre Gestalt umgebende Kreis lediglich als Spruchband, das die ihr streng nach aristotelisch-scholastischer Auffassung aufgesetzten drei Köpfe und die sich vor sie scharenden, freien Künste erklärt, und ließ vollends der gelehrte Geistliche den Aristoteles, Seneca, sowie die Kirchenväter abbilden, aber nicht den Plato. Als daher der Straßburger Verleger Grüninger, ein Nachdrucker der Margaritha, sich veranlaßt fühlte, in einer neuen Ausgabe des Buches Vom gesunden Leben die philosophischen Studien, für welche ja die darin beschriebene Melancholie besonders befähigt, durch einen Holzschnitt zu versinnlichen, hat er wenig im Sinne des Autors gehandelt, wenn er, wie es allen Anschein hat, den in seinem Besitz befindlichen Nachschnitt der Philosophie des Gregor Reisch dazu benützte.[3]

Die Autorität Ficinos, die nicht zumindest Celtis bewogen haben wird, mit der hergebrachten Auffassung der Melancholie, als einer nur schlechte Eigenschaften besitzenden Komplexion, zu brechen, sollte vermuten lassen, daß er seinem Lehrer auch auf das astrologische Gebiet gefolgt wäre und dem Planeten Saturn eine selbständige, günstige Wirkung auf die geistige Tätigkeit des Menschen beigelegt hätte. Sicher hat Celtis, als ein Anhänger der Astrologie, der es sogar für richtig hält, vor Antritt einer Reise die Gestirne zu befragen, die diesbezüglichen Ausführungen Marsiglios nicht nur gekannt, sondern auch überdacht. Denn abgesehen von den oben bereits erwähnten Stellen im Werke »De vita triplici« hat der Florentiner Philosoph ebendaselbst gegen Ende noch einmal betont, daß jeder, der sich zur Ergründung der geheimsten Wissensgebiete gedrungen fühlt, nicht nur vom Merkur, sondern auch vom Saturn beeinflußt sei, unter dessen Prinzipat alle des Studiums Beflissenen stehen; und in seiner nicht minder berühmten und nicht weniger gelesenen Abhandlung »De immortalitate animorum« bringt ihn von dieser Überzeugung selbst die Beobachtung nicht ab, daß viele der bedeutendsten Denker des Altertums als Melancholiker Zweifeln an der Unsterblichkeit der Seele ausgesetzt gewesen wären. Ausdrücklich hebt Ficino dort hervor, daß der Saturn und Merkur den Menschen zur Kontemplation reizen, da sie seinen Geist innerlich zusammenzwingen; nur besitzen sie diese das Ingenium und die Religion mehrende Kraft allein bei ihrer Vorwärtsbewegung und einer günstigen Konstellation, während im gegenteiligen Falle die schädlichen Eigenschaften ihrer erdigen Natur sich geltend machen, die Furchtsamkeit Argwohn und Zweifel hervorrufen.[4]

Aus dem letzten »Novenarium« der Quatuor libri amorum ergibt sich, daß für Celtis ebenfalls der Saturn das Element der Erde mit der melancholischen Komplexion gemeinsam hat; denn er bezeichnet dort als ihr Tierkreiszeichen den Steinbock, dessen Oekodespot eben dieser Planet ist. Trotzdem gelang es nicht, in den Werken des

[1] Vgl. über die oben erwähnten Zitate den demnächst erscheinenden Aufsatz des Verfassers: Die Hieroglyphenkunde des Humanismus in der Allegorie der Renaissance, besonders der Ehrenpforte Kaiser Maximilians I. Dort sind die wichtigen Stellen wörtlich abgedruckt.

[2] Vgl. dort lib. XI, cap. XXV. Über die Ausgaben der Margaritha vgl. C. Hartfelder, Der Karthäuserprior Gregor Reisch, Verfasser der Margaritha philosophica, in Zeitschr. für Gesch. d. Oberrheins, N. F. Bd. V (1890), S. 170 ff.

[3] Vgl. F. v. Bezold a. a. O., S. 30. Darnach ist es eine Ausgabe vom Jahre 1515.

[4] Vgl. in der Vita coelitus comparanda, cap. XXIV, und in der Abhandlung De immortalitate animorum, cap. X, S. 569 bzw. S. 322 der Basler Gesamtausgabe von 1576.

Humanisten eine Bemerkung zu finden, wonach er dem Saturn einen selbständigen, günstigen Einfluß auf den Verstand zugeschrieben hätte. Vielmehr beklagt er sich in den Elegien, daß dieses Gestirn ihn so oft geschädigt und beim Dichten gehindert hätte, schildert er in den Epigrammen die am Tage des Saturn Geborenen als traurig, mühseligen Lebens und fleht er im Carmen saeculare ihn selbst schließlich an, die krankheitbringenden Pfeile beiseite zu legen und lieber den Menschen den Ackerbau zu lehren; überall schwebt dem Poeten dabei der Planet in Gestalt der antiken Gottheit vor als frostiger Greis, der mit seiner Sichel alles Irdische dahinmäht.[1]

Offenbar ist es eine durch die Lektüre der römischen Dichter genährte Vorstellung, die ihren Nachahmer davon abgehalten hat, den Marsiglio auch auf seinen astrologischen Wegen ganz zu begleiten. Dazu kam, daß die mit ihm an der Wiener Universität lehrenden Astronomen, die sich besonders bestrebten, die Astrologie der Heilkunst dienstbar zu machen, gleichfalls die traditionelle Auffassung vom Saturn als einem Unglücksgestirne teilten. Gerade ihr berühmtester Vertreter, Georg Tannsteter, welcher als Schüler der mit Celtis befreundeten Ingolstädter Astronomen Stiborius und Stabius diesen 1502 nach Wien gefolgt ist, beharrte bei solcher Ansicht und betrachtete daher ebenso, wie Celtis, die Kultur der Erde als die dem Saturn untergeordnete Berufstätigkeit des Menschen, während er dem elementarisch indifferenten und wechselnden Merkur mathematische, rhetorische und philosophische Gaben beimaß, ohne weiter zu erörtern, kraft welcher Himmelsstellung ihm eine solche Macht innewohnen könne.[2]

Wie erklärt sich nun der Widerspruch, daß für Celtis das erdige Element einmal als Hauptbestandteil des humor melancholicus die größten Philosophen hervorzubringen vermag, dagegen als »Natur« des die Melancholie beherrschenden Saturn nur Böses stiftet, höchstens zu der damals wenige geistige Kräfte erfordernden Landwirtschaft befähigt?

Die Lösung ist einfach, wenn man die hergebrachten astrologischen Grundsätze berücksichtigt. So lautet in einer Reihe volkstümlicher, auf die sieben Planeten gedichteter Sprüche des XV. Jahrhunderts, in denen das »gemuet« des Saturn als »schwär nach der mellancoley« geschildert wird, das Verslein auf den Jupiter derart:

Was der Saturnus übel thut,
Das pringt der Jovis alles guet;[3]

und in derselben Richtung bewegen sich auch die Gedanken des Astrologen Johannes ab Indagine in seinen Introductiones apotelesmaticae in Chiromantiam, Physiognomiam etc., die hier umsomehr herangezogen zu werden verdienen, als auch für ihren Verfasser trotz auseinandergehender Ansichten Marsiglio Ficino doch ein »homo citra contentionem gravissimus« verblieb.

Indagines Schrift erschien erst 1522 bei Johann Schott zu Straßburg, als er nach einem bewegten Leben die Pfarre zu Steinheim am Main verwaltete;[4] aber sie ist eine Lebensarbeit und beruht nach seiner eigenen Versicherung nicht zum geringsten auf den astrologischen Lehren Johann Lichtenbergers, des weitberühmten Astrologen und einflußreichen Propheten am Hofe Friedrichs III., der sehr wahrscheinlich mit dem im Weißkunig erwähnten »gelertesten Doktor des Sternsehens«, dem Lehrer Maximilians, identisch ist. Indagine wird während seines Aufenthaltes am Hoflager wohl die Bekanntschaft mit Lichtenberger, den er einen zweiten Ptolemäus, ein »miraculum naturae« nennt, gemacht haben; er scheint ihm dann in die niederelsässische Heimat gefolgt zu sein, so daß vielleicht von damals schon seine Beziehungen zu Straßburg stammen, die ihn mit Hans Baldung Grien, dem Freunde Dürers, zusammenbrachten. Dieser Künstler, der ihm für das auf eigene Kosten gedruckte Werk Porträt und Wappen gezeichnet hat, war aber nahe verwandt mit dem seit 1406 in Straßburg lebenden kaiserlichen Rat und Leibarzt Maximilians, Hieronymus Baldung, sowie dem sich ebenso nennenden Freiburger Professor, der ein Alumne des von Celtis in Wien gegründeten Kollegiums der Mathematiker und Poeten gewesen war.[5]

So spärlich auch die Nachrichten über das Leben des Steinheimer Pfarrers fließen, sie ergeben doch Berührungspunkte mit den kaiserlichen Gelehrten, so daß ihre Übereinstimmung hinsichtlich des Nutzens der Astrologie für die

[1] Vgl. Amores lib. I, Elegie I: Saturnus totiens, qui mihi damna tulit; Epigramme ed. Hartfelder, S. 60, De horis et diebus planetariis: Saturni quicumque die fuit ortus in orbe, tristis aerumnosus, religiosus erit; Carmen saeculare in der Odensammlung von 1513: Tuque, qui curvam gere orbe falcem, conde morbosas pestiferas sagittas, rusticas artes doceas bovesque sub iuge mittas; sonst vergleiche noch Amores I, Elegie II und X, Epigramme lib. III, 7.

[2] Über Tannsteter vgl. G. Bauch, Die Reception des Humanismus in Wien, Breslau 1903, S. 139. In dem oben näher bezeichneten, von seinem Schüler Perlach herausgegebenen Usus almanach (Viennae 1519) werden als dona et magisteria des Saturn aufgeführt: Cultura terrae, ars fulonum, opera coriariorum, hereditates, possessiones, aedificia, carceres. Nach Tannsteter regiert Saturn die Milz und veranlaßt das viertägige Fieber. Der Ackerbau ist nach der traditionellen Astrologie eine Eigentümlichkeit der Kinder des Saturn. Vgl. M. Allihn, Dürer-Studien (Leipzig 1871), S. 104, und die Tafel CXXI in A. Essenwein, Die Holzschnitte des XIV. und XV. Jahrhunderts im Germanischen Museum, Nürnberg 1874. Nach einer Inschrift daselbst steht die Milz mit dem Saturn in Zusammenhang.

[3] Vgl. Kodex 3062 der Wiener Hofbibliothek. Die Kenntnis der Handschrift wird der Liebenswürdigkeit des Herrn Professors Boll in Würzburg verdankt.

[4] Vgl. Joh. Friedrich, Astrologie und Reformation, München 1864, S. 37, den Aufsatz in der Allg. deutschen Biographie und die in den Introductiones selbst enthaltenen Daten, besonders S. 73: huiusmodi animadvertimus quoddam in aula Friderici tertii et Caroli imperatorum.

[5] Vgl. über die Verwandtschaft Baldungs E. Stiassny, Hans Baldung Griens Wappenzeichnungen in Koburg, Wien 1896, S. 73, und G. Bauch a. a. O., S. 147. Nach Stiassny wäre der Alumne des Dichterkollegs der Vetter, nach Bauch der Neffe des Malers.

Heilkunde kaum eine zufällige zu sein scheint. Es ist bezeichnend, daß Indagine seinem Werke einen Brief an Otto Brunfels, den berühmten Botaniker, vorangestellt hat, der später in einer Widmung zu Tannsteters Artificium de applicatione astrologiae ad medicinam gleichfalls eine astrologische Schulung der Mediziner erfordert hat.

Für Indagine, bei dem eine Ansicht Marsiglios soviel wog, mußte selbstverständlich das oben näher besprochene Kapitel im dritten Buche des Lebens, worin das heilbringende und unheilvolle Verhalten des Saturn behandelt wird, ein Gegenstand eifrigen Studiums sein. Tatsächlich hat er daraus auch ganze Sätze abdrucken lassen.[1] Sie betreffen aber nur die schädlichen Wirkungen des Planeten und zeigen somit deutlich, daß seine Ausführungen über das Wesen des melancholischen Temperamentes und des Saturn absichtlich von Marsiglio abweichen.

Diese bilden in der hier vorliegenden Ausgabe vom Jahre 1531 einen Teil des letzten Buches »De pernoscendis planetis horoscoporum et signorum ascendentium ex quatuor complexionibus«, einer Abhandlung, die dem Bestreben entsprang, die vier überlieferten starren Temperamentsbegriffe mit der Vielfältigkeit des menschlichen Wesens durch astrologische Kombinationen in Einklang zu bringen. Dementsprechend werden darin die besonders aus der Farbe und Proportion sich ergebenden körperlichen Kennzeichen, sowie die geistigen Eigentümlichkeiten der einzelnen Komplexionen erörtert und die bei ihnen beobachteten Besonderheiten durch das Einwirken der verschiedenen Planeten erklärt.

Die Beschreibung des melancholischen Temperaments, die als Gegensatz zu dem sanguinischen vor diesem steht, wie auch das cholerische vor dem phlegmatischen, deckt sich daher im wesentlichen mit den oben ausführlich wiedergegebenen Schilderungen der Komplexionenbücher. Es bleibt seiner kalten und trockenen Natur nach unbedingt das schlechteste, und zwar ist die Milz mitschuldig daran, da das in sie hinabfließende und in ihr überhandnehmende Blut das Lachen des Menschen mindert und alle hypochondrischen Stimmungen hervorruft. Nur etwas Gutes hat der Melancholiker, daß seine Träume sich immer als die wahrsten erweisen, worin sich wohl eine Lesefrucht Indagines aus Aristoteles Abhandlung De divinatione per somnium offenbart.

Der Melancholiker ist aber gleich dem vom Saturn beherrschten Menschen; so heißt es in der von Indagine vorher dargestellten Physiognomik, auf deren Lehren er in der hier in Frage kommenden Abhandlung Bezug nimmt, ausdrücklich, daß eine bläulich-bleierne Farbe des Gesichtes außer einer saturnischen Inklination Schwarzgalligkeit anzeigt und auf die übelsten Charaktereigenschaften, besonders Neid, Zorn, Heimtücke und Hinterlist schließen läßt.[2] Dieser böse Einfluß des Saturn steigert und verdoppelt sich selbstverständlich, wenn der Planet bei der Geburt des Melancholikers male fortunatus war, also sich in rückläufiger Bewegung befand, sodaß aus einer solchen Himmelsstellung nur ein niedriges Gewerbe hervorzugehen vermag.[3] Nicht viel anders liegt die Sache, sobald Mars die Nativität beherrscht. Dieser Planet ist es auch, der bei einer Konjunktion mit dem ungünstig laufenden Saturn das größte Unheil anrichtet.

Dagegen ändert sich das Bild, wenn der Saturn den Mond bei sich hat; dann verspricht die melancholische Anlage einen Landwirt, einen erfahrenen Müller, ja sogar einen Erbauer von Mühlen, Brücken, Brunnen, Schiffen, Wasserleitungen, überhaupt einen Baumeister und aus allen diesen Tätigkeiten einen reichen Mann. Noch mehr regen sich die geistigen Kräfte bei einem Zusammengehen des Saturn mit dem Merkur; der Melancholiker wird dann ein erfahrener Feldmesser und ein Gelehrter auf dem Gebiete der Architektur. Eine geradezu glänzende Geistestätigkeit vermag vollends das melancholische Temperament hervorzurufen, sobald der Saturn, was allerdings selten geschieht, allein mit dem Jupiter oder der Venus sich konjungiert. Mit einem von diesen Planeten ist er imstande »excellenter« das Ingenium zu mehren und so aus dem Melancholiker einen Erfinder verschiedener Künste zu machen.[4]

Im Gegensatze zu Marsiglio kennt also Indagine keine Himmelsstellung, von der aus der Saturn aus eigenem Vermögen günstig auf den Menschen einzuwirken vermag, vielmehr bedarf es dazu stets des Beistandes anderer Gestirne, unter denen der Jupiter vermöge seiner feuchten und zugleich warmen Natur noch wirksamer als die kalte und feuchte Venus ist. Insoferne beruhen seine Gedanken ganz auf dem System der traditionellen Astrologie; jedoch kommt ein neues Moment dadurch hinein, daß der günstige Planet nicht mehr lediglich die Schädlichkeit des Saturn wieder »guet pringt«, sondern sogar neue Gaben im Melancholiker erweckt, wie er sie selbst nicht einmal mit

[1] Vgl. die Introductio in physiognomicam artem, cap. VII, p. 87.

[2] Vgl. a. a. O., p. 86, cap. IX. De physiognomia faciei: Ex tot hominum faciebus an non mirum videtur tibi, quod vix duo sibi conveniunt? Quo fit etiam, ut ne hic trahi certa conjectura possit. Quis enim poterit omnium animos scrutari? Si quis tamen curiosior fuerit, habet ad id colores et proportionem. Colorum enim extrema vel temperamenta et in pueris promissa, ita in faciebus vel bonitatem arguunt vel malitiam. ... Glaucos et lividos vel plumbeos praeter saturnicam inclinationem et atram bilem etiam pessimas animi affectiones significans, utputa invidiam, iram, rancorem, machinationes, insidias.

[3] Vgl. a. a. O., p. 133: Jam si pessimae complexioni praeterea accesserit Saturnus, omnia haec mala conduplicat et exaggerat. Facit faciem distortam et ineptum, oculis discoloratum, tristem, timidum, desperatum, sordidum, obsoletum, varium, torvis et trucibus oculis, faetulento anhelitu, profundarum et malignarum cogitationum, sui sensus(?), sine foedere, sine lege, graviter incedentem, ignavum, labiis spissis, scapulis carnosis, signatum in pede et calcaneo. Ex artificiis cerdonicum sallentem, et si quae sunt ex iis viliora.

[4] Vgl. a. a. O., p. 133: Si vero contigerit, ut exclusio Martis coeat cum Jove vel Venere Saturnus (id quod fit rarissime) excellenter ingenium auget et quarundam artium inventorem facit.

Hilfe anderer Planeten bei der ihm untergeordneten Komplexion hervorzurufen vermag. Zwar macht, wie Indagine näher ausführt, der Jupiter zusammen mit Merkur aus dem von ihm beherrschten Sanguiniker einen scharfen Kopf, einen Gelehrten und einen Liebhaber der Künste; zwar wird der Phlegmatiker, beeinflußt von der ihm gleichgearteten Venus und dem Merkur, ein Poet, Mathematiker und Redner;[1] nirgends ist aber für Indagine die Wirkung des Jupiter oder der Venus so großartig, wie bei dem vom Saturn beherrschten Melancholiker, der ein genialer Erfinder neuer Künste wird. Da die beiden Planeten in sich diese Kraft nicht besitzen, muß sie in der dem Saturn und dem melancholischen Temperament eigenen Natur liegen, also im erdigen Element; und da dessen kalte und trockene Eigenschaften lediglich Schaden bringen, so bleibt nur übrig, daß es die von Marsiglio der »irdischen Natur« beigelegte Konzentrationskraft ist, welche, durch die Macht der helfenden Planeten losgelöst, nun den Geist des Melancholikers zu den glänzendsten Leistungen befähigt. So grundverschieden der Ausgangspunkt ist, schließlich dringt die Theorie des Florentiners von dem Vorhandensein günstiger Eigenschaften im erdigen Elemente doch durch. Strenge genommen hätte Indagine die melancholische Komplexion nun nicht mehr schlechthin als die schlechteste bezeichnen sollen; aber die Meinung, daß ihre schädlichen Eigenschaften zunächst überwiegen und erst durch eine besondere Konstellation paralysiert den wohltätigen Kräften Raum zur Betätigung gewähren, ließ ihn bei der üblichen Charakteristik verbleiben.

Ebenso wie im Verfasser der introductiones apotelesmaticae, ringt aber auch in Celtis die neue Theorie Marsiglios mit den althergebrachten Anschauungen. Von diesem Standpunkte aus wird es verständlich, daß der Dichter einmal den humor melancholicus als eine Bedingung der Genialität der griechischen Philosophen betrachtet, dann sich wiederum vor der Schädlichkeit des gleichgearteten Saturn fürchtet. Die innere Erklärung hiefür wird er ebenfalls in dem Verhalten der anderen Gestirne und besonders des Jupiter gefunden haben. Denn der von ihm gutgeheißene Vers des Longinus mit seinem Rate, sich vor der Überhandnahme der schwarzen Galle durch Blutzuführung zu schützen, will für einen der Astrologie ergebenen Humanisten nichts anderes besagen, als die Hilfe des das Blut beeinflussenden Jupiter in Anspruch zu nehmen.

Mag nun Celtis gelegentlich über den Wunderglauben seiner Zeit spotten, so liegt dem schwerlich eine gesicherte Überzeugung zugrunde. Die Verse:

> . . . Gemmas herbasque sub orbe creavit
> Natura et vires jussit habere suas,
> Quas ex cognati capiunt virtutibus astri
> Et sua de radiis mira sigilla ferunt,

sind ernst geschrieben und entsprechen ganz den von Marsiglio im Buche De vita coelitus comparanda dargelegten Ansichten von den Kräften der magischen Bilder.[2] In ihrer Anwendung sah Celtis wahrlich nicht eines der schwächsten Mittel, die guten Eigenschaften des melancholischen Temperamentes sich entwickeln zu lassen.

IV. Cornelius Agrippas von Nettesheim Abhandlung de melancholici humoris potentia.

Außer Bewunderern von der Art des Celtis, die sich noch scheuten, auf dem astrologischen Gebiete Ficino bis zu Ende zu begleiten, besaß der Florentiner Philosoph unter den Humanisten Maximilians auch rückhaltlose Anhänger. Über ihr Vorhandensein und ihre Bedeutung gibt ein Blick auf das persönliche und schriftstellerische Wirken jenes merkwürdigen Mannes Aufschluß, der wenige Jahre über zwanzig alt in der Umgebung des Kaisers zwar nur auf kurze Zeit auftauchte, aber dort, wie überall, wohin er kam, einen nachhaltigen Eindruck hinterließ. Es ist der Rheinländer Heinrich Cornelius Agrippa von Nettesheim, eine jener mystisch angelegten Naturen, die den Neuplatonismus Marsiglios durch die Kabbalistik eines Reuchlin und die nekromantischen Lehren eines Trithemius zu vertiefen suchten.

Über das „wundertätige Wort“ des Hebraisten Johannes Reuchlin hatte Agrippa schon 1509 während seines burgundischen Aufenthaltes zu Dôle Vorlesungen gehalten.[3] Gleichzeitige Bemühungen, die Gunst der Statthalterin Margarethe, der Tochter Maximilians, zu erlangen, schlugen ihm freilich fehl; umso erfolgreicher war er darauf bei ihrem Vater. Das hatte er wohl Johannes Trithemius zu danken, dem gelehrten, sich selbst im Rufe eines Schwarz-

[1] Vgl. a. a. O., p. 131, und p. 137.

[2] Vgl. Amores, lib. I, Elegia XI, und Ficinos vita coelitus comparanda, cap. XVI, de potestate coeli, de viribus radiorum, unde vires sortiri putantur imagines; cap. XVII: Quam vim habeant figurae in coelo atque sub coelo; cap. XVIII: Quales coelestium figuras antiqui imaginibus imprimebant ac de usu imaginum; cap. XX: Quantam imagines vim habere putantur in spiritum et spiritus in eas; et de effectu utendo et operandi.

[3] Vgl. die sorgfältige Biographie Agrippas in Meiners »Lebensbeschreibungen berühmter Männer«, Zürich 1795, S. 237 ff. Agrippa ist demnach 1487 geboren.

künstlers gefallenden Würzburger Abte, der kurze Zeit vorher dem Kaiser die berühmten acht Gewissensfragen beantwortet hatte und damals sein Vertrauen noch ganz ungeschmälert besaß.[1] Denn in dem Dankesbriefe für die zugeschickt erhaltene „occulta philosophia", den Agrippa der 1529 privilegierten, aber erst 1533 veröffentlichten Ausgabe dieses Werkes vorausschickt, fordert der Abt ihn zum Schlusse besonders auf, seine Wünsche zu nennen, damit er sie nach Kräften sofort erfülle.[2] Da das im Druck mit dem Datum des 8. April 1510 versehene Schreiben, welches der gründliche Biograph Agrippas ein Jahr später ansetzen will, jedenfalls vor seinen Eintritt in den kaiserlichen Dienst fällt, worin er sich nachweisbar 1512 befand, wird es in der Tat sehr wahrscheinlich, daß Trithemius sein Versprechen durch eine Empfehlung an den Hof eingelöst hat.

Die drei Bücher der »occulta philosophia«, welche die Magie der Alten in ihrer ursprünglichen Reinheit wieder herzustellen beabsichtigen, hat Agrippa auf die Ermunterung des Abtes hin verfaßt und sich damit dessen größte Bewunderung errungen. Trithemius kann nicht Worte genug finden, was er mehr anstaunen soll, die Durchdringung eines so geheimnisvollen Stoffes oder die wahre und schmuckvolle Darstellung. Sein Lob darf jedoch nicht auf das ganze Werk in der gedruckten Gestalt bezogen werden; denn der Verfasser gesteht sowohl in der 1531 geschriebenen Widmung an den Erzbischof Hermann von Wied, als auch in der Zueignung an den Leser, daß er einige Kapitel seiner Jugendarbeit zugefügt habe.[3]

Es bedarf somit einer Untersuchung, ob die hier interessierende, lib. I, cap. LX enthaltene Abhandlung: »De furore et divinationibus, quae in vigilia fiunt, de melancholici humoris potentia, quo etiam daemones nonnunquam in humana corpora illiciuntur« nicht etwa eine spätere Zutat ist.

Agrippa hat selbst auf die verschiedene Schreibart der alten und neuen Teile seines Werkes aufmerksam gemacht. Verglichen mit manchen Kapiteln des dritten, die Zeremonialmagie behandelnden Buches erscheint allerdings die Sprache des hier in Frage kommenden Abschnittes jugendlich frischer und begeisterter; doch mehr Wert ist auf den Inhalt selbst zu legen. Dieser überrascht zunächst durch die Reichhaltigkeit und Tiefe der Gedanken; aber bei näherer Betrachtung gibt er in der Hauptsache nichts anderes, als eine Kompilation aus Werken Ficinos und den von ihm aufgeführten Schriftstellern. Besonders die Bücher »De immortalitate animorum«, »De christiana religione« und vor allem »De vita triplici« sind herangezogen, teils sogar wörtlich.

»Ab ineunte aetate«, wie es im Anschreiben an Trithemius heißt, hatte Agrippa in Köln, jener Stadt, mit deren gelehrten Kreisen einst Marsiglio Ficino selbst in Fühlung stand, sich dem Studium der Geheimwissenschaften ergeben. Verrät sich in der ebenda angeführten gegnerischen Literatur des Mittelalters schon eine erstaunliche Belesenheit des jungen Gelehrten, wie tief wird er sich erst in die von dem Italiener selbst verfaßten und übersetzten Schriften versenkt haben, die ihm die platonische Philosophie im geheimnisvollen Zauber der Florentiner Auffassung erschlossen! Darnach sind auch die origineileren Gedanken des fraglichen Kapitels, die auf einer Kombination dieser Ideen beruhen, dem geistvollen Jüngling unbedenklich zuzutrauen. Und sollte Agrippa einmal im Besitze der neuen Anschauungen vom Wesen des melancholischen Temperamentes gezögert haben, sie seinem Werke einzuverleiben? Die ganze Anlage des ersten Buches erheischte ihre Aufnahme. Sobald Agrippa sich vornehmen konnte, darin auf Grund der reinen Überlieferung die Naturalmagie, also das Verhältnis der sublunaren Welt zur astralen, die Wirkung der Gestirngeister auf die menschliche Seele und die Möglichkeiten ihrer Ligationen zu schildern, bot sich ihm in Marsiglios Ausführungen über die Melancholie ein durch die besten Autoritäten bekräftigtes Beispiel, das er überdies schon wegen seines aktuellen Interesses nicht hätte beiseite liegen lassen können. Sicher in den Gedanken und wohl auch in der Form stimmte das einst dem gelehrten Abte vorgelegte Kapitel über die Macht des humor melancholicus mit dem ersten, hier vorliegenden Drucke überein. Denn Agrippa ist nach seinen eigenen Worten darauf bedacht gewesen, seiner Jugendarbeit die ursprüngliche Gestalt zu erhalten.

In der »occulta philosophia« ist daher, soweit sich nachweisen läßt, daß ihr Inhalt bereits Trithemius, dem Freunde Peutingers und Pirckheimers, die bewundernden Worte entlockte, eine den Werken des Celtis nicht nachstehende Quelle zur Beurteilung der Ansichten vorhanden, die sich die kaiserlichen Humanisten unmittelbar vor der Entstehung des Dürer-Stiches über das melancholische Temperament bilden konnten. Das rechtfertigt wohl zur Genüge, das gedachte Kapitel in Zusammenhang mit den gleichzeitigen hier etwas näher ins Auge zu fassen.

---

[1] Vgl. Silbernagel, »Johannes Trithemius«, Landshut 1868 und Simon Laschitzer, die Genealogie des Kaisers Maximilian I., im Jahrbuch der kunsthistorischen Sammlungen des A. H. Kaiserhauses, Bd. VII, S. 17 ff.

[2] Die Worte lauten: Vale, foelix amice, et si quid penes nos est, quod tibi conducere queat, jube et factum sine mora intelliges et vires, ut nostra dietim sumat amicitia, amplius ad nos scribe et tuarum aliquid lucubrationum mittito, instanter oramus.

[3] Dem Erzbischof schreibt er: Habes itaque opus non tam juventutis quam etiam praesentis aetatis, multa siquidem juvenilis operis errata castigavi, multa compluribus locis interserui, multis capitibus adauxi, quae ex ipsa orationis inaequalitate facile deprehendi possunt. Dem Leser sagt er: Praeterea nullum nefas rati sumus, si juventutis nostrae specimen perire non sineremus. Addidimus autem nonnulla capitula, inseruimus plurique, quae praetermittere incuriosum videbatur, quod curiosus lector ex ipsius phrasis inaequalitate facile deprehendere poterit; noluimus enim opus ipsum totum innovare et (ut aiunt) totam telam retexere, sed paululum castigare et aliquid splendoris infundere.

Die im ersten Buche des Lebens sich befindende Bemerkung, daß der aus der melancholischen Flüssigkeit sich bildende und von Saturn beeinflußte Geist des Menschen nicht nur stets etwas Neues erdenke, sondern auch die Zukunft zu ergründen vermöge, ist die Grundlage und der Ausgangspunkt von Agrippas Betrachtungen. Eine besondere Bedeutung besaß für ihn als Magier die zuletzt hervorgehobene Fähigkeit des Melancholikers, zu deren Rechtfertigung er auch die Belegstellen aus den Werken des Aristoteles wiedergegeben hat, wenn auch in sehr freier Weise. So bringt er aus dessen Traktat »De divinatione« den Satz: »melancholici propter vehementiam longe bene conjectant et cito habitum imaginantur facillimeque coelestium recipiunt impressionem«[1], und aus den Problemen, die ihm in einer auch die Kommentare des Pietro da Abano gebenden Ausgabe vorlagen, einmal die allgemeine Beobachtung: »ex melancholicis quidam facti sunt sicut divini praedicentes futura et quidam facti sunt poetae«, sodann die besondere Bemerkung, daß die »Sibyllae et Bacchides et Niceratus Syracusanus et Amon a naturali melancholica complexione divinatores et poetae« gewesen seien.[2] Daran knüpft er die teils mit Marsiglio wörtlich übereinstimmenden Aussprüche des Aristoteles, Demokritus und Plato über die außerordentliche, ja eher göttlich als menschlich zu nennende Veranlagung des Melancholikers auf jedem Gebiete des Wissens.

Hinsichtlich der Erklärung dieser merkwürdigen Erscheinung folgt Agrippa seinem platonischen Lehrer weiter und oft wieder bis aufs Wort. Auch er unterscheidet zwei Arten des humor melancholicus, eine atra bilis im engeren Sinne, die nicht nur die »mania« hervorruft, sondern sogar »malos daemones ad obsidenda corpora« herbeilockt, und dann eine naturalis et candida bilis. Nur die letztere vermag die hervorragende Geistestätigkeit zu bewirken. In geschickter Verbindung der in dem ersten und dritten Buch des Lebens zerstreuten Gedanken wird der Vorgang unter besonderer Berücksichtigung der astralen Kräfte derart geschildert, daß die naturalis bilis, sobald sie sich entzündet und brennt, das heftige, zur Erkenntnis und Divination führende Verlangen erregt, zumal, wenn sie vom Saturn beeinflußt wird, der nicht nur im Besitz derselben kalten und trockenen Qualitäten, wie der humor melancholicus, diesen täglich mehrt und erhält, sondern auch als höchster und dem täglichen Leben fernstehender Planet, als der Urheber jeder tiefen Kontemplation die Seele von Äußerlichkeiten ins Innere ruft, sie immer höher steigen läßt und schließlich mit dem höchsten Wissen und prophetischen Gaben beschenkt.[3]

Entsprechend den im Buch »De vita coelitus comparanda« niedergelegten Lehren Marsiglios sind für Agrippa solche Beziehungen des menschlichen Geistes zur Astralwelt wechselseitig; dieser vermag sich nicht nur hinaufzuschwingen, sondern auch die »coelestes daemones« zu sich herabzuziehen. Gerade hierüber hat der junge Kölner Gelehrte seine originelleren Gedanken entwickelt. Mit den drei von Marsiglio unterschiedenen Formen der Seelentätigkeit verbindet er nämlich dessen Auffassung von der überirdischen Geisterwelt und Beobachtungen, die sich im platonischen Dialog Ion darüber befinden, daß selbst rohe und einfältige Leute, ja sogar »insani« plötzlich von Begeisterung ergriffen, zu Dichtern und Propheten werden und Dinge komponieren, die an sich richtig von ihnen selbst kaum verstanden werden. Aber auch dieses Zitat hat Agrippa nicht dem Originale entnommen, sondern Ficinos Traktat »De immortalitate animorum,« dem er sich fast Wort für Wort anschliesst.[4]

Je nachdem die anima melancholico humore impulsa sich ganz der imaginativen, rationalen oder mentalen Tätigkeit zu ergeben vermag, ist sie imstande eine Herberge der verschiedenen himmlischen Dämonen zu werden und ihre geistigen Fähigkeiten anzunehmen. Im ersteren Falle zieht sie die unteren Geister an, von welchen die manuales artes abhängen. Diese machen dann aus einem ganz einfachen Manne plötzlich einen vorzüglichen Maler, Architekten oder sonst einen Meister auf dem Gebiete der einschlägigen Künste; sie geben auch die Fähigkeit, aus elementaren Ereignissen und Witterungswechseln künftige Ungewitter, Überschwemmungen, Erdbeben, Sterblichkeiten, Pestepidemien vorherzusagen. Wendet sich aber die Seele der ratio zu, so wird sie ein Sitz der mittleren Geister, denen die rerum naturalium humanorumque scientia ac prudentia eigen ist. Dann entsteht plötzlich ein ausgezeichneter Philosoph, Arzt, Orator oder ein Prophet, der, wie die Sibylle einst den Römern, Regierungswechsel und welterschütternde politische Katastrophen vorherverkündet. Eine Aufnahmestätte der höchsten Geister wird schließlich die Seele, die sich zur mentalen Tätigkeit ganz erhebt; sie lernt von ihnen die göttlichen Geheimnisse, das Gesetz Gottes, die Ordnung der Engel, sie erkennt die ewigen Dinge, der Seelen Heil, sie sieht Handlungen der göttlichen Vorsehung voraus, wie künftige Wunder, einen künftigen Propheten oder eine Veränderung des Gesetzes,

---

[1] Vgl. Aristotelis opera omnia, Parisiis 1854, Bd. III »De divinatione per somnium«, cap. II.

[2] Vgl. Problemata Aristotelis cum duplici translatione antiqua et nova Theodori Gaza cum expositione Petri Apon. etc., Venetiis 1501, p. 244 ff. Niceratus bei Agrippa wohl ein Druckfehler für Maracus.

[3] Vgl. Agrippa, »De occulta philosophia«, S. 78: Haec enim (naturalis et candida bilis), quando accenditur atque ardet, furorem concitat ad scientiam nobis (sic!) ac divinationem conducentem, maxime autem si juvetur influxu aliquo coelesti, praecipue Saturni, qui cum ipse frigidus sit atque siccus, qualis est humor melancholicus, illum quotidie auget atque conservat. Praeterea, cum sit ipse arcanae contemplationis autor, ab omni publico negotio alienus ac planetarum altissimus, animam ipsam cum ab externis officiis ad intima semper revocat, tum ab inferioribus ascendere facit, trahendo ad altissima scientiasque ac futurorum praesagia largitur. Man vergleiche damit die im Kapitel II dieses Aufsatzes angeführten Stellen aus dem »Buche des Lebens«.

[4] Vgl. die »Opera Marsilii«, Basileae 1576, S. 288, lib. 13, cap. 2 »De poetis«

sie gleicht der Kumanischen Sibylle, die das Erscheinen des Herrn weissagte. Diesen Worten, die unter dem Eindruck der in der vorreformatorischen Zeit ganz ähnlich lautenden Prognostiken besonders Johann Lichtenbergers geschrieben sind, fügt Agrippa noch die auf die Ankunft Christi gedeuteten Verse Virgils hinzu. Sie sind wieder dem Marsiglio entlehnt, dessen Abhandlung »De christiana religione« in dem Kapitel von der Autorität der Sibyllen die Hexameter derselben Reihe nach aufführt.[1]

Mit voller Kraft tritt also Agrippa dafür ein, daß die guten Eigenschaften des melancholischen Temperamentes einem selbständigen, heilbringenden Einfluß des Saturn entsprechen. Nur darin weicht er vom Italiener ab, daß er den vom Saturn beherrschten humor melancholicus auch auf dem Gebiete der imaginativen und rationalen Seelentätigkeit eine Rolle spielen läßt. Es erklärt sich leicht, wie sein getreuer Jünger dazu kam. Offenbar leitete ihn der dem philosophischen Lehrsystem jener Zeit zugrunde liegende Gedanke, daß der menschliche Geist erst die Vorstufen zu erklimmen habe, bevor er sich zur höchsten rein mentalen Tätigkeit erheben könne. Ob dabei Agrippa nicht das jetzt so »trivial« anmutende Bild der Leiter vor Augen gehabt haben wird? Von dieser Auffassung der geistigen Entwickelung aus ist er an die von Marsiglio nur gestreifte Frage herangetreten, welche von den niederen und höheren Künsten der vom Saturn beeinflußten melancholischen Komplexion zuzuweisen sind, um sie in der von der astrologischen Tradition Tannstetters sich so weitab entfernenden, freien Weise zu beantworten.

Die mit sichtlicher Begeisterung geschriebene Schilderung der großartigen Kräfte des humor melancholicus vermag den Glauben zu erwecken, daß es für Agrippa kein glücklicheres Temperament als das melancholische hätte geben können. Denn die Befähigung des Melancholikers zu den glänzendsten geistigen Leistungen erschien ihm als so charakteristisch, daß er demgegenüber alle die Sorgen, Bekümmernisse und Gefahren nicht näher erörterte, die sogar das Seelenheil des »Suchers der Weisheit« zu bedrohen imstande sind. Aber der flüchtige Hinweis auf die atra bilis im engeren Sinne zeigt deutlich, daß Marsiglios Ausführungen über die Verheerungen, welche diese entartete Melancholie im menschlichen Gemüt anzurichten vermag, Agrippa ganz gegenwärtig waren; desgleichen läßt sein Zitat aus der Abhandlung »De immortalitate animorum« auch auf seine Vertrautheit mit der Ansicht des Florentiners schließen, wonach bei einer rückläufigen Bewegung des Saturn und einer ungünstigen Konstellation die böse Natur der melancholischen Komplexion »ob terream qualitatem non sufficienter aliorum siderum aspectu temperatam« sich entwickelt.[2] Daher trägt die Beschreibung des von Saturn beherrschten Menschen in dem Kapitel über den Einfluß der Sterne auf menschliche Gestalt, Haltung und Geberde sowohl den guten als auch den schlechten Wirkungen des Gestirns Rechnung. Agrippa bezeichnet dort den Saturninus als geistvoll und klug, aber auch als traurig, bekümmert, ja sogar als »seductor« und »interfector«; er vergleicht seine Erscheinung mit der eines Büßers, wobei ihm folgende Verse des Persius einfallen, jenes Lieblingsschriftstellers des Celtis, der die Werke auf seinem Schreibpulte stehen hatte:[3]

> . . Obstipo capite et figentem lumina terra;
> murmura cum secum et rabiosa silentia rodit
> atque exporrecto trutinatur verba labello,

und schildert des Näheren dann die Gesichtsfarbe als schwarzgelblich, den Körper als mager, gebückt und mit hervortretenden Adern versehen, die Augen als klein unter zusammengewachsenen Brauen und die Lippen als dick.[4]

Damit ist gleichzeitig ein Bild des Melancholikers geliefert. Denn mit ihm identifiziert Agrippa den saturnischen Menschen, eine Auffassung, die nicht nur dem Kapitel »De melancholici humoris potentia« zugrunde liegt, sondern auch an anderen Stellen der »occulta philosophia« immer wieder hervortritt. Stets bedingt die Gleichartigkeit der elementaren Eigenschaften die Übereinstimmung; so werden die vom Saturn beherrschten Tiere, unter den Vögeln die Fledermaus, als melancholisch bezeichnet;[5] so regiert der Saturn die Milz, die so wichtige und oft so verhängnisvolle Funktionen im melancholischen Körper zu versehen hat, und dementsprechend die Melancholiker und Greise; so bezieht sich alles Saturnische auf die Melancholie und die Traurigkeit. Auch in dem Kapitel über die Beziehungen der Farben zu den Elementen und Gestirnen kommt diese Identität zum Ausdruck. Dort heißt es, daß die »physici«, die nach

---

[1] Vgl. in der Basler Ausgabe, S. 26 ff., die Kapitel 23 etc.

[2] Vgl. in der Basler Ausgabe S. 322 das Kapitel 10 und die obigen Ausführungen.

[3] Vgl. den Holzschnitt in Celtis' »Quatuor libri amorum«.

[4] Vgl. Agrippa, lib. I., cap. LII: De vultu ac gestu corporisque habitudine et figura, et quae ex his, quibus stellis respondeant, unde physiognomia et metoposcopia et chiromantia, divinationum artificia sua fundamenta habeant.

[5] Vgl. Agrippa, a. a. O., cap. XXV: Quae subsunt Saturno. In dem Satze dort: Saturnalia sunt inter elementa terra et etiam aqua, inter humores atra bilis humectans tam nativa quam adventitia praeter adustam fällt die Erwähnung des Wassers als ein ebenfalls dem Saturn eigentümliches Element, sowie die damit wohl zusammenhängende Ausnahme der atra bilis adusta auf. Es sind das Inkonsequenzen, die sich aus dem kompilatorischen Entstehungsgang des Werkes erklären und gegenüber der unter den Humanisten allgemein herrschenden und auch sonst von Agrippa verfochtenen Ansicht, daß der Saturn kalte und trockene Qualitäten, also die erdige Natur, allein besitze, nicht weiter in Betracht kommen. Wie in der populären Astrologie die Meinungen über die elementare und planetare Natur der Melancholie hin und her schwanken, zeigt Allina, Dürerstudien, Berlin, S. 100 ff.

der Körperfärbung die Komplexion und Natureigentümlichkeit beurteilen. In einer dunklen schwarzen Farbe, wie sie dem kalten und trockenen Element der Erde entspricht, ebensosehr ein Kennzeichen der Schwarzgalligkeit als der saturnischen Natur erblicken.[1]

Die dem Melancholiker stets drohende Gefahr bösartiger Launen des Saturn hat Agrippa auch zu einem eingehenden Studium der bereits mehrfach erwähnten Kapitel der »vita coelitus comparanda« geführt, worin Marsiglio die Bedingungen eines wohltätigen Verhaltens dieses Gestirns darlegt und anrät, sich gegen dessen Schädlichkeit der Hilfe des Jupiter zu versichern. Er wiederholt daraus nicht nur wörtlich die Forderung, die der Saturn an seine Kinder stellt, ein konzentriertes Denkerleben zu führen,[2] sondern ist auch nach Kräften bemüht, eine möglichst reichhaltige Sammlung aller der Mittel zu geben, die geeignet sind, das melancholische Temperament der heilbringenden jovialen Gegenwirkung auszusetzen. Außer Tränken, Salben, Räucherungen finden sich in der »occulta philosophia« auch Zauberringe, Amulette, Talismane und sonstige magische Bilder oft mit deutlicher Anlehnung an Marsiglio beschrieben; ja einen großen Teil des zweiten Buches hat Agrippa, der eine genaue Kenntnis der mathematischen Disziplinen für einen Magier als unumgänglich bezeichnet, einer Besprechung jener mystischen Kräfte gewidmet, die den mathematischen Figuren und besonders den immateriellen Zahlen als Ausdrucksmitteln der supramundanen Intelligenzen innewohnen.

Aus dem Grunde schreibt er eine besondere Machtfülle den »mensulae« oder »sacrae tabulae planetarum« zu.[3] Es sind dies die sogenannten Zahlenquadrate, die sich bei den Arabern schon im zehnten Jahrhundert als Bestandteil ihrer Dämonologie nachweisen lassen, jene quadratischen, schachbrettartig geteilten Zahlentafeln, deren Eigentümlichkeit einmal darin besteht, daß die Anzahl ihrer Felder und so auch die Summe der eingetragenen Ziffern umso größer ist, je näher der Erde ihr Planet sich befindet, und daß ferner die Ziffern eines jeden Quadrates senkrecht, wagerecht oder in der Diagonale addiert jedesmal dieselbe Summe ergeben.[4] Die hier wichtig werdende »mensula Jovis« hat somit in der »occulta philosophia« nebenstehende Gestalt, zu deren Erklärung Agrippa nur bemerkt, daß die Ziffern der sechzehn Felder in quavis linea et in diametro 34, in summa 136 ausmachen. Über die Art, wie man die einzelnen Zahlen sich ausrechnen kann, schweigt er; wichtig erschien ihm nur die magische Bedeutung des Zahlenquadrates. Diese ist allerdings eine große; denn es vermag nicht nur den Charakter Jupiters und seiner Geister mitzuteilen, sondern es bringt auch, sobald es »Jove potente dominanteque« in eine Silberplatte eingelassen ist, Gewinn, Reichtum, Gunst, Liebe, Friede und Eintracht den Menschen, wie es anderseits in eine Koralle geschnitten Feinde besänftigt, Übeltaten zunichte macht und Ehren, wie Würden verleiht. Es gewährt also den besten Schutz gegen die Bösartigkeit des Saturn und die davon abhängige Entartung des melancholischen Temperamentes.[5]

4	14	15	1
9	7	6	12
5	11	10	8
16	2	3	13

Allerdings macht Agrippa auf diese paralysierende Wirkung der »mensula Jovis« nicht ausdrücklich aufmerksam, während er bei dem Quadrat der Venus hervorhebt, daß es gegen alle melancholischen Krankheiten helfe.[6] Aber

---

[1] Vgl. Agrippa a. a. O., cap. XXII: Quomodo res inferiores subsunt corporibus coelestibus, et quomodo humanum corpus ipsaque hominum exercitia et mores stellis atque signis distribuantur: scias itaque juxta Arabum traditionem praeesse ... splenem ... Saturnum. Weiter dort: Conferunt Saturnalia ad tristitiam et melancholiam ... Saturnus regit senes et monachos et melancholicos et thesauros absconditos et, quae longis itineribus et cum difficultate acquiruntur, und cap. XLIX: de luminibus et coloribus, de lychnis et lampadibus, et qui colores, quibus stellis, domibus, elementis distribuantur, wo es heißt: Habent etiam elementa suos colores, per quos physici de complexione et proprietate naturae judicant: terreus enim color ex frigido siccoque conductus, fuscus et niger est et atram bilem Saturniamque naturam pollicetur.

[2] Vgl. Agrippa a. a. O., cap. LXVI: Quod passiones animi plurimum juvantur ab opportunitate coelesti et quam necessaria sit in omni opere ipsa animi constantia: potest enim animus noster per imaginationem vel rationem quandam imitatione ita alicui stellae conformari, ut subito ejusdem stellae muneribus impleatur, tanquam sui influxus proprium receptaculum. Mens vero contemplatrix, quatenus se ab omni sensu, imaginatione, natura, deliberatione sevocat et ad separata se revocat, nisi quatenus Saturno se exponit, praesentis indagationis non existit. Vgl. dazu cap. XXII der »vita coelitus comparanda«, oben abgedruckt.

[3] Vgl. Agrippa a. a. O., lib. II, cap. XII, De planetarum mensulis, earum virtutibus et formulis, et quae illis praeficiantur divina nomina intelligentiae et daemonia.

[4] Vgl. Sigmund Günther: »Vermischte Untersuchungen zur Geschichte der mathematischen Wissenschaften«, Leipzig 1876, Kapitel IV: »Historische Studien über die magischen Quadrate«; sowie »Geschichte des mathematischen Unterrichtes im deutschen Mittelalter bis zum Jahre 1525«, Berlin 1887 (Bd. III der »Monumenta Germaniae paedagogica«, herausgegeben von Karl Kehrbach), S. 33 Anm. und S. 306. Auf eine Abhandlung P. Tannerys, »Le traité de Manuel Moschopulos sur les carrés magiques«, in Annuaire de l'association pour l'encouragement des études grecques en France, XX. Année 1886, p. 88, machte liebenswürdigst Professor F. Boll in Würzburg aufmerksam. Tannery hebt hervor, daß Moschopulos »paraît ignorer absolument toute signification magique ou talismanique des carrés, qu'il enseigne à former«. Über die magischen Vierecke in der hermetischen Literatur, vgl. F. Boll, »Sphaera«, Leipzig 1903, S. 410.

[5] Vgl. Agrippa, a. a. O., p. CXLVI: Secunda dicitur tabula Jovis, quae constat quaternario in se ducto continens numeros particulares sexdecim et quavis linea atque diametro quatuor constituentes triginta quatuor, omnium autem summa centum triginta sex. Et praesunt illi nomina divina cum intelligentia ad bonum, cum daemonium (sic!) ad malum et elicitur ex ea character Jovis et spirituum ejus. Ferunt illam, si Jove potente dominanteque argenteae laminae fuerit impressa, conferre lucrum et divitias, gratiam et amorem, pacem et concordiam hominum et placare inimicos, confirmare honores et dignitates et consilia et dissolvere maleficia, si in corallo insculpta fuerit. Die Abbildung befindet sich p. CXLIX.

[6] Vgl. Agrippa a. a. O., p. CXLVII: Confert adversus omnes aegritudines melancholicas.

eine solche verschiedene Darstellung ergibt sich aus der Natur der Planeten. Daß die warmen und feuchten Eigenschaften des Jupiter der kalten und trockenen Natur der Melancholie dienlich sind, gilt als zu selbstverständlich, um darüber ein Wort zu verlieren; weniger ist das beim kalten und feuchten Planeten Venus der Fall, dessen Kälte Bedenken erregen kann. Auch mag die Quelle schon, aus der Agrippa die Kenntnis der magischen Quadrate schöpfte, die Wirkungen in dieser von ihm einfach wiederholten Weise charakterisiert haben. Allerdings kann dann den in der »occulta philosophia« enthaltenen Ausführungen nicht der vom Byzantiner Manuel Moschopulos gegen Ende des XIV. Jahrhunderts verfaßte Traktat über die Zahlenquadrate die Grundlage abgegeben haben, da nichts derartiges darin steht. Überhaupt sprechen dagegen gewichtige Gründe. Abgesehen davon, daß in den Zahlenreihen symmetrische Verstellungen[1] vorkommen, was bei der Einfachheit der Veränderung allerdings weniger ins Gewicht fällt, beschreibt Agrippa Zahlenquadrate, die Moschopulos gar nicht kennt und verweilt er bei ihrer magisch-mystischen Bedeutung als Hauptsache, während der Byzantiner allein die rein mathematische Seite behandelt.

Es fußt vielmehr die Darstellung des deutschen Gelehrten auf einer in den Kreisen der Magier sich fortpflanzenden, ursprünglich auf die Araber wohl zurückgehenden Überlieferung, worüber die Anfangsworte des in Frage kommenden Kapitels »traduntur a magis« wohl keinen Zweifel lassen. Diese betrachteten auch als wesentlichen Bestandteil eines solchen Zauberquadrates die metallische Platte, in welche die Wunderzahlen eingegraben wurden. Denn gerade die Metalle besitzen die Gabe, den Einfluß des Planeten in sich zu binden, und zwar das Silber oder Zinn den des Jupiter. So beschreibt Paracelsus, der einige Jahre nach Agrippa, 1493, geboren bis 1541 lebte, das letzterwähnte Metall als den geeigneten Stoff für ein »sigillum Jovis«, dessen Zahlentafel die Ziffernreihen von Agrippas Quadrat in nebenstehender Weise vertauscht zeigt, nachdem er sich vorher ausführlich über die Kräfte der Planeten in den ihnen eigentümlichen Metallen ausgelassen hat.[2] Da er als Wirkung des jovialen Siegels in Übereinstimmung mit Agrippa Gunst und Liebe bei allen Menschen, Glück in allen Geschäften und Vertreibung aller Sorgen schildert und die Mehrzahl der anderen Quadrate den in der »occulta philosophia« beschriebenen genau gleicht, wäre es nicht unmöglich, daß er die Abhandlung über die Planetensiegel auf Grund der Arbeit des älteren Zeitgenossen abgefaßt hat.[3] Jedenfalls erhellt daraus, welchen Wert die damalige Zeit den magischen, astrologischen Kräften der Zauberquadrate beimaß.

16	3	2	13
5	10	11	8
9	6	7	12
4	15	14	1

Die Frage, ob Agrippa mit diesem wichtigen Bestandteil der mystischen Dämonologie auf seinen weiten Reisen durch Frankreich, Spanien, Italien und England oder erst durch Trithemius bei seinem die Niederschrift der »occulta philosophia« veranlassenden Besuch in Würzburg bekannt wurde, läßt sich vorderhand nicht entscheiden; dagegen dürfte an dem Vorhandensein des entsprechenden Kapitels in der dem Abte darauf unterbreiteten Arbeit kaum zu zweifeln sein. In dieser Hinsicht ist besonders die Tatsache zu berücksichtigen, daß sich auf Dürers Kupferstich bereits rechts oben an der Turmwand ein solches Zauberquadrat in der von Paracelsus bevorzugten Gestalt befindet.[4] Wenn auch die Möglichkeit einer anderweitigen Provenienz sichere Schlüsse auf die Abhängigkeit dieses Dürerischen Quadrates von dem des Agrippa nicht zuläßt, so liegt in seiner Verwendung doch ein Beweis für die Beliebtheit solcher Planetensiegel in einer unmittelbar auf die Abfassung der »occulta philosophia« folgenden Zeit und dann wieder eine starke Stütze dafür, daß Agrippa, der nach solchen Amuletten forschte, sie schon früher kannte und in seinem Jugendwerke verwertete. Denn auch bei Dürer tritt die astrologische Bedeutung des Zahlenquadrates in den Vordergrund; es ist in eine Platte eingeschnitten, als deren Material ein Stoff wie Zinn oder Silber, also ein dem Jupiter eigentümliches Metall, sich zu erkennen gibt.

Einen besseren Anwalt hätte Marsiglio für seine neue Auffassung vom melancholischen Temperament nicht finden können, als diesen jungen Magus aus Köln. Denn mit der Kraft der Überzeugung verband er eine Persönlichkeit, welche die Menschen zu faszinieren vermochte.[5] Er hat nicht verfehlt, auf Maximilian Eindruck zu machen. Voll tiefer Kenntnisse auf dem Gebiete der Geheimwissenschaften und nicht minder voll von Versprechungen, ihre Wunder auszuführen, stets bereit das Kriegshandwerk mit der Gelehrtenarbeit zu vertauschen, imstande während des Lagerlebens sich mit philosophischen Fragen zu beschäftigen, war er ein Mann ganz nach dem Geschmacke

---

[1] Vgl. hierüber Günther in den vermischten Untersuchungen, S. 218.

[2] Vgl. Opera Aureoli Philippi Theophrasti Paracelsi Bombasti ab Hohenheim, Genevae sumptibus Joan. Antonii et Samuelis de Tournes 1658, p. 710 ff. De sigillis planetarum ... sed et hoc plurimum scitu dignum est, planetas septem in nullo vires magnas habere quam in suis metallis propriis, Solem scilicet in auro, Lunam in argento, Venerem in cupro, Jovem in stanno, Mercurium in hydrargyro, Martem in ferro, Saturnum in plumbo. Agrippa a. a. O., cap. XXVIII und cap. XXVI, weist das Silber sowohl dem Mond als dem Jupiter zu, diesem und dem Merkur auch das Zinn.

[3] Vgl. Paracelsus a. a. O., p. 710: Sigillum hoc si gestatur, gratiam, amorem et favorem apud universos conciliat. Cui appositum, ei multiplicatur et in dies augescit, gestoremque suum in omnibus negotiis felicem facit et abigit curas omnes moerumque.

[4] Günther gibt das Dürerische Quadrat nicht in seiner wirklichen Gestalt.

[5] So heißt es in einem Briefe über Agrippa, vgl. die Lyoner Ausgabe seiner Werke, tom. II, Briefsammlung Bb. I, epist. 87: De mirabili opinione, quam de se Agrippa illic ob singularem virtutem et ingenii acrimoniam, quae praestat, reliquerit, audivi persaepe.

des Kaisers. Bald nach seinem Eintritt in die Hofkreise wird er an die Spitze der Verwaltung einiger Bergwerke, wohl in Tirol, gestellt, dann als einer der Gesandten zum Pisaner Konzil bestimmt und mit wichtigen Aufträgen, wie zum Beispiele einem Geldtransporte, während des Feldzuges gegen die Venetianer betraut.[1] Wegen seiner Tapferkeit vor dem Feinde erhob ihn Maximilian mit eigener Hand zum »eques auratus«. Aus jener Zeit stammt wohl der in überschwänglich hoffnungsvollem Tone gehaltene Brief an seinen Freund Landulph. Noch im Jahre 1515 hielt Agrippa als kaiserlicher Hauptmann vor dem Oberbefehlshaber Marchese Giovanni Gonzaga zu Pavia einen Vortrag über den von Marsiglio als größten Philosophen des alten Ägypten verehrten Hermes Trismegistos, um dann an der dortigen Universität noch weiter zu studieren und nach einem Wanderleben schließlich im Dienste der Statthalterin Margaretha die »occulta philosophia« zum Druck zu bringen.

Die in Pavia entfaltete Beredsamkeit gibt eine Vorstellung, wie er für den Inhalt seiner Jugendarbeit und so auch für die neuen Anschauungen über die Melancholie eingetreten sein wird. Aber nicht nur mündlich, auch schriftlich hat er der allgemeinen Verbreitung seiner Ansichten Vorschub geleistet. Denn er gesteht selbst, daß sein Jugendwerk, das »interceptum opus«, trotz seiner Unvollständigkeit nicht nur in Deutschland, sondern auch in Italien und Frankreich durch die Hände vieler gegangen wäre.[2] Sollte da nicht Trithemius bei seiner großen Bewunderung bereits dafür gesorgt haben, daß das ihm zugeschickte Manuskript auch zur Kenntnis seiner Freunde gelangte? Zu der den Schriften Ficinos selbst innewohnenden Überzeugungskraft gesellte sich das Wort eines jungen, begeisterten Gelehrten, dem wohl die Wirkung zuzutrauen ist, daß die Schar der unbedingten Parteigänger des Florentiners in der Umgebung Maximilians sich weiter vermehrte.

(Schluß folgt.) *Karl Giehlow*

Die Radierungen von T. H. Mc Lachlan.

Thomas Hope Mc Lachlan (geboren am 16. März 1845 zu Darlington, gestorben am 1. April 1897 zu Weybridge. Vergl. Dict. Nat. Biogr. Suppl. III. 128) hob sich von der Schar der englischen Landschaftsmaler seiner Zeit als ein echter und ausgezeichneter Künstler ab. Er gehörte zu einer Gruppe, von der Peppercorn, Allan und Leslie Thomson die wichtigsten Überlebenden sind, verwandt in Geschmack, Malweise und Stoffwahl den Malern von Barbizon. Der gute Ruf, in dem er bei sachkundigen Beurteilern seiner Ölgemälde stand, wird durch seine Radierungen, die im Jänner 1903 zum erstenmal bei Gutekunst ausgestellt und in sehr verkleinertem Maßstab im Magazine of Art desselben Monats abgebildet waren, trefflich behauptet. Diejenigen, welche eine kleine Ausstellung seiner Gemälde und Skizzen, die 1897 im Atelier seines Freundes Thomson stattfand, beachteten, werden sich an ein paar Radierungen von bemerkenswerter Schönheit, die sich mitten unter den anderen Werken befanden, erinnern. Er selbst hat bei Lebzeiten niemals eine Radierung ausgestellt; seine erste, geätzte Platte ist 1880 datiert; die wenigen Versuche, die er um 1882 mit der kalten Nadel machte, genügten ihm nicht, weil er sich niemals der Mühe unterzog, die Platten eigenhändig zu drucken. Einige Jahre später wurde er von einem Freund überredet, die Radiernadel wieder in die Hand zu nehmen, und er machte damals ein paar Radierungen auf Zink. Diese wurden auf gleiche Weise beiseite gelegt: er dachte nicht mehr an sie, und einige der Platten sind verloren gegangen. Neun jedoch, die in den Besitz des Radierers Frank Newbolt kamen, haben unter der Hand des berühmten Druckers Goulding ausgezeichnete Drucke geliefert. Diese wenigen Landschaften genügen an sich, Mc Lachlan unter den englischen Radierern des letzten Viertels des 19. Jahrhunderts eine hervorragende Stelle zuzuweisen. Die meisten von ihnen geben wie seine Ölgemälde wilde und düstere Naturbilder: vom Himmel strömt der Regen, oder er ist voll finsterer Wolken; das Licht ist durch stürmisches Wetter oder die hereinbrechende Nacht gedämpft; zwei Radierungen sind Nachtstücke mit Mondschein. »Calais«, das einzige Sujet, das nicht ganz Landschaft ist, ist eine herrliche Komposition, in geheimnisvolle Dunkelheit getaucht.

Ich füge einen kurzen Katalog von Mc Lachlans Werk bei, annäherungsweise nach der Zeit des Entstehens der einzelnen Blätter geordnet. Die ersten Maße geben die Bild-, die zweiten die Plattengröße an; bei Nr. 1 bis 3, 9 und 10 fallen die beiden zusammen.

---

[1] Vgl. Meiners a. a. O., S. 257 ff.

[2] In der Vorrede an den Leser schreibt Agrippa: Fateor, juvenis admodum hos libros scribere aggressus sum, spe tamen illos aliquando correctiores locupletioresque emissurus atque ea causa Joanni Trithemio Abbati Peapolitano quondam Spanhemensi, viro arcanarum rerum admodum industrio, primum illos obtuli corrigendos. Contigit autem postea, ut interceptum opus, priusquam illi summam manum imposuissem, corruptis exemplaribus, truncum et impolitum circumferretur atque in Italia, in Gallia, in Germania per multorum manus volitaret.

Der Heideland Kanal — Radierung von T. H. Mc Lachlan.

1. Der Schlupfwinkel der Wildenten. Ein Sumpf mit Binsen l. und dünnen aus dem Wasser emporwachsenden Bäumen r. In der Mitte fliegen ein paar Vögel. Zwielicht. Bez. l. u. »T. H. Mc Lachlan 1880.« Rad. auf Zink, 100 : 176.

2. Moorland-Teich (auch »In den Sümpfen« betitelt). Ein Wassertümpel, das letzte Tageslicht an einem sonst dunkeln Himmel voll Regenwolken widerspiegelnd. R. von dem Teich eine Gruppe von großen, kahlen Bäumen, unter denen drei Kühe stehen. Bez. r. u. »T. H. Mc Lachlan.« Rad. auf Zink, 177 : 127.

3. Schiffe auf der See. In der Mitte ein großes vollgetakeltes Schiff nebst zwei kleineren Segelschiffen und einem Raddampfer. Kräftiges Sonnenlicht von der Mitte ausstrahlend. Bez. r. u. »T. H. Mc Lachlan 1881.« Rad. auf Zink, 172 : 255. Platte verloren; nur zwei Abdrucke bekannt.

4. Die Schafhürde. In der Nähe von Bäumen, ein Strohdach, auf rohen Holzpfosten ruhend; 15 Schafe suchen darunter Schutz vor dem Wind; im Vordergrund l. ein Weg; düsteres Wetter. Bez. r. u. »T. H. Mc Lachlan 1882.« Kalte Nadel, Zink, 161 : 237—176 : 253.

5. Ein Hochlandsbach. Ein kleiner Bach kommt aus dem Hintergrund l. durch dunkles Heideland in vielen Windungen nach vorne geflossen. Stürmischer Himmel voll Wolken. Bez. l. u. »T. H. Mc Lachlan 1882.« Kalte Nadel, 150 : 190—162 : 201.

6. Ein irischer Fluß. Ein breiter Fluß mit hohen, bewaldeten Ufern. Abend, der Vollmond r. über Bäumen aufgehend. Ruhiger Himmel mit wenigen Wolken. Die Wirkung ändert sich sehr auf verschiedenen Drucken. Bez. r. u. »T. H. Mc Lachlan 1882.« Kalte Nadel, 152 : 190—162 : 202.

7. Der Heideland-Kanal. Ein schmales Wasser strömt in einem tiefen Bett durch flaches ödes Land. Ein Zaun durchquert das Flußbett. R. schwere Regenwolken. Bez. l. u. »T. H. Mc Lachlan 1882.« Kalte Nadel, 145 : 186—150 : 200.

8. **Weybridge Firs.** Abend. Dunkle Bäume im Hintergrund, sich von einem hellen Himmel abhebend. L. und r. Baumstämme. Der Mittelraum verworren. Bez. r. u. »T. H. Mc Lachlan 1882.« Kalte Nadel, 141 : 188 —148 : 196.

9. **Calais.** (Erste Platte.) Der Hafen: r. ein Quai, auf dem drei Leute zu sehen sind; quer durch die Mitte eine Brücke; hinten die Stadt mit zwei ungeheueren Turmspitzen und am Rande l. das Takelwerk eines Schiffes, sich vom Himmel abhebend; Abendstimmung; widergespiegeltes Licht auf dem Wasser im Vordergrund; l. sitzt ein leeres Boot auf. Bez. r. u. »T. H. Mc Lachlan.« Rad. auf Zink, 140 : 199. Eine frühere Platte, von der kürzlich durch Goulding ein paar Abdrucke genommen worden sind.

10. **Calais.** (Zweite Platte.) Dieselbe Komposition im Gegensinn; viel feiner und wirkungsvoller, besonders in der Beleuchtung des Himmels. Ein Mann sitzt im Boote, das sich jetzt in der m. Ecke befindet. Bez. l. u. »T. H. Mc Lachlan.« Rad. auf Zink, 140 : 202.

11. **Der Schäfer.** Gefolgt von 9 Schafen, schreitet er eine Böschung von l. nach r. hinab und einem dunkeln Teiche unter Bäumen zu. Abend; der zunehmende Mond ist l. zu sehen, gerade über dem Rand des Hügels. Bez. r. u. »T. H. Mc Lachlan.« Rad. auf Zink, 164 : 233 — 170 : 238.

Campbell Dodgson.

Aus Sammlungen.

Paris. — Herr Dr. Gillet hat dem Louvre 16 Miniaturen aus dem XVIII. Jahrhundert zum Geschenk gemacht, 4 davon sind Arbeiten von Antoine Vestier, 12 von Dumont, darunter die Bildnisse der Königin Marie Antoinette, der Prinzessin von Lamballe und des Grafen von Provence (des späteren Ludwig XVIII.). Der Schenkung ist eine Reihe von Dokumenten beigefügt, die sich auf den Miniaturmaler Dumont beziehen.

Der Musealrat hat mehrere japanische Kakemonos erworben, einen großen dekorativen Fries mit Blumen (Schule Kenzan, XVII. Jahrhundert), zwei andere Blumenstücke (Sotatsu, XVII. Jahrhundert) und einen Kakemono mit figürlicher Darstellung (Matabei, XVI. Jahrhundert).

Aus Anlass der Eröffnung der Säle, welche die wunderbare Sammlung von Bildern enthalten, die von Herrn Thomy-Thierry vermacht worden ist und Werke von Delacroix, Decamps, Troyon, Dupré, Rousseau, Corot, Barye u. a. enthält, ist auch das Marinemuseum umgestellt worden. Infolge dessen ist jetzt die bemerkenswerte Reihe von Seestücken im besten Lichte zu sehen, die von den Brüdern Ozanne zu Brest am Ende des XVIII. und zu Beginn des XIX. Jahrhunderts gezeichnet wurden. Der Einfluß Claude Lorrains ist in diesen Blättern fühlbar, ohne daß jedoch dadurch die künstlerische Persönlichkeit der Brüder eine Einbuße erlitte.

Dasselbe Marinemuseum erwarb auch vor kurzem eine Folge von Tuschzeichnungen, die sich auf die Schlacht bei Trafalgar beziehen. Die Blätter stellen verschiedene Episoden des Kampfes dar, besonders die Stellungen des Schiffes »Le Redoutable«, von dem aus bekanntlich Nelson den tödlichen Schuß erhielt, und sind gezeichnet nach den Angaben des Kapitäns Lucas, der den »Redoutable« befehligte und nicht früher die Flagge strich, als bis sein Schiff mit Toten bedeckt und dem Versinken ganz nahe war.

Der kürzlich verstorbene Maler James Tissot hat dem Kupferstichkabinett der Pariser Nationalbibliothek eine vollständige Sammlung seiner Radierungen und Trockenstiftarbeiten vermacht (desgleichen den Museen zu Nantes und Besançon). Ebenfalls durch Legat erhielt das Kabinett drei außerordentlich seltene Zustände von Henriquel-Duponts Stich nach dem Hémicycle von Paul Delaroche.

Unter den Geschenken seien erwähnt: das Bildnis Charlets auf dem Sterbebette, gezeichnet von seinem Schüler Valerio; 14 Trockenstiftarbeiten von Marcellin Desboutin; 9 Zeichnungen von Raffet aus dem italienisch-österreichischen Kriege im Jahre 1849; endlich 8 Skizzen von Charlet.

Dem Musée Carnavalet hat Herr Viktor Klotz eine sehr merkwürdige Sammlung von Aquatintablättern des XVIII. Jahrhunderts zum Geschenke gemacht, die sich alle auf die ersten Versuche in der Luftschiffahrt beziehen.

C.-J.

London. Die im Jahre 1902 von Lord Cheylesmore dem Britischen Museum vermachte Sammlung besteht aus zwei Teilen: 1. Porträte in Schabkunst, ungefähr 7650 an Zahl, 2. Porträte der englischen Königsfamilie, hauptsächlich neueren Ursprungs, 2073 Nummern.

Den Bestimmungen des Testators gemäß müssen die Schabblätter durchaus nach den Namen der Kupferstecher geordnet werden. Es sind 284 englische und 70 fremde Schabkünstler vertreten. Um nur ein paar Beispiele zu geben, sind 1070 Porträte von den beiden Faber, 441 von John Smith, 159 von J. R. Smith, 238 von Mc Ardell, 141 von Valentine Green, 104 von J. Watson, 174 von Houston, 200 von Townley, 259 von S. W. Reynolds d. ä. und 510 von Charles Turner vorhanden. Man schätzt, daß ungefähr ein Sechstel der Drucke von guter Qualität sind.

Lord Cheylesmore hatte, als er zu sammeln begann, vor allem die Vollständigkeit im Auge und wurde mehr durch das historische Interesse an den Porträten als durch die Schönheit der Kupferstiche als Kunstwerke angezogen. Aber später entwickelte sich sein Interesse am Schabverfahren selbst, und gegen Ende seines Lebens kaufte er große Mengen der schönen Schabblätter des 18. Jahrhunderts, welche auf dem Markte bereits übertriebene Preise zu erzielen begannen. Eine Auswahl von den Perlen der Sammlung ist gegenwärtig in der Bibliothek ausgestellt; eine viel größere Ausstellung von Schabblättern ist für das Jahr 1904 in Aussicht genommen. *C. D.*

London. — Neue Erwerbungen der Kupferstichsammlung des Britischen Museums. Jänner-Juni 1903.

Zeichnungen.

Annibale Carracci. Männlicher Akt. Rötel. — David Loggan. Porträt John Wilmots, Earl of Rochester, 1671; höchst vollendete Miniatur, Bleistift und Tusche. — G. H. Harlow. Porträt Georgs IV. als Prinz von Wales, 1813; Rötel und schwarze Kreide; gestochen von Antoine Cardon. — J. G. P. Fischer. Skizze zu einer Miniatur: Königin Viktoria als Kind, Jänner 1820.

Stiche.

31 moderne Schabblätter und Linienstiche nach Gainsborough, Reynolds, Romney, Hoppner, Lawrence, Constable etc., herausgegeben von Agnew.

Radierungen.

Monogrammist C S (XVI. Jahrhundert). Turnierritter, 3 Blatt, unbeschrieben. — Anonyme Radierung. Porträt Simon Frasers, Lord Lovat, 1746.

Whistler. Erster Versuch. (Wedmore, p. 9, 82.) Venus. (Wedmore Nr. 50.) — J. P. Heseltine. In der Nähe von Bayonne. — 26 französische Porträte, radiert von Abot, Adeline, Bracquemond, Foulquier, Hédouin etc. — Jasinski. Liebe unter den Ruinen. Nach Burne Jones.

Lithographien.

Shannon. Lucien Pissarro.

Holzschnitte.

Cranach. Luther als Augustiner-Mönch. 1520. P. IV. 18, 194. Seltener früher Zustand, oben die Taube, lateinische Inschrift, unbeschrieben. — Hans Wolff Glaser. Dreifaltigkeit. 1020 : 720 mm. Die Engel kopiert nach Dürer, B. 122. Unbeschrieben. Ein späterer Zustand ohne Glasers Namen befindet sich in Berlin. — Andreani. Beweinung Christi. Nach Casolani. 1592. Chiaroscuro. Meyers K.-L., I, 718, 15. — G. Dorrington (zirka 1840). Dick Turpins Ritt nach York. 940 : 1470 mm.

Bücher mit Holzschnitten.

Bonaventura. »Legend des heyligen Vatters Francisci.« H. Hölzel, Nürnberg, 1512. Mit Illustrationen von Wolf Traut. Schöner Druck aus der Bibliothek William Morris'. — Boschenstain. »Das Gebet Salomonis.« S. Grimm, Augsburg, 1523. Illustration und Titeleinfassung vom Petrarca-Meister. — 60 Lyoner Holzschnitte ohne Text, gedruckt bei Jean de Tournes, Lyon, 1556. — 44 unpublizierte Illustrationen zu »Amor und Psyche«, gezeichnet vor 1870 von Burne-Jones und zum größten Teil von Morris geschnitten, mit 10 dekorativen Originalholzschnitten von Morris. Das Ganze für eine Ausgabe von Morris' »Earthly Paradise« bestimmt, die niemals erschien. Geschenk George Young Wardles, der die Bleistiftskizzen Burne-Jones' auf die Holzblöcke übertrug.

C. D.

Ausstellungen.

Paris. Die graphischen Künste auf den Salons 1903. — Wie im vorigen Jahre, so soll auch heuer ein kurzer Überblick über die graphischen Arbeiten französischer Künstler geboten werden, die auf den beiden Salons zu sehen sind. Wir wollen dabei zuerst die eigentliche Graphik, nach den einzelnen Techniken geordnet, betrachten und davon gesondert am Schluße die Zeichnungen.

I. Société Nationale. *A.* Radierung. Einige Künstler stehen überragend an erster Stelle: Jeanniot mit der prachtvollen Folge der Blätter zu Benjamin Constants Adolphe, einem der schönsten Bücher der letzten Jahre; E. Béjot, der unermüdlich fortschreitet, mit zwanzig Pariser Ansichten; Louis Legrand, ein kraftvolles Talent, das bald einem religiösen, bald einem sinnlichen Mystizismus huldigt (»Le calvaire« und »Soupeurs et soupeuses«); R. Ranft mit den frischen, farbigen Blättern Femme en bateau, L'Embarcadère, (Trockenstiftarbeit) und Le Printemps (nach Millet); endlich F. Thaulow mit den kolorierten Radierungen La Porte en marbre und La sentinelle. In zweiter Linie sind zu nennen P. Renouard in Gesellschaft mit seinem Übersetzer F. Florian (»Mouvements, gestes, expressions«); die zarten Landschaften von Mme. Beaumont; die malerischen Ansichten von P. Waidmann; die Blätter von E. Chahine, die übrigens keinen großen Fortschritt des Künstlers verraten, besonders das farbige Porträt der Mme. Louise France ist eine recht schwache Arbeit; die entzückenden, echt weiblichen farbigen Blätter von Marie Gautier; die Radierungen von A. Dauchez; und schließlich die reproduzierenden Blätter von C. A. Waltner (nach Roybet), von E. Decisy (nach Rochegrosse und Meignan) und von G. Greux (nach Corot).

B. Holzschnitt. Hier herrscht reges Leben, besonders im Originalholzschnitt. Freilich fehlt Lepère, der ganz von der Arbeit für die Illustration von Huysmans' A Rebours in Anspruch genommen ist und daher nur eine Radierung (»L'Abreuvoir au pont Marie«) eingesandt hat. Dagegen sind durch bemerkenswerte Arbeiten vertreten: Paul Colin, der farbige, vielleicht allzu farbige Blätter ausgestellt hat, die zeigen, daß er als Holzschneider das werden will, was Ranft in der Radierung ist, ein ausgesprochener Kolorist; Maurice Delcourt, den Temperament und Geschicklichkeit bisweilen etwas flüchtig in der Zeichnung werden lassen; G. Riom, ein Jünger und Schüler seines Landsmannes, des Vendéers E. Laboureur; Jacques Beltrand, der erfolgreich auf den Pfaden Lepères wandelt; E. Joyau; J. L. Perrichon, der Zeichnungen Rodins mit peinlichster Treue in Holzschnitt übersetzt; und Mme. A. Vallgren mit ihren merkwürdigen kleinen Blättern von romantischem Zuschnitt in der Art Lavieilles.

C. Lithographie. Neben Lunois mit seinen breiten, kräftigen Sachen und Rivière, dessen Trente-six vues de la Tour Eiffel rein dekorativ sind und stark unter japanischem Einfluß stehen, ist nur noch A. Sureda zu erwähnen, der in seiner künstlerischen Art an Fantin-Latour erinnert. Cottet und Jean Veber sind ihre eigenen graphischen Übersetzer, ohne dabei zu gewinnen.

Wir dürfen endlich auch heuer die Nationale nicht verlassen, ohne der »Gypsographien« Pierre Roches gedacht zu haben. Diese kleinen, traumhaft zart kolorierten Blätter sind wirklich etwas ganz Neues und Köstliches.

II. Société des Artistes Français. Hier herrscht, wie immer, Überfüllung und ist schlecht gehängt. Versuchen wir gleichwohl, das Gute vom Mittelmäßigen zu sondern.

A. Radierung und Kupferstich. Marguerite Besson, ein kleiner Béjot, zeigt in ihren Pariser Ansichten wenigstens Verständnis für Architektur. Pierre Maud, ein kleiner Ranft, hat farbig radierte Landschaften ausgestellt. Gleichfalls gute Landschaften sind zu sehen von

E. Léon, Ch. L. M. Houdard und Eugène Tourrette. Lucien Gautiers Rue de la Montagne Sainte Geneviève im Mondenschein ist mit 6 Platten farbig gedruckt und macht doch nur den mageren Effekt einer Federzeichnung. Gautier ist ein Nachahmer Sidaners, der selbst wieder nur ein Nachahmer Cazins ist. Gute reproduzierende Blätter sind da von F. E. Jeannin (nach Largillière und Boucher), Desbuissons (nach Velasquez), J. Deturck (nach Lefebvre), L. Boutelié (nach Memling), Achille und Jules Jacquet (nach Meissonier), A. Didier (nach Lefebvre), F. E. Burney (nach Dinet), J. A. Vyboud (nach Botticelli), J. Patricot (nach Reynolds), Mme. Léonie Valmon (eine ausgezeichnete Arbeit nach Troyon, der seit der Ausstellung der Thomy-Thierryschen Sammlung im Louvre sehr beliebt geworden ist), F. A. Laguillermie (prachtvolles Blatt nach Van Dyck), Mlle. Henriette Lecoq (nach Hubert Robert, eine sehr tüchtige, frische Leistung), A. Boulard, L. A. Brunet-Debaines, Théophile und Mme. Clémence-Elisa Chauvel (alle vier nach B. W. Leader), E. A. Mathey-Doret (nach Gainsborough), L. Flameng (nach Dagnan-Bouveret), Ch. Giroux (großes Blatt nach Detaille) u. s. w. Gute Originalarbeiten sind da von Ch. Pinet, G. P. L. Serrier, A. Robida, der als Radierer viel interessanter ist denn als Zeichner, u. a. Nicht vergessen sei auch der Österreicher A. Wesemann, dessen Marabu von grossem Verständnis zeugt.

B. Holzschnitt. Die Reproduktion herrscht vor, und das ist gut, denn der Holzschnitt ist ja vor allem für die Buchillustration bestimmt und geeignet. Mit dem richtigen Gefühl für das Wesen des reproduzierenden Holzschnittes arbeiten die Künstler: P. D. Guérelle (nach Roybet), J. L. J. Langeval (nach Jan van Eyck), E. Froment (nach Vierge), A. Mathieu (nach Lhermitte), E. Dété (nach Ribot und dem Bildhauer Denis Puech), A. G. Thévenin (nach L. O. Merson) u. a. Ein junges vielversprechendes Talent ist Jules Germain, der einen Holzschnitt in zwei Tönen nach einer Zeichnung Rembrandts im Louvre ausgestellt hat, ein bemerkenswertes Blatt, das die ganze lebensvolle Frische des Originals wiedergibt. Von Originalholzschnitten verdienen wohl nur die Arbeiten Tony Beltrands und P. R. Roths Erwähnung.

C. Lithographie. Die Arbeiten in dieser Technik bieten keinerlei Überraschung. Das gilt gleicherweise von der reproduzierenden und von der Originallithographie. Es genügt ein paar Namen zu nennen: L. Huvey, H. P. Dillon, A. Brument, P. Maurou, M. L. H. Neumont, Louise Longuet, E. Gros, A. Greilsammer, Albert Belleroche u. a.

Über die Zeichnungen können und müssen wir uns noch kürzer fassen. Künstler, die auf persönliche Art zeichnen, sind immer selten zu finden. Von den Ausstellern in der Société Nationale seien erwähnt: G. H. Rouault; A. Morand, der an Steinlen und Raffaëlli erinnert, aber noch mehr an Teniers und dessen natürliche Eleganz; F. Guiguet; L. A. P. Magne de la Croix Béjot; J. de la Nezière mit sehr malerischen Skizzen aus dem äußersten Orient; Mme. R. Davids, die sich nur zu oft wiederholt; P. E. Boyer; A. Lévy mit einer gut beleuchteten Szene aus dem jüdischen Leben; Lucien Monod, der mit kühnen Verkürzungen spielt; F. Houbron, dessen Arbeiten einen ganzen Saal füllen, u. a. Maurice Denis, dessen Originalität trotz aller zeichnerischen Schwächen immer interessiert, ist durch seine Zeichnungen zur Nachfolge Christi vertreten. Das Buch ist bei Vollard erschienen und wir werden demnächst in einer Würdigung der modernen bibliophilen Bewegung in Frankreich darauf zurückkommen. H. J. F. Bellery-Desfontaines hat den Entwurf zu einer Banknote der westafrikanischen Bank ausgestellt. Er zeigt durch die Vorliebe für das rein Dekorative und Geometrische, wodurch und wie sehr er sich z. B. von Mucha unterscheidet.

Bei den Artistes Français ist wieder Unbedeutendes der Zahl nach im Übergewicht. Immerhin sind einige gute Arbeiten zu nennen. So ein außerordentlich fein empfundenes Bildnis von J. Breton; poesievolle Blätter von H. Jamet und Mlle. Delorme; ein Entwurf zu einem Fresko in der Art A. Points von Numa Gillet; ein Karton »Ödipus und die Sphynx«, der an Puvis de Chavannes und Ingres erinnert, von A. Séon; dann die Arbeiten von Jules Adler, H. Guinier, Louis Ridel, G. Zevort u. a.

Man sieht, die Zeichnung, diese erste und wichtigste aller Künste, hat noch ihre zahlreichen Jünger. Vielleicht ist es daher erlaubt, zum Schlusse noch einen frommen Wunsch auszusprechen: Man verpflichte einmal alle Maler, neben ihren Bildern auch die Zeichnungen auszustellen, die sie als Studien für diese Bilder gemacht haben. Das würde mit einem Schlage die Photographie mächtig zurückdrängen und der Kunst ihre ursprüngliche Kraft und Ehrlichkeit wieder zurückgeben.

Clément-Janin

Paris. — Les Arts Réunis (bei Georges Petit). — P.-E. Vibert stellt aus: zwei Farbenholzschnitte, einen Helldunkelholzschnitt, vier Holzschnitte in Schwarz-Weiß, zwei farbige Zeichnungen und zwei Federzeichnungen. Seine Technik ist, wie man sieht, sehr mannigfaltig, aber die damit erzielte Wirkung ist doch recht eintönig. Vibert bleibt immer, auch wenn er farbig sein möchte, ein Holzschneider in Schwarz-Weiß. Er geht von Lepère aus und ist eigentlich mehr geschickt als originell. Das Blatt: Solitude, ein mit Messer und Stichel ausgeführter Holzschnitt und seine gelungenste Arbeit, sowie sein Porträt Rodins, ein Helldunkelholzschnitt und übrigens recht unähnlich, zeigen, wie wenig Vibert Kolorist ist. In derselben Ausstellung begegnen wir noch drei Zeichnern: Lucien Monod mit sieben geschmackvollen Blättern, P. E. Cornillier mit akademischen, unpersönlichen Sachen und André Devambez mit sieben Karikaturen in Aquarell. Diese Karikaturen erinnern an

Valloton, Ibels, Toulouse-Lautrec, Veber, nur unterscheiden sie sich dadurch, daß Devambez sozusagen aus der Froschperspektive sieht, während die genannten Künstler gewöhnlich aus der Vogelschau beobachten. Die Wirkung, die Devambez erzielt, ist ganz lustig, wird auf die Dauer aber doch etwas eintönig. Am gelungensten scheint uns das Blatt zu sein, auf dem eine Volksmenge dargestellt ist, die auf einen Stadtbahnzug wartet. *C.-J.*

Paris. Cercle Volney. — Der Gesamteindruck dieser kleinen Gruppenausstellung von graphischen Arbeiten und Zeichnungen läßt sich in die paar Worte zusammenfassen: wenig Kunst und viel zu viel Handwerk. Von dem Dutzend Künstler, die an der Ausstellung teilnehmen, sei zuerst der bekannteste genannt: Léandre. Eine hübsche farbige Lithographie ist von ihm da, eine Frau in der Tracht des zweiten Kaiserreiches mit einem Affen, und eine Zeichnung: Madame Anastasie, wie der Spitzname der Zensur in Frankreich lautet. Diese Zeichnung gehört zu den schwächsten Arbeiten Léandres, wie es denn überhaupt den Anschein hat,' als ob seiner Kunst der Erfolg Schaden bringen wolle. Auch Lourdey wirkt als Nachahmer Hermann-Pauls nicht sehr erfreulich. Francis Picabia stellt drei schwarz-weiße Lithographien aus, direkte Studien nach der Natur, die ganz der Definition entsprechen, wie sie Bracquemard von der Lithographie gegeben hat: un dessin sur pierre. Von Henri Royer sind vier sehr geschickt gezeichnete Damenbildnisse zu sehen, deren Skizzenhaftigkeit etwas gewollt, aber nicht ungefällig wirkt. Mit mehr oder weniger tüchtigen Arbeiten sind noch vertreten Jean Benner, Jules Cayron, Georges Charpentier, Olivier Chéron, Guillonet, Georges Huet, Rodolphe Piguet und Henri Trouville. *C.-J.*

Paris. — Sonderausstellungen einzelner Künstler. — Paul Cirou, ein junger Künstler, ist zum ersten Male mit einer Ausstellung vor die Öffentlichkeit getreten (in der neu eröffneten Galerie des Collectionneurs). Die Ausstellung umfaßt 148 Nummern, davon sind 2 Lithographien und 53 Zeichnungen. Über die Lithographien ist nicht viel zu sagen, sie sind farbig und genaue Kopien nach Aquarellen, übrigens auch zu hoch gehängt. Die Zeichnungen, größtenteils Studien zu Gemälden, zeigen dagegen die Tüchtigkeit und Gewissenhaftigkeit des Künstlers. Cirou zeigt sich ganz dem richtenden Publikum und will nichts verheimlichen. Man sieht, wie er von der akademischen Formel ausgeht, dann immer mehr an Freiheit gewinnt, wenn auch von außen her verschiedene Einflüsse noch bemerkbar sind. Manches erinnert an Gustave Moreau, anderes an Burne-Jones. Die Zeichnungen sind in den verschiedensten Techniken ausgeführt und zeugen von der Geschicklichkeit und Sorgfalt des Künstlers. Sie ermangeln nicht des Charakters, aber im ganzen ist Cirous Sache eher Grazie als Stärke, eher das Malerische als das Ausdrucksvolle.

Von André Dauchez (Société Nouvelle de Peintres et de Sculpteurs, bei Durand Ruel) sind einige Radierungen zu sehen, die eine starke Persönlichkeit verraten, die immer selbständig bleibt, wenn auch einige Blätter von einer gewissen Verwandtschaft mit Legros oder Ruysdael oder selbst Buhot Zeugnis geben. Dauchez verfügt über alle Mittel der Radiertechnik. Vom technischen Standpunkte ist besonders ein Blatt bemerkenswert, das einen Hochwald darstellt. Die landschaftlichen Motive der Blätter sind der Bretagne entnommen.

Adolphe Dervaux stellt bei Bing fünfzig Aquarelle aus, echte Skizzen, in denen er nur darauf bedacht ist, die Tonwerte richtig festzuhalten. Dervaux versteht sich meisterhaft auf die Wiedergabe der Bewegung des Wassers, der Schwere der Rauchwolken der Fabriken, nicht minder auf das Treffen der Farben, wie sie je nach der Gegend und je nach der Jahres- und Tageszeit immer anders sind.

Charles Jousset stellt bei Hessèle eine Reihe von Sepiazeichnungen aus, in denen er eine ganz eigentümliche technische Wirkung anstrebt und auch erreicht. Seine Blätter — Seestücke, Schiffe, Seeschlachten aus der Zeit Ludwigs XIV. — sehen aus wie sehr alte Federzeichnungen, bei denen die Tinte vergilbt und stellenweise die Zeichnung ganz verschwunden ist.

Maurice Leloir ist einer unserer gesuchtesten Illustratoren. Die Zahl der Werke, die er mit Bildern geschmückt hat, ist Legion: Lazarillo von Tormes (1886), Rousseaus Bekenntnisse (1888), Paul und Virginie (1888), Manon Lescaut (1885), Le Bibliomane (1883), der ganze Molière (Edition Testard) und bald auch der ganze ältere Dumas. Den Drei Musketieren folgt jetzt La Dame de Monsoreau. Die gegenwärtige Ausstellung von 245 Zeichnungen für diesen Roman läßt das Wesen von Leloirs Illustrationskunst besser beurteilen, als dies sonst nach den fertigen Büchern möglich ist, in denen die Zeichnungen bereits in Holzschnitte oder Heliogravüren übersetzt sind. Leloir zeichnet gewöhnlich auf weißes Papier mit Tusche — manchmal gemischt mit Bistre oder Blau — und höht mit weißer Deckfarbe. Er ist sehr korrekt, hat Geist und Grazie, aber die Bewegung ist nicht immer ganz wahr. Die Komposition ist immer ausgezeichnet, die Stellungen sind elegant und als geborener Maler verteilt er untadelhaft die weißen und schwarzen Flecken, aber die Luftperspektive läßt viel zu wünschen übrig. Mit einem Wort, Leloir folgt, nur mit größerer Freiheit, der Art Meissoniers, er unterhält, aber ergreift nicht.

Armand Point stellt wie alljährlich seine eigenen Arbeiten und die seiner Kolonie zu Haute-Claire zur Schau. Aber die Arbeiten der Kolonie sind eigentlich auch die seinen, so sehr stehen sie unter seinem Einfluß. Point ist ein dekorativer Maler. Neben den ausgeführten Werken dieser Art — ein Karton »Der Jungbrunnen« für die Gobelinfabrik ist davon besonders zu erwähnen — sind zahlreiche Zeichnungen ausgestellt. Diese Zeichnungen sind sehr merkwürdig. Man weiß nicht, soll man sie klassisch oder klassizistisch nennen. Was die Modernen unter Grazie verstehen, das kennt Point nicht; versucht er einmal modern zu sein, so kommt er nicht über Ingres hinaus. Am liebsten bewegt er sich in den Formen eines Raffael, Luini, Botticelli, Andrea Solario. In einer Zeit, wo sich niemand um die Überlieferung kümmert, wirkt Point gerade dadurch originell. Die Renaissance scheint ihm im Blute zu liegen, so fest hält er an ihr. Aber dabei liefert er nicht etwa nur eine Art von mehr oder weniger guten Kopien. Er schaut sich die alten Italiener an, aber er bleibt dabei doch er selbst, so gut wie Maurice Denis. Aber Point ist mir lieber als Denis.

Odilon Redon hat jetzt bei Durand-Ruel eine Ausstellung seiner Arbeiten veranstaltet, die zeigt, daß seine Kunst doch noch nicht ganz in apokalyptischen Schreckbildern aufgeht. Fünf Lithographien in Schwarzweiß: Visage de Femme (nur in 3 Exemplaren gedruckt), Christ, Arbre, Ohannès, Le Jour, einige Pastelle und vor allem zahlreiche Zeichnungen von Bildnissen und Blumen sind zu sehen. Besonders diese Zeichnungen sind höchst merkwürdig; schon deshalb, weil bei ihnen die Linie die größte Rolle spielt. Dies muß bei einem Künstler überraschen, der sonst in seinen Lithographien und Pastellen der Farbe die unbeschränkte Herrschaft einräumt. Die Zeichnungen haben auch den dargestellten Gegenständen nach nichts Phantastisches, sie geben nur die Wirklichkeit treu wieder: Studienköpfe, Schiffe, Blumen, Rinder, Hunde u. s. w. Von diesen Zeichnungen halte ich das Porträt der Mme. X., wie es der Katalog nennt, für ein Meisterwerk ersten Ranges. Es ist mit Bleistift auf gelblichem Papier gezeichnet, einige leichte Pastellstriche vervollständigen die Wirkung. Man sieht die Halbfigur einer Frau, fast im Profil nach links. Ein blasser Madonnenkopf Memlings erhebt sich über einem purpurroten Leibchen, ein prachtvoll violetter Mantel bedeckt die Schultern und fällt herab auf den schwarzen Samt der Kleider. Und rund herum glänzen wie ein Schwarm von Schmetterlingen Blumen und der Staub von Edelsteinen und das zarte Muster einer Tapete. Es ist ein Porträt, das allein hinreichen würde, seinen Künstler unter die originellsten Maler einzureihen, wenn es bei Odilon Redon noch eines Beweises dafür bedurft hätte.

Clément-Janin.

Paris. — Eine Ausstellung von Fälschungen. Die Zeitung Le Figaro hat die originelle Idee gehabt, einige der gefälschten Zeichnungen des Herrn Elina, mit seinem wahren Namen Maxence, auszustellen. Herr Elina gab sich bekanntlich einige Zeit für den Schöpfer der berüchtigten Krone des Saitaphernes aus. Die Namen der Künstler dieser »Originalzeichnungen« lauteten: H. Pille, Willette, Valloton, Steinlen, Claude Monet, Neuville und Toulouse-Lautrec. Diese Fälschungen waren einfach lächerlich, elend gezeichnet und ungeschickt wie die Arbeiten eines talentlosen Anfängers. Das Ganze machte einen unsäglich gemeinen Eindruck. Mit solchem Zeug täuscht man doch wohl nur die allerärgsten Ignoranten. Unglücklicherweise ist die Geschicklichkeit der Fälscher gewöhnlich viel größer und so wird denn auch nach der Ausstellung des Figaro diese ehrenwerte Gilde ihre Raubzüge zum Schaden der öffentlichen und privaten Kunstsammlungen mit ungeschmälertem Erfolge fortsetzen.

C.-J.

London. Die Painter Etchers. Der Verwaltungsrat der Painter Etchers hat sich so weit von den Grundsätzen, nach denen die Gesellschaft gegründet wurde, entfernt, daß er unter gewissen Einschränkungen die Ausstellung von Reproduktionsarbeiten gestattete. Stellt ein Mitglied drei Originalarbeiten aus, so hat es jetzt das Recht, auch eine Reproduktion nach dem Gemälde oder der Zeichnung eines anderen Künstlers vorzuführen. Diese Neuerung wurde von einigen der leitenden Mitglieder bekämpft, von denen zwei, Cameron und Strang, aus der Gesellschaft austraten, als die Entscheidung gegen sie fiel. Ihr Beispiel wird, muß man fürchten, jüngere Radierer mit schöpferischer Begabung davon abschrecken, der Gesellschaft beizutreten, die an Ruf mehr verlieren als an Popularität gewinnen wird. Man muß wissen, daß Seymour Haden und Frank Short die Hauptvertreter der neuen Politik sind.

Ein solcher Widerspruch im Betragen des bejahrten Präsidenten, der keine Gelegenheit vorübergehen zu lassen pflegte, das Anrecht der Originalradierung auf einen hohen Rang unter den Kunstzweigen zu verfechten, ist schwer zu verstehen.

Die Ausstellung, die im März dieses Jahres stattfand, bot wenig Bemerkenswertes. Holroyd war durch einige der kräftigsten Arbeiten, die er je geschaffen hat, eine Anzahl Radierungen von dem englischen Seenland nebst anderen von Siena und durch zwei schöne Männerköpfe vertreten. Von Alfred East, der seit 1898 nicht ausgestellt hatte, waren drei schöne Landschaften in breiter Manier und von Short vier gute Radierungen, gleichfalls Landschaften, zu sehen. Das nächste Äquivalent für Strangs kraftvolle Schöpfungen, die man in dieser Galerie nicht mehr sehen wird, bildet das originelle und interessante Werk Robert Spences, der Jahr für Jahr seine lange Folge von Darstellungen nach dem Tagebuch George Fox', des Gründers der puritanischen Sekte der Quaker, fortsetzt. Spence ist kein fehlerloser Zeichner und beherrscht die technischen Ausdrucksmittel nicht in der Weise wie Strang, aber er hat dasselbe Temperament und die gleiche Erfindungskraft als Illustrator. Die ergreifenden oder belustigenden Abenteuer, welche der Held des Buches, gehorsam den Befehlen seines Gewissens, erlebt, sind am Fuße einer jeden Platte in Citaten aus dem Originalmanuskript von Fox' Memoiren, das Spence besitzt, beschrieben. Die Stimmung, welche das Buch erfüllt, kann mit jener von Meinholds Erzählungen über Zauberei und ihre Verfolger in Pomeranien verglichen werden.

Zwei kleine Ausstellungen von einigem Interesse, zur selben Zeit geöffnet, waren jene von Lithographien Belleroches, eines Schülers Carolus-Durans, bei Goupil und von Zeichnungen und Radierungen Augustus E. Johns in der Carfax-Galerie. John, der von seinen Altersgenossen und Jüngern in der Slade School für das aufgehende Genie Jung-Englands angesehen wird, besitzt ein beachtenswertes Zeichentalent, ist aber aller Überspanntheit und Verkehrtheit fähig, und seine Vorliebe für das Häßliche überschreitet alle Grenzen. Seine Zeichnungen und Pastelle lassen ihn als Bewunderer Daumiers erkennen, aber das Dutzend Radierungen, das er geschaffen hat, Porträte, Studien nach dem Modell und Charakterköpfe, legen Zeugnis für ein sehr genaues Studium Rembrandts ab; er handhabt die Nadel mehr in des Meisters eigener Weise, als dies irgendein Nachahmer seit der Zeit von Rembrandts unmittelbaren Schülern getan hat, und in diesen frühen Versuchen finden sich genügend Kraft und Vollendung, um die Hoffnung zu rechtfertigen, daß er ein Radierer von nicht gewöhnlicher Bedeutung werden wird. Muirhead Bone zeigt in der April-Ausstellung des New-English Art Club die erste Radierung, die er, seit er Ende 1901 Glasgow verließ, um nach London zu übersiedeln, gemacht hat.

C. D.

London. Die Ausstellung britischer Kupferstiche und Radierungen, die vom Mai bis zum September im Victoria und Albert-Museum stattfand, war vermutlich die umfassendste Sammlung, die jemals dem Publikum vorgeführt wurde. Die ausgelegten Beispiele, etwa 1000 an Zahl, datierten von 1545 bis 1900, und man hatte Sorge getragen, daß jede Periode und Richtung englischer Stichelkunst unparteiisch und gleichmäßig vertreten sei, von den Titelblättern und Porträten des 16. Jahrhunderts angefangen bis zu den Originalradierungen der modernen Schule. Der Geschmack des Publikums ist durch die wiederholten Ausstellungen von »hübschen Frauen« und abgeschmackten Farbendrucken des 18. Jahrhunderts, die von den Kunsthändlern des Westend veranstaltet wurden, erniedrigt worden, und nun bot sich von selbst eine vorzügliche Gelegenheit zu beweisen, daß Bartolozzi nicht der große und einzige britische Klassiker ist, und daß es sowohl vor als auch nach seiner Zeit Kupferstecher gegeben hat, die sich einem ernsteren und schwierigeren Kunstzweig widmeten, als dem Punktierstiche.

Der Kupferstich faßte erst spät auf dem britischen Boden Wurzel, und in allen Generationen sind viele seiner Vertreter Ausländer gewesen; die ausgestellten Arbeiten wurden demgemäß in vielen Fällen nur darum als britische eingereiht, weil sie in England entstanden waren. Das älteste englische Buch, das Linienstiche enthält, wurde im Jahre 1540 gedruckt, und es sind keine Einzeldrucke früheren Datums bekannt. Die Geschichte des englischen Kupferstiches beginnt mit dem Namen eines Fremden, Thomas Gemini, von unbekannter Herkunft. Erst unter der Regierung der Königin Elisabeth wurde eine Schule einheimischer Kupferstecher begründet, deren Leiter Rogers und Cockson waren; ihr Zeitgenosse Elstracke war von Geburt ein Flame. Unter dem Einfluß der Familie Van de Passe trat zur Zeit Jakobs I. eine zahlreichere Stecherschar hervor, zu welcher Hole, Delaram, Payne, Cecill, Marshall, Glover und Vaughan gehören. Payne war der erste Lehrer Faithornes, des ersten englischen Kupferstechers von wirklicher Bedeutung, der auch in Paris unter Nanteuil studierte. Von Faithornes Zeit an erhielt sich eine gute Tradition des Linienstiches ohne Unterbrechung 200 Jahre hindurch. Seit ungefähr 1880 aber ist diese Kunst beinahe ausgestorben.

Die Beispiele für den frühen englischen Linienstich wurden hauptsächlich aus der königlichen Sammlung in Windsor genommen; für die späteren Perioden gab die ständige Sammlung im South Kensington-Museum den Kern der Ausstellung ab, unterstützt durch Privatsammlungen, besonders jene des Mr. W. G. Rawlinson, der eine schöne Auswahl von Probedrucken der besten Linienstiche nach Turner zur Verfügung stellte. Was die Schabkunst betrifft, war besonderer Nachdruck auf die frühe Periode gelegt worden, welche die Werke Prinz Ruprechts von der Pfalz, Sherwins, Places, Van Somers, Blootelings, Smith' und Simons umfaßt. Jeder der führenden Künstler des 18. Jahrhunderts war gleichfalls durch ein Paar auserlesene Blätter vertreten, hauptsächlich aus den berühmten Sammlungen H. S. Theobalds und H. P. Hornes. Ein beschränkter Raum war den Punktierstichen und Farbendrucken gewidmet, denen sich die Aquatintablätter und Beispiele der kleinen Buchillustrationen auf Stahl vom Beginn des 19. Jahrhunderts anschlossen.

Von Radierungen aus der Zeit vor der Begründung der modernen Schule durch Bahnbrecher wie Crome, Cotman und Daniell, um nur drei Mitglieder der Norwich-Gruppe der Malerradierer zu nennen, oder Geddes und Wilkie unter den Schotten, war wenig zu sehen. Auf die etwas öde Periode des Etching Club (1840—1885) folgte die große Wiederbelebung der Kunst unter Whistler, Haden und Legros; die Werke dieser Führer, desgleichen jene ihrer Hauptschüler und Nachfolger, wie Cameron, Strang, Holroyd, Short und Watson, waren in der Ausstellung gut vertreten. Eine besondere Gruppe von Radierungen gab eine Vorstellung von den Arbeiten der Schüler der Kupferstichschule des Royal College of Art am South Kensington-Museum, deren Direktoren früher R. J. Lane (1864), T. O. Barlow (1873), Alphonse Legros (1875) und F. Goulding (1882) waren; auf diesen folgte 1891 der gegenwärtige Leiter, Frank Short. Diese Schule ist, seit Legros aufhörte, die Radierung an der Sladeschule zu lehren, der wichtigste Ergänzungsbezirk für die Society of Painter Etchers gewesen und hat viele Künstler von beträchtlicher

Geschicklichkeit und von Geschmack herangebildet, wenn auch keinen einzigen von durchschlagendem Genie. Unter den Schülern des Royal College mögen Bayes, Burridge, Synge, Taylor und mehrere Damen, Amelia Bauerle, Gertrude Hayes, Margaret Kemp-Welch, Mary Sloane und Constance Pott genannt werden. Die letztgenannte Dame stellte die überaus vollständige und lehrreiche Sammlung von Gerät und Zubehör für Kupferstich und Radierung zusammen, die viele Schränke füllte; Frank Short hatte dazu in klarer Sprache technische Erläuterungen gegeben.

Ein Haupteinwand, der gegen die Anordnung der Ausstellung erhoben wurde, richtete sich darauf, daß der reproduzierenden Radierung und den Werken von Künstlern, wie Law, Macbeth, Haig, Dicksee, Murray und Burgess, die, auch wenn sie nicht wirklich vor einem Bilde arbeiten, dennoch eine volle malerische Wirkung hervorzubringen streben und den Eigentümlichkeiten der radierten Linie nicht Rechnung tragen, zu viel Platz eingeräumt worden war. Ihre umfangreichen, gekünstelten Drucke sind für alle, welche an die Arbeit der ersten Maler-Radierer gewöhnt sind, unerträglich und sie bestärken die irrige Meinung des Publikums, daß jede Radierung in irgend einem früheren Zustand ihrer Existenz ein Gemälde gewesen ist.

Eine künftige Ausstellung soll den photomechanischen Verfahren gewidmet sein, von denen diesmal gänzlich abgesehen worden war. *C. D.*

Besprechungen neuer Erscheinungen (Einzelblätter, Mappen und Bücher).

Henri Hymans, L'Estampe de 1418 et la validité de sa date. Bruxelles, Hayez 1903.

Der verdiente Direktor des Kupferstichkabinetts der königlichen Bibliothek zu Brüssel Henri Hymans behandelt in dieser seiner neuesten Schrift einen Gegenstand von allgemeinstem Interesse: die Frage nach der Echtheit des Datums 1418, das sich auf einem dem Brüsseler Kabinett gehörenden Holzschnitte vorfindet. Wenn es nun auch Holzschnitte gibt, die wir uns nach dem Stile mit Sicherheit in einer noch früheren Zeit entstanden denken müssen, so wäre doch 1418 die früheste Jahreszahl, die wir überhaupt auf Holzschnitten kennen. Darum ist die fein geführte und lehrreiche Untersuchung, die Henri Hymans über diese schwierige Frage angestellt hat, von hoher geschichtlicher und auch methodischer Bedeutung.

Im Jahre 1844 entdeckte man in Mecheln, auf die Innenseite des Deckels einer alten Truhe geklebt und von dem Wurmstich des Holzes stark mitgenommen, einen dem Stile nach höchst altertümlichen Holzschnitt, der bald darauf von dem damaligen Direktor der königlichen Bibliothek in Brüssel Baron de Reiffenberg um den lächerlich billigen Preis von 500 Francs für seine Sammlung erworben wurde. Das Blatt fällt schon durch seine großen Maße auf; es mißt nicht weniger als 385 mm in der Höhe und 250 mm in der Breite. Dargestellt ist Maria mit dem Kinde, umgeben von der heiligen Katharina, der das Jesuskind den Verlobungsring an den Finger steckt, und den Heiligen Barbara, Dorothea und Margarete. Die symmetrisch angeordnete Gruppe ist von einem kreisrunden Zaun eingeschlossen. Darüber schweben in Wolken drei geflügelte Engel mit Blumenkränzen in den Händen. Die Einfriedung hat ganz vorne ein Türchen, das aus drei Horizontalbalken besteht, über die ein Schrägbalken genagelt ist. Auf diesem Schrägbalken steht die Jahreszahl MCCCCXVIII in gotischen Lettern.*) Das stark beschädigte Blatt weist noch an verschiedenen Stellen Spuren einer alten derben Kolorierung auf.

Dieselbe Komposition hat Max Lehrs auf einem ähnlich kolorierten Holzschnitte wiedergefunden, der sich heute in der Inkunabelsammlung der Bibliothek von St. Gallen in der Schweiz befindet (Schreiber Nr. 1160). Daß dieses Blatt nur eine Kopie des Brüsseler Holzschnittes ist, beweist Henri Hymans, wie ich glaube, mit unwiderleglichen Gründen. Wir verdanken es der liebenswürdigen Bemühung dieses Gelehrten, daß wir unseren Lesern die beiden Holzschnitte hier zum ersten Male nebeneinander gestellt zum Vergleiche vorführen können. Für Hymans' Annahme spricht schon der Umstand, daß das Sankt Gallner Blatt bedeutend kleiner ist, als das Brüssler; es mißt nur 288 mm in der Höhe und 200 mm in der Breite. Verschiedene Abweichungen von dem Brüsseler Holzschnitte kennzeichnen das Sankt Gallner Exemplar als eine freie Kopie; der linke Arm des Christuskindes ist leer, während er auf dem Brüsseler Blatte an die Taille Mariens gelegt erscheint, segnend gegen die heilige Katharina erhoben, eine Verbesserung des Motivs, die nur einem Kopisten zugeschrieben werden kann. Auf dem Sankt Gallner Exemplar sieht man über den Spruchbändern der hl. Katharina und der hl. Barbara wie auf dem Brüsseler zwei fliegende Tauben; die dritte, die auf dem Brüsseler Blatte links auf dem Zaune sitzt, hat der Kopist offenbar der Symmetrie halber weggelassen. Die Spruchbänder, die auf dem Brüsseler Blatte fein geschwungen sind, hat der Kopist einfacher gestaltet, wodurch die Inschriften deutlicher lesbar geworden sind. Noch sicherer als durch solche Einzelheiten, von denen wir hier nur einige wenige besonders schlagende Beispiele ausgewählt haben, wird Hymans' Annahme durch die Untersuchung des Stiles bewiesen. Der Ausdruck der Köpfe ist hier fast lächelnd und strebt Lieblichkeit an, während er bei dem Brüsseler Blatte altertümlich strenge ist, der Faltenwurf ist hier viel komplizierter und manierierter als auf dem Brüsseler Blatte, endlich zeigen sich nur auf dem Sankt Gallner Exemplare Schraffen, die mit Sicherheit auf eine spätere Entstehung hindeuten. Dem möchte ich hinzufügen, daß mir das sehr verdorbene Brüsseler Blatt dem viel besser erhaltenen von Sankt Gallen an künstlerischem Wert bedeutend überlegen zu sein scheint.

Das Alter und der Ursprung des Sankt Gallner Blattes lassen sich nicht mit Bestimmtheit angeben. Doch stammt es spätestens aus den Siebziger-Jahren des 15. Jahrhunderts, da es ursprünglich zu einer Sammlung von Inkunabeln und Manuskripten gehört hat, die Peter Gall Kemly (gestorben gegen 1477) besessen hatte. Dem Stil nach scheint es mir ein ebenso oberdeutschen Ursprungs zu sein; ob es in der Schweiz selbst entstanden sein könnte, diese Frage möchte ich ebenso wie Hymans weder bejahen noch verneinen.

Über einen für die Frage nach der Echtheit des Datums 1418 auf dem Brüsseler Blatte sehr wichtigen Punkt gibt uns die Sankt Gallner Kopie, wie Hymans nachweist, eine interessante Aufklärung. Passavant hatte in seinem »Peintre-Graveur« das Datum MCCCCXVIII deshalb für eine Fälschung erklärt, weil vor den Ziffern XVIII ein Zeichen von der

*) Leider ist das Datum auf unserer Abbildung, der eine direkt nach dem Original angefertigte Photographie zugrunde liegt, nicht deutlich, weshalb wir für diese Einzelheit auf die chromolithographische Wiedergabe des Blattes in den »Documents Iconographiques et Typographiques de la Bibliothèque Royale de Belgique«, Brüssel 1877, S. 46, verweisen.

Der Holzschnitt von 1418 in der königlichen Bibliothek zu Brüssel.

Anonymer Holzschnitt in der Bibliothek zu St. Gallen.

Form eines O oder einer Null zu sehen ist, das nach seiner Ansicht die ursprüngliche Ziffer L, die der Fälscher weggekratzt habe, ersetzte. Doch hat einige Jahre später Friedrich Lippmann, obwohl er auch nicht an die Entstehung des Blattes im Jahre 1418 glaubte, ohne Umschweife konstatiert, daß die genaueste Untersuchung keine Spur von einer Verfälschung des Datums erkennen lasse. Nun zeigt die neugefundene Sankt Gallner Kopie, bei der die Inschrift fehlt, vollkommen klar, was jenes O zu bedeuten hat: es ist der Kopf eines Nagels, womit der Schrägbalken an dem Horizontalbalken befestigt ist. Dieser Nagelkopf sitzt bei der Kopie genau an derselben Stelle, wie bei dem Originale, wo er die Inschrift unterbricht. Ein ähnlicher Fall einer solchen Unterbrechung eines Datums findet sich, wie mir scheint, auf einem der berühmtesten Gemälde der Welt, auf Raffaels Madonna im Grünen: hier sieht man auf dem Halssaume des Kleides Mariae neben unerklärten Buchstaben deutlich die Jahreszahl MDVI, in der die Ziffern V und I durch ein knopfartiges Ornament getrennt sind. Ebensowenig wie bei dem Datum 1418 auf unserem Holzschnitte kann man sich hier unter dem Knopfe eine Ziffer verborgen denken, ein Einfall, der überdies sicherlich für beide Zeiten ganz und gar nicht passen würde.

Daß also das Datum 1418 wirklich auf dem Holzschnitte der Brüsseler Bibliothek steht, das hat Hymans unwiderleglich bewiesen. Es fragt sich vollkommen folgerichtig, ob wir ein Recht haben, die Weglassung eines Buchstaben — sozusagen einen Druckfehler — anzunehmen und dadurch das Blatt in spätere Zeit zu versetzen, wie dies bisher von der Mehrzahl der Forscher geschehen ist, die in dieser Frage das Wort ergriffen haben. Ich glaube, wir hätten zu dieser Annahme nur dann ein Recht, wenn wir beweisen könnten, daß der Brüsseler Holzschnitt auf einer Kunststufe stünde, die im Jahre 1418 noch nicht erreicht sein konnte. Dies ist aber bis heute noch keineswegs bewiesen.

Die Anfänge der Van Eyck hüllen sich noch für unsere Augen in ein tiefes Dunkel, das sich aber dank den Forschungen der letzten Jahre allmählich zu erhellen beginnt. Hubert van Eycks künstlerische Persönlichkeit, die uns so lange unklar geblieben ist, scheint uns endlich deutlicher und faßbarer werden zu wollen. Jedenfalls ist Hubert van Eyck um das Jahr 1418 auf der vollen Höhe seiner Kunst, und es ist anzunehmen, daß neben ihm und seinem Bruder Jan auch andere geringere Künstler und Handwerker, zu denen man den Zeichner unseres Holzschnittes zählen mag, tätig gewesen sind. Hymans macht außerdem darauf aufmerksam, daß es in den Niederlanden und auch außerhalb derselben in der ersten Hälfte des 15. Jahrhunderts bedeutende Künstler gegeben hat, die sich, wie z. B. der Meister von Flemalle und Konrad Witz, parallel mit Jan van Eyck entwickeln und bei denen man auch parallele, aber nicht identische Vorstufen voraussetzen darf.

Die Frage, wo der Holzschnitt von 1418 entstanden ist, erklärt Hymans nicht beantworten zu wollen. Sicherlich hat er recht, wenn er sagt, daß der Ort der Entdeckung allein keineswegs mit Bestimmtheit niederländischen oder gar Mechelner Ursprung anzunehmen erlaubt. Auch die von ihm hervorgehobene Übereinstimmung der Kolorierung des Brüsseler Blattes und der der Sankt Gallner Kopie kann meiner Meinung nach nicht als Beweis für die Entstehung der beiden Blätter in derselben Gegend gelten; der Kopist hat ja wohl ohne Zweifel ein koloriertes Exemplar des Originals vor Augen gehabt und die Farben vielleicht noch getreuer kopiert, als die Zeichnung. Auch die Form des aus zwei konzentrischen Kreisen gebildeten Heiligenscheines läßt sich, wie ich glaube, weder für noch gegen die Annahme niederländischen Ursprungs verwenden; in Deutschland ist diese Form freilich häufiger, doch begegnet sie uns auch hie und da in den Niederlanden (so z. B. auf dem etwas späteren Holzschnitte des Berliner Kupferstichkabinetts, der Maria im Glorienkranz darstellt, abgebildet in den »Documents iconographiques et Typographiques de la Bibliothèque Royale de Belgique«, und auf einem der zweiten Hälfte des 15. Jahrhunderts angehörenden Bilde der Antwerpener Galerie Nr. 880, beide Werke durch die Sprache ihrer Inschriften als niederländisch gekennzeichnet).

Trotz dieser Schwierigkeiten wird es vielleicht doch einmal möglich sein, den Ort der Entstehung unseres Holzschnittes näher zu bestimmen. Dem Stile nach zu urteilen, möchte ich glauben, daß es nur zwei Möglichkeiten gibt: entweder ist das Werk niederländisch oder kölnisch. Auf eine Einwirkung der kölnischen Malerei deuten gar manche Einzelheiten hin: Die runde, geschlossene Form der Krone Mariä ist auf kölnischen Bildern von Stephan Lochner an bis zum Meister der heiligen Sippe häufig; die Schriftbänder sind in ähnlicher Art angebracht, wie auf dem Gemälde der heiligen Sippe von einem Nachfolger Meister Wilhelms im Kölner Museum; die Einfriedung findet man auf manchen kölnischen Werken ähnlich verwendet, wie hier: die auffallenden Halbfiguren der schwebenden Engel, deren Unterleib durch Wolken überschnitten gedacht ist, sind in der kölnischen Kunst schon seit der Mitte des 14. Jahrhunderts häufig, man findet sie auf einer Kreuzigung bei Robinson in London, einem niederrheinischen Gemälde, das etwa in der Mitte des 14. Jahrhunderts entstanden ist, auf Stephan Lochners Dombild und auf anderen Werken dieses Künstlers und anderer Nachfolger Meister Wilhelms; endlich kommt auch die Darstellung selbst in ähnlicher Anordnung auf mehreren kölnischen Bildern vor: Maria mit dem Kinde, umgeben von sitzenden heiligen Frauen, erscheint auf einem Gemälde aus Meister Wilhelms Schule und einem von der Hand des Meisters des Marienlebens (beide in der Berliner Galerie).

Daß die künstlerischen Vorstufen unseres Holzschnittes in der Kölner Schule zu suchen sind, kann nach diesen Andeutungen kaum zweifelhaft sein. Doch ist damit noch nicht gesagt, daß der Zeichner des Blattes selbst ein Kölner gewesen sein muß. Schon seit der Auffindung des Holzschnittes hat man darin einen starken Einfluß Van Eyckscher Kunstweise bemerkt, ja man hat diesen Umstand sogar als Grund gegen die Echtheit des Datums 1418 benützt. In den Werken der Van Eyck finden sich nun in der Tat ähnliche Trachten und eine sehr verwandte Behandlung des Faltenwurfes; Hymans vergleicht mit Recht die regelmäßigen Falten, die sich oberhalb und unterhalb des Gürtels des Untergewandes Mariä auf unserem Holzschnitte zeigen, mit denen an derselben Stelle in der Kirchenmadonna der Berliner Galerie. Aber auch die leise Neigung der Köpfe und die Anordnung der offenen Haare, die fast bei allen Gestalten des Holzschnittes auffallen, sind dieselben wie auf dem eben genannten Bilde, das kürzlich Georges Hulin nebst anderen Werken Hubert van Eyck zugeschrieben hat. Bestätigt sich diese Vermutung, die mir nicht unbegründet erscheint, so wäre auch das Datum 1418 auf unserem Holzschnitte nicht mehr unerklärlich; denn zu dieser Zeit hatte ja sicherlich Hubert van Eyck den Höhepunkt seines Schaffens erreicht, ja vielleicht schon überschritten, und der Künstler, der unseren Holzschnitt gezeichnet hat, wäre dann einer der frühesten, die unter seinen Bann gekommen sind. Freilich ist er nur ein braver Handwerker, der trotz einer gewissen Neigung zu den neuen malerischen Errungenschaften der Van Eyck, doch noch in der Hauptsache an älteren vornehmlich zeichnerischen Gepflogenheiten festhält. Eine Reihe von Untersuchungen über die Anfänge der Van Eyckschen Kunst wird heute von verschiedenen Forschern vorbereitet. Diese Arbeiten werden vielleicht auch unserem Holzschnitte ihre Aufmerksamkeit schenken und die Frage entscheiden, ob der Zeichner ein von den frühen Werken der Van Eyck beeinflußter Kölner oder, wozu ich meinem Gefühle nach eher neigen würde, ein von kölnischer Kunst angeregter Brügger Künstler ist. Der Einfluß der kölnischen Malerei, die ja schon im 14. Jahrhundert eine hohe Blüte erreicht hat, auf die niederländische Kunst, die sich viel später entwickelt zu haben scheint, wird sich — heute kaum angedeutet — dann erst im einzelnen genauer nachweisen lassen. Vielleicht wird auch für die Frage nach dem Entstehungsort unseres Holzschnittes zu erwägen sein, daß sein Gegenstand, Maria mit dem Kinde, umgeben von weiblichen Heiligen, in der späteren Brügger Kunst seine schönste Ausbildung erlangt hat, wovon Gerard Davids herrliches Bild in Rouen und des sogenannten Waagenschen Mostaert ähnliche Darstellungen (wie z. B. das Gemälde beim Grafen Arco Valley in München) die spätesten und zugleich die vorzüglichsten Beispiele sind.

Jedenfalls wissen wir Henri Hymans Dank dafür, daß er diese wichtige, früher mit unzulänglichen Mitteln beantwortete und heute fast vergessene Frage von neuem aufgeworfen und in vorurteilsfreier Weise der Lösung nahegebracht hat. Den Kennern der frühen Holzschneidekunst wollen wir es überlassen, ob sie dem Holzschnitt von 1418 den Vorrang vor dem heiligen Christoph von 1423 werden einräumen wollen. Wer weiß, ob sich nicht in der Zeitbestimmung der frühen Holzschnitte ein ähnlicher Umschwung vorbereitet, wie er sich vor einigen Jahren in der Datierung altgriechischer Vasenbilder dank einem glücklichen Funde vollzogen hat. *Gustav Glück.*

Der Meister der van Eyck-Schule, auch genannt der unbekannte Meister von 1480. 12 Lieferungen mit 60 Tafeln. Haarlem, H. Kleinmann & Komp.

Diese neueste Publikation der Firma H. Kleinmann & Komp. in Haarlem verdient insofern die Beachtung der Fachgenossen, als sie mit einer bisher noch von keinem ähnlichen Unternehmen erreichten Harmlosigkeit und Unkenntnis des Gegenstandes ins Werk gesetzt ist. Die Lichtdrucke, mit künstlichem Plattenrand, so daß sie den Anschein von Heliogravuren erwecken, sind vollständig ungenügend. Alle feineren Kaltnadelarbeiten sind einfach ausgeblieben, und von der lebendigen Kraft der Originale erhält man gar keine Vorstellung.

Der begleitende Text, von dem der ersten Doppellieferung auf zwei Seiten beiliegen, ist in zwei Sprachen abgefaßt, dergestalt, daß auf einen deutschen Absatz ein französischer folgt, dann wieder zwei deutsche und ein französischer. Vielleicht wäre es noch hübscher gewesen, auch die holländische, englische und italienische Sprache zu ihrem Recht kommen zu lassen.

Inhaltlich beschränkt sich der anonyme Verfasser auf einige Zitate anderer Autoren über den Meister des Hausbuches, den er nach Passavants Vorgang den »Meister der van Eyck-Schule« oder den »Unbekannten Meister von 1480« nennt. Er sagt gleich eingangs, daß es trotz der Bemühungen vieler Ikonographen im Laufe der Zeiten nicht gelungen sei, das Dunkel zu lichten, das »mit geheimnisvollem Schleier« den Namen, das Jahr und den Ort der Geburt des Meisters verbirgt, der um 1480, Duchesne zufolge, gelebt und gewirkt zu haben scheine. Nach einigen rhetorischen Variationen dieser Behauptung fährt er wörtlich fort.

»Duchesne dans son voyage d'un Iconophile dit, qu'il a raison de croire, que le Maitre est Hollandais et de placer sa période d'activité vers 1480«. »Ernst Harzen erklärt in seiner Studie zur Kunstgeschichte, daß der Meister des Amsterdamer Kupferstichkabinets ein Rheinschwabe sei« u. s. w.

»Max Lehr sagt in seinem Werke »Der Meister W. A.« — Unter den Kupferstechern des XV. Jahrhunderts, deren Niederländische Herkunft bereits durch Passavant festgestellt wurde, nimmt der Meister W. A. künstlerisch unstreitig den ersten Platz ein und ferner: Passavant schließt auf die niederländische Herkunft des Meisters nur aus zwei Gründen: I. Dem Vorkommen des Wortes »Kraeck« auf dem Schiffe Nr. 30 und II. dem Wasserzeichen des gotischen P. mit der Blume, welches sich in dem Berliner Exemplar des Schiffes Nr. 32 findet.«

»Passavant dans ses Graveurs Néerlandais du XV. siècle lui apprête (sic!) le Maitre de l'école de Van Eyck, nommé aussi le Maitre de 1480.—«

Was die Bemerkungen von »Max Lehr« über den Meister W. A. (gemeint ist natürlich der Meister W ⚓, der ja mit dem Meister des Hausbuches gar nichts zu schaffen hat, als Vlame überhaupt einer ganz anderen Schule und Zeitepoche angehört), an dieser Stelle sollen, vermag ich nicht zu sagen. — Aber weiter:

»Spätere Ikonographen, als die vorstehend Genannten, wie Nagler — Klinkhammer — Kramm — Lützow(??) — Benouvier — Willshire (sic!) — u. a. hielten an der Niederländischen Herkunft des Meisters fest.«

Es ist dem Verfasser offenbar unbekannt geblieben, daß »M. Lehr« erst nach dem Ableben von Nagler, Klinkhamer, Kramm, Renouvier und Willshire (Lützow scheint überhaupt nicht gelebt zu haben) seine unmaßgeblichen Ansichten über den Meister des Hausbuches hat drucken lassen; es ist ihm aber auch unbekannt geblieben, daß diese Ansichten in einer vor etwa zehn Jahren erschienenen Publikation der Internationalen Chalkographischen Gesellschaft niedergelegt sind, die sämtliche Stiche des Künstlers, nicht nur die Amsterdamer Blätter in Heliogravüren der Berliner Reichsdruckerei enthält, obwohl er auf derselben Seite eine Besprechung dieser Publikation von Max Friedländer im Repertorium XVII, p. 370 u. ff. zitiert. Er weiß nicht, daß durch die Untersuchungen von Flechsig, Kämmerer u. A. weiter als Heimat des Künstlers Mainz oder dessen nächste Umgebung festgestellt ist, und hat anscheinend keine Ahnung davon, daß in den letzten Jahren eine ganze Anzahl von Gemälden seiner Hand entdeckt wurden, die sich in den Galerien von Freiburg i. Br., Sigmaringen, Dresden etc. befinden.

Es wäre ein unfruchtbares Beginnen, sich mit einer so über alles Maß unwissenschaftlichen und liederlichen Publikation ernsthaft zu beschäftigen, ganz abgesehen von der Frage, was eine Herausgabe von 60 planlos gewählten Stichen des Hausbuch-Meisters in mangelhaften Lichtdrucken zum Preise von 90 Mark soll, wenn man das ganze, aus 89 Blättern bestehende Oeuvre in vorzüglichen Heliogravüren für 80 Mark haben kann.

Da aber die »rührige Verlagshandlung« gleichzeitig fünf neue Publikationen über Dirk Bouts, Jan van Scorel, Lucas van Leyden u. s. w. ankündigt, von denen einige mit anonymem Text vielleicht von gleichem Wert wie die über den Meister des Hausbuches sein dürften, scheint es mir doch geboten, von Seiten der wissenschaftlichen Forschung beizeiten ebenso energisch wie nachdrücklich Protest dagegen zu erheben, daß gewissenlose Verleger derartig wertlose Sammelmappen mit von irgend einem Schreiber nach Maß gefertigtem Text dem Publikum als ernsthafte Werke aufdrängen. In Deutschland ist ein solcher Unfug noch nicht zu verzeichnen gewesen. Daß es auch in Holland der letzte sei, — videant consules! — *Max Lehrs.*

Alphons Friedrich Dürr, Die Buchhandlung Alphons Dürr in Leipzig. Leipzig, 1903, Alphons Dürr.

Das vorliegende schöne Buch, als Handschrift gedruckt und nicht im Handel zu haben, ist eine Festschrift zur Feier des fünfzigjährigen Geschäfts-Jubiläums der allen Freunden deutscher Kunst aufs beste bekannten Verlagsbuchhandlung. Dem Verfasser, einem Sohne des Begründers der Firma, verdankt die deutsche Kunstgeschichte bereits eine Biographie A. F. Oesers und auch sein neues Werk ist keine trockene Geschäftschronik, sondern enthält viele und sehr beachtenswerte Mitteilungen über das Leben und besonders über die Geschichte der Werke einer Reihe von Künstlern, die zu den ersten Zierden der deutschen Malerei des neunzehnten Jahrhunderts zählen. Es genügt auf die Namen Genelli, Preller, Schwind, L. Richter und Führich hinzuweisen, vieler Anderer zu geschweigen. Sie alle erfreuten sich der begeisterten und verständnisvollen Förderung Alphons Dürrs. Von dem in vielen Fällen geradezu freundschaftlichen Verhältnis zwischen Verleger und Künstler geben auch die Briefe Zeugnis, die zum Teil in Facsimile beigegeben, zum Teil auszugsweise im Texte mitgeteilt sind. Das große Interesse, das besonders den Briefen Schwinds wegen ihres literarischen und biographischen Wertes mit Recht entgegengebracht wird, mag die folgenden Mitteilungen rechtfertigen, die wir der Güte des Verfassers verdanken und die das im Buch Gebotene ergänzen.

Alphons Dürr besitzt im ganzen 5 Briefe von Schwind:

1. Brief: München, 15. Okt. 1864. Schwind bedauert einen Auftrag zu Illustrationen seiner Augen wegen ablehnen zu müssen. »Es erlauben mir meine Augen nicht mehr auf Holz zu zeichnen oder überhaupt kleine Arbeiten auszuführen. Bitte also zu entschuldigen, wenn ich diesmal Ihren Wünschen nicht entsprechen kann.«

2. Brief: München, 4. Januar 1869. Schwind dankt für die Zusendung von Schnorrs illustrierten Volksliedern. »Neuerdings wie schon manchesmal habe ich das Nachlassen meiner Augen beklagt, das mir so kleine Zeichnungen unmöglich macht, denn es würde ebenso angenehm als ehrenvoll gewesen sein, unter so gefeierten Namen auch den meinigen dem Publikum vorgeführt zu sehen«.

3. Brief: München, 1. April 1870. Betrifft die Holzschnitt-Ausgabe der »Sieben Raben« und ist in der Festschrift Seite 70 auszugsweise abgedruckt.

4. Brief: München, 15. April 1870. Der Festschrift in Facsimile beigegeben.

5. Brief: München, 2. Dez. 1870. (Diktiert, mit eigenhändiger Unterschrift.) Schwind dankt für die Übersendung von Führichs

Thomas a Kempis. Diese Stelle ist in der Festschrift S. 97 f. abgedruckt. Dann heißt es: »Meine Aussichten, den 7 Bahnen ähnlicher Weise auf die Beine geholfen zu sehen, scheinen im Augenblick ziemlich getrübt; seit zwei Monaten und länger leide ich an einer Schwächung der Augenmuskeln, die sich durch doppeltes Sehen kundgibt. Ein gänzliches Faulenzen muß wieder gut machen, was übertriebener Fleiß geschadet hat und die äußerste Schonung ist mir dringend empfohlen. Glücklicherweise sind die Augen selbst vollkommen gesund und nach der Versicherung der Ärzte eine gänzliche Herstellung — freilich nicht in der nächsten Zeit — mit ziemlicher Sicherheit zu erwarten. Ob es soweit kommt, daß ich die gewünschten Zeichnungen selbst machen kann, oder dabei die Hilfe eines anderen in Anspruch nehmen muß, steht dahin.« *A. T.*

Faksimiledrucke nach Kunstblättern von Alfred Kubin. Verlegt von Hans von Weber, München 1903.

Gegen die Themen der Blätter läßt sich selbstverständlich nichts sagen. Jedenfalls zeugen sie von einer reichen, eigenartigen, wenn auch krankhaften Phantasie. Goya und Rops haben Ähnliches gemacht, nur verrät die Art und Weise, wie sie ihre Stoffe darzustellen wußten, hohe Künstlerschaft, während die Blätter des jungen Österreichers durchwegs dilettantisch, häufig sogar stümperhaft gezeichnet sind. Gerade in der bildenden Kunst aber, deren Werke nur mittels des Auges begriffen werden können, gilt der originellste Gedanke nichts, so lange die Form, in die er gebracht wird, unzulänglich ist. Wer dichten will, muß erst die Sprache beherrschen lernen, und wer sich durch Bilder mitteilen will, muß erst zeichnen und malen lernen. Die Schule, und zwar eine strenge Schule ist es, was Kubin fehlt. Er hat bisher nur gezeichnet. Es wäre gut für ihn, wenn er radierte. Die schwierige, kostspielige Technik machte ihn gewiß zu einem strengeren Richter seiner selbst, und gesellte sich dazu ein ernstes Naturstudium, so wären vielleicht von seinem Talente noch Gaben zu erhoffen, die auf das Verständnis und die Anerkennung einer, wenn auch kleinen Gemeinde zählen könnten.

Die Blätter sind — ihrem Inhalte nach — gut gewählt, sind auch gut reproduziert und in Hanns Holzschuhers Vorwort äußerst geschickt in gedanklichen Zusammenhang gebracht. *A. W.*

Anzeigen neuer Erscheinungen.

I. MAPPEN, ILLUSTRIERTE BÜCHER UND LITERATUR DER GRAPHISCHEN KÜNSTE.

Baer, Leo, Die illustrierten Historienbücher des 15. Jahrhunderts. Ein Beitrag zur Geschichte des Formschnittes. (216 u. XCVI S. mit Abb.) 4°. Straßburg, J. H. E. Heitz. Mk. 30.—

Beiträge zur Bücherkunde und Philologie August Wilmanns zum 25. März 1903 gewidmet. (Darin S. 429—444 Heinr. Doege, Die Trachtenbücher des 16. Jahrhunderts.) Gr. 8°. Leipzig, Harrassowitz.

Beiträge zur Kunstgeschichte. Franz Wickhoff gewidmet. (Darin: Friedrich Dörnhöffer, Über Burgkmair und Dürer. Karl Giehlow, Urkundenexegese zur Ehrenpforte Maximilians I. Hermann Julius Hermann, Ein unbekanntes Gebetbuch von Jean Bourdichon. Alois Trost, Ein unbekanntes Bild Moritz von Schwinds. Arpad Weixlgärtner, Dürer und die Gliederpuppe). Wien, Ant. Schroll & Co. K 18.—.

Beiträge zur neueren Philologie, Jakob Schipper zum 19. Juli 1902 dargebracht. Darin, S. 106—181, Emil Sofié, George Cruikshank). Gr. 8°. Wien, Braumüller.

Gothmann, Joh., Über Otto Greiner. (57 S. mit Abb.) Gr. 4°. Leipzig, K. W. Hiersemann. Mk. 2.—.

Hofstede de Groot, C., Zeichnungen von Rembrandt Harmensz van Rijn in den Originalfarben nachgebildet durch Emrik & Binger in Haarlem. III. Folge. I. Lief. Nr. 1—50. Haag, Martinus Nijhoff. Fol. K. 180 no.

Jungbrunnen. Ein Schatzbehälter deutscher Kunst und Dichtung 4° Berlin, Fischer & Franke. 42. Bdchen. Lieder der romantischen Lyrik. Illustr. von G. A. Stroedel. (81 S.) Mk. 1·50.

Klossowski, Erich, Die Maler von Montmartre (Willette, Steinlen, Toulouse-Lautrec, Léandre). (Die Kunst 15. Bd.) Mit 11 Taf. und 10 Abb. 12°. (79 S.) Berlin, J. Bard. Mk. 1·25.

Lechleitner, Franz, Aus den Gefilden der Seligen. Ein Märchenbuch. Mit Zeichnungen von Franz Stassen. (III., 258 S.) 4°. Berlin, Fischer & Franke Mk. 6.—.

Perzyński, Fritz, Der japanische Farbenholzschnitt. (Die Kunst. 13. Bd.) Mit 10 z. Th. farb. Taf. 12°. (93 S.) Berlin, J. Bard. Mk. 1·25.

Schwarz-Weiß. Ein Buch der zeichnenden Kunst. Herausgegeben vom Verbande Deutscher Illustratoren. Berlin, Fischer u. Franke. 4°. K 4.80.

Steinhausen, Wilhelm, Segantini. Vortrag. (43 S.) Gr. 8°. Frankfurt a. M., H. Keller. Mk. —.60.

Teuerdank, Fahrten und Träume deutscher Maler. Gr. 4°. Berlin, Fischer & Franke. 26. Folge. Alois Kolb, Sonne und Erde. 12 Zeichnungen. — 27. Folge. Ernst Würtenberger, Bildnisse deutscher Dichter und Musiker. 10 Zeichngn. — 28. Folge. Hugo L. Braune, Dietrich von Bern. 12 Zeichngn. Je Mk. 2·50.

Vogel, Julius, Otto Greiner (40 S. mit Abb. u. 6 Taf.) Gr. 4°. Leipzig, E. A. Seemann. Mk. 6·—.

Berenson, Bernhard, The Drawings of the Florentine Painters. Classified criticised and studied as Documents in the History and Appreciation of Tuscan Art. With a copious Catalogue raisonné. London. John Murray 2 Vol. Fol.

Dilke, Lady, French Engravers and Draughtsmen of the Eighteenth Century. London, Bell and Sons. L 2, 2 sh.

Gower, Lord Ronald Sutherland, Sir Joshua Reynolds. (The British Artists Series.) Gr. 8°. (144 S.) Mit ca. 90 Abb. (z. T. nach Stichen. — Chapter IX: Engravers after Sir Joshua Reynolds Works.) London, Bell. 7 s. 6 d.

Strong, M. A., S. Arthur, Reproductions of Drawings by Old Masters in the Collection of the Duke of Devonshire at Chatsworth. London, Duckworth & Co. 1902. Fol. Mk. 420 no.

Whitman, Alfred, British Mezzotinters, Valentine Green. Mit 9 Taf. Imp. 8°. (212 S.) London, A. H. Bullen. Sh. 21.—.

Bénédite, Léonce, Fantin-Latour. Étude critique. In 4°. Illustr. Paris, Librairie de l'Art ancien et moderne Fr. 15.—.

Bouchot, Henri, Les deux cents incunables xylographiques du Département des Estampes (de la Bibliothèque Nationale). I. Texte. II. Atlas Paris. Librairie Centrale des Beaux-Arts. 1903 4° u. Fol.

Capus, Alfred, Années d'Aventures. Edition illustrée par Hermann-Paul. 8°. Paris. Fasquelle. Fr. 3·50.

Drumont, Édouard, Vieux Portraits Vieux Cadres. Mit 100 Zeichnungen von Gaston Coindre. 8°. (VI., 335 S.) Paris, E. Flammarion. Fr. 3·50.

Maupassant, Guy de, Monsieur Parent. Illustrations de Julien-Damazy, gravées sur bois par G. Lemoine. Paris, Ollendorff Fr. 3·50.

Rictus, Jehan, Les Soliloques du pauvre. Illustr. von Steinlen. Paris, Sevin. Fr. 3·50.

Larsson. Ett album bestående af 32 målningar och med text teckningar, af Carl Larsson sjelf. Stockholm. Albert Bonniers förlag. 1902.

3. DIE GRAPHISCHEN KÜNSTE IN DEN ZEITSCHRIFTEN (MÄRZ BIS JUNI 1903).

Anzeiger der k. Akademie der Wissenschaften in Wien. Sitzung der philosophisch-historischen Klasse vom 1. April 1903, Nr. X: Franz Wickhoff, Bericht »über die Anordnung von Raffaels Handzeichnungen«.

Dekorative Kunst. Mai: Erich Hänel, Der Plakatentwurf-Wettbewerb vom 31. Januar 1903 zu Hannover. Mit 13 Abb. (nach R. Schiestl, Ign. Taschner, Adalbert Niemeyer, Hans Unger u. a.)

Deutsche Kunst und Dekoration. Mai: Wilhelm Ritter, Karl Schmoll von Eisenwerth. Mit 12 Abb.

Euphorion. Zeitschrift f. Literaturgeschichte. 9. Bd., 4. Heft: Reinhold Steig, Zu Otto Runges Leben und Schriften.

Die Graphischen Künste. XXVI. Jahrg. Nr. 3: Campbell Dodgson, Charles Shannons Kunst. Mit 9 Abb. u. 3 Taf., darunter ein Originalfarbenholzschn. u. 1 farb. Reprod. einer Zeichnung. — Karl Mayr, Franz Hoch. Mit 3 Abb. und 1 farb. Taf. — A. W., Fritz Pontini. Mit 1 Taf. (Orig.-Radg.)

Jahrbuch der königlich preußischen Kunstsammlungen. XXIV. Band. Heft 2: Wilhelm Bode, Der Maler Hercules Segers. Mit 14 Abb.

Jahrbuch der kunsthistorischen Sammlungen des Allerhöchsten Kaiserhauses. Band XXIII, Heft 5: Julius von Schlosser, Zur Kenntnis der künstlerischen Überlieferung im späten Mittelalter. (Defensorium inviolatae Virginitatis B. Mariae V. — Vademecum eines fahrenden Malergesellen. — Giustos Augustinuskapelle und das Lehrgedicht des Bartolommeo de' Bartoli von Bologna). Mit 14 Taf. und und 19 Textabb.

(Leipziger) Illustrierte Zeitung. 2. April: F. R., Moderne Künstlerlithographien. Mit 9 Abb. nach H. Baluschek, K. Storch, O. Lämmerhirt, R. Friese, F. Skarbina, Arthur Kampf, Otto Seeck, W. Leistikow und K. Kappstein. — — 23. April: Fondler, Fidus (Hugo Höppener). Mit 6 Abb. — — 14. Mai: Otto Greiner. Mit 6 Abb.

Die Kunst für Alle. 15. Mai: Als Beilagen Reprod. einer Lithogr. von Georg Tronnier »Beethoven« u. einer Zeichnung von Fritz Mackensen »Zwei alte Männer«.

Kunst und Handwerk. 53. Jahrg. Heft 5: Ernst Neumann, Zur Hebung der Plakatkunst. — — Heft 7: Arthur Roessler, Der Bund zeichnender Künstler in München. Mit 30 Abb., 8 farb. Taf. u. Umschlag (nach Ernst Liebermann, F. Hegenbart, H. Beck-Gran u. H. Meyer-Kassel).

Kunst und Künstler. Heft 7: Louis Corinth, Karl Strathmann. Mit 9 Textabb. und 1 Tafel. — Zu Oswald Sickerts Artikel: Anderthalb Jahrhunderte englischer Malerei u. a. Reproduktionen nach Zeichnungen englischer Künstler.

Kunst und Kunsthandwerk. Heft 4: Ludwig Hevesi, Die Ausstellung von Bucheinbänden und Vorsatzpapieren im k. k. Österreichischen Museum. Mit 32 Abb. — Heft 5: Eduard Leisching, Die Ausstellung der Kunstgewerbeschule des k. k. Österreichischen Museums. Mit 27 Abb. und einem Orig.-Farb.-Holzschnitt von Nora Exner als Beilage.

Repertorium für Kunstwissenschaft. XXVI. Band. Heft 1: Konstantin Winterberg, Über die Proportionsgesetze des menschlichen Körpers auf Grund von Dürers Proportionslehre. — P. K., Besprechung von Arthur Strongs Publikationen Reproductions of Drawings by old masters in the Collection of the Duke of Devonshire at Chatsworth und Reproductions in Facsimile of Drawings by the old masters in the collection of the Earl of Pembroke and Montgomery at Wilton House.

Ver Sacrum. (Mitteilungen der Vereinigung bildender Künstler Österreichs.) Heft 6: Arthur Symons, Aubrey Beardsley. — Heft 7: Originalholzschnitte von Leontine Maneles, Minka Podhayská und Fanny Zakucka. — Heft 8: Originalholzschnitte von Elena Luksch-Makowsky. — Heft 10: Originalholzschnitte von Max Kurzweil.

Zeitschrift für bildende Kunst. März: P. Schumann, Otto Fischer. — S. 142: Biographische Notiz über Georg (1 soll heißen Gottlieb) von Kempf. — Beilagen: Elternglück. Rad. von G. v. Kempf u. Landschaftsbild, Orig.-Lithogr. von O. Fischer. — — April: Beilage: Empore, Orig.-Radg. von Hans Neumann jun. — — Mai: Aug. Marguillier, Eugène Carrière. Mit 8 Abb. — Arthur Seemann, Der Brunnen des Lebens von H. Holbein. Mit 15 Abb. und 1 farb. Taf. — L. Hevesi, Karl Mediz — Emilie Mediz-Pelikan. Mit 9 Abb. — Beilagen: Russischer Bauer, Radg. von E. Kleinschlag nach Fr. Koch u. Gespräch über das Wetter, Orig.-Radg. von Heinrich Eickmann. — — Juni: Karl Woermann, Die Ludwig Richter-Ausstellung in Dresden. Mit 7 Abb. — S. 238: Biographische Notiz über Eduard Stiefel. — Beilagen: Im Atelier, Orig.-Radg. von E. Stiefel u. ein Schabkunstblatt von Max Pietschmann.

Zeitschrift für Bücherfreunde. März: Hans Boesch, Das Stammbuch des Augsburger Malers und Kupferstechers Johann Esaias Nilson. Mit 8 Abb. — E. W. Bredt, Zur Geschichte der Nürnberger Miniatoren und Kleinmeister. (J. Glockenden und H. S. Beham.) Mit 5 Abb. — Kurt Holm, Neue Exlibris. Mit 3 Abb. — — April: H. A. L. Degener, Die John Rylands Memorial Library in Manchester. Mit 13 Abb. — Kurt Holm, Fidus als Buchschmuckkünstler. Mit 2 Tafeln und 18 Textabb. — Neue Faksimilewerke. Mit 1 Tafel und 1 Textabb. — Exlibris-Bewegung. Mit 3 Abb. — — Mai: Otto Grautoff, Der moderne künstlerische Handeinband in Deutschland. Mit 3 Tafeln und 40 Textabb. — Julius Leisching, Die Ausstellung von Bucheinbänden und Vorsatzpapieren im k. k. österreichischen Museum. — Heinrich Pudor, Französische Ledereinbände. — — Juni: Walter von Zur Westen, Moderne Arbeiten der angewandten graphischen Kunst in Deutschland. IV. Das Plakat. Mit 3 Tafeln und 40 Textabb.

The Art Journal. März: Beilage: Joseph Pennell, »The Palaces, Venice«. Orig. Rad. Dazu Text des Künstlers selbst auf S. 66 mit 2 Abb. — Frank Rinder, The Art of Frank Brangwyn. Mit 7 Abb. — — April: Vera Campbell, The Loukmanoff Cartoons. Mit 3 Abb. — R. E. D. Sketchley, Some British Illustrators of the Bible. Blake's »Illustrations of the Book of Job.« Mit 3 Abb. — Auf S. 119 Abb. einer Zeichnung von Andrea Solario, auf S. 121 einer von Gainsborough.

The Burlington Magazine. März: Bernard Berenson, Alunno di Domenico. Mit 6 Taf. und 3 Textabb. — Julia Frankau, A Note on five Portraits by John Downman. Mit 4 Taf. — Taf. nach S. 134: Reprod. einer Zeichnung von Rembrandt. — — April: Sir Edward Maunde Thompson, The Pageants of Richard Beauchamp, Earl of Warwick, commonly called The Warwick Ms. Mit 4 Taf. — Campbell Dodgson, Hans Sebald Beham and a new Catalogue of his Works. Mit 2 Taf. und 7 Textabb. — A Drawing by Holbein in the Collection of the Duke of Devonshire. Mit 1 Taf. — British Museum Acquisitions by Department of Printed Books. Mit 2 Abb. — — Mai: Beilage: Tafel mit Reproduktionen von 7 Zeichnungen Hans Holbeins d. J. im Besitze des Duke of Devonshire. — W. M. Rossetti, Dante Rossetti and Elizabeth Siddal. Mit 6 Taf. — Henri Bouchot, A newly-discovered Pack of Lyonnese Playing Cards (1470). Mit 3 Taf. — H., The Campanile of St. Mark's at Venice. Mit 2 Taf. (Reproduktionen von Zeichnungen Canalettos.) — Drawings attributed to Holbein in the Collection of the Duke of Devonshire. Mit 1 Taf. — Victoria and Albert Museum. The Reid Gift. — I. Mit 1 Taf. — A. C. T., Besprechung von Arthur Strongs Drawings by Old Masters in the Collection of the Duke of Devonshire.

The Burlington Gazette. April: The Earl of Crewe's Blake Collection.

The Connoisseur. März: Joseph Grego, The early Genius of George Cruikshank. P. I. Mit 4 Abb. u. 2 farb. Taf. — — April: Frederick Wedmore, Rembrandt's Etchings. Mit 7 Abb. — J. Grego, The early Genius of George Cruikshank. P. II. Mit 1 Abb. u. 1 farb. Taf. — — Juni: Herbert Ewart, Henry Bunbury. P. I. Mit 5 Abb.

The Magazine of Art. März: Modern British Etchers. — William Strang. By A Member of the Royal Society of Painter-Etchers. Mit 6 Abb. — — Solomon J. Solomon, Ephraim Lilien. Mit 5 Abb. — — April: Modern British Etchers. — D. Y. Cameron. By A Member of the Royal Society of Painter-Etchers. Mit 4 Abb. — G. H. Palmer, The Campanile of St. Mark: its history, illustrated by pictures and prints. Mit 13 Abb. — — Mai: Modern British Etchers: Charles Holroyd. By A Member of the Royal Society of Painter-Etchers. Mit 6 Abb. — Ina Mary White, A Note on Rembrandt's Animal Studies. Mit 3 Abb. — — Juni: S. M. Phinon, Our Graphic Humorists: Mr. F. Carruthers Gould. Mit 6 Abb.

The Studio. März: Walter Shaw Sparrow, Auguste Rodin's Dry-Point-Engravings. Mit 9 Abb. — — April: S. 100 Reprod. von 2 Rad. von Miss C. M. Nichols. — — Mai: H. W. Singer, Jakob Christoffel Le Blon. Mit 8 Abb. u. 1 farb. Taf. — — Juni: Léonce Bénédite, Alphonse Legros, Painter and Sculptor. Mit 23 Abb. und 2 Taf. — Unter den Beilagen: Reprod. einer Trockenstiftrad. von Paul Helleu, Bildnis der Tochter des Künstlers.

L'Art. März: Adrien Moureau, Recueil de planches de Germain de Saint-Aubin (Schluß). Mit 6 Abb. — Georges Riat, Les lithographies d'Eugène Delacroix. Mit 12 Abb. — Noël Gehuzac, Nos graveurs VI. Mlle. Hélène Formstecher. — Beilage: »Croquis de chevaux,« Orig.-Rad. von E. Van Muyden. — — April: Henry de Chennevières, Horace Vernet caricaturiste VIII. — Beilage: »En Normandie«, Orig.-Rad. der Gräfin von Flandern. — Prämie: »Au désert«, Orig.-Rad. von E. Van Muyden. — — Mai: Henry de Chennevières, Horace Vernet caricaturiste (Schluß). Mit 13 Abb. (Darunter zwei nach Zeichnungen von Ingres). — Em. Delignières, Le paysage en lithographie: M. Alfred Bronquelet, d'Abbeville. — Beilage: »Tour du prieuré construite en 1140 et fontaine du Verlbois erigée en 1718,« Orig.-Rad. von Mlle Gabrielle Niel.

L'Art décoratif. April: Gustav Soulier, Les dessins de Lucien Monod. Mit 10 Abb. und 2 Taf. — — Juni: Als Beilage: »Femme fleurie«. Orig.-Holzschn. von Pierre-Eugène Vibert.

Art et Décoration. März: H. Bouchot, Helleu. Mit 10 Abb. und 2 farb. Taf.

Gazette des beaux Arts. März: Henry de Chennevières, François Dumont, miniaturiste de la Reine Marie-Antoinette. Mit 4 Textabb., 2 Taf. und einer Heliogravüre »M. et Mme Aristide Dumont« nach Bleistiftzeichnungen von Ingres. — Gustave Gruyer, La Collection Bonnat au Musée de Bayonne. Mit 13 Abb. (Darunter 4 nach Handzeichnungen alter Meister.) — Henri Bouchot, Les portraits de Louis XI. Mit 6 Abb. (2 nach alten Handzeichnungen). — Émile Michel, La Collection Dutuit. Tableaux et dessins. Mit 3 Abb. nach Handzeichnungen alter Meister und einer Pointe-Sèche von Lopisgich nach einem Gemälde Hobbemas. — — April: Salomon Reinach, Un manuscrit de Philippe le Bon à la Bibliothèque de Saint Pétersbourg I. Mit 8 Abb. — Casimir Stryienski, Le Salon de 1761 d'après le catalogue illustré par Gabriel de Saint-Aubin I. Mit 9 Textabb. und 1 Rad. von A. J. Pennequin nach einem Gemälde von Noël Halle. — Clément-Janin, Un Livre d'Artiste. Mit 4 Abb. nach Zeichnungen George Jeanniots und einer Orig.-Rad. desselben Künstlers als Beilage. — — Mai: Jules Claretie, Du Ier au XXe. Les arrondissements de Paris. Vingt eaux-fortes originales de Eugène Béjot. Mit 2 Abb. und 1 Orig.-Rad. des Künstlers als Beilage. — Henri Bouchot, La Collection Dutuit. Les Estampes. Mit 8 Abb. — Clément-Janin, Besprechung des Werkes »Histoire de l'Imprimerie en France au XV et au XVI siècle t. II. par A. Claudin.« Mit 6 Abb. — — Juni: E. Bertaux, Victor Hugo artiste. Mit 14 Abb. — Beilage: »Vue de Sin-le-Noble, près Douai«, Pointe-sèche von Lopisgich nach Corots Gemälde.

La Revue de l'Art ancien et moderne. März: Baron Roger Portalis, Une Collection de Portraits français. I. Mit 3 Taf. und 9 Textabb. nach alten Stichen. — Henri Beraldi, Maurice Eliot. Dazu die Beilage »Parisienne«, Orig.-Lith. des Künstlers. — Beilage Alphonse Moriot, »Lever de Lune«. Orig.-Lith. Dazu Text von R. G. — Louis Dumont-Wilden, L'Oeuvre dessiné de Constantin Meunier. Mit 13 Abb. — Jean Chantavoine, Un Dessin inédit d'Eugène Delacroix. Mit 1 Taf. — — April: Baron Roger Portalis, Une Collection de Portraits français. II. Mit 4 Taf. und 10 Textabb. nach Stichen. — — Mai: Henri Beraldi, Tony Minartz. Dazu 2 Textabb. und 1 Orig.-Rad. des Künstlers als Beilage. — Émile Dacier, Les Salons de 1903. Dazu u. a. 3 Textabb. nach graphischen Arbeiten. — — Juni: Henri Beraldi, L.-R. Delfosse. Dazu 2 Textabb. und 1 Orig.-Lith. des Künstlers (Le Retour du Marché) als Beilage.

Onze Kunst. März: J. Winkler Prins, Dirk Nijland. Mit 4 Taf. und 1 Textabb. — Max Rooses, De Teekeningen der Vlaamsche Meesters. De Kleenmeesters der XVIe Eeuw. Mit 2 Taf. und 4 Textabb. — — April: Max Rooses, De Druiven persende Boschgod met Tijgerin door Rubens. Mit 1 Taf. und 1 Textabb. — — Mai: Hendrik de Marez, Jan van Brugge. Mit 3 Taf. und 3 Textabb. — Max Rooses, De Teekeningen der Vlaamsche Meesters. De Landschapschilders der XVIe Eeuw. Mit 1 Taf. und 1 Textabb. De Graveurs — De Bouwmeesters — De Verluchters. Mit 1 Taf. und 3 Textabb. — — Juni: Cornelis Veth, Jan Holswilder, Kunstschoolteekenaar. Mit 8 Abb.

Kunst & Leven. Heft 10, 11 und 12: Ben. Linnig, De groote Bibliotheken van vroeger: Karel-Jozef-Emanuel van Hulthem. Mit Abb. von 3 Exlibris.

Mitteilungen der Gesellschaft.

Unser Prämienblatt für 1903, die Originallithographie »Am Webstuhl« von Max Svabinsky, erscheint gleichzeitig mit vorliegendem Hefte. Das Blatt ist, wie unseren Lesern bereits aus dem vorjährigen Berichte des Verwaltungsrates bekannt ist, das Ergebnis eines Wettbewerbes, an dem sich fünf der hervorragendsten österreichischen Graphiker auf unsere Aufforderung hin beteiligt haben. Einen Aufsatz über Max Svabinsky wird das zweite Heft des laufenden Jahrganges enthalten.

Bei der von uns im April 1903 ausgeschriebenen internationalen Konkurrenz zur Erlangung eines neuen Umschlages für die Hefte, beziehungsweise eines neuen Einbandes für die Jahrgänge der »Graphischen Künste« wurden von der Jury, als welche unser Verwaltungsrat funktionierte, unter zirka 140 eingelaufenen Blättern der Entwurf von Fräulein Luise Penkner, Wien (Motto: Blätter und Schrift), mit dem ersten

Franz Hein.

Bruno Seuchter.

Emmy Leuze.

Marianna Schönwald.

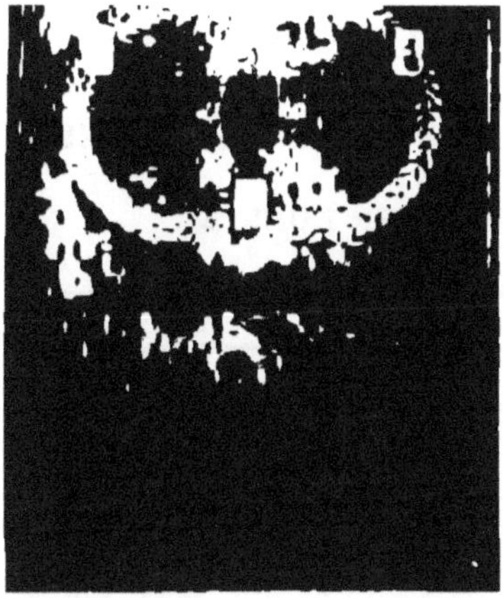

Emil Holzinger

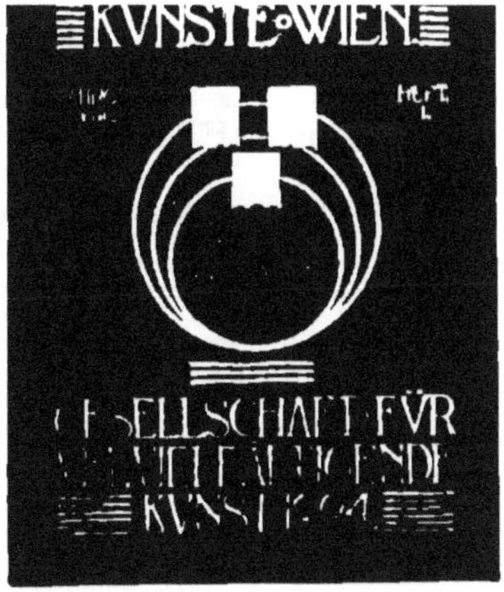

Wilhelm Österle

Preise im Betrage von 400 K, und der Entwurf des Herrn Professor Franz Hein, Grötzingen bei Karlsruhe (Motto: Dreizehn), mit dem zweiten Preise im Betrage von 200 K ausgezeichnet. Die Entwürfe von Fräulein Emmy Leuze, Wien (Motto: Dreieck), Herrn Bruno Seuchter, Wien (Motto: Wien), Fräulein Marianne Schönwald, Wien (Motto: 3), Herrn Architekten Emil Holzinger, Wien (Motto: Hokusai) und Herrn Wilhelm Österle, Karlsruhe (Motto: Zum Licht) erhielten lobende Anerkennungen. Der Entwurf des Fräuleins Penkner gelangte zur Ausführung, die übrigen eben genannten Zeichnungen sind hier abgebildet.

Als Gründer ist der Gesellschaft beigetreten: Herr Chr. Herholdt, Santos, Brasilien.

MITTEILUNGEN

DER

GESELLSCHAFT FÜR VERVIELFÄLTIGENDE KUNST.

BEILAGE DER „GRAPHISCHEN KÜNSTE".

1904. WIEN. Nr. 3.

Studien und Forschungen.

Zu Giorgio Ghisi Mantuano.

Bei Durchsicht der im Archiv des Germanischen Museums befindlichen Akten des Katharinenklosters zu Nürnberg fand ich das Konzept eines kunstgeschichtlich nicht uninteressanten Briefes des Ritters Wolfgang Müntzer von Babenberg, der, wie aus Wills Nürnbergischem Gelehrtenlexikon hervorgeht, einer der in der alten Reichsstadt florierenden Familien angehörte. Er war der Sohn des Alexius Müntzer und der Katharina Eißnin von Botzen, starb am 20. März 1579 und wurde auf dem St. Johannes-Friedhof begraben, wo sich heute noch das bemerkenswerte Grabmal der Familie befindet.

Dieser Wolfgang Müntzer unternahm gegen Ende des Jahres 1555 eine größere Reise nach dem Orient, die dann später, 1624, in dem Nürnberger Drucke »Reisebeschreibung von Venedig aus nach Jerusalem, Damaskus und Konstantinopel etc.« näher beschrieben wird. Ob dieses Werk nur eine Neuauflage eines schon zu Müntzers Lebzeiten herausgegebenen Buches ist, konnte ich nicht feststellen; tut übrigens auch nichts zur Sache. Was uns an dieser Reisebeschreibung interessiert, ist die Tatsache, daß Müntzer in Venedig nicht weniger als acht Monate unfreiwilligen Aufenthalt nehmen mußte, weil er keine Schiffsgelegenheit hatte. Zu dieser Zeit schrieb er auch den schon erwähnten Brief, der vom 24. März 1556 datiert ist und folgendermaßen beginnt:

»Mein freundlich gruß vnnd alles guts beuuor, Insonder lieber meister Nicolaus ob ir sambt Euerer haußfrawen vnnd den Euern frisch vnd gesundt, were Ich erfreuet zu hoeren, Deßgleichen wiß mich sambt den meinen auch in zimlicher gesundheit, gott verleye beder Theil lang Amen; lieber Meister ich kon nit vmbgehn euch zubemuhen, nach dem ich herr Hanßen predigern zu sant Katherinen Aein Jungst gericht vff papir von Alff stucken so zusam gehoeren (mir biß vff mein wider begern) zugeschickt, mitt gedencken euch solchs sehen zulaßenn, vnnd obs an große muhe mocht vff ein leinen thuch wie es gehort zusam gemabt werden, wie ich im dann ein kleinen patron, so nur auff ein pogen gemacht mitgeschickt, damit monß an große muhe zusam ordnen mag, vnnd nach dem mon aber an der vndersten Zeil ein wenig von dem gemol an eim eck herrab schneiden, vnnd in der mitt widerumb hinnein flicken wie ir den an dem kleinen wol sehen werdt, Derhalben mein freundliche bitt solchs mit vleiß zusam sordiren damits aneinander nicht verfelle oder runtzlett auffgemaht werde, wie mir dan nicht zweiffelt, irs vill besser wist zuthun. dan Ich euchs zuschreiben weiß, wo es euch aber fur muhsam ansicht vnnd irs nit baldt Innerhalb 14 tagen den nechsten machen mugtt, so wollets herr Hanßen widerumb zustellen solches auffzuheben biß vff mein fernern beschaidt, Im auch daneben anzeigen, wie man vngeferlich ains zu Nurmberg dem geleich kauffen mocht, habe im auch andre kleine gemalte papir von historien vnnd Antiquidteten mir ein zeitlang auffzuheben mitgeschickt, mein dinstlich bit mich durch in zuberichten wie mon ein stuck in daß ander vngeuerlich draußen kauffen mog, dan sy mich zu Rom zimlich vill kosten, vnnd ist ein langer weg solche hinnauß zubringen an schaden«.

So weit die uns hier interessierende Mitteilung. Den Schluß des Schreibens können wir uns schenken.

Der langen Rede kurzer Sinn ist der: Müntzer bittet einen gewissen Meister Nikolaus, dem Pfarrer Hans von St. Katharina in Nürnberg beim Zusammensetzen eines diesem übersandten, aus elf Stücken bestehenden Jüngsten

Gerichts behülflich zu sein. Wer dieser Meister Nikolaus ist, muß dahingestellt bleiben; jedenfalls aber haben wir uns darunter einen der bekannteren Nürnberger Künstler vorzustellen, so daß man wahrscheinlich keinen allzugroßen Fehlgriff tut, wenn man dabei an den Illuministen Nikolaus Glockendon denkt, der nach Doppelmayr bis 1560 gelebt haben soll.

Das »Jungst gericht vff papir von Alff stucken so zusam gehoeren« kann aber unmöglich etwas anderes sein als der große Kupferstich, den Giorgio Ghisi Mantuano nach Michelangelos bekanntem Bilde in der Sixtinischen Kapelle ausgeführt hat (Bartsch 25). Dieser von elf Platten gedruckte Stich — bei Andresen, Handbuch I, S. 572, sind irrtümlicherweise nur 10 Bll. angegeben — gehört neben der Disputa und Schule von Athen mit zu den Hauptblättern des Mantuaners, trägt aber, wie die große Mehrzahl seiner Arbeiten, kein Datum. Doch dürfte dieses auf Grund unseres Briefes nunmehr ohne Schwierigkeit festzustellen sein; denn wenn wir erwägen, daß Müntzer den Stich zu Anfang des Jahres 1550 als eine Novität des Kunsthandels erwarb, so können wir die Entstehungszeit dieser umfangreichen Arbeit getrost auf das Jahr 1555 festlegen. Bei einer chronologischen Anordnung wäre das Jüngste Gericht nunmehr also zwischen B. 3 (Die Geburt, nach Bronzino, datiert 1554) und B. 40 (Venus, von den Dornen des Rosenstrauches verwundet, nach L. Penni, datiert 1556) aufzuführen.

Alfred Hagelstange.

Die Anfänge der Lithographie in Frankreich.

1800 bis 1816.

Trotz der grundlegenden Arbeiten Engelmanns im Traite de lithographie 1830, Jolys in den Mémoires de l'académie royale des sciences de Toulouse III série, Tome III, 1847 und Bouchots in der »Vervielfältigenden Kunst der Gegenwart, Bd. IV, Lithographie« (erweitert in »La lithographie, Paris 1895«) sind viele interessante Momente für die Einführung der Lithographie in Frankreich unbekannt geblieben, weil sie nur an schwer zugänglichen Orten zu finden sind.

Bei Gelegenheit einer größeren Arbeit über die graphischen Künste in Frankreich sah ich mich genötigt, nochmals auf die Quellen zurückzugehen, da die erwähnten Werke sich öfters als lückenhaft oder gar ungenau erwiesen. Hierbei sind mir auch neue Tatsachen und Berichte aufgestoßen, so daß es sich wohl lohnte, alle für die Anfänge der Lithographie in Frankreich bedeutsamen Ereignisse nach diesen Quellen zusammenzufassen.

Im Jahre 1798 war die Erfindung der chemischen Druckkunst durch Senefelder im Prinzip vollendet. Zwar war ihr Wert noch nicht völlig erkannt, denn vorerst wurde sie fast nur zum Notendruck und zur Vervielfältigung von Schriftstücken verwandt. Zum Notendruck hatte auch Johann Anton André, der berühmte Musikverleger in Offenbach am Main, sich von Senefelder eine lithographische Anstalt einrichten lassen und Andrés Brüder beabsichtigten das neue Verfahren in den Hauptstädten Europas einzuführen. Die erste Niederlassung gründete Philipp André mit Senefelder 1800 in London. Zu derselben Zeit betrieb ein junger Studierender aus Straßburg, Anton Niedermayer, der ein Freund der Brüder Senefelders war und durch diese das Verfahren in München kennen gelernt hatte, die Lithographie auf Raubbau. Der Musikalienhändler Pleyel rief ihn nach Paris, wo man einige Versuche mit dem Druck von Noten und Zeichnungen machte. Doch erschien der Preis der Steine zu hoch und der Transport mit Rücksicht auf ihr Gewicht und ihre Größe zu umständlich, so daß man die Versuche bald aufgab. Es scheint nichts davon erhalten zu sein. (Engelmann S. 18 und Vervielfältigende Kunst der Gegenwart, Bd. IV, S. 11.)[1]

Bekannt scheint das Verfahren damals gar nicht geworden zu sein, denn eine erste Nachricht darüber erschien erst 1802 in den Annales de Chimie, vol. 41, S. 309 vom 30. nivôse an X (30. Januar 1802), worin gesagt wird, in London habe ein Deutscher ein Patent auf eine neue Methode zu drucken genommen. Es folgt dann eine sehr dürftige Beschreibung des Verfahrens.

Auf die Londoner Niederlassung 1800 folgte dann 1801 die Pariser von Friedrich André, dem am 22. pluviôse an X (11. Februar 1802) ein »brevet d'importation pour une nouvelle méthode de graver et d'imprimer« erteilt wurde. Bisher nahm man nach der Angabe des Katalogs der Brevets vom Comte Corbière (Paris 1820) an, André hätte ein brevet d'invention genommen; nur Engelmann sprach von einem brevet d'importation. Nach dem Gesetz vom

[1] Nach dem Katalog der Sammlung Aufseesser, versteigert am 20. März 1802, scheint Pleyel später mit Senefelder persönlich 1806 über den Ankauf der chemischen Druckkunst auf Metallplatten verhandelt zu haben (Nummer 6 des Katalogs). Vielleicht gibt die damals versteigerte Instruktion nähere Auskunft.

31. Dezember 1790 und 5. Februar 1791 wurden nämlich nur für französische Erfindungen brevets d'invention ausgestellt; für die weitere Vervollkommnung einer Erfindung brevets de perfectionnement. Dem ersten Einführer einer ausländischen Erfindung sicherte ein brevet d'importation die Rechte des Erfinders. Immerhin erklärt diese Angabe des Katalogs der Brevets, warum man André, den man dazu für einen waschechten Franzosen hielt, so lange als den Erfinder oder wenigstens als einen zweiten Erfinder der Lithographie in Frankreich bezeichnete. Vor kurzem ist es mir nun gelungen, den Akt des Brevets selbst zu finden, und ich konnte daraus feststellen, daß André in der Tat ein brevet d'importation genommen hat. Über die Tätigkeit dieser Anstalt wissen wir nur von Engelmann (S. 33), daß André Musikalien und Tierzeichnungen aus dem jardin des plantes anfertigte. Einen Erfolg hatten seine Bemühungen nicht, da das Technische des Verfahrens doch noch sehr wenig ausgebildet war, keine genügend geschulten Arbeiter zur Verfügung standen (Senefelder, Lehrbuch, französische Ausgabe) und ihm auch keinerlei Aufmunterung von der Regierung zuteil wurde (Engelmann S. 33 und Joly in Eloge historique d'Aloys Senefelder, inventeur de la lithographie, a. a. O.). 40.000 Franken hatte André hier ohne Erfolg ausgegeben. Das brevet trat er dann am 10. Oktober 1803 (17. vendémiaire an XII) an Mme. Révillon, femme séparée de bien du sieur Vernet, fabricant de papier à Villeneuve sur Vanne (Yonne) ab (Catalogue des brevets). Von Erzeugnissen der Druckerei Andrés ist mir nichts bekannt geworden. André kehrte um 1805 nach Deutschland zurück, nachdem er Knecht die Veräußerung seiner Anstalt anvertraut hatte (Engelmann, S. 27).

Das Geheimnis des Verfahrens wurde vielleicht damals schon dem Musiker und Musikschriftsteller Choron, dem Maler und Kupferstecher Baltard (über ihn Renouvier in der Histoire de l'art pendant la Révolution S. 67 bis 69, und Béraldi: Les graveurs du XIXe siècle) und einigen anderen Künstlern bekannt gegeben. Doch erfuhren sie nicht genug über die Zusammensetzung der Kreide und der Tinte, so daß sie keine befriedigenden Resultate erhielten. Von Alexandre Etienne Choron, einem der Direktoren der Oper, der das Verfahren zum Notendruck verwendete, sagt Marcel de Serres in den Annales de Chimie vol. 72, übersetzt in den Annalen der Physik von Gilbert 5. Bd., Leipzig 1810, S. 122 ff., er habe seine Steine gar nicht geätzt, sondern nur mit harziger Tinte darauf gezeichnet, den Stein dann genäßt, geschwärzt und abgedruckt. Also ein sehr unvollkommenes Verfahren.

Die Steine scheinen bei der Liquidation an den Holzschneider Duplat und den Grafen Lasteyrie gekommen zu sein (Joly a. a. O. sowie Marcel de Serres im Essai sur les arts et les manufactures de l'empire de l'Autriche Tome II. Paris 1814; s. auch Bouchot: La lithographie, S. 30)).

Die erste in Frankreich gefertigte, uns bekannte Lithographie ist der Prospekt einer sonst nicht erwähnten lithographischen Druckerei in der Rue St. Sébastien Nr. 24, der außer dem Text eine Vignette, einen fliegenden Merkur darstellend, trägt, gezeichnet von Bergeret, einem Schüler Davids. Auf künstlerischen Wert kann diese Umrißzeichnung keinen Anspruch machen.[1]

Längere Lebensdauer scheint keiner der erwähnten Anstalten beschieden gewesen zu sein, wie man wohl aus dem völligen Fehlen von Nachrichten schließen kann. — Während so in Frankreich selbst das Verfahren infolge der Unvollkommenheit der Technik, des Fehlens tüchtiger Künstler, die sich darin versucht hätten, und des Widerstandes, den der allmächtige Beherrscher der französischen Kunst David und mit ihm die Regierung ihr entgegensetzten, keine Ausbreitung fand, haben einzelne Franzosen im Ausland der neuen Kunstübung reges Interesse entgegengebracht.

Die ersten derartigen Versuche hat der Duc de Montpensier in England 1805 und 1806 gemacht. Über diese Blätter hat Bouchot ausführlich in der Geschichte der Lithographie (Vervielfältigende Kunst der Gegenwart, Bd. IV, S. 70 bis 72 und ausführlicher und verbessert in: La lithographie, S. 14 bis 26) geschrieben; sie haben hier weniger Interesse für uns.

Wichtiger ist der Kosak des Generals Lejeune. — Nach der Schlacht bei Austerlitz kam der damalige Oberst Lejeune, Generaladjutant des Generals Berthier, der selbst Maler und ein großer Kunstfreund war, nach München, wo er 1806 (nicht 1805, wie man öfters findet) im Atelier Senefelders seinen Kosaken auf Stein zeichnete. In Straßburg erzogen, war er ein Jugendbekannter des Königs Max Josef gewesen und von diesem bei einem Besuche auf Senefelder hingewiesen worden. (Genaueres findet sich bei: Joly, a. a. O., abgedruckt bei Bouchot: La lithographie, S. 30 bis 32; sowie in: Notice sur le général Lejeune, Pau 1861; — M. de Serres im: Essai sur les arts etc. d'Autriche, II, S. 89 und derselbe in den Annales des arts et manufactures Tome 51 et 52; Bouchot in: Vervielfältigende Kunst der Gegenwart, IV, S. 72; Engelmann a. a. O. und Aglaus Bouvenne im Catalogue de l'oeuvre de A. de Lemud, Paris 1881.) Es wurden damals bei Senefelder 100 Abzüge gemacht. Später schenkte Lejeune den Stein der école des arts in Toulouse und 1847 machte man zu dem erwähnten Aufsatze Jolys neue Abzüge.

Eine Reproduktion nach einem der bei Senefelder gedruckten Abzüge, dem ersten Zustand des Blattes, findet sich in Bd. IV der »Vervielfältigenden Kunst der Gegenwart« S. 12, während die Abbildungen in Bouchot: »La litho-

---

[1] Im Katalog Aufseesser wird unter Nr. 70 eine badende Nymphe von Reuter vom Jahre 1805 erwähnt; das Blatt soll nach einer Bemerkung des Katalogs in Paris entstanden sein

graphie« S. 31 und Marthold: »Histoire de la lithographie« S. 19 nach einem Abdrucke von 1847 gemacht sind. Bei diesem Zustande ist der Unterschrift hinzugefügt links: »Munich 1806« und rechts »Lejeune del.« Der Stein hatte im Laufe der Jahre ziemlich gelitten, so daß die Abdrücke dieses Zustandes bedeutend schwächer sind.

Zur selben Zeit etwa wie Lejeune, studierte auch der Oberst Lomet die Theorie der Lithographie in Senefelders Anstalt und zeichnete dann 1807 in Österreich das bekannte Blatt mit dem Grabmale Stainingers in Braunau. Nach seiner Rückkehr nach Frankreich, 1808, suchte er in den maßgebenden Kreisen Interesse für die Erfindung zu erwecken; so wandte er sich an Molard, den »directeur du conservatoire des arts et métiers«, der sonst für technische Fortschritte viel Interesse gezeigt hatte, und legte im Museum, dem Molard vorstand, einen druckfertigen Stein — wohl eben diesen Staininger — nieder, um die Vorteile der Erfindung handgreiflich zu machen; auch brachte er lithographische Erzeugnisse, die in den verschiedenen Gegenden Deutschlands vor dem 1. Jänner 1808 erschienen waren, mit. Doch umsonst, man schenkte ihm keine Beachtung (Marcel de Serres in den Annales des arts et manufactures Tomes 51 et 52 und derselbe im Essai sur les arts etc. d'Autriche Tome II. 1814).

Um diese Zeit (1807) finden wir in Paris mehrere lithographische Anstalten. Wir haben Nachrichten von einer Niederlassung Andrés in Paris im Jahre 1807 (Serres in den Annales des arts T. 51 und 52 und im Essai sur les arts etc. d'Autriche, sowie in den Annales encyclopédiques redigées par A. L. Millin, T. I., Paris, 1847, S. 91 ff). In diesen Quellen wird allerdings Andrés Niederlassung und brevet von 1802 nicht erwähnt; sie war den Verfassern unbekannt. Da nun sicher ist, daß André seine Niederlassung 1806 verkauft hatte und nach Deutschland zurückgekehrt war, scheint es, daß er 1807 eine neue Druckerei gegründet hat, denn übereinstimmend werden Erzeugnisse des Ateliers von André aus den Jahren 1807 bis 1810 von gleichzeitigen Quellen erwähnt, und zwar lautet die Notiz in den Archives des découvertes et inventions nouvelles faites dans les sciences, les Arts et les manufactures etc. (Paris, Treuttel u. Wurtz. 1809, die Erfindungen von 1808 enthaltend):

»M. André a introduit cet art à Paris. Ses gravures sont exécutées avec soin et moins coûteuses que celles en bois. On en voit quelques-unes dans la nouvelle édition du tableau de l'Espagne de M. Bourgoing et dans le voyage de M. Millin, dans le midi de la France.« Eine Bestätigung dafür, daß in »Millins Reisen« Lithographien zu finden sind, ist in einer Bemerkung in den erwähnten Annales encyclopédiques, die von Millin selbst redigiert sind, zu finden. Hiernach hat André arabische und mittelalterliche Inschriften für den Atlas der Voyage auf Stein gezeichnet. Ich konnte die Lithographien in dem ersten der beiden angegebenen Werke nicht mit Sicherheit feststellen (Tableau de l'Espagne moderne par J. Fr. Bourgoing. 4° édition, Paris 1807). In dem Atlas zu Millins Werk fand ich nur in einem von vier verglichenen Exemplaren Lithographien, und zwar die Blätter 4, 12 und 40. In den andern drei Exemplaren fehlten diese Blätter entweder oder sie waren durch gestochene ersetzt. Dazu kommt noch, um unsere Annahme zu stützen, daß in dem »Annuaire de l'industrie française« von Sonnini und Thiebaut 1811, S. 194, eine Niederlassung Andrés rue de Berry Nr. 29 erwähnt wird. Der Verfasser sagt: »En 1801 la gravure fut portée en Angleterre et en avril 1802 à Paris par M. François (!) André.« Dann fährt er später fort: »Les empreintes lithographiques de M. André sont exécutées avec soin, et quoique les traits n'y soient pas aussi déliés que dans la gravure en taille-douce, elles sont de beaucoup préférables à celles en bois.« Dieselbe Quelle erwähnt weiter Anstalten von Choron: 75 rue de Richelieu (»M. Choron imprime sur pierre de la musique qui est très-nette et tres-correcte«), der vielleicht auch ebenso wie Baltard erst jetzt Kenntnis von dem Verfahren erhalten hatte, von Guyot-Desmarais: 15 cloitre Saint-Honoré und von Duplat: 9 rue des Poitevins. Von der Anstalt von Guyot-Desmarais ist im Cabinet des estampes der Bibliothèque nationale der Prospekt aufbewahrt. Auf der unteren Hälfte dieses Blattes sind Proben von dem, was die Lithographie leisten kann, gegeben, und zwar verschiedene Schriftproben, eine Landkarte, eine Landschaft und in der Mitte eine Umrißzeichnung zu Dantes Inferno Canto 5, ein kleines, einfaches, gut gezeichnetes Blättchen, bezeichnet: C. Johannot. Dies ist der älteste 1783 (oder 1788) geborene Sohn von François Johannot. Dieser, ein Vetter von André in Offenbach und ebenfalls einer Hugenottenfamilie entstammend, war 1806 mit seinen Söhnen Charles, Alfred und Tony nach Paris gekommen und soll dort wie so viele versucht haben, eine lithographische Anstalt zu gründen. (Bouchot, La Lithographie S. 34 und Beraldi, Les graveurs du XIX° siècle; ich konnte darüber von zeitgenössischen Quellen nichts Näheres finden.) Charles Johannot ist der Zeichner des Blattes. Seine späteren Stiche mit dem Grabstichel und in Punktiermanier sind zwar meistens Ch. Johannot bezeichnet, doch findet sich auch ein bloßes C., so daß die Zuteilung des Blattes an Charles unbedenklich erscheint.

Dieselbe Quelle (Annuaire de l'industrie) schreibt über die Tätigkeit der Druckerei von Guyot-Desmarais: »M. Guyot-Desmarais exécute par ce procédé divers animaux, toutes les espèces d'écritures, les cartes géographiques, et surtout les plans d'architecture, de machines etc. avec une délicatesse de traits dont on n'avait pas jusqu'ici cru susceptible ce genre d'impression«. Über eine Serie von 12 lithographierten Tierstudien von Guyot-Desmarais, die der Drucker am 13. September 1808 der société d'encouragement vorgelegt hatte, findet sich der Auszug aus einem Bulletin dieser Gesellschaft (Nr. LXV) von Gillet-Laumont in dem Cabinet des estampes (abgedruckt in den Annales des arts et manufactures Vol. 34, 1809), worin der Verfasser das Verfahren beschreibt und dann folgende Bilanz über die Möglichkeit der Verwertung zieht: »Cette manière prompte et économique d'imprimer ne peut atteindre la beauté de la gravure au burin, il n'est pas même probable qu'elle puisse produire les effets riches et brillans de la gravure à l'eau-forte, lorsqu'elle est exécutée par une main savante; mais elle rend avec précision les touches vives et hardies des dessins à la plume et souvent même le moëlleux de ceux au crayon et au pointillé.« Weiter sei sie brauchbar, um schnell Noten und Schriftstücke zu vervielfältigen, sowie zur Nachahmung von Handzeichnungen. Endlich spricht er von den Steinen, die Guyot-Desmarais aus Pappenheim bezog, und die wohl auch durch französische zu ersetzen wären. In der Tat hätte Herr de Lasteyrie auch schon solche gefunden. Damals also begannen schon die später mit mehr Eifer als Erfolg wieder aufgenommenen Versuche, französischen Stein zur Lithographie zu verwenden.

Duplat hatte das Senefeldersche Verfahren aufgegeben und versucht, auf andere Art den Stein zum Drucken zu verwenden. Er war eigentlich Holzschneider (Renouvier, Histoire de l'art pendant la revolution, S. 380) und bearbeitete daher auch den Stein nach Art des Holzschnitts. Am 27. April 1810 nahm er ein brevet d'invention für 5 Jahre auf ein »procédé de gravure en relief sur pierre calcaire«. (Catalogue des brevets, S. 126.) Dies bestand im wesentlichen darin, daß auf den Stein in der Linienführung des Holzschnitts mit fettiger Substanz gezeichnet wurde und man dann so lange ätzte, bis die Zeichnung erhaben genug war, daß man eine Matrize und von dieser Metallklischees machen konnte, die dann wie Holzstöcke abgedruckt wurden. (Engelmann S. 33 und Annuaire de l'industrie a. a. O., wo auch mit diesem Verfahren geschaffene Illustrationen erwähnt werden.)

Auch Künstler und Kunstfreunde haben damals aus Neugierde Versuche gemacht. M. de Serres sagt darüber in den Annales des arts Vol. 51 und 52 und im Essai sur les arts d'Autriche: »Différens artistes et amateurs de gravures piqués aussi par la singularité des procédés lithographiques firent différens essais; M. Swebach se distinguait parmi ceux-ci autant par ses talens que par le désir qu'il avait de profiter de toutes les ressources d'un art qui lui paraissait intéressant.« Auch de Paroy, fügt er hinzu, habe glückliche Versuche gemacht, sie aber nicht fortgesetzt.

Durch die Bemühungen aller dieser Männer und den Aufschwung, den die Lithographie in anderen Ländern nahm, wurde nun endlich auch die Regierung aufmerksam und beauftragte Marcel de Serres, der im Begriffe war, im Staatsauftrag eine Reise zu machen, um über die technischen Fortschritte in Deutschland und Österreich zu berichten, bei dieser Gelegenheit auch die Lithographie zu studieren. Ihn begleitete als künstlerischer Sachverständiger der Direktor der kaiserlichen Museen Vivant Denon, der der Erfindung sehr kühl gegenüberstand (Lejeune bei Joly a. a. O). Beide machten damals eingehende Studien, deren Ergebnisse Serres in offiziellen Berichten und Denon in selbstgefertigten Lithographien niederlegte.

So schrieb damals Marcel de Serres am 17. Oktober 1809 einen Bericht aus Wien, der in den Annales de Chimie Vol. 72 von 1809 abgedruckt ist (übersetzt in Annalen der Physik von Gilbert, 5. Bd. 1810; im Auszug in den Archives des découvertes Vol. II, S. 240—244). Darin gab er einen kurzen, sehr ungenauen historischen Rückblick und eine Beschreibung des Verfahrens. (Nach Engelmann ist bis zum Erscheinen der französischen Ausgabe von Senefelders Lehrbuch 1819 keine genügende Anleitung in Frankreich herausgegeben worden.) Dann finden wir 1810 eine Notiz aus München in den Annales des arts et manufactures Vol. 37, S. 61 ff. (im Auszug in Archives des découvertes etc. Vol. III, S. 229 ff.), in der Serres die Vorteile des lithographischen Druckes hervorhebt, das Verfahren mit Überdruckpapier und die Stoffdruckerei beschreibt, sowie eine Maschine eigener Erfindung zum Stoffdrucken angibt.

Aus Wien hatte Serres 1809 an den berühmten Arzt und Chemiker Berthollet Steine, in den verschiedenen Manieren gezeichnet, Tinte und Abzüge geschickt, doch scheint man dem keine Beachtung geschenkt zu haben (Annales des arts Bd. 51/52 und Essai sur les arts d'Autriche).

Die Ergebnisse seiner Reise hat Serres dann in dem 1814 erschienenen »Essai sur les arts et les manufactures de l'empire d'Autriche« zusammengefaßt. Der im II. Bande enthaltene Artikel über die Lithographie findet sich im Wesentlichen wieder abgedruckt in den »Annales des arts et manufactures par J. N. Berbier de Vémars. Paris 1814, Tome 51 und 52«. In dem geschichtlichen Abriß enthält er neben einigen Irrtümern (André 1807 zuerst in Paris etc.) eine Reihe neuer Forschungen über die Lithographie in Frankreich, wohl meist Tatsachen, die der Verfasser nur in Paris nach seiner Rückkehr hatte feststellen können und die die wenigen Angaben seiner ersten Notiz aus Wien ergänzen und berichtigen. Wir haben uns oben vielfach darauf bezogen. Dann führt er die bis dahin entstandenen Hauptwerke an, darunter Lejeunes »Kosaken« und Lomets »Staininger«, und faßt den Wert der bis dahin in Frankreich erschienenen Blätter folgendermaßen zusammen: »Toutes les gravures obtenues jusqu'à présent à Paris, ne peuvent être considérées que comme des essais plus ou moins imparfaits; nous pouvons même ajouter que cet art, quoique connu de quelques artistes habiles, n'ait jamais été pratiqué par des hommes ayant apprécié toutes les ressources de ce genre de gravure.«

Denon, der vor seiner Reise der Erfindung zum mindesten skeptisch gegenübergestanden hatte, erscheint nun auch sehr davon eingenommen. (Lejeune bei Joly a. a. O.) Er hat von München ein sehr unvollkommenes Blatt, die heilige Familie auf der Flucht darstellend, mitgebracht; und wohl auch die andern von Bouchot in »La Lithographie« S. 34 erwähnten Blätter sind damals (um 1809) entstanden. Nach der Rückkehr beschäftigte er sich weiter mit der Lithographie und es entstand vielleicht 1811 das Porträt der Mme. Mollien.

Jetzt, wo sich mit Denon auch die offiziellen Kreise und sogar die Damen für die neue Erfindung interessierten (Lejeune bei Joly a. a. O.), erscheint es wunderbar, daß jemand, wie noch 1810 Mitterer, vergebens bei der Regierung um die Erlaubnis zur Einrichtung einer Druckerei in Paris einkommen konnte (Joly a. a. O. und Engelmann).

Aus dem Jahre 1811 ist dann noch die Notiz im »Annuaire de l'industrie française ou recueil par ordre alphabetique etc. . . . par Sonnini et Thiébaut de Bernaud«, Artikel »gravure sur pierre«, zu erwähnen.

Da die Erfindung noch immer nicht in der richtigen Weise nutzbar gemacht wurde, entschloß sich 1812 der schon erwähnte Graf Lasteyrie, der sich schon mehrfach im Interesse der Landwirtschaft, der Industrie und auch der Lithographie betätigt hatte, nach München zu reisen, das Verfahren gründlich zu studieren und es, mit allen Hülfsmitteln und Kenntnissen ausgestattet, in Frankreich einzuführen. Er schreibt über seine Tätigkeit im Artikel »Lithographie« in der Encyclopédie par Firmin Didot frères 1840: »Kurz nachdem André Paris verlassen hatte, erfuhren wir durch unsere Korrespondenz mit Deutschland, daß sich die Lithographie dort sehr verbreitete, und da wir vergebens Arbeiter und Künstler gesucht hatten, die eine Anstalt gründen konnten, machten wir nacheinander zwei Reisen (1812 und 1814), um sie kennen zu lernen und nach Frankreich zu verpflanzen.« Am 14. April 1816 kamen die Arbeiter in Paris an und am folgenden Tage eröffnete er seine Anstalt in der Rue du Bac (Prospekt der Anstalt von Lasteyrie) »après avoir tout disposé pour cela nous établîmes une presse à l'usage de la police et nous formâmes à Paris un grand établissement d'où sortirent les premières gravures dessinées par nos plus habiles artistes« (Encyclopédie). Es war die erste Anstalt in Paris, der längere Dauer beschieden war, doch nicht die erste in Frankreich.

Schon 1815 hatte Gottfried Engelmann (von den Franzosen fast beständig Gabriel genannt) in Mülhausen im Elsaß eine lithographische Anstalt errichtet. Engelmann war ein Schüler von Regnault gewesen und ein geübter Zeichner. Durch seinen Freund Koechlin hatte er die Lithographie und Rapps Lehrbuch (Cotta 1810) kennen gelernt und schon im Winter 1813/14 Versuche in Mülhausen gemacht, war dann nach München gegangen und hatte dort bei Stuntz die Lithographie erlernt, die er 1815 in Mülhausen und 1816 kurz nach Lasteyrie in Paris einführte.

Außerdem sind uns zwei Lithographieen vom Jahre 1815 aus Dijon erhalten, die im vorigen Jahre mit der Sammlung Aufseesser in Berlin bei Amsler und Ruthardt versteigert wurden. Es sind zwei Porträte, bezeichnet: »S. Morel, Dijon, 10. 7bre 1815« (abgebildet im Katalog der Versteigerung). Und in der Tat hat sich in Dijon die Lithographie früher als in Paris eingebürgert und zwar auf eine merkwürdige Weise. Gabriel Peignot berichtet uns darüber: »C'est surtout depuis la fin de 1815 c'est à dire depuis le dernier séjour de troupes alliées en France, que l'art lithographique a reçu une plus grande impulsion dans nos contrées. Des artistes allemands versés dans cet art, et munis de presses, d'encre, de pierres, etc., étoient attachés aux chancelleries établies près des quartiers-généraux des armées alliées, et fournissoient à tout ce qui étoit exigé en écritures, en tableaux et en cartes, sous le rapport militaire, civil, administratif et diplomatique. Ils faisoient un mystère de leurs procédés; et lorsque moyennant un certain prix convenu, ils consentoient à en faire part à quelque amateur, ils avoient l'attention de s'en tenir à des demi-aveux qui rendoient toujours presque inutiles ou au moins imparfaits les essais par lesquels on tâchoit d'imiter leurs productions. C'est ce que nous avons vu à Dijon. Le premier atelier lithographique formé dans cette ville, à cette époque, appartient à M. Berthaux-Durand, ingenieur-vérificateur du cadastre; c'est chez lui que logeoient et qu'avoient établi leur lithographie les artistes allemands attachés à la chancellerie autrichienne qui était à Dijon; le second établissement lithographique qui a été formé depuis dans la même ville, est dû à l'industrie et aux soins de M. Mairet, marchand papetier, relieur distingué et éditeur de la notice lithographique . . . .«

Das Buch, dem ich dies entnehme, ist erschienen unter dem Titel: Essai historique sur la lithographie par G. P. Paris 1810. Der Verfasser ist nach Barbier: Dictionnaire des noms anonymes und Quérard: Supercheries littéraires Gabriel Peignot (geb. 1767), der schon lange eingehende Studien über Bibliographie gemacht hatte und damals proviseur du collège royale de Dijon war (nach »Biographie des hommes vivants par ordre alphabetique par une société de gens de lettres et de savants«, Paris 1816 ff. Notiz vom Januar 1819). Peignots Bericht scheint danach durchaus glaubwürdig und unanfechtbar. In der ersten der in Dijon gegründeten Anstalten werden diese Blätter gedruckt worden sein. Sie sind künstlerisch nicht sehr bedeutend, obwohl flott gezeichnet, soweit ich sie nach der Abbildung beurteilen kann, auch sind sie technisch absolut nicht unbeholfen, sondern besser als die meisten Blätter, die in den ersten Jahren bei Engelmann und Lasteyrie in Paris entstanden sind.

Mit der Gründung der beiden Pariser Anstalten durch Lasteyrie und Engelmann, deren Bemühungen es gelang, der Lithographie endlich zum Sieg zu verhelfen, schließt die erste Periode der Lithographie in Frankreich.

Walter Gräff.

Anmerkung. Mehrere Lithographieen, die mir zur Zeit in Paris nicht zur Verfügung stehen, habe ich hier nicht erwähnt. Sie befinden sich in der Perchlschen Sammlung in der Königlichen Hof- und Staatsbibliothek zu München. Es sind folgende Blätter: aus dem Jahre 1806: 1. Sechs Mann der französischen Kaisergarde, von Prinz Louis Napoléon; 2. ein Porträt des Schauspielers Ducis nach Gérard, von Boucher-Desnoyers; 1809: eine ruhende Familie (Mann, Weib, Kind mit Hund und Esel) von J. H. Zix (Nagler, Mon. I. 2144). Dieses Blatt entstand gleichzeitig mit Denons heiliger Familie (siehe oben); und endlich: zwei Porträts von Gérard vom Januar 1810. — Sie verdanken sämtlich dem Zufall ihre Entstehung und haben keinen direkt nachweisbaren Einfluß auf die Entwicklung der Lithographie in Frankreich gehabt. Künstlerisch oder technisch sind sie allerdings von einigem Interesse.

Aus Sammlungen.

Nürnberg. Neuerwerbungen des Kupferstichkabinetts des Germanischen Museums. — Unter den mannigfachen, teils durch Ankauf, teils durch Schenkung erfolgten Bereicherungen, die die graphische Abteilung des Museums im Jahre 1903 erfahren hat, verdienen besonders hervorgehoben zu werden:

I. Blätter des Kunstdruckes.

1. Von Meistern des 16.—18. Jahrhunderts.

Heinrich Aldegrever, B. 61. 216. 248. 269. 286. — **Hans Baldung**, B. 2. 44. — **Mathias Beutler**, Groteskornament. Kpf. — **Jacob Binck**, B. 20. 24. 26—43. 74. 75. — **Orazio Borgiani**, B. 9. — **Nicolaus de Bruyn, Godefridus Bulonius.** — **Wendel Dieterlein**, 9 Bll. Karikaturen, Rad. — **Paul Flindt**, Prunkgefäße, resp. Teile von solchen, 3 Bll. Kpf. — **Peter Flötner**, P. 7. 8. 27. — **Hans Ulrich Franck**, David und Abigail, Rad. — **C. Fritzsch**, nach J. J. Pfeiffer: Die Schöpfungsgeschichte, 17 Bll. Kpf. — **Philipp Galle**, exc. 1.) »Passio, mors et resurrectio dn. nostri Jesu Christi«, nach Johannes Stradanus, 42 Bll. von **Carel van Mallerij, Philipp Galle, Adrian Collaert.** Kpf. 2.) »Litis abusus«. Sinnbilder auf das Prozeßführen. 8 Bll. von **Theodor Galle, Adrien Collaert, Cornelius Galle, Carel van Mallerij, Johann Collaert.** Kpf. — **Johann Daniel Herz**, Ornament Kpf. — **Wenzel Hollar**, Partey 271. 1023. 2243. 2631. — **Daniel Hopfer**, B. 41. 75. 113. — **Hieronymus Hopfer**, B. 10. 29. — **Lambert Hopfer**, B. 33. — **Wolf Huber**, B. 8. — **Peter Isselburg**, Die Geschichte des verlorenen Sohnes, 4 Bll. nach Gabriel Weyer. Kpf. — **Hans Ladenspelter**, No. 43. 46. 48 aus der Folge P. 42—48. P. 49. — **Etienne de Laune**, R.-D. 286, 287. — **Hans Sebald Lautensack**, B. 41. 52. — **Lucas van Leyden**, B. 14. — **Meister E. S.**, P. 124, zum Teil koloriert. — **Meister der Kraterographie**, Bergau 2. 4. — **Monogrammist F. B.** 1586, Bl. 7 aus einer Folge von Mustern zu Degen- und Schwertgriffen, Nagler, Monogr. II. No. 1928. — **Georg Philipp Rugendas**, 4 Bll. Jagden, No. 13—16 einer bei Stillfried nicht verzeichneten Folge. Schabk. — **Martin Schongauer**, B. 8. 69. 72. 98. 102. 103. — **Hans Sibmacher**, drei Kartuschen, Rad. — **Christoph von Sichem**, B. III, 212, 1. — **Virgil Solis**, No. 8—11, 44—47 aus der Folge B. 27—53; Nr. 218 und 220 aus der Folge B. 218—221; ferner B. 226. 240—255. 261. 443. 444. 446. 530. — **Martin Treu**, P. 10. — **Anton Wierix**, Alvin 1015. 1088 II.

2. Von Künstlern des 19. Jahrhunderts:

Wilhelm Hecht, Ludwig II. als Großmeister des Georgsritterordens. Kpf. — **Joseph Kriehuber**, 2 Bildnisse: Karl Friedrich Burdach und Anton Hinterberger. Lith. — **Ludwig Kühn**, Landschaftsstudien, 10 Bll. farb. Originallith. — **Bernhard Mannfeld**, Das deutsche Buchhändlerhaus. Rad. — **Ludwig Richter**, Hoff 76—105. 169. 203. 204. 231. 232. 319—343. 496—513. 515—535. 948—955. — Außerdem die Bll. unserer Jahresmappe.

II. Kulturgeschichtliche Einblattdrucke:

1. Illustrierte Flugblätter etc.

16. Jahrhundert: Kopfleiste zu einem Kalender von 1533, mit Anbetung der Könige. Holzschn. — Himmelserscheinungen zu Augsburg 1580—1590, 4 Bll. kolor. Holzschn. — Blatt auf die Christenverfolgungen. Kpf. — Narrenbild, kolor. Holzschn. **17. Jahrhundert:** Krönung Erzherzog Ferdinands v. Österreich zum König von Böhmen, kolor. Holzschn. 1617. — »Der Aufschneider«. Kpf. ca. 1620. — »Christ-Gläubiger Jugend Getroste Todes Verachtung«. Kpf. — »Der Narren-Kramer«. Kpf. — Himmelserscheinung zwischen Marienberg und Steinbach. Holzschn. 1676. **18. Jahrhundert:** 12 Bll. Darstellungen von Mißgeburten. — Abbildung der in Wien beim Aufhören der Pest errichteten Gedenksäule. Kpf. ca. 1700. — Wunderzeichen an der Anna Margareta Maien zu Ulm und Augsburg. Kpf. 1701. — Die Lebensalter, 5 Bll. kolor. Holzschn. — Politische Allegorien und Satiren. 5 Bll. Kpf. — Darstellungen verschiedener Gewerbe. 13 Bll. Kpf. — Christlicher Haus-Segen für fromme Eheleute. Holzschn. — »Einer von denen nassen Brüdern«. Kolor. Kpf. ca. 1720. **19. Jahrhundert:** Spottblatt auf die Schädellehre des Dr. Gall. Aquat. ca. 1810. — »Hans Immerdurst«, kolor. Rad. ca. 1820. — Cholera-Anekdoten aus Krähwinkel, 3 Bll. kolor. Kpf. ca. 1820. — Spottblatt auf das Aderlassen. Lith. ca. 1830.

2. Prospekte:

Augsburg (Schleif-, Stoß- und Ölmühle). Rad. 1681. — Burgstall b. Rothenburg o. T., getuschte Federz. 18. Jahrhundert. — München (Marienplatz). Rad. 1630. — Nürnberg. Kpf. 1670. — Wallerstein. Aquarell. 1812.

3. Porträte:

42 Bildnisse von Nürnberger Patriziern, 48 von berühmteren Buchhändlern, 69 von Mitgliedern des bayrischen Landtags, 86 von badischen, bayrischen, braunschweigischen, hohenzollernschen und nassauischen Fürsten und Fürstinnen, 353 von bekannteren Ärzten.

III. Zeichnungen.

Monogrammist Z. S. Altaraufbau. Feder. 1532. — Unbekannter Zeichner, Hochzeitsmahl. Aquarell. Ende des 16. Jahrh. — Augsburger Künstler, Stichvorlagen, Feder. 150 Bll. 18. Jahrh.

IV. Photomechanische Nachbildungen.

89 zum größten Teil von Künstlern der Gegenwart entworfene Exlibris; 2 Photochroms der Südseite des Germ. Museums und der Germ. Küche in demselben; 2 Plakate *A. Hg.*

London. Neue Erwerbungen des Kupferstichkabinetts des Britischen Museums (Juli bis Dezember 1903).

I. Zeichnungen.

Dürer: Porträt Margaretas von Brandenburg-Ansbach, 1525; Kreide auf grüngrundiertem Papier. — Tiepolo: Drei Skizzen; Sepia. — Hokusai: Ein Krieger; schwarz und rote Pinselzeichnung. — George Wilson (1848—1890): Zwei Aktstudien.

II. Stiche.

H. S. Beham: Adam und Eva, B. 6, Pauli 7 II. — Facius: Apollo und die Musen, nach Guttenbrunn; Punktiermanier: zwei Zustände, der zweite in Farben gedruckt. — W. Blake: Der Verstand tritt die Unwissenheit mit Füßen (?); neuer Abdruck von einer unpublizierten Originalplatte.

III. Radierungen.

Axel Haig: 22 Architekturdarstellungen; Geschenk des Künstlers. — Rodolphe Bresdin: Elf Blätter. — P. G. Taverne: La Moisson, La Vendange, nach G. Bertrand.

IV. Lithographien.

Rodolphe Bresdin: Sieben Blätter. F. Gottlob: Les derniers Camisards. — P. Maurou: Zwei historische Szenen, nach J. P. Laurens. — W. Rothenstein: 32 Porträte, nach dem Leben gezeichnet, Geschenke des Künstlers. *C. D.*

Ausstellungen.

Neue Wege im alten Nürnberg. — Es dürfte wohl das erstemal sein, daß in unseren Mitteilungen ein Bericht über Ausstellungen moderner Graphiken in Nürnberg zu lesen ist. Jedermann, zumal der mit den Ortsverhältnissen vertraute, wird das ganz natürlich finden, denn über etwas, was nicht existiert, schweigt man sich am besten aus. Umsomehr freue ich mich, heute allem Herkommen entgegen einmal von neuen Anregungen sprechen zu können, die, wenn sie auf fruchtbaren Boden fallen, vielleicht als ein Wendepunkt in der Entwicklung des Geschmackes und Kunstverständnisses angesehen werden dürfen.

Es gehört bei dem auffälligen Selbstgefühl und der bewundernswürdigen Selbstzufriedenheit der Nürnberger, die bei jeder passenden und unpassenden Gelegenheit mit nicht geringem Stolze auf den mit Ruß und Kohlenstaub bedeckten Ehrenschild der alten heimischen Kunst hinweisen, ein gut Teil Wagemut dazu, mit Kunstwerken an die Öffentlichkeit zu treten, deren Wiege außerhalb der Mauern und Türme der geliebten Vaterstadt gestanden ist. So etwas schaut der echte Nürnberger schon von vornherein mit kritischen Augen an, als wenn er dächte: »Was kann von draußen Gutes kommen?« und wenn es wirklich was Gutes sein sollte, an »unseren« Dürer reicht es doch nicht heran«. Ja, »unser« Dürer! Der scheint nachgerade die Crux des Nürnberger Kunstlebens zu werden, wenn anders man überhaupt von einem solchen reden kann. Alles und jedes mißt man an ihm, und nur gar weniges findet infolgedessen Gnade vor den Augen solcher Beurteiler. Zu dem Wenigen gehört aber in erster Linie der ganze Troß der einheimischen Künstler, denen schon aus dem Grunde Palme und Krone gebührt, weil sie, wie der Frankfurter sagen würde, »Hiesige« sind. Man glaube nicht, dies sei übertrieben; ich brauche sonst nur auf ganz ähnliche Ausführungen hinzuweisen, die vor kurzem in der »Kunst für Alle« zu lesen waren, wo Bredt schreibt: »Leider steht ja der Nürnberger selbst dem Hervorragenden, wenn es außerhalb Nürnbergs Mauern entstanden, ebenso apathisch gegenüber, wie er mittelmäßiges einheimisches Schaffen begeistert begrüßt.« Um dies richtig beurteilen zu können, muß man mal eine Zeitlang die in unserer Presse — und nicht in der schlechtesten — erscheinenden Kunstberichte über die Ausstellungen Nürnberger Künstler im Albrecht Dürer-Verein gelesen haben. Da ist jedes Werk »tadellos gezeichnet, meisterhaft gemalt, fein gestimmt, trefflich arrangiert, flott hingesetzt, reizend komponiert«, alles ist »mit Bravour gemacht, der Natur nachgeschrieben und mit packender Wahrheit gegeben«, jedes »verdient hohe Beachtung und aufrichtiges Lob« und was zu sehen ist, sind »Perlen der Malerei«. Und was sind diese Perlen meistens? Veduten; die eine besser, die andere geringer; meistens aber, weil ohne Temperament, recht langweilig. Mauern und Türme, Türme und Mauern; Burg und Tore, Tore und Burg. Da capo usque ad finem. — Die Kehrseite der vielbeschrieenen Heimatkunst!

Unter diesen Umständen ist die dem Kunsthändler Sippel zu verdankende Gründung eines auf intime Wirkung berechneten Salons, der kleine, gewählte und in sich abgeschlossene Ausstellungen von Kunstblättern in- und ausländischer Griffelkünstler bringt, wirklich eine Tat zu nennen, die auf unser heimisches Kunstleben einen direkt erzieberischen Einfluß auszuüben imstande ist. Schon die Aufmachung des mit schlichter Vornehmheit ausgestatteten kleinen Raumes zeigt, daß man mit Glück und Geschick bemüht gewesen ist, ein bei solcherlei Kunstwerken unbedingt erforderliches stilles, in sich gekehrtes und beschauliches Genießen zu ermöglichen.

Einen Genuß im besten Sinne bot bis jetzt noch eine jede der fein gewählten Ausstellungen, deren Reihe charakteristischerweise durch eine Darbietung von 24 Radierungen Kalckreuths eröffnet wurde. Schon diese Auswahl der Première gestattet einen Schluß auf das künstlerische Niveau des jungen Unternehmens, und man wäre mit Rücksicht darauf wohl versucht, es mit dem Motto »Nur für Kenner« zu überschreiben. Auf Kalckreuths Griffelkunst paßt dieses Wort entschieden, denn es bedarf schon eines kunstgeschulten Auges, um die »Größe« seiner kleinen Blätter richtig schätzen und würdigen zu können. Wer sich aber auf künstlerische Handschrift versteht, der wird unverzüglich von der wahrhaft monumentalen Gestaltungsweise angezogen, die sich in den anspruchslosen Graphiken noch weit augenscheinlicher offenbart als in den durch Brillanz der Technik ausgezeichneten Gemälden des interessanten Künstlers. Da war zum Beispiel das von den Schatten der Nacht umfangene schlafende Dorf zu sehen; dann die gewaltigen Feldarbeiterinnen, diese wuchtigen Personifikationen von Schaffenskraft und Schaffensfreude; ferner die Landschaft im Regenwetter, bei deren Anblick es einen förmlich fröstelt, so feucht erscheinen Erdreich und Luft.

Hans Thoma, dessen Steinzeichnungen in der zweiten Ausstellung dargeboten wurden, erscheint neben Kalckreuth fast wie ein Spießbürger; nichts Gewaltiges, Aufregendes, nichts Dämonisches, Geniales! Manchmal direkt unbeholfen und unzulänglich, aber dennoch ungemein sympathisch, weil eine Betrachtung seiner Werke eine ganze Fülle von lieblichen Empfindungen in uns auslöst. Die großen Vorzüge und ebenso die empfindlichen Mängel dieser Kunst zeigen sich vor allem in den Steindrucken und Algraphien des Meisters, die in ihrer Ungleichheit die Grenzlinie seines Könnens deutlich verraten. Das bei jeder Gelegenheit gerühmte Deutschtum, das in Thomas Kunst steckt, scheint sich meines Erachtens nicht nur in der Wahl des Gegenstandes seiner Darstellungen zu offenbaren, sondern vor allem auch in der fast holperigen Art und Weise, wie er seinen Ideen und Vorstellungen äußere Gestalt gibt.

In puncto Stimmungsmalerei sind die Mitglieder des Karlsruher Künstlerbundes, die wir nach Thoma zu sehen bekamen, diesem entschieden über; manche von ihnen arbeiten nach dieser Seite hin mit unbestrittener Meisterschaft, so daß man sich nicht genug über die scharfe Konzeption und innerliche Verarbeitung der durch den jeweiligen Wechsel von Licht und Wärme bedingten Abschattierung der in der Landschaft vorherrschenden Tonwerte wundern kann. Das sind keine einfachen Ansichten von diesen oder jenen mehr oder weniger interessanten Gegenden, sondern wirkliche Kunstwerke, denen die Kraft innewohnt, uns etwas von der Stimmung und Gemütsverfassung zu suggerieren, die die Künstler sich mit Pinsel und Stift von der Seele haben herunterschreiben wollen.

Heinrich Wolff, dessen neueste Arbeiten wir ebenfalls kennen lernten, ist mehr Verstandesmensch. Weiche, sentimentale Empfindungen sind nicht seine Sache. Seine Werke scheinen manchmal wie hingehauen; flott, keck, ja brutal in der Technik. Manchmal nichts als ein Durcheinander von geraden Strichlagen, die sich aber dennoch zu scharfen, markigen, charaktervollen Porträtdarstellungen vereinen. Was der Kuriositätenliebhaber an der neuesten Mappe des interessanten Graphikers noch ganz besonders schätzen wird, ist der Umstand, daß die darin vereinigten Kunstblätter nicht mehr nachgedruckt werden können, da alle Platten, Stöcke und Steine nach Abzug der vierzig vorzüglichen, eigenhändig signierten Drucke vernichtet worden sind. »So erzeugt man in der kapitalistischen Gesellschaft künstlerische Preise und macht den Kunstbesitz zum Vorrecht der Reichen und Reichsten«, schrieb damals das sozialdemokratische Organ unserer Stadt. Schade, daß man ihm unumwunden Recht geben muß; oder gibt es vielleicht irgend eine stichhaltige Entschuldigung für ein derartiges mit dem innersten Wesen der reproduzierenden Künste in direktem Widerspruche stehendes Verfahren? So etwas ist nur geeignet, das Kunstwerk zu einer Rarität herabzuwürdigen, bei der man nicht in erster Linie fragt, ob man es mit einer hervorragenden Arbeit zu tun hat, sondern vielmehr, ob es das einzige Stück seiner Art sei — mag diese nun gut oder schlecht sein, das bleibt sich im Grunde genommen gleich.

Diese Freude am Seltenen, Einzigartigen spricht übrigens auch bei den modernen französischen Kupferdrucken, die wir zuletzt zu sehen bekamen, ein kleines Wörtchen mit; nicht etwa, daß auch diese nur in einer beschränkten Anzahl zum Abdruck gelangten; nein, aber sie weisen die Eigenschaft eines jeden farbigen Einplattendruckes auf: sie geben auch nicht zwei einander in allen Farbennuancen völlig gleichende Abzüge. Was Wunder, wenn die ganz strengen Stilisten in dieser Tatsache einen hinlänglichen Grund erblicken, diese Farbenätzungen rundweg abzulehnen. Daß dies zu weit geht, kann nicht zweifelhaft erscheinen, zumal wenn man, vom absolut künstlerischen Wert dieser Blätter ausgehend, das weise Maßhalten innerhalb der durch die Technik abgesteckten Grenzen in Erwägung zieht. Wir haben es ja glücklicherweise nicht mit Imitationen zu tun, wie es die Farbendrucke des XVII. und XVIII. Jahrhunderts hie und da waren; diese sollten in der Tat für etwas anderes gehalten werden, als sie in Wirklichkeit waren, und die Künstler, die sie schufen, werden wohl einen nicht geringen Stolz empfunden haben, wenn man ihre Drucke mit

Aquarellen, Pastellen oder gar Deckfarbenmalereien verwechselte. Dies war häufig direkt beabsichtigt; man wollte diesen Effekt, wenngleich es auch die verächtlichste Wirkung ist, die von der Kunst ausgehen kann; insofern nämlich, als der dadurch hervorgerufene Genuß des Erstauntseins, der Überraschung genau auf denselben Voraussetzungen beruht, wie die angenehme geistige Erregung, die von einem verblüffenden Taschenspielerkunststück ausgeht. Diese Klippe haben die Franzosen glücklicherweise gemieden, und trotz der weitgehendsten malerischen Auffassung zeigen ihre Blätter doch das ehrliche Bemühen, vermittels der Farbe im Tiefdruck nur das zu erreichen, was dieser allein zu bieten imstande ist: eine wenn auch kräftige, so doch sehr gedämpfte Tönung, mit der sich der weiche, matte Glanz des Metalls zu einem koloristischen Effekt verbindet, der weit abseits liegt von dem durch gleißenden Schimmer und blitzende Pracht gekennzeichneten Wege der Ölmalerei. Möge die farbige Radierung sich nie auf diese glatte Straße wagen; sie würde auf ihr unfehlbar zu Falle kommen und vielleicht sehr, sehr lange unter den verderblichen Folgen eines Ehrgeizes zu leiden haben, der ebenso falsch wie schädlich ist.

Alfred Hagelstange.

Vermischte Nachrichten.

† Oskar Berggruen. Berggruen wurde 1843 in Lemberg geboren und zeigte schon als Kind sehr gute Anlagen, ein vorzügliches Gedächtnis und eine scharfe Auffassungskraft. Nachdem er die Mittelschule mit ausgezeichnetem Erfolge absolviert und maturiert hatte, bezog er, kaum 17 Jahre alt, die Universität Wien, um Jus zu studieren. Schon damals betrieb er Sprach- und Musikstudien, Malerei und Kunstgeschichte. Kaum 22 Jahre alt, wurde er zum Doktor juris promoviert und nach anderthalb Jahren erlangte er auch das Doktorat der Philosophie. Um Advokat zu werden, mußte er vorschriftsmäßig sieben Jahre hindurch die nüchterne Laufbahn eines Konzipienten verfolgen. Während dieser Zeit aber vervollkommnete er sich in seinen Sprach- und Musikkenntnissen und erweiterte seinen Blick durch häufige Reisen ins Ausland, auf denen er namentlich in Museen, Galerien und Bibliotheken fleißig studierte. 1871 erlangte er in Wien die Advokatur und nebenbei war er durch viele Jahre Musikkritiker der »Wiener Zeitung« und 1879 bis 1887 Redakteur der »Graphischen Künste«. Regen Anteil nahm Berggruen anfangs der siebziger Jahre an Wagners Musik, für welche er schwärmte und eifrig Propaganda machte. Er war einer der ersten Gründer des Wagnervereines, ein fleißiger Besucher der Bayreuther Festspiele und im Wagnerschen Kreise gern gesehen. Doch genügte es ihm nicht, sich bloß mit Musik und Musikkritik zu beschäftigen, sondern er war auch für die bildende Kunst begeistert und studierte im In- und Auslande gründlichst Malerei und Plastik. Dem reichen Wissen, das er sich so erwarb, entsprang ein kompetentes Urteil, das in Fachkreisen sehr geschätzt wurde. Er führte als Rezensent und Redakteur eine vorzügliche Feder und schrieb auch für ausländische Journale, z. B. durch viele Jahre für die bedeutendste Musikzeitschrift Frankreichs, den »Menestrel«. Kraft seiner Sprachkenntnisse und seines allgemeinen Wissens war er fast eine lebendige Enzyklopädie; er hatte ein überaus feines Auge und gutes Gehör und arbeitete äußerst leicht, niemals oberflächlich und stets geschmackvoll. In Wien galt er denen, die ihn nicht genau kannten, als ein Sonderling, da er auf sein Äußeres wenig Gewicht legte und mit der Clique auf keinem guten Fuße stand. Aber Berufskollegen und Künstler schätzten ihn wegen seines reichen Wissens, der Lauterkeit seines Charakters und seiner Herzensgüte. Ende der achtziger Jahre übersiedelte Berggruen, da ihm der Beruf als Advokat nicht zusagte und ihm Wien als Kunststadt nicht mehr genügte, nach Paris, der Stadt, nach der er sich schon seit Jahren gesehnt hatte und deren Museen und Bibliotheken er nunmehr emsig durchforschte. Bald faßte Berggruen in Paris festen Fuß. Er schrieb für ein großes Pariser Journal politische Artikel und wurde Mitarbeiter des schon erwähnten »Menestrel«.

Leider erschöpfte diese vielseitige und rastlose Arbeit Berggruens physische Kräfte. Seit anderthalb Jahren kränkelte er; ein ernstes Lungenübel nahm rasch überhand, der Aufenthalt in mehreren Kurorten Frankreichs und der Schweiz brachte nur vorübergehende Besserung und Ende Oktober vergangenen Jahres erlag er zu Paris im Kreise seiner Geschwister der tückischen Krankheit. —m.

London. Louis Fagan, ehemaliger Assistent an der Kupferstichsammlung des Britischen Museums und Verfasser des Buches Collectors Marks, des Katalogs von Wooletts Kupferstichen und anderen Werken, starb am 5. Januar 1903, 58 Jahre alt.

London. Bei Sotheby wurde am 30. März 1903 eine Sammlung von Zeichnungen und illustrierten Büchern William Blakes, das Eigentum des Earl of Crewe, verkauft. 18 Nummern erzielten die Riesensumme von £ 9776. Die wichtigsten Objekte waren die folgenden: The Book of Job, 1825, mit 21 Originalzeichnungen — £ 5000. Zwölf unpublizierte Zeichnungen, Miltons L'Allegro und Il Penseroso illustrierend, — £ 1000. Songs of Innocence und Songs of Experience — £ 300. The Book of Thel, 1789 — £ 77. The Marriage of Heaven and Hell, 1790 — £ 200. America, a Prophecy, 1793 —

£ 293. Visions of the Daughters of Albion, 1793 — £ 122. Europe, a Prophecy, 1794 — £ 203. The Book of Urizen, 1794 — £ 307. The Book of Ahania, 1795 — £ 103. The Song of Los, 1795 — £ 174. Illustrationen zu Youngs Night Thoughts, 1797, einziger kolorierter Druck — £ 170. Jerusalem, 1804 — £ 83. The Ghost of Abel, 1822 — £ 43. *C. D.*

Kunstpflege und Schule. Die Reform des Zeichenunterrichtes steht auf der Tagesordnung. Eine gewissenhaftere und verständnisvollere Beobachtung hat festgestellt, daß es mit dem ornamentalen und figuralen Drill nach Gipsmodellen vergangener Zeiten nicht mehr weitergeht, daß man damit zwar die Begeisterung für die Antike vertreiben, nicht aber selbständige Schaffenskraft und Genußfähigkeit entflammen kann. Seit einem Jahrhundert schaukelt dieser Kampf zwischen Kopieren und Naturstudium auf und nieder — augenblicklich sind wir wieder einmal zur Erkenntnis durchgedrungen, daß nur das Leben Leben schafft und durch die Kenntnis der Natur allein sich jene im Menschen schlummernden Naturkräfte wecken lassen.

Der Zeichenunterricht der Mittelschulen hat deshalb im letzten Jahrzehnt, nicht ohne Kampf gegen festgewurzelte Vorurteile, an Stelle lebloser Gipskopien bereits Gegenstände der Natur und Kunst treten lassen, und unsere Kunstgewerbemuseen allerorts sind eifrig bei der Arbeit, durch leihweise Beistellung ihres Besitzes an Originalen diesen nützlichen Wandel tunlichst zu fördern. Durch Intarsien und Flachschnitzerei, wie sie die Renaissance uns überlieferte, wird der Sinn für Flächenwirkung, durch plastische Arbeiten in Metall, Ton, Glas und Holz das Verständnis für die Körperform jedenfalls rascher und tiefer ausgelöst, als durch Nachahmung gedruckter Vorbilder. Denn der kräftigste Hebel jeder Erkenntnis bleibt allezeit das persönliche Interesse eines Gegenstandes. Und wie viel lebhafter wird es sich vor Originalen betätigen, denen außer ihrer Vollkommenheit auch der Reiz der Echtheit anhaftet, als an Nachbildungen, die der Markt jedermann zugänglich macht. Hiezu tritt bei dem Original die unnachahmliche Farbe, die auf die Bildung des Farbensinnes in einem heranwachsenden Geschlechte so unberechenbar tief einwirkt. An den Mittel- und Gewerbeschulen wird überdies die Vertrautheit mit originalen Meisterwerken der einzelnen Kunsttechniken frühzeitig auch die Vorliebe des begabteren Schülers für diesen oder jenen Zweig künstlerischer Betätigung hervorlocken.

Andererseits hat die Reformierung der Fachschulen in Österreich das Studium der Natur nach der lebenden Pflanze im Zeichen- und Modellierunterricht mit vollem Rechte und offenkundigem Erfolge an die Spitze gestellt.

Zurückgeblieben im allgemeinen Wettrennen war bisher nur die Volks- und Bürgerschule. Da tappt man immer noch im Finstern. Der Radiergummi ist nach wie vor die erlösende Kraft, die von allem Übel heilt. Nirgends sind selbst die Fachleute so uneins, wie im Urteil darüber, was Volks- und Bürgerschule kann und soll. Denn auf das Wollen kommt es hier ja allein nicht an, das ist klar. Nur in dem einen, noch Unerreichten sind sich alle schlüssig, daß der Zeichenunterricht nicht früh genug einsetzen und nie zu reichlich bemessen sein kann. Denn er erleichtert nicht bloß dem künftigen Künstler — diesem am wenigsten — sondern vor allem jedem anderen Berufe die Auffassung und Klärung der Erkenntnis und des Urteils. Wer mit dem Bleistift frei hantieren und was er unklar fühlt, damit sichtbar darstellen kann, macht sich nicht anderen bloß, sondern auch sich selbst am raschesten verständlich.

Durch Probieren allein und nicht durch Debattieren wird es sich nun bald feststellen lassen, welche Methode zum Ziele führt. Denn ohne Methode geht es einmal nicht. Ob es möglich sein wird, wie Dr. Cornelius in München nach Grundsätzen des großen Plastikers Hildebrand glaubt, der Elementarschule das Nachzeichnen von Landkarten, Möbelaufrissen und Häuserfassaden zumuten zu dürfen, das Skizzieren von Grundrissen der Wohnungen, Brücken und Kirchen, das selbständige Erfinden von Formen in Möbeln und Ornamenten keramischer Erzeugnisse — das wird billigerweise zu bezweifeln sein.

Besseren Erfolg verspricht, weil das Versprechen bereits gehalten wurde, der Versuch einer Wiener Bürgerschule im Naturstudium. Wir scheiden daher, da es sich dieser Betrachtung nur um Festnaglung vorhandener und zu wenig bekannter Ergebnisse und Tatsachen handelt die Frage nach der Reform des Volksschulunterrichtes vorläufig aus. Was die Bürgerschule aber leisten soll, das zeigt die Ottakringer in dem bereits, was sie kann.

Man wird bei aller Hochachtung vor diesem Bezirke nicht als »mildernd« annehmen, daß sich darin eine größere Intelligenz bemerkbar mache als in irgend einem anderen Wiener Bezirk. Was die Ottakringer können, sollten die Margarethner, Mariahilfer und Wiedener nicht auch zuwege bringen? Niemand hat den Mut, das zu bezweifeln.

Schon im Spätherbst 1901 entwickelte der Lehrer der Ottakringer Bürgerschule, Herr Josef Blachfelner in der Wiener pädagogischen Gesellschaft — nicht ohne Widerspruch begeisterter »Gegner der Sezession«! — seine Grundzüge und konnte schon damals die ersten Erfolge seiner in der III. Klasse begonnenen Versuche unter dem revolutionären Kennwort vorstellen: »Der Lehrer ist bloß der Sammler der Vorwürfe, der Anreger und Ratgeber«. Zu Ostern 1902 hat ein größerer Kreis von Fachleuten die Ausstellung dieser Schule zu sehen bekommen.

Inzwischen ist Herr Blachfelner bis zur ersten Klasse, also den zehnjährigen Knaben, vorgedrungen, und merkwürdig genug — oder vielleicht selbstverständlich? — sind die Kinder um so geschickter, je früher man sie anfaßt. Im Dreizehnjährigen ist schon zuviel verbildet, vor allem die falsche Scham schon zu stark. Er scheut sich ordentlich zu klecksen und überlegt zuviel. Der Triumph der Methode zeigt sich deshalb am auffälligsten in der ersten und zweiten Bürgerschulklasse.

Das bewies die große, mehrere hundert Blätter umfassende Ausstellung, welche der genannte Lehrer im Februar laufenden Jahres im Mährischen Gewerbemuseum in Brünn eröffnete. Worin bestand ihre Überraschung, ihr Umstürzlerisches, ihr Geheimnis? —

Daß Kinder auch im zartesten Alter mit dem Pinsel umzugehen lernen und nach der Natur malen können, ist nunmehr bekannt. Als ich im Sommer 1898 den Vorschlag hiezu tat, angeregt durch eine vom Mährischen Gewerbemuseum in Brünn veranstaltete Ausstellung japanischer Pinselzeichnungen, da begegnete man nur ungläubigem Lächeln. Heute glaubt man wenigstens schon an die Möglichkeit. Die Hagenbund-Ausstellung bewies es vor zwei Jahren an amerikanischen Arbeiten. Aber daß man die Lehren Prangs und Liberty Tadds wie der Londoner Schulen nicht ohneweiters auf die so ganz anders gearteten Schulen des europäischen Festlandes aufpfropfen könne, ist — nachdem die erste Begeisterung verrauscht war — bald genug eingesehen worden. Das Überraschende dieser Wiener Erfolge besteht vielmehr darin, nachgewiesen zu haben, daß auch in den überfüllten europäischen Schulen, deren Kinderzahl und Lehrplan weit größer und umfassender als in Amerika ist, dieselben Ziele mit denselben Mitteln erreichbar sind. Vom Einzelunterrichte war es ja nie bezweifelt worden. Aber Herr Blachfelner befehligt in jeder Klasse eine Schar von über fünfzig Köpfen. Da ist von einem Korrigieren keine Rede mehr. Und doch ist das Naturstudium mit ziemlich gleichem Glück bei Begabten und Unbegabten durchgeführt worden. Noch dazu unter Verleugnung aller früheren Hilfsmittel.

An die Stelle der üblichen Behelfe ist die Erinnerungskraft des Kindes und die Beobachtung, an die Stelle des grausamen kalten Bleistifts sofort Pinsel und Farbe getreten. Das ist das Neue daran. Der Knabe muß zunächst aus der Erinnerung ein Blatt, einen Hut oder eine Flasche zeichnen. Zum Beispiel ein Weidenblatt. Auf diese Zumutung erwidert unsere hoffnungsvolle Großstadtjugend, daß sie gar nicht wisse, wie ein solches aussieht. Auch das ist ein Erfolg unserer bisherigen Lehrgrundsätze! Da muß der Lehrer wohl durch allerlei vergnügliche Kunstkniffe, Hinweis auf Weidenruten, Pfeifchen Weidenkätzchen u. dgl. die erschlaffte Erinnerungskraft aufstacheln. Und nun heißt es — ohne Naturvorbild — aus dieser unklaren Erinnerung heraus ein solches Blatt zeichnen. Es geht, wenn auch ein wenig holprig. Es geht bezeichnenderweise aber mit dem Pinsel besser wie mit dem Bleistift. Erst dann wird dem Knaben ein wirkliches Weidenblatt zum getreuen Nachmalen vorgelegt. Jetzt, auf dieser zweiten Stufe, heißt es die Schuppen von den Augen stoßen und scharfsichtig werden. Es geht, und wiederum mit dem Pinsel weit besser als mit dem Bleistift. Dann kommt aber noch eine dritte, die höchste Stufe, denn Blachfelner hält mit vollem Recht den einfachen gewissenhaften Naturabklatsch nicht für die letzte Äußerung der Kunst. Vielmehr muß der Knabe nun noch einmal dasselbe Blatt aus der Erinnerung zeichnen. Das fällt schon ganz anders aus als vor dem Naturstudium. Nun ist die charakteristische Form und Farbe fürs ganze Leben gewonnen. Ja, noch mehr: wir sehen diesen Malereien Zehnjähriger an, was auch für die Kunsterziehung der »reiferen Jugend« zu denken geben sollte, daß nämlich dieses zweite Erinnerungszeichnen viel besser, reifer, freier gerät als das gewissenhafteste Kopieren der Natur. Es fällt eben aller äußerer Zwang hinweg, die junge Seele kann sich ungezwungen geben, wie es ihr beliebt.

Wie diese eben so merkwürdigen wie neuen Erfolge des Massenunterrichtes zustande kommen oder vielmehr bisher nicht zustande kamen, das freilich ist das Geheimnis — des Lehrers. Ein Dutzendlehrer wird es nie treffen. Denn die Anforderungen, die an diesen »Anreger und Ratgeber« gestellt werden, sind damit unleugbar ungleich höhere als bei dem bisherigen Drill. Der Ruf wird also immer wieder bis zum alles mit sich reißenden Orkan anschwellen müssen: bessert unsere Lehrerbildungsanstalten!

Sollten indes die Volksschulen in dieser reformlustigen Zeit ganz leer ausgehen? Glücklicherweise nicht. Ein wenn auch kleiner Fortschritt der jüngsten Zeit kommt ihr zumindest ebenso zugute wie der Bürgerschule.

Das Österreichische Unterrichtsministerium ist nämlich mit einem im Frühjahre erflossenen Erlaß, in welchem den Landesschulräten die Schmückung der Schulwände mit den farbigen Lithographien des Karlsruher Künstlerbundes (Verlag Teubner und Voigtländer) ausdrücklich empfohlen wird, auf dem Gebiete der Kunstpflege in der Schule in bedeutsamer Weise vorausgegangen. Man muß die Zaghaftigkeit des bureaukratisierten Schulmannes kennen, um diesen Schritt für größer zu halten, als er eigentlich ist oder sein sollte. Wurde doch hiedurch mit einem System gebrochen, welches der Kunst in den Bildungsstätten des Volkes bisher überhaupt die Türe wies. Noch als im Vorjahre das Mährische Gewerbemuseum in einer Brünner Volksschule mit ministerieller Genehmigung den ersten Versuch wagte und die kahlen Wände mit den besten jener Bilder schmückte, galt es vielen für ausgemacht, daß dies ganz sinnlos sei. Warum? Weil die Kinder kein Zeichen des Beifalls gaben! Als wüßten die Herren ABC-Schützen im siebenten und achten Lebensjahre bereits, was ihnen gut tut. Man schien ganz ernstlich vorauszusetzen, daß sich die Knirpse als Kritiker aufspielen und ihren geheimsten Gefühlen Ausdruck verleihen würden. Man behauptet nun zwar immer, es gäbe keine Kinder mehr — aber so tief ist die Jugend doch noch nicht gesunken, daß sie die Großen auch in dieser Hinsicht nachäffen wollte. Wer Kinder beobachtet hat, kennt ihre Zurückhaltung in Gegenwart Erwachsener selbst Angesichts der größten

Torte und des schönsten Schaukelpferds. Nun gar erst in der Schule! Ich erlaubte mir auch schon an anderer Stelle darauf hinzuweisen, daß sie es lieben, gute Musik zu hören, süßen Blumenduft zu riechen, von gesunden Speisen sich zu nähren, ohne dem Musikanten, dem lieben Gott und der Köchin ihre Anerkennung auszusprechen. Wenn sie nun — wie viele überhaupt zum erstenmale in ihrem Leben — ein schönes Bild vor sich sehen, ist es nur zu begreiflich, wenn sie nicht gleich mit altklugen Fragen losstürmen, sondern viel erfreulicher, daß sie das Neue schweigend, sich selbst unbewußt, wie die Schönheit des Frühlings und den heitern Sonnenschein in sich aufnehmen.

Zwangloser Genuß! Das ist das Ziel des künstlerischen Schulschmuckes, durch dessen Gewährung Österreich mit gutem Beispiel vorangeht und damit den Schwachherzigen, die zu keiner neuen Tat den Mut finden, den Kaltherzigen, denen schließlich alles gleichgiltig und die Kunst am überflüssigsten erscheint, und den Überklugen, die das Bessere zum Feind des Guten machen, die Wege weist.

Denn es hat nicht an Stimmen gefehlt, denen der bisherige Vorrat an solchen Werken noch nicht reif genug war, die noch immer größere Künstler abwarten wollen und damit das ganze junge Unternehmen ernstlich gefährden. Es braucht nicht versichert zu werden, daß nicht jedes der empfohlenen Bilder den höchsten Anforderungen entspricht. Weil man vielen gefallen wollte — aus verlagstechnischen Gründen wohl auch mußte — gefällt man allzu vielen und oft gerade jenen am wenigsten, die es am ernstesten meinen. Aber es wäre doch verkehrt, die geringen Ansätze einer jungen Saat zu vernichten, weil der Acker nocht nicht genug gejätet ist. Mich dünkt vielmehr, je starker die Saat, desto eher werde man die Spreu vom Weizen sondern können.

Es ist deshalb auch der Entschluß der Wiener Lehrmittelzentrale mit Freude zu begrüßen, welcher ein ähnliches Unternehmen zur Schaffung künstlerischer Wandbilder ins Leben rufen will. Man darf hoffen, daß die andernorts hiebei gesammelten Erfahrungen entsprechend berücksichtigt und insbesondere die Wahl der Entwurfe nicht allein von Künstlern und Verlegern getroffen werden. Ihnen müßten unbedingt kunstbegeisterte Lehrer — allerdings nur solche — und vor allem Kunstkenner prüfend an die Seite treten. Keiner von ihnen allen vermag allein die richtige Entscheidung zu treffen: der Künstler ist durch die Richtung seiner Begabung, der Verleger durch die Rucksicht auf seinen Erwerb, der Lehrer durch seinen Beruf, der Kunstkenner durch gewisse Liebhabereien im Urteil befangen. Zusammen aber geben sie ein treffliches Kleeblatt, ein Quartett, in dem ein jeder seinen Mitspieler stützt und treibt, ergänzt und korrigiert.

Der Mangel eines derartigen mehrstimmigen Ratgebers scheint auch zu erklären, warum manche für den Wandschmuck bestimmte Blätter der letzten Zeit auch bei den begeistertsten Vorkämpfern einiges Kopfschütteln hervorrufen müssen. Da hat Karl Bauer in der Münchener Kunstdruckerei Karl und Weigmann einen »Goethe« und »Schiller« vervielfältigen lassen, die sich beide sehr »verändert« haben. So lebt weder der eine noch der andere vor unserem geistigen Auge! Es war an sich auch wohl nicht richtig, den herrlichen Kopf Goethes im Profil zu geben. Die von Weylandt und Bauchwitz vervielfältigte »Stille Nacht, heilige Nacht« von Erich Kuithan ist nicht weniger mißlungen. Maria ist in seligem Entzücken vor dem schlafenden Kindlein in die Knie gesunken, indes linkerhand die Hirten, rechterhand die Englein hereinblicken. An sich im Entwurf nicht übel, gibt Licht und Farbe ein so unerfreuliches Zusammenspiel, namentlich bei Tag, daß man kein Behagen daran finden kann. Daß der heilige Josef in dem allgemeinen Jubel ruhig weiter schläft, ist ebenso seltsam wie die mächtige Stallaterne, die unmittelbar vor dem Jesusknaben aufgepflanzt ist, als genügte der von ihm ausgehende blendende Schimmer nicht zur Erhellung der Szene. So lebhaft es zu begrüßen ist, daß endlich außer den Landschaften auch andere der Kindesseele verständliche Vorwürfe zur Behandlung gelangen, so muß doch gerade fur figürliche Darstellungen die Wahl der Künstlers entschieden eine strengere werden.

Nach den vielen guten Landschaftsbildern, die uns der Teubnersche Verlag schon bescherte, ist es auch unerfindlich, wie man Du Bois-Reymonds »Attische Landschaft« auf den Markt bringen konnte. Es ist das reine Feuerwerk an farbigen Knalleffekten. Die Akropolis in hellgelbem Rampenlicht, Fels und Mauern in allen Tinten brauner Sauce und darüber blitzfarbene Wolken in einem Himmelblau, worüber sich der griechische Originalhimmel selbst vor Scham verfärben würde. Wandbilder der angestrebten Art müssen doch, so scheint uns, wo es nicht gilt, gegenständliches Interesse zu erwecken, von der großzügigen, alles Kleinliche verschmähenden Wirkung eines Fresko sein. Die Farbe darf nicht mit gleicher Aufdringlichkeit und Stärke jedes Fleckchen zu einer Sehenswürdigkeit für sich stempeln wollen. Daß kräftige Farbengegensätze dabei doch ein sehr harmonisches Bild ergeben, lehrt Kallmorgens unübertreffliche »Dorfstraße«. Zum Kunstwerk gehört eben Konzentrazion, die der Beschauer nur erlangt, wenn sie der Künstler ihm bietet.

Auch bei Blättern wie die »Schwarzwaldtanne« von Walter Conz gibt es für den Wiener nur den einen Ausdruck »Farbenkastel«. Man vergleiche die allerliebste Wirkung dieses Bildes im Schwarzdruck der Reklamhefte mit dem Original! Dort die einheitlich mächtige Wirkung eines auf der Höhe vereinsamten Waldriesen, unter dessen märchenhaft langarmigen Ästen ein ganzes Bauerngehöft Platz finden könnte — hier im Farbendruck, der noch dazu dem Karlsruher Künstlerbund entstammt, ein unglaubwürdiges Gefecht von Farbenschnitzeln, die nie und nirgends ein Ganzes geben wollen und dem Kindesauge sicher unverständlich bleiben.

Auch im Franz Heins »Am Webstuhl« spielt diese Sachlichkeit eine große Rolle, aber er hat es besser verstanden, Licht und Farbe im Raume zu verteilen. Der rote Webefaden leuchtet fröhlich aus dem Düster des hölzernen Kolosses, hinter dem der alte Weber mit der Brille sichtbar wird. Mehr solcher Bilder wie dieses und Kallmorgens treffliche »Lokomotivenwerkstätte« sollen uns immer willkommen sein, denn sie führen die Kindesseele durch die freundliche und festliche Pforte der Kunst in das ernste Land der Arbeit, das keinem von ihnen erspart bleibt.

Koloristisch am wohltuendsten berührt Julius Bergmanns »Seerosen«, ein ganz prächtiges Blatt, das zu langem Verweilen einlädt und hoffen läßt, daß nun auch die reiche Welt der Blumen den Kleinen aufgetan wird. Blumen- und Märchenbilder sind das, was uns augenblicklich am meisten nottut und seinen Zweck als Schulwandbild am leichtesten erfüllt.

Voigtländer und Teubner haben indes auf den Weihnachtstisch der Eltern und Lehrer auch eine neue Veröffentlichung derselben Richtung gelegt, die Mappe mit »künstlerischen Steinzeichnungen«. Im Formate kleiner als die Wandbilder sind sie offenbar nur für das Haus und seine intimeren Wirkungen bestimmt. Man begegnet dort denselben Künstlernamen wie hier. Biese führt uns bei einbrechender Dunkelheit auf den »Christmarkt« einer alten Stadt, deren hohe Giebeldächer behaglich auf das Treiben im Dämmerlicht herabblicken, oder in den unendlichen Schnee, welcher Hügel und Fläche wie ein Leichentuch umhüllt und den »Einsamen Hof« fast erdrückt. Er erweist sich in beiden Bildern als ein feiner Schilderer gebrochenen Lichtes. H. v. Volkmann ist viel lauter, seine Farben — ein knallblauer Himmel, saftiggrüne Wiesen — schreien wild durcheinander, ohne sich immer auf dieselbe Tonart einigen zu können. Aber seine Wahl des Gegenständlichen ist glücklicher und namentlich in der Zeichnung oft gelungener als bei den größeren Malern. Wie echt kindlich wölbt er im »Frühling auf der Weide« den mit Lämmerwolken bedeckten Himmel, über der Schafherde, die zum Hügel emporklimmt oder jagt als richtiger Springinsfeld die »Gänse auf der Wiese« und beobachtet mit offenen Augen das Geheimnis des »Taubenfluges« und ihren seltsamen Gang, bei welchem Kopf und Hinterteil bei jedem Schritt taktfest mitwackeln. Solche Bilder sprechen zum kindlichen Gemüt tiefer als die schönste Eifellandschaft (von Kampmann). Katz entwickelt sich in einem lustigen »Hühnerbild« als guter Tierzeichner, während Fikentscher seit seinen trefflichen »Krähen« nichts so gutes wieder geleistet hat. Auch hier gelingt das Figürliche noch zu selten. Haueisens »Ruhende Bäuerin« ist in ihrer derben Strich- und Schattenmanier dem Kinderauge sicher unverständlich, Hoffs »Dachauerin«, die einem Wachsfigurenkabinet entnommen zu sein scheint, geradezu unerfreulich. Als bestes dieser beiden Mappen möchten Matthaeis »Krabbenfischer« gelten, die mit gegenständlichem Interesse eine hohe künstlerische Auffassung und dekorative Wirkung verbinden.

Der Voigtländersche Verlag, dem wir den Bericht über den Dresdener Kunsterziehungstag, Liberty Tadds »Neue Wege zur künstlerischen Erziehung der Jugend«, Ludwig Volkmanns »Erziehung zum Sehen« und vieles andere verdanken, hat in seiner Sammlung »Neue Buchkunst« eine Folge ganz billiger Heftchen ausgehen lassen als Versuch, ob sich für so wohlfeile, dabei aber literarisch keineswegs minderwertige und künstlerisch oft ausgezeichnete Bücher in Deutschland wohl die großen Käufermassen finden, die zur Fortführung dieses Unternehmens unbedingt nötig sind. Es handelt sich dabei keineswegs bloß um das Neueste. Ein so ehrwürdiger Meister wie Hans Schäuffelein kommt hiebei auch zu Wort oder vielmehr zur Wiedergabe seiner alten schönen Bilder vom »Leiden, Sterben und Auferstehung unseres Heilandes Jesu Christi«. Ein solches Büchlein zu einer Krone, auf Büttenpapier dreifarbig gedruckt mit Morristype, ist ein kleiner Hausschatz.

Daneben wird natürlich moderner Sang- und Kunsttrieb nicht vernachlässigt, und das wirkt besonders eigenartig, wenn Dichter und Buchkünstler in ein und derselben Haut stecken, wie bei Richard Grimm, der in »Frühling und Liebe« eine Sammlung moderner Lyrik zu demselben wohlfeilen Preis mit Bildern schmückt, die eigentlich ungesprochene, sichtbare Gedichte für sich darstellen. Für den Humor sorgen »Snaksche Snurren ut Stadt un Land« in Paul Warnckes »Snurrig Lüd«, für die Pflege des musikalisch Schönen im doppelten Sinn ein Buch mit Kinderliedern, deren Buchschmuck wiederum den trefflichen Karlsruher Hans von Volkmann zum Vater hat. Schon der Umschlagtitel »Aus der schönen weiten Welt« mit den Kindern, die zwischen Hasen und Eichkätzchen auf freiem Feld sitzen unter einer Laube von Glockenblumen, verrät einen Meister, dem das Zeug zu einem zweiten Ludwig Richter gegeben ist. Ich kenne kein Kinderbuch, in dem sich die Gedichte (von Wolrad Eigenbrodt) und die Zeichnungen so sinnig ergänzen wie in diesem Büchlein.

Der Karlsruher Künstlerbund hat auch aus eigenem ein ganzes, wohl mehr zur eigenen Erbauung bestimmten Heftchen »Musenklänge« beigesteuert voll harmlosen Humors in Reim und Zeichnung, darunter einige treffliche Schwarzweißblätter von Kallmorgen, Schönleber, Katz, Paul von Ravenstein, Euler und jenem Volkmann, der als echter Sohn Richard Leanders, dem wir die lieblichen Erzählungen »An französischen Kaminen« verdanken, gleich seinem Vater Schalkhaftigkeit und Ernst gar anmutig zu vereinen weiß, so etwa in dem tiefsinnigen Siebenzeiler: »Mensch, hüt' dich vor dem Schnörkel! In Kunst sowohl wie Kunstgewerb, bringt er nur gar zu oft Verderb, grassiert wie ein Tuberkel! Doch jedenfalls: erst prüfe du, manchmal gehört er auch dazu, just wie der Schwanz zum Ferkel.« *Julius Leisching.*

Besprechungen neuer Erscheinungen (Einzelblätter, Mappen und Bücher).

K. Ederer, »Eisbär«. Nach der Originallithographie.

Wandtafelwerk der k. k. Hof- und Staatsdruckerei.

Die vor kurzem ausgegebenen neun Blätter bezeichnen den Beginn eines Unternehmens, das den heutzutage herrschenden Bestrebungen, der Schule und dem Hause für geringes Geld gute, ursprüngliche Kunst zu vermitteln, seine Entstehung verdankt. Das von der Staatsdruckerei im Vereine mit der Lehrmittelzentrale durchgeführte Unternehmen soll nicht nur Wandbilder, welche farbige Originallithographien sind, sondern auch solche, die für Schulzwecke geeignete Kompositionen namhafter Künstler reproduzieren, umfassen. Außerdem aber sollen noch Bilderbogen erscheinen, auf welche man nach dem Mißerfolg, der den von unserer Gesellschaft publizierten beschieden war, besonders gespannt sein darf. Von den beiden letzten Kategorien ist bis jetzt noch nichts erschienen.

Das Unternehmen ist vor allem aus zwei Gründen mit großer Freude zu begrüßen: erstens weil der künstlerische Standpunkt gegenüber dem pädagogischen in energischer Weise betont ist. Dies findet nicht nur darin seinen Ausdruck, daß auch rein künstlerische Blätter, denen jede pädagogische Nebenabsicht fehlt, ausgegeben werden und auch bei jenen Bildern, bei denen der lehrhafte Zweck im Vordergrund steht, die Ausführung von Künstlerhand verlangt wird, sondern auch darin, daß sich in der Jury, welche über die Annahme der eingesandten Entwürfe zu entscheiden hat, die aus allen Lagern der Wiener Künstlerschaft genommenen Maler in der überwiegenden Majorität befinden. Zweitens ist das Unternehmen darum so erfreulich, weil es, sich nur an österreichische Künstler wendend, allem Anscheine nach dazu berufen ist, die derzeit in unserem Vaterlande so gut wie nicht gepflegte Originallithographie zu neuem Leben zu erwecken.

Was bisher vorliegt, ist ein erster Anfang und muß demgemäß milde beurteilt werden. Es ist selbstverständlich, daß sich das Unternehmen vorderhand mit den Voigtländer-Teubnerschen Künstler-Steinzeichnungen, die ja natürlich die Anregung gegeben haben und als Vorbild dienen, noch nicht messen kann. Gleichwohl findet sich unter den bisher erschienenen neun Blättern bereits das eine oder das andere, das als vollständig gelungen bezeichnet werden kann. Die Palme gebührt jedenfalls dem »Eisbären« von Ederer, einem Mitglied der jüngsten Fraktion der Wiener Künstlerschaft, des Jungbundes. Das zweite Blatt (»Pyramide«), das von dem jungen Thermeier herrührt, ist weniger glücklich. Dagegen verrät der »Bahnhof« von Danilowatz, einem Schüler der Wiener Kunstakademie, ein nicht gewöhnliches Talent. Beide Künstler haben, was hier nicht verschwiegen werden soll, gleich der Mehrzahl der neun, deren Entwürfe zur Ausführung gelangten, zum erstenmale auf Stein gezeichnet. Complaj, ein anderes Mitglied des Jungbundes, verrät in seinem »Aschenbrödel« seine starke dekorative Begabung, die freilich gerade diesmal allzusehr auf den Pfaden Lefflers wandelt. Eine vorzügliche Stimmungslandschaft ist Kurzweils »Donaufischer«, und auch Suppantschitsch' »Donautal« ist eine tüchtige, wenngleich etwas spießbürgerliche Arbeit. Bembergers »Überschwemmung« ist matt, und Lenz' »Mühle« sowie Wiltes »Herbstwald« sind beide, jedes Blatt in anderer Weise, Mißgriffe.

Die einzelne Tafel, die durchschnittlich mit sechs Farben gedruckt ist und 66 : 88 Zentimeter mißt, kostet 6 Kronen, ein Künstlerdruck kommt auf 40 Kronen. *A. W.*

Publikationen des »Kunstwarts«: Schwind-Mappen, Richter-Mappe und Dürer-Mappe. München, Georg D. W. Callwey.

Im Anschluß an seine Böcklin-Mappe hat der »Kunstwart« eine Schwind-Mappe herausgegeben, die solchen Anklang fand, daß er ihr bald eine zweite folgen lassen konnte. Von den 14 Bildern, die in den beiden Mappen wiedergegeben sind, entstammen 13 dem Schwind-Schatze der Münchener Schack-Galerie (sie besitzt 32 Gemälde des Meisters!), und eines befindet sich in der Nationalgalerie zu Berlin. Die Reproduktionen sind Autotypien, deren jeder — eine einzige ausgenommen — ein Ton untergedruckt ist, und müssen sämtlich als sehr gelungen bezeichnet werden. Was die im besten Sinne des Wortes populäre Doppelpublikation so wertvoll macht, ist nicht nur die treffliche Auswahl, sondern vor allem der Umstand, daß sie etliche Werke Schwinds zum erstenmal gut, einige aber überhaupt zum erstenmal reproduziert. Zu diesen Verdiensten gesellt sich noch ein weiteres, das freilich allen Kunstwartpublikationen gemein ist, der niedere Preis: beide Mappen kosten zusammen nur 3 Mark! Dem Text der zweiten Mappe ist die Reproduktion eines kleinen von Lenbach gemalten Porträts Schwinds eingefügt, das, wie ich höre, hier zum erstenmal publiziert wird.

Einen anderen Liebling aller Deutschen, die sich den Kindersinn bewahrt haben, bringt uns die nächste Mappe des »Kunstwarts« ins Haus: Ludwig Richter. Es sind in ihr drei Aquarelle und drei Ölbilder des lieben Künstlers wiedergegeben. Die Aquarelle (»Rast am Brunnen« von 1861, »Kleinhandel« und »Ruhe auf der Flucht«, das letzte Werk in Wasserfarben, das der Meister geschaffen hat) gehören ebenso wie das wenig bekannte und hier vielleicht zum erstenmal würdig reproduzierte Ölbild »Aus dem Riesengebirge«, das ein ganz wunderbares Stück stimmungsvoller Landschaftsmalerei ist, der Berliner Nationalgalerie an. Während die bisher aufgezählten Reproduktionen Netzätzungen mit untergedrucktem Ton sind, hat der Kunstwartverlag die Kosten nicht gescheut und die beiden Perlen Richterischer Kunst in der Dresdener Gemäldegalerie, den »Brautzug« und die »Überfahrt am Schreckenstein« in guten Lichtdrucken mitgeteilt. Auch hier ist dem Text, der in der bekannten sympathischen Weise geschrieben ist, ein gutes Porträt Richters beigegeben. — Der Preis der Mappe beträgt 1½ Mark

Die letzte der uns vorliegenden, vom Kunstwart herausgegebenen Mappen ist Dürer gewidmet. So erfreulich sie an sich ist, so erreicht sie doch die beiden eben besprochenen nicht. Dies kann nicht wundernehmen, wenn man bedenkt, um wieviel schwerer es war, eine Auswahl aus Dürers Werken zu treffen als aus denen Schwinds und Richters, und wie schwierig sich die Reproduktion von Werken eines alten Meisters gestaltet. Die Holzschnitte und Radierungen sind mittels Strichätzungen wiedergegeben, leider nicht allzu klar und scharf. Bei den nicht in den Text gedruckten großen Reproduktionen stört überdies die unglückliche Farbe des Papiers. Für die Wiedergabe der Kupferstiche wurde der Lichtdruck gewählt. Er ist verhältnismäßig ganz gut, nur wirkt überall das untergedruckte grelle Gelb sehr widerwärtig. Am besten sind noch die Autotypien mit Tongrund, welche zur Reproduktion der Gemälde und Zeichnungen verwendet wurden. Eine von den letzteren, das Christkind von 1493, ist sogar farbig wiedergegeben — nicht sehr glücklich. Ich für meinen Teil hätte für die Reproduktion mehr Holzschnitte ausgewählt, die ja weitaus am getreuesten und auch am billigsten wiederzugeben sind. Will man weiteren Kreisen die Kenntnis der Werke eines alten Meisters vermitteln, so muß man es in möglichst einwandfreier Weise tun. Schlechte und mittelmäßige Wiedergaben sind ja massenhaft vorhanden, die Originale aber — für das große Publikum wenigstens — schwer zugänglich. Auch der Text, der Wissenswertes über einen großen Künstler der Vergangenheit mitteilen will, kann nicht sorgfältig genug gearbeitet sein. Wie nun der Verfasser in den Geist der einzelnen Werke einzudringen und auf ihre für ein im Betrachten alter Kunstwerke ungeübtes Auge nicht immer leicht erkennbaren Schönheiten aufmerksam zu machen weiß, ist ja ganz prächtig, umso peinlicher berührt es aber, auf einzelne sachliche Unrichtigkeiten zu stoßen. Dürer kam auf seiner Wanderschaft nicht »vielleicht« nach Venedig — der erste venezianische Aufenthalt ist ja neuerdings bereits schlagend bewiesen. Er kehrte auch nicht noch 1506 von seiner zweiten venezianischen Reise nach Nürnberg heim, sondern erst 1507. Die Radierung ward nicht von ihm erfunden; man kennt nämlich ein in Eisen geätztes Blatt von Urs Graf, das bereits drei Jahre vor Dürers beiden ersten Radierungen entstanden ist. Am unangenehmsten aber fällt auf, daß im Text ein Blatt als Zeichnung für das Gebetbuch Maximilians wiedergegeben ist, das weder mit Dürer noch mit dem Gebetbuch des Kaisers Max irgend etwas zu tun hat. Für die falsche Zuweisung kann der Herausgeber der Mappe allerdings nicht verantwortlich gemacht werden (das Blatt, das sich im großherzoglichen Museum zu Weimar befindet, kommt nämlich auch bei Lippmann unter Nr 157 als Dürer vor), wohl aber dafür, daß er die Zeichnung mit dem Gebetbuch des Kaisers in Zusammenhang bringt. Dies ist, mag es nun auf Unkenntnis oder Nachlässigkeit beruhen, nicht zu entschuldigen. Die eine oder andere der Randzeichnungen zu Maximilians Gebetbuch hätte freilich gebracht werden sollen, zeigen doch gerade sie Dürer von einer seiner sympathischesten und leichtest verständlichen Seiten. — Die Mappe kostet 3 Mark.

A. W.

H. Knackfußsche Künstlermonographien (Verlag von Velhagen & Klasing, Bielefeld und Leipzig). LV. Bd., Otto von Schleinitz, Burne Jones (mit 113 Abbildungen nach Gemälden und Zeichnungen, LXII. Bd., Derselbe, Walter Crane (mit 145 Abbildungen nach Gemälden und Zeichnungen).

In diesen zwei in letzter Zeit erschienenen Bänden der Knackfußschen Künstlermonographien hat der in England lebende deutsche Kunstschriftsteller Otto von Schleinitz zwei Meister behandelt, deren tiefgehender Einfluß auf die neuere englische Kunst und den englischen Geschmack ja allgemein bekannt ist. In ersterem ist das Wirken von E. Burne-Jones, dem Hauptvertreter der präraphaelitischen Richtung, geschildert, welcher im Gegensatze zu den übrigen Anhängern dieser Richtung sich zu einer Selbständigkeit emporgehoben hatte, der man auch auf dem Kontinente infolge der geistigen Vertiefung, der vornehmen, ganz im Seelenleben wurzelnden Kunst, die allen seinen Werken innewohnt, stets mit größter Bewunderung und Achtung gefolgt ist. In fesselnder Weise wird uns vom Autor die Erklärung der einzelnen Bilder geboten, deren Themata zumeist wenig bekannten altenglischen Balladen, Legenden etc. entnommen sind. Von ganz besonderem Interesse sind aber die zahlreichen Exkurse in das Gebiet der sozialen Reformbewegungen, denen Burne-Jones einen großen Teil seiner künstlerischen Tätigkeit opferte, in weit größerem Maße aber der zweite von Schleinitz behandelte Künstler, nämlich Walter Crane, welcher in der Veredlung des Lebens die Hauptaufgabe der Kunst sieht und der schließlich mit Hilfe der Kunst einen idealen Zukunftsstaat errichten will. In letzterem Bande schildert Schleinitz im Gegensatze zu allen bisherigen Biographien Cranes und der jüngst erschienenen großen Monographie von P. G. Konody (The art of Walter Crane, London, G. Bell et sons, 1902) das so vielseitige Wirken des Künstlers in chronologischer Reihenfolge, wodurch die Übersichtlichkeit leider ein wenig getrübt wurde; diesem Übelstande wäre abzuhelfen gewesen, wenn sich der Autor entschlossen hätte, ein kurzes, nach Stoffen geordnetes Inventar (nebst einem Überblick über die gesamte bisher über Walter Crane erschienene Literatur) als Anhang zu bringen.

K.

J. Mc Neill Whistlers Zehnuhr-Vorlesung (Ten o' clock). Deutsch von Th. Knorr. Straßburg 1904. J. H. Ed. Heitz. 8°.

Es ist eine beliebte Taktik, sich vor dem Verdachte, man fühle sich von einem literarischen Ausfall getroffen, durch das Lob der Arbeit zu schützen, in der dieser Ausfall erfolgt ist. Da nun in Whistlers geistsprühendem Vortrag alle, die sich, ohne Künstler zu sein, mit der Kunst beschäftigen, recht übel wegkommen, so hat ein Lob, das von kunstgeschichtlicher Seite der Broschüre gespendet wird, von vorneherein zweifelhaften Wert. Gleichwohl wage ich es, mein Entzücken über Whistlers Plauderei, die ich erst in der mir vorliegenden Ausgabe kennen gelernt habe, unverhohlen zu äußern. In dem Büchlein sind nämlich nicht nur die Stellen, wo die »Kunstverständigen« aufs witzigste karikiert werden, reizend, sondern es ist vom Anfang bis zum Ende amüsant und anregend. Alles verrät einen so originellen und sublimen Geist, einen so exklusiven und raffinierten Geschmack, ist so temperamentvoll und elegant vorgebracht, ist auch stilistisch von einer so pikant-effektuierten Grazie, jede Ansicht, ja jede Wendung ist für den Menschen und für den Künstler so charakteristisch, daß man bei der Lektüre Whistler förmlich zu sehen und zu hören vermeint und manche Stelle wie ein köstliches Blatt von seiner Hand wirkt. Ich setze solche Zeilen, die mir gerade in dieser Hinsicht besonders gefallen, hieher

»Die Sonne glüht, der Wind bläst von Osten, der Himmel ruht wolkenlos, und draußen ist alles wie von Eisen. Von allen Punkten Londons trifft das Auge auf die blitzenden Fenster des Kristallpalastes. Wer freie Stunden hat, freut sich des herrlichen Tages, der Maler aber wendet sich ab und schließt die Augen.

Wie wenig Verständnis dafür vorhanden ist und wie sehr nach altem Herkommen das Zufällige in der Natur für erhaben gilt, läßt sich aus der unbegrenzten Bewunderung schließen, wie sie alle Tage ein höchst alberner Sonnenuntergang wachzurufen pflegt.

Die Würde des schneegekrönten Berges geht durch scharfe Deutlichkeit verloren, aber die Freude des Touristen ist es, den Reisenden auf der Spitze erkennen zu können. Der Wunsch, zu sehen um des Sehens willen, ist bei der Menge das einzige, was sie befriedigen will, daher ihre Freude am Detail.

Wenn der Abendnebel die Ufer mit Poesie umwebt, wie mit einem Schleier, und die kleinen Häuschen sich im dunkeln Himmel verlieren, wenn die hohen Schornsteine wie Glockentürme und die Warenspeicher wie Paläste in die Nacht ragen, die ganze Stadt im Himmel hängt und ein Märchenland sich vor uns auftut — dann eilt, wer noch draußen ist, heim, der Arbeiter wie der Gebildete, der Kenner wie der Vergnügungssüchtige hört auf zu verstehen, wie sie aufgehört haben zu sehen. Und die Natur, die nun in Harmonien klingt, singt ihr herrliches Lied für den Künstler allein, ihren Sohn und Meister; ihren Sohn, weil er sie liebt, ihren Meister, weil er sie kennt.«

Das Büchlein, das im Englischen nur in sehr kleiner Auflage gedruckt wurde und zwar das letztemal 1890, war schon sehr selten geworden. Es muß als ein glücklicher Gedanke bezeichnet werden, jetzt, da das Interesse an Whistler neu erwacht ist, von Ten o' clock eine deutsche Übersetzung herauszugeben. Die Übertragung ist gut, wenn man sie sich auch aparter und eleganter denken könnte, und ein Gleiches möchte ich auch von der Ausstattung des Bändchens sagen. Whistler wird auch als Schriftsteller stets nur Feinschmecker interessieren, mit einer großen Auflage kann bei ihm nicht wohl gerechnet werden, und der niedere Preis scheint mir daher kein Gebot der Notwendigkeit gewesen zu sein. *A. W.*

Arthur L. Jellinek, Internationale Bibliographie der Kunstwissenschaft. Berlin, B. Behr, 1903. 8° Jg. 1 (1902). X u. 368 S.

Das rapide Anwachsen fast aller Zweige der gelehrten Spezialliteratur macht die Zusammenstellung von Spezialbibliographien zu einem unabweisbaren Bedürfnis. Auf vielen Gebieten ist dem bereits abgeholfen. Auch in der Kunstliteratur hat die Produktion in den letzten Jahren eine außerordentliche Steigerung erfahren, sei es in der Hervorbringung selbständiger Werke, sei es in der Abfassung kleinerer Abhandlungen und Aufsätze, die nicht bloß in den zahlreichen Fachzeitschriften, sondern auch in allgemeinen Bildungs- und Unterhaltungsblättern und zum Teile auch in den verschiedenen Tagesblättern niedergelegt sind. Bei dieser besonderen Fülle der Erscheinungen in der Kunstliteratur und bei ihrer außerordentlichen Zersplitterung an verschiedenen Orten ward es dem Kunstgelehrten und Kunstschriftsteller von Jahr zu Jahr schwieriger, sich über die Erscheinungen seines Faches im Laufenden zu erhalten. Diesem nun schon seit Jahren unleugbar vorhandenen Bedürfnisse nach einer kunstwissenschaftlichen Spezialbibliographie haben zwar ein paar Zeitschriften, wie das Repertorium für Kunstwissenschaft, die Gazette des Beaux-Arts, die Monatsschrift des Österreichischen Museums: »Kunst und Kunsthandwerk« und, für einen einzelnen Zweig der Kunstwissenschaft, für die graphischen Künste, die vorliegenden Mitteilungen, dadurch abzuhelfen gesucht, daß sie ihren Lesern von Heft zu Heft oder von Jahr zu Jahr bibliographische Zusammenstellungen der neu erschienenen Kunstliteratur darboten. Das Verdienst dieser bibliographischen Arbeiten, insbesondere aber der letzteren als der für ihr Gebiet umfassendsten und vollständigsten, die auch weiter ihren Wert nicht verlieren wird, ist unleugbar und soll auch hier ungeschmälert anerkannt werden. Doch sind sie hauptsächlich mit Rücksicht auf den speziellen Standpunkt der betreffenden Zeitschriften angelegt und schon darum in Bezug auf das gesamte Gebiet der Kunst unvollständig. Dem soll durch das vorliegende Werk abgeholfen werden. Indem der Verfasser seine Bibliographie auf breiterer Basis aufbaut, will er alle Zweige der Kunstwissenschaft gleichmäßig berücksichtigen. Zwar eine absolute Vollständigkeit will auch er nicht bieten, indem er das vollständig Ephemere und Unbedeutende, wie bloße Referate, Auszüge u. dgl. unberücksichtigt läßt, dagegen aber will er eine möglichste Vollständigkeit in der Verzeichnung alles Wichtigen erstreben. Er verzeichnet demnach nicht bloß die gesamte Buchliteratur und alle in den erreichbaren Kunstzeitschriften niedergelegten Abhandlungen und Aufsätze, sondern er will außerdem auch noch alle Publikationen über Kunst, die an abgelegenen Orten, wie in allgemeinen Zeitschriften, in Zeitschriften anderer Wissenschaften, in Fest- und Sammelschriften, in Programmen, Dissertationen u. dgl. erschienen sind, möglichst vollständig sammeln. Selbst Tagesblätter und kleinere Provinzzeitungen sollen Berücksichtigung finden. Kurz, die vorliegende Bibliographie will nicht bloß vollständiger sein, als die den genannten Zeitschriften beigegebenen allgemeinen Bibliographien, sondern sie will für Kunstschriftsteller jede weitere bibliographische Nachforschung über die laufende kunstwissenschaftliche Literatur überhaupt überflüssig machen.

Daß der Verfasser sein Vorhaben erreicht hat, zeigt nicht bloß der Umfang des Buches, sondern vor allem eine genauere Durchsicht der Arbeit selbst. Mit wahrem Bienenfleiße wurden selbst ganz fernliegende Publikationen durchsucht, um hie und da ein Körnchen Kunstliteratur aufzulesen. Kurz, was einem Einzelnen in dieser Beziehung zugemutet werden kann, hier wurde es in durchaus zufriedenstellender Weise geleistet.

Was ferner die Anlage und Durchführung der Bibliographie anbelangt, so entspricht sie sowohl den praktischen wie auch den wissenschaftlichen Anforderungen im großen und ganzen vollständig. Der Verfasser hat sich mit teilweiser Anlehnung an die Systeme der kunstakademischen Bibliothekskataloge von Wien, Berlin und Dresden eine Anordnung seines Stoffes zurechtgelegt, die teils auf den Grundsätzen des rein systematischen, teils auf denen des alphabetischen Sachkataloges beruht. Auf die ersteren geht nämlich die Haupteinteilung nach den einzelnen Abteilungen der Kunstwissenschaft zurück, auf den letzteren beruht die für den praktischen Gebrauch sehr vorteilhafte alphabetische Zusammenfassung alles dessen, was sich auf Orte und Künstler bezieht, unter deren Namen, so daß man einerseits die topographische, museographische und Ausstellungsliteratur unter den betreffenden Ortsnamen, andererseits die spezielle Bibliographie über die einzelnen Künstler unter deren Namen zusammengestellt findet. Dazu kommt dann noch die schlagwortartige alphabetische Zusammenfassung des ikonographischen Teiles. So, wie die allgemeine Anlage, befriedigt auch die Durchführung im einzelnen, besonders wenn man die praktische Brauchbarkeit berücksichtigt, vollkommen. Die bibliographischen Bestandteile der Werke werden in genügender Vollständigkeit wiedergegeben, auch Umfang und Ausstattung wird überall angeführt; nur im Erscheinungsvermerk wird die Jahrzahl stets weggelassen. Dabei wäre es jedoch erwünscht, daß Werke, deren Erscheinungsjahr aus ihnen selbst nicht zu entnehmen ist, irgendwie kenntlich gemacht würden. Bei Sammelwerken wird deren Inhalt nicht nur spezifiziert angeführt, sondern die einzelnen Teile werden dann auch noch an den betreffenden Stellen eingefügt, wobei zugleich auf das Sammelwerk verwiesen wird. Zeitschriften u. dgl., aus denen Aufsätze etc. angeführt werden, sind im Anschlusse an diese in genügender Weise citiert. Sehr praktisch ist ferner die fortlaufende Numerierung der einzelnen Artikel, so daß bei wiederholter Anführung eines und desselben Werkes, Aufsatzes etc. der bloße Hinweis auf die Nummer der vollen Aufnahme genügt. Die praktische Brauchbarkeit des Buches wird endlich noch durch die Beigabe eines alphabetischen Autoren- und eines alphabetischen Sachregisters ganz besonders erhöht.

Auf diese Weise hat der Verfasser eine laufende Kunstbibliographie geschaffen, zu der allen, die sich mit der Literatur der Kunst zu beschäftigen haben, nur zu gratulieren ist, da ihnen dadurch viel Arbeit erspart wird. Das Buch soll darum auch in keiner größeren Bibliothek und auf dem Arbeitstische keines Kunstschriftstellers fehlen, damit so dem Verfasser und Verleger auch ein materieller Erfolg, der bisher noch ausstehen soll, erwachsen könnte. Das Unternehmen hat bereits die Unterstützung der österreichischen und der ungarischen Regierung sowie des k. u. k. Obersthofmeisteramtes gefunden. Es wäre zu wünschen, daß auch die Akademie und gelehrte Gesellschaften diesem Beispiel folgten. Es wäre schade, wenn ein so verdienstvolles Unternehmen aus Mangel an Interesse und Teilnahme nicht weiter geführt werden könnte.

Zum Schlusse noch einen Wunsch: Soll eine derartige Spezialbibliographie ihren Zweck vollauf erfüllen, so muß sie unbedingt so rasch als nur möglich nach Ablauf des Zeitraumes, den sie umfaßt, erscheinen. Schon aus diesem Grunde ist die Ausgabe in Vierteljahrsheften durchaus zu billigen; nur müßten die ersten drei Hefte längstens je ein Vierteljahr und das letzte Heft mit den Registern längstens ein halbes Jahr nach Ablauf der zu behandelnden Zeiträume ausgegeben werden.

Simon Laschitzer.

Anzeigen neuer Erscheinungen.

1. MAPPEN, ILLUSTRIERTE BÜCHER UND LITERATUR DER GRAPHISCHEN KÜNSTE.

Drucke und Holzschnitte des XV. u. XVI. Jahrh. in getreuer Nachbildung. IX. Mundus novus. Ein Bericht Amerigo Vespuccis an Lorenzo di Medici über seine Reise nach Brasilien in den J. 1501/02. Nach e Exemplar der zu Rostock v. Hermann Barckhusen gedr. Fassung, im Besitze der Stadtbibliothek zu Frankfurt a. M., in Faks. u. m. Einleitgn. hrsg. v. Emil Sarnow u. Kurt Trübenbach. (24 u. 8 S. m. Abbildgn.) Straßburg, J. H. E. Heitz. Mk. 10.—.

Hebel, Joh. Pet., Alemannische Gedichte. Mit hochdeutschen Übertragg. v. Rob. Reinick u. Bildern v. Ludwig Richter. Ausgewählt vom Hamburger Jugendschriften-Ausschuß. (XI, 96 u. III S.) 8° Leipzig, G. Wigand. Mk. —.80.

Hengeler, Adolf. 18 Photogravüren nach Originalgemälden des Künstlers. Folio. Berlin, Photographische Gesellschaft. Mk. 40.—

Hoff, Joh. Friedr., Amt und Muße Ludwig Richter als Freund. Mit 12 Bildern in Lichtdr., 2 autogr. Briefen von L. Richter und 1 Vignette von W. Steinhausen. (VIII, 246 S.). 8° Frankfurt a. M., J. Alt. Mk. 6.—.

Horn, F., Für Freund und Feind. Worte zum Gedächtnis Ludwig Richters. Ansprache. (10 S.) 8°. Leipzig, Buchhdlg. des ev. Bundes von C. Braun. Mk. —.10.

Jahresmappe der Gesellschaft f. vervielf. Kunst in Wien 1903. (Enthält Original-Holzschn. u. Lithogr. von F. Colin, F. Hoch, M. Kurzweil, K. Moll, M. Schiestl u. A. Zdrazila.)

Kautzsch, R., Die deutsche Illustration. 8° (120 S.) Mit 35 Abb. (44. Bdchn. der Sammlg. Aus Natur u. Geisteswelt). Leipzig, B. G. Teubner. Mk. 1.—.

Kautzsch, Rudolf, Die Holzschnitte zum Ritter von Turn (Basel 1493). Gr. 8°. Mit 45 Abb. (Studien zur deutschen Kunstgeschichte. 44. Heft). Straßburg, J. H. E. Heitz. Mk. 4.—.

Koch, David, Ludwig Richter. Ein Künstler für das deutsche Volk. Mit 108 Abb. (183 S.). Lex. 8° Stuttgart, J. F. Steinkopf. Mk. 3.—.

Die vervielfältigende Kunst der Gegenwart. IV. Bd.: Die Lithographie und die photomechanischen Reproduktionsverfahren. Redigiert von Richard Graul u. Friedrich Dörnhöffer. Fol. (201 S.) Mit 308 Abb. u. 79 Tafeln. Wien, Gesellschaft f. vervielf. Kunst. Mk. 60.—.

Loga, Valerian von, Francisco de Goya. Mit 128 Abb. Gr. 4° (248 S.) Berlin, G. Grote. Mk. 24.—.

Photogravüren nach Gemälden von A. Oberländer. Mit dem Bildnis des Künstlers von F. v. Lenbach. 16 Bl. (43:33.) München, Braun & Schneider. Mk. 35.—.

Ludwig Richter an Georg Wigand. Ausgewählte Briefe aus den Jahren 1836—1858. Herausgeg. von Eugen Kalkschmidt. Gr. 8°. (XV, 203 S.) Leipzig, G. Wigand. Mk. 3.50.

Ludwig Richter-Gabe. Eine Auslese aus den Werken des Meisters, mit Text von Ferd. Avenarius. Hrsg. vom Leipziger Lehrer-Verein. (16 Bl. mit VII S. Text.) Gr. 4° Leipzig, A. Dürr. Mk. 1.—

Ludwig Richter-Postkarten. 3 Reihen à 10 Karten, jede Reihe im Umschlag 50 Pf. Leipzig, Georg Wigand.

Röttinger, Heinrich, Hans Weiditz der Petrarca-Meister. Mit 5 Abb. und 31 Tafeln. (XII, 112 S.) 50. Heft der Studien zur deutschen Kunstgeschichte. 8°. Straßburg, Heitz und Mündel. Mk. 8.—.

Teuerdank. Fahrten und Träume deutscher Maler. Gr. 4°. Düsseldorf, Fischer & Franke. 29. Folge. Wilh. Stumpf, Ekkehard. 10 Zeichnungen. Mk. 2.—.

Davenport, Cyril, Mezzotints. London, Methuen and Co.

Gibson, Ch. D., The Weaker Sex. Gegen 100 Zeichngn. qu. Fol. London & New York, John Lane. 20 sh.

The Gibson Calendar for 1904. 12 Bl. (12½×15½ inches). London, Henderson & Sons. 12 sh. 6 d.

Harrington, H. Nazeby, A Supplement to Sir William Drake's Catalogue of the Etched Work of Sir Francis Seymour Haden. London, Macmillan. 15 sh.

Way, T. R., and G. Ravenscroft Dennis, The Art of James Mc Neill Whistler. Mit ca. 50 Reprod. 4°. London, G. Bell & Sons. 10 sh. 6 d.

Whitman, Alfred, The Work of Samuel W. Reynolds, Engraver. Mit 31 Reprod. London, Bell & Sons. Gewöhnl. Ausgabe (gedr. in 500 Exempl.) 25 sh.; Liebhaberausgabe (gedr. in 50 Exempl.) 3 l. 3 sh.

2. DIE GRAPHISCHEN KÜNSTE IN DEN ZEITSCHRIFTEN (JULI BIS NOVEMBER 1903).

Allgemeine Zeitung. (München.) Beilage Nr. 241 (23. Oktober): Kurt Voll, Die Handzeichnungen des Fra Bartolommeo im Münchener Kupferstichkabinett.

Deutsche Kunst und Dekoration. Juli: Daniel Greiner, Josef Sattler und seine Werke. Mit 71 Abb., 2 farb. Taf. u. einem Heftumschlag von J. Sattler. — — August: Dr. v. Grolmann, Die erste internationale Ausstellung für künstlerische Bildnisphotographie in Wiesbaden, Juni 1903. Mit 33 Abb. — — Oktober: J. Leuber, Die Steglitzer Werkstatt. Mit vielen Abb. — — November: Plakatwettbewerb von Keller & Knappe in Hannover. Mit 3 farb. Taf. u. 3 Abb. nach Hans Unger, Knut Hansen, R. Schiestl, Elfr. Wendtland u. Wilhelm Schulz.

Deutsche Rundschau. November: Otto Seeck, Eine neue Rembrandt-Biographie.

Die Graphischen Künste. XXVI. Jahrg. Nr. 4: Max Lehrs, Otto Greiner. Mit 2 Taf. u. 9 Abb. — Clément-Janin, Marcellin Desboutin. Mit 4 Abb. — Paul Schumann, Georg Erler. Mit 1 Taf. (Orig.-Radg.) und 3 Abb. — Eduard Zetsche, Zu einer Radierung von Erzherzog Heinrich Ferdinand. Mit 1 Taf. (Orig.-Radg.) u. 1. Abb. — — XXVII. Jahrg. Nr. 1: Hugo Graf Abensperg-Traun. Mit einem von W. Unger rad. Porträt als Tafel und Textumrahmung und Schlußvignette von G. v. Kempf. — Alfred Hagelstange, Matthäus Schiestl. Mit 9 Abb. — Clément-Janin, Der Holzschneider Paul Colin. Mit 4 Abb. — Karl Schäfer, Otto Ubbelohde. Mit 4 Abb. u. 1 Taf. (Orig.-Radg.). — Als Beilagen: »Rotkäppchen,« Orig.-Radg. von G. v. Kempf u. »Tagesneuigkeiten,« Orig.-Radg. von Ferd. Schmutzer.

(Helbings) Monatsberichte über Kunst und Kunstwissenschaft. Juni: Robert Eisler, Mantegnas frühe Werke und die römische Antike. Mit 17 Abb. — — Juli: O. Gaupp, James Mc Neill Whistler. — M. Escherich, Dürers Beziehungen zu gotischen Stechern.

(Leipziger) Illustrierte Zeitung. 27. Aug.: Julius Levin, James Mac Neill Whistler. Mit Porträt nach einer Photogr. der London Stereoskopic Company.

Jahrbuch der königlich preußischen Kunstsammlungen. 3. Heft: Paul Ganz, Hans Holbeins d. J. Einfluß auf die schweizerische Glasmalerei. Mit 6 Abb. — Campbell Dodgson, Fünf unbeschriebene Holzschnitte Lukas Cranachs. Mit 5 Abb. — — 4. Heft: Wilhelm R. Valentiner, Der Hausbuchmeister in Heidelberg. Mit 4 Abb. Robert Bruck, Der Florentiner Jakob Elsner. Mit 9 Abb. — Campbell Dodgson, Jörg Breu als Illustrator der Feldischen Offizin. Nachtrag. Mit 1 Abb.

Die Kunst für Alle. 15. September: Erich Haenel, Zum 100. Geburtstage Ludwig Richters. Mit 21 Abb.

Das Kunstgewerbe in Elsass-Lothringen. August: F. L., Ludwig Richter und das deutsche Kunstgewerbe.

Kunst und Handwerk. 53. Jahrgg. 12. Heft: Artur Rößler, Ludwig Richter. Mit 12 Abb. — — 54. Jahrgg. 1. Heft: Georg Habich, Ignatius Taschner. Mit 1 Taf. und 30 Abb.

Kunst und Künstler. Heft XI: Emil Hannover, Aubrey Beardsley. Mit 7 Abb. — Heft XII: Oswald Sickert, Whistler. Mit 8 Abb.

Kunst und Kunsthandwerk. Heft 10: Alois Trost, Die vervielfältigende Kunst der Gegenwart. Dazu eine Orig.-Radg. von K. Bettlich aus dem 4. Bde dieses Werkes als Tafel. — — Heft 12: Alois Trost, Hausschatz älterer Kunst. Dazu eine Radg. von C. Oskar nach Rembrandt aus diesem Werk als Tafel.

Kunstwart. [Ludwig-]Richter-Heft. Mit 44 Abb.

Repertorium für Kunstwissenschaft. XXVI. Band. 4. Heft. Werner Weisbach, Petrarca und die bildende Kunst. — Konstantin Winterberg, Über die Proportionsgesetze auf Grund von Dürers Proportionslehre (Fortsetzung). — Heinrich Böttinger, Zum Gebetbuche des Kaisers Maximilian. — — 5. Heft. Konstantin Winterberg, Schluß des genannten Artikels. Mit 1 Abb. — Hans Mackowsky, Besprechung von Oswald Sirens Buch »Dessins et tableaux de la Renaissance italienne dans les collections de Suède«.

Die Rheinlande (Düsseldorf). Oktober: Th. Raabell, Ein Gedenkwort zum hundertsten Geburtstag Ludwig Richters. — Als Beilagen 2 farb. Lithographien von Erich Nikutowski und August Deusser. — Zeichnung des Umschlages von Jos. Lang. — — November: W. Wygodzinski, Wilhelm Steinhausen. Mit 19 Abb. — Als Beilagen 2 farb. Lithogr. von E. Nikutowski: »Köln« u. Heinr. Otto: »Vor dem Dorf«.

Ver Sacrum. Heft 11: Friedrich König, 8 farb. Orig.-Holzschnitte. — — Heft 12: Josef Bruckmüller, Leopold Wutschar, Moriz Jung, Mileva Stoisavljevic, Ludwig Wallner, Emma Schlangenhausen, Nelly Marmorek, Orig.-Holzschnitte. — — Heft 13: Viktor Schufinsky, Bruno Seuchter, Hermann Gampe, O. F. Bell, Marianne Schönwald, Orig.-Holzschnitte. — — Heft 14: Rudolf Jettmar, 5 Orig.-Holzschnitte. — — Heft 15: Karl Moll, 7 Orig.-Holzschnitte. — — Heft 16: Leopold Stolba, 7 Orig.-Holzschnitte. — — Heft 17: Leopold Blauensteiner, Robert Frh. v. Bach, Orig.-Holzschnitte. — — Heft 18: Felician Frh. v. Myrbach, Friedrich König, Orig.-Holzschnitte. — — Heft 19. Wilhelm Schmidt, Franz Meßner, Marietta Peyfuß, Jutta Sika, Leopold Forstner, Orig.-Holzschnitte. — — Heft 20: Anton Nowak, 8 Orig.-Holzschnitte.

Westermanns Illustrierte Deutsche Monatshefte. August: Eugen Kilenfeld, Hans Thoma. Mit 10 Abb. — — Oktober: Georg Hermann, Leopold Graf Kalckreuth. Mit 21 Abb. — Max Osborn, Ludwig Richter. Mit 27 Abb.

Zeitschrift für bildende Kunst. August: G. K., Heinrich Reifferscheid. Mit 4 Abb. und 3 Orig.-Radgn. als Taf. — A. von Janson, Kunstausstellungen in Japan. Mit 5 Abb. — — September: K. E. Schmidt, Albert Bellermann. Mit 9 Abb. u. 2 Orig.-Lithogr. als Tafeln. — — Oktober: W. Leistikow, Anders Zorn. Mit 9 Abb. u. 1 Taf. — H. Graul, Karl Köpping. Mit 10 Abb. u. 1 Taf. (Orig.-Radg.). — K. G. Laurin, Karl Larsson. Mit 6 Abb. u. 2 farb. Taf.

Zeitschrift für Bücherfreunde. September: Leopold Hirschberg, Totentänze neuerer Zeit. Mit 17 Abb. — K. E. Graf zu Leiningen-Westerburg, Zur Exlibris-Bewegung. Mit 8 Abb. — — Oktober: Max Osborn, Die Wiedergeburt des Holzschnitts. Mit 37 Abb. — — November: Max Osborn, Die Wiedergeburt des Holzschnitts. Mit 45 Abb.

The Art Journal. Juli: A. Brunet-Debaines, »The Mosque Bab Djira, Tunis«. An Artist in Tunis. Dazu eine Orig.-Radg. des Künstlers als Beilage u. 10 Abb. — C. Gasquoine Hartley, Francisco Goya. Mit 6 Abb. — — August: Lewis F. Day, A Twentieth-Century Herbal [by G. Woolliscroft Rhead]. Mit 3 Abb. — — September: Beilage: »Shylock, Solanio and Salarino«, Radg. v. Lucas Taylor nach Sir John Gilbert. — D. Croal Thomson, James Abbott Mc Neill Whistler. Mit 5 Abb. — — Oktober: Addison Mc Leod, The St. Anne Cartoon of Leonardo da Vinci. Mit 4 Abb. — G. A. und R. D. Watson, The Presidents of the Royal Scottish Academy. III. Sir John Watson Gordon. Mit 8 Abb. — H. M. Cundall, A much altered engraved copper plate. Portraits of Charles I. and Oliver Cromwell, by Pierre Lombart after Van Dyck's Painting of Charles I. Mit 6 Abb. — November: Beilage: »Oriel College and St. Mary's Church, Oxford.« Orig.-Radg. von W. Monk. Hierzu der Artikel auf S. 376 mit 1 Abb. — E. G. Halton, William Monk. Mit 11 Abb. — Lewis Lusk, The Counsel of Philip Gilbert Hamerton. Mit 7 Abb.

The Burlington Magazine. Juni: W. A. Baillie-Grohman, The finest hunting manuscript extant. Mit 6 Taf. — — Juli: E. Blochet, Mussulman manuscripts and miniatures as illustrated in the recent exhibition at Paris. Mit 5 Abb. — New acquisitions at the National Museums: Edward F. Strange, British Engravings at the Victoria and Albert Museum. Mit 4 Abb. — C. H., The Print Room of the British Museum. — — August: Campbell Dodgson, A newly discovered portrait drawing by Dürer. Mit 2 Abb. — Joseph Pennell, Later nineteenth-century book illustrations. Mit 5 Taf. — — September-Oktober: Campbell Dodgson, St. John in Patmos: a woodcut wrongly ascribed to Hans von Kulmbach. Mit 4 Abb. — — November: Arthur Morrison, Kikuchi Yosai. Mit 2 Farb.-Taf. und 8 andern Abb. — Joseph Pennell, Whistler as etcher and lithographer. Mit 3 Taf. — Campbell Dodgson, The invention of wood-engraving — a french claim considered.

The Connoisseur. Juli: Herbert Ewart, Henry Bunbury, Caricaturist. P. II. Mit 5 Abb. — — August: Ernest Radford, Loan Exhibition of British Engraving and Etching, South Kensington. Mit 7 Abb. — — Oktober: Unter den »Notes«: Benjamin Wilson's Imitations of Rembrandt's Etchings. Mit 2 Abb. — — November: Campbell Dodgson, Art for Schools in the Reign of George III. Mit 4 Abb. nach alten Stichen. — David Croal Thomson, Thomas Bewick. A commemorative Tribute. Mit 1 Portrait.

The Magazine of Art. Juli: Recent Acquisitions at Our Public Galleries and Museums: Illuminated Manuscripts at South Kensington. Mit 3 Abb. — — August: S., Modern British Etchers: Charles Keene and his newly-found Plates. Mit 2 Abb. — A Japanese Artist in London: Mr. Yoshio Markino. Mit 3 Abb. u. 1 farb. Taf. — — September: Modern British Etchers: Frank Short. By a member of the Royal Society of Painter-Etchers. Mit 5 Abb. — Curiosities of Art: Engravings in a single spiral line. Mit 2 Abb. — — Oktober: Val Prinsep und M. H. Spielmann, James A. Mc Neill Whistler. I. Personal Recollections. II. The Man and the Artist. Mit 4 Abb. — — November: M. H. Spielmann, James A. Mc Neill Whistler (1834—1903). Mit 3 Abb. u. 1 Taf. — S., Phil May (1864—1903). Mit 4 Abb. u. 2 Taf.

The Studio. Juli: Im »Studio-Talk« 6 Abb. von Zeichnungen A. v. Mancals. — — August: Laurence Binyon, Exhibition of Drawings by the Old Masters at the British Museum. Mit 7 Abb. u. 4 farb. Taf. — Im »Studio-Talk« 7 Abb. nach Zeichnungen von Monro S. Orr in Glasgow. — — September: A. L. Baldry, James Mc Neill Whistler: his art and influence. Mit 6 Abb. u. 3 Taf. — Mortimer Menpes, Reminiscences of Whistler. Mit 6 Abb. und 2 Taf. — Henri Frantz, Allan Osterlind's Etchings in colours. Mit 4 Abb. u. 1 Taf. — The Life and Work of the late Phil May. Mit 6 Abb. u. 1 Taf. — — Oktober: Oswald Sickert, The Oil Painting of James Mc Neill Whistler and T. R. Way, M. Whistler as a Lithographer. Mit 14 Abb. u. 3 Taf., darunter Reprod. einer Radierung Whistlers und eine Lithographie von T. R. Way nach einer Zeichnung Whistlers. — Leonard van der Veer, The London Sketch Club and its Members. Mit 28 Abb. — Count de Soissons, The Etchings of Camille Pissarro. Mit 6 Abb. — — November: W. Scott, Reminiscences of Whistler continued. Some Venice Recollections. Mit 6 Abb. u. 8 z. Th. farb. Taf. — Some Studies in Lead Pencil by Phil May. 4 Abb.

L'Art. Juni: Beilage: »Le Port de Boulogne-sur-Mer«, Orig.-Radg. von Donald-Shaw Mac Laughlan. — Prämie: »La Leçon de

Musique«, Farb. Radg. von Gaston Rodriguez nach dem Gemälde von Lancret. — — Juli: Beilagen: »La damnation de Faust: Apparition de Marguerite«, Orig.-Lith. von Fantin-Latour und »Étude de Jeune Femme nue jusqu' à la ceinture«. Farb. Radg. von Édouard Pennequin nach einer Zeichnung von Watteau. — — August: Beilage: »Vue de Caire«, Orig.-Radg. von Mme. Gabrielle Jameson. — Prämien: »Piazza Campo di Fiori, à Rome«, Orig.-Radg. von Mac Horte und ein Orig.-Holzschn. von Mlle. Alice Puyplat. — — September: John Dubouloz, La Gravure et la Lithographie au Salon de 1902. Mit 8 Abb. — Beilagen: »Lélio: La Harpe détendue«, Orig.-Lith. von Fantin-Latour, »L'Homme aux draperies«, Orig.-Radg. von P. L. Posseler u. »Mendiant italien«, Orig.-Radg. von E. Van Muyden. — — Oktober: Henry Jouin, Dessins de David d'Angers sur les tragiques grecs. Mit 7 Taf. — Prämie: »Le Contrat de Mariage«, Radg. von Charles Giroux nach Watteaus Gemälde.

L' Art décoratif. November: Raymond Bouyer, La petite Estampe et »l'Atelier d'Art«. Mit 17 Abb. nach P. Guignebault, Henri Boutet, L. A. Girardot, G. Auriol, J. Wély, Caran d'Ache u. L. Borges.

Art et Décoration. September: Documents décoratifs par A. M. Mucha. Mit 6 Abb. — — November: Étienne Avenard, Carl Larsson. Mit 8 Abb. u. 1 farb. Taf.

Les Arts. September: Arsène Alexandre, J. Mc. Neill Whistler. Mit 13 Abb.

Gazette des Beaux-Arts. August: Prince d'Essling, Le premier Livre xylographique italien, imprimé à Venise vers 1450. I. Mit 3 Abb. u. 8 Taf. — F. Bertaux, Victor Hugo artiste. II. Mit 9 Abb. u. 1 Taf. Unter den Beilagen: »La Promenade au jardin«, Lithogr. von Henri Lebasque (nach seinem Gemälde) u. »La Meuse à Dordrecht«, Orig.-Radg. von G.-C. Aid. — — September: C. Stryienski, Le Salon de 1796 d'après le catalogue illustré par Gabriel de Saint-Aubin. III. Mit 5 Abb. — Prince d'Essling, Le premier Livre xylographique italien etc. II. Mit 8 Abb. u. 2 Taf. — Unter den Beilagen: »La Nativité«, Radg. von A. G. Bonné nach B. Luini. — — Oktober: André Michel, Ary Renan. Mit 6 Abb. u. 1 Orig.-Radg. als Tafel (»La Douleur d'Orphée«). — Unter den Beilagen: »Nymphes et Amours«, Radg. von A. Mayeur nach Prud'hon. — — November: S. Reinach, Un Manuscrit de Philippe le Bon etc. III. Mit 4 Abb. u. 1 Taf. — Pascal Forthuny, Notes sur James Whistler. Mit 5 Abb. u. 1 Taf. (Bildnis des Grafen R. de Montesquiou-Fezensac, radiert von H. Guérard). — Germain Hédiard, Les »Procédés sur verre«. Mit 5 Abb. nach Corot, Daubigny, P. Huet u. Dutilleux. — Unter den Beilagen: »La célèbre dentellière de Malines«, Radg. von J. Delzers nach A. Struys.

L' Illustration. 25. Juli: G. B., James Mac Neill Whistler. Mit 1 Abb. (Whistler an seiner Kupferdruckpresse. Nach einer Photogr. von Dornac).

La Revue de l'Art ancien et moderne. Juli: Henri Beraldi, Gaston Darbour. Dazu eine Orig.-Radg. des Künstlers als Beilage. — Marcel Nicolle, Graveurs et Dessinateurs du XVIIIe Siècle. Dazu eine Heliogr. nach einem Stiche von Beauvarlet als Beilage. — — August: Henry de Chennevières, La Nouvelle Salle des Portraits-Crayons d'Ingres au Musée du Louvre. Mit 6 Abb. — Henri Beraldi, Eugène Chervet. Dazu eine Orig.-Radg. des Künstlers (Aux Champs) als Beilage und 2 Abb. — Paul Lafond, Ignacio Zuloaga. Mit 5 Abb. — — September: Louis Gonse, Le Musée de l'Hôtel Pincé à Angers. Mit 6 Abb. z. T. n. älteren u. neueren Zeichnungen. — Beilage: A. Bonné, »La Lecture«, Radg. n. J. B. Hilair. — Henri Beraldi, J.-P.-V. Beardeley. Mit 2 Abb. und einer Orig.-Radg. des Künstlers (L'eau de St. Julien le Pauvre) als Beilage. — François Benoit, L'Art des Jardins. Mit 8 Abb. n. alten Stichen. — Raymond Bouyer, Les Quais de Paris. Mit 6 Abb. n. Zeichnungen von Paul Jouve. — — Oktober: Beilage: »Adolphe Ardail«, Orig.-Radg. von Albert Ardail. — François Benoit, L'Art des Jardins. Mit 7 Abb. n. alten Stichen. — R. Bonnet, L'Illustration de la Correspondance révolutionnaire. Mit 11 Abb. — Beilage: Le Passage des Chevaliers à Laon (Aisne), Orig.-Radg. von B. Krieger. Dazu eine Notiz von E. D. mit 1 Abb. — Raymond Bouyer, Les Quais de Paris II. Mit 6 Abb. n. Zeichn. v. Paul Jouve.

Emporium. Juli: Vittorio Pica, Acquafortisti Olandesi. Mit 21 Abb. — Guido Calcagno, Una mostra di topografia Romana I. Mit 23 Abb., von denen die meisten Reproduktionen nach alten Stichen sind. — — August: Guido Calcagno, Una mostra di topografia Romana. II. Mit 23 Abb., von denen die meisten Reproduktionen nach alten Stichen sind. — — September: Vittorio Pica, Giuseppe Mentessi. Mit 22 Abb. — Francesco Malaguzzi-Valeri, La Cattedrale. Mit 6 Abb. — — November: Vittorio Pica, Max Liebermann. Mit 26 Abb.

La Lettura. (Mailand). Oktober: Un pittore dell' invisibile (Alfred Kubin). Mit 5 Abb.

Onze Kunst. Juli: Max Rooses, De Teekeningen der Vlaamsche Meesters. Rubens (1577—1640). Mit 6 Abb. — Als Beilage: Ed. Pellens, St. Jorts, Orig.-Holzschn. — — August: Jan Veth, Nieuwe Graveerkunst in Nederland. Mit 5 Abb. nach Stichen van P. Dupont. — Max Rooses, De Teekeningen der Vlaamsche Meesters Rubens (Vervolg en Slot). Mit 6 Abb. — — November: Max Rooses, De Teekeningen der Vlaamsche Meesters. De Leerlingen van Rubens. Mit 11 Abb.

Mitteilungen der Gesellschaft.

Am 31. Januar starb Herr Maler Josef Hoffmann, der seit 1871 bis zu seinem Tode dem Kuratorium der Gesellschaft angehörte.

Als Gründer sind der Gesellschaft beigetreten: Fräulein Gertrud Gendt, Narva; Herr Dr. Julius Hofmann, Wien; Herr Dr. Isidor Margulies, Hof- und Gerichtsadvokat, Wien; Herr Otto Schlein, Fabrikant, Königinhof a. d. Elbe; Herr Dr. Franz Zweybrück, Schriftsteller, Wien.

MITTEILUNGEN

DER

GESELLSCHAFT FÜR VERVIELFÄLTIGENDE KUNST.

BEILAGE DER „GRAPHISCHEN KÜNSTE".

1904. WIEN. Nr. 4.

Studien und Forschungen.

Dürers Stich „Melencolia I" und der maximilianische Humanistenkreis.

V. Die Stellung Maximilians zu den neuen Theorien vom Wesen der Melancholie.

Mochten die kaiserlichen Gelehrten verschiedener Meinung sein, ob das der Melancholie und dem Saturn eigentümliche, erdige Element seine den menschlichen Geist zu den größten Leistungen befähigenden Eigenschaften erst unter Mitwirkung eines günstigen Planeten, besonders des Jupiter, oder sogar selbständig zu entfalten vermöge, so bewegte sich ein solcher Streit doch bereits auf dem Boden der von Marsiglio Ficino vertretenen, neuen Auffassung vom Wesen des melancholischen Temperamentes. Für die Hofhumanisten hatte es aufgehört, lediglich böse Eigenschaften zu besitzen. Aber nicht nur gegenüber den populären Anschauungen der Komplexionenbücher ist der Florentiner Akademiker siegreich; was in den humanistischen Kreisen mit ihrer großen Verehrung vor der klassischen Quelle viel mehr besagen will, seine feinsinnige Erklärung stellt sogar die Ausführungen des aristotelischen Problems in den Hintergrund und so erst recht die Kommentare des mittelalterlichen Pietro da Abano. Dafür liefern zeitgenössische Randbemerkungen in einigen Inkunabeln der Wiener Hofbibliothek den schlagenden Beweis.[1] Denn sie rühren von der Hand des Johannes Cuspinianus her, des mit Celtis und dem Hofhistoriographen Stabius so eng befreundeten, von Maximilian so hoch geschätzten Kurators der Wiener Universität, der auch auf dem Gebiete der Medizin eine erfolgreiche Lehrtätigkeit entfaltete, bis ihn vom Jahre 1510 ab der Kaiser immer mehr zu diplomatischen und politischen Diensten heranzog.

Cuspinian besaß das Werk Marsiglios »De vita triplici« in der ersten Ausgabe[2] sehr wahrscheinlich schon damals, als er bereits von Maximilian mit dem Dichterlorbeer geschmückt im Sommersemester 1494 zu Wien über Poesie las

[1] Beim Durchforschen der mit Peutingers Gutachten zusammenhängenden Literatur wurden die Notizen zuerst in Petrus da Abano Kommentaren zu Aristoteles, erschienen am 25. Februar 1482 bei Johannes Herbort Alamanus (Nr. Inc. 24, D. 1, der Wiener Hofbibliothek) und dann in Theodorus Gazas neuer Übertragung der Probleme gefunden, die zusammen mit Vallas Übersetzung der Probleme des Alexander Aphrodisias und Plutarchs Problemen zu Venedig von Antonius de Strata 1488 die Sabbati III No. Januarii herausgegeben wurde (Nr. Inc. 4, C. 18, der Wiener Hofbibliothek). Der Hinweis auf eine Bemerkung des verstorbenen Vizedirektors der Wiener Hofbibliothek, Dr. Göldlin von Tiefenau, wonach Cuspinian die Randnotizen geschrieben, wird der Liebenswürdigkeit Herrn Dr. Dörnhöffers verdankt. Ein Vergleich der Handschrift mit den von Cuspinian herrührenden, im Kodex 4772, Nr. 3, der Wiener Hofbibliothek befindlichen Schriftzügen bestätigte die Richtigkeit der Beobachtung. Überdies tragen beide Inkunabeln die Vermerke, daß sie aus der Bibliothek des Wiener Bischofs Johannes Faber stammen, der sie aus Privatmitteln gekauft und 1540 dem Kollegium S. Nicolai zur Benützung der Studierenden vermacht habe. Faber hatte die Büchersammlung Cuspinians erworben; darüber, sowie über die verschiedenen Wege, wie Fabers Bücher in die Hofbibliothek gelangten, vgl. Th. Gottlieb, Die Büchersammlung Kaiser Maximilians I., Leipzig 1900, S. 46, Anmerkung 2.

[2] Vgl. Nr. Inc. 2, G. 20, der Wiener Hofbibliothek.

und gleichzeitig Medizin hörte.[1] Wie die verschiedene Färbung seiner Marginalnotizen erkennen läßt, hat er sich zu wiederholtem Male in den Inhalt des Buches vertieft. Besonders beschäftigten ihn die schwierigen, astrologischen Fragen des dritten Teiles, der so »hoch zu verston« ist. Gerade das hier so oft herangezogene Kapitel über das böse und gnädige Verhalten des Saturn ist mit Anmerkungen versehen, die das Wichtige kennzeichnen und in den Worten »Saturnus non negligendus« gipfeln. Dementsprechend verfolgte Cuspinian mit großem Interesse weiter die Schilderungen der magischen Kräfte gewisser Bilder und Figuren. Zwar macht er dabei auf den Ausspruch Ficinos aufmerksam, wonach dieser ihren Gebrauch nicht billige, sondern nur davon erzähle, aber der Vorbehalt will nicht viel bedeuten, da deshalb mit nicht geringerer Gewissenhaftigkeit die einzelnen Planetenbilder am Rande vermerkt werden.[2]

Die Gründlichkeit des Humanisten äußert sich auch in der Sorgfalt, mit der die von Marsiglio zitierten, eigenen und fremden Werke besonders herausgeschrieben sind. Dies geschah, um sie zu studieren; so zeigt ein Druck der von Theodorus Gaza übersetzten Probleme des Aristoteles wieder die Schriftzüge des fleißigen Gelehrten. Nach einem Vermerke seiner Hand auf der letzten Seite, daß er am 26. April 1495 mit zehn Schülern, Famulus und Schaffnerin, sowie seiner Familie vor der Pest aus Wien nach Ybbs geflüchtet sei, wurde das Werk von ihm sehr frühe schon erworben.[3] Indes stammt die Mehrzahl seiner Randnotizen aus späterer Zeit, da sie sowohl im Schriftcharakter als auch in der roten Tintenfarbe genau mit jenen Glossen übereinstimmen, die sich in einem Exemplare der Kommentare Pietros da Abano zu den aristotelischen Problemen befinden. Diese sind aber gemäß einer Bezugnahme auf die Praktika des Alexander von Tralles, die mit den Erläuterungen Jacobus' de Partibus, des Leibarztes Herzogs Philipp des Guten, versehen zuerst 1504 erschien und in solcher Ausgabe auch von Cuspinian erstanden wurde, erst nach diesem Zeitpunkte niedergeschrieben worden.[4]

In der Bitte nun, die der Humanist am Schlusse von Pietros Kommentar zu dem von der Melancholie handelnden Problem an »den teuersten Leser« richtet,[5] zunächst die alte Übersetzung des Problems durch Gazas neue zu berichtigen, dann aber gleich das Werk Marsiglios »De vita triplici« zu studieren und erst nach der Lektüre der Praktika die Abhandlung des Albertus Magnus de animalibus zur Hand zu nehmen, deutet sich schon der Vorrang an, den das Buch des Florentiners sich errungen hatte. Vollends kommt dessen herrschende Stellung in den Worten zum Ausdrucke, die Cuspinian der neuen, übrigens nach den Konjekturen Polizianos richtiggestellten Übersetzung des Problems gleich zu Anfang beigefügt hat. Sie erteilen eindringlich den Rat, daß man, um die inneren Ursachen der im Problem geschilderten Vorgänge auf kürzere und besserer Art zu erfassen, »in dem goldenen Buche« Marsiglios nachlesen müsse, »worin über die Melancholie schöner als irgendwo anders gehandelt werde«.[6]

Aus der Anrede an den Leser folgt aber, daß der »philosophiae et medicinae doctor ac poeta« die Randbemerkungen ebensosehr für seine Freunde und Schüler als für sich verfaßt hat. Selbstverständlich haben jene dann ihr Hauptaugenmerk auf die so gepriesene Schrift des Italieners gerichtet und darüber das aristotelische Problem vernachlässigt. Leicht konnten daher die darin vorkommenden Sätze über die Melancholie des Herkules,[7] sowie die dazu von Pietro da Abano geschriebenen Interpretationen in Vergessenheit geraten. So erklärt sich daraus auch die oben erwähnte, auffallende Tatsache, daß unter den vom Kaiser zuerst über die Herkulesmünze befragten Gelehrten sich niemand befand, der seine Frage nach der Art der Erkrankung des Herkules mit einem Hinweise auf die Ausführungen des Aristoteles und seiner Kommentatoren hätte beantworten können. Die nächste Umgebung des Kaisers kannte eben nur Marsiglio Ficino, der weder im Buche des Lebens noch in seinen anderen Schriften den Herkules als Beispiel eines Melancholikers anführt.

[1] Über Cuspinian vgl. Aschbach, Geschichte der Wiener Universität, Bd. II, S. 51 und 284 ff., sowie H. Bauch, Die Reception des Humanismus in Wien, Breslau 1903, worin verschiedene Irrtümer Aschbachs richtiggestellt wurden. Bauchs Annahme jedoch, daß Cuspinian bereits 1494 oder Anfang 1495 Wien verlassen habe, um in Mainz seine Studien fortzusetzen — vgl. S. 166 ff. — wird durch dessen weiter unten abgedruckten eigenhändigen Vermerk vom 26. April 1495 hinfällig.

[2] Der Schriftcharakter sowohl wie die Art der Exzerpierung stimmt evident mit den Notizen der beiden andern Inkunabeln überein.

[3] Die Randbemerkung, bei deren Entzifferung Herr Dr. Weinlgärtner freundlichst half, lautet: Anno 1495 dominice quasimodogeniti ego cum discipulis decem, famulo atque procuratrice Viennam ob dirae pestis stragem reliqui et Ibs confugi, ubi arce fruebar una cum familia mea favore nobilissimi Geyr.

[4] Der genaue Titel des bei Franciscus Fradin zu Lyon gedruckten Werkes heißt: Practica Alexandri yatros Greci cum expositione glose interlinearis Jacobi de partibus et Januensis in margine posita. Dieser Druck der Hofbibliothek stammt ebenfalls laut Vermerk aus Bischofs Faber Bücherbesitz.

[5] Cuspinian schreibt: Quaeso te ante omnia, charissime lector, pro hujusmodi quaestionis intellectu vide novam translationem Theodori Gazae, deinde Marsilium Ficinum in libro de vita sana in principio, postea Jacobum de Partibus in practica primae de humoribus, postremo Albertum 3º de animalibus c. 3. In der Neuausgabe der Werke des Albertus Magnus, Paris 1891, steht die angeführte Stelle, lib. III, tract. II, cap. III.

[6] Auf Seite XXVIII der Gaza-Übersetzung befindet sich der Vermerk: Causam hujus problematis et breviter atque rationabiliter scire volueris, consule, quaeso, Marsilii Ficini libellum aureolum de vita sana capite 5º, ubi de melancolia pulcrius fortasse quaedam quam alibi offendes. Die Seite vorher macht Cuspinian auf die Textverbesserung des Poliziano aufmerksam und zitiert einen Teil wörtlich, um mit den Worten zu schließen: Sed vide, oro, quomodo emendarint primum caput nonagesimum, ubi quaedam erudita invenies.

[7] Vgl. oben Kapitel I am Anfange.

Unter dem Einfluß der die neuen Anschauungen des Florentiners bevorzugenden Humanisten mußten sich auch Maximilians Ansichten über das Wesen des melancholischen Temperamentes umgestalten, die ja einst ganz den Lehren der salernitanischen Schule entsprachen. Das so mannigfaltige Interesse des Kaisers für naturphilosophische und medizinische Fragen bot reichliche Gelegenheit, seine Aufmerksamkeit auf die so bewunderte Monographie Ficinos zu lenken. Berichtet doch über diese Richtung der wissenschaftlichen Veranlagung Maximilians Sebastian Ranck, genannt Greiff, in einem ihm noch als König, also vor 1508, gewidmeten Jagdbuche, daß er in seinem Auftrage die deutschen Klosterbibliotheken nicht nur auf »geschichte der alten«, sondern auch »der natur« hin durchforscht habe, um sie »abzueschreiben und solich schrifft der kunigelichen Majestat zue bringen«; äußert doch der Theologieprofessor Georg Benignus in einem zwischen 1507 bis 1513 verfaßten Werke seine große Bewunderung vor den von ihm selbst angehörten Gesprächen des Kaisers über naturwissenschaftliche Dinge, besonders auch über die Natur der Metalle, Steine und Kräuter; ja der kaiserliche Sekretär Josef Grünpeck versichert, bei Niederschrift seiner wahrscheinlich 1515 verfaßten vita Friderici III et Maximiliani I sogar ein Werk des letzteren de naturis animalium et variis rerum experienciis vor sich gehabt zu haben.[1]

In genauer Kenntnis der Vorliebe Maximilians, sich in den Mußestunden derart zu beschäftigen, hatte somit Celtis hervorgehoben, daß sich in den quatuor libri amorum Aufschlüsse über das Wesen der vier Temperamente und ihr Verhältnis zu den übrigen Naturerscheinungen befänden. Wenn man demnach bei einem Werke versucht ist, sich dessen Fehlen in der Innsbrucker Büchersammlung Maximilians dadurch zu erklären, daß er es auf seinen Reisen mit sich führte, so ist das bei Adelphus' Übersetzung von Marsiglios ersten beiden Büchern de vita der Fall, zumal sie als Teil von Brunschwigs »Nüwem Destillierbuche« erschien.[2]

Zu dem allgemeinen Erkenntnisdrange gesellten sich aber noch ganz persönliche Beweggründe, Ficinos Lehren über das melancholische Temperament zu beachten; sie sind es, die von vorneherein es nahelegen, daß der Kaiser, sobald solche »colloquia acutissima« unvermeidlicher Weise sich auf das strittige, astrologische Gebiet erstreckten, den ganz im Geiste des italienischen Arztes gehaltenen Interpretationen, wie sie ein Agrippa zu geben liebte, ein willigeres Gehör geschenkt haben wird als den in der Art Indagines eine Kritik übenden Auslegungen. Das lehrt ein Blick auf das eigenartige Naturell des Kaisers.

Maximilian gehörte zu den Menschen, die sich beobachteten und über sich nachdachten. Im Weißkunig sagt er ausdrücklich, daß »er mit seinem verstand auf sein natur und wurkung seines leibs gemerkt habe«.[3] Mußte ihm da nicht beim Hören der neuen Auffassung vom Wesen der Melancholie der Gedanke aufsteigen, daß seine von den Hofhumanisten und ihm selbst so bewunderte Fähigkeit, auf den verschiedensten Gebieten der Wissenschaften und Künste Neues und Ungewöhnliches zu ersinnen, eine Erscheinung jenes humor melancholicus wäre, von dem Marsiglio solche Wunderdinge zu erzählen wußte! Allerdings, nach den im Weißkunig enthaltenen Andeutungen über das Horoskop Maximilians beherrschte der vom Jupiter beeinflußte, also diesmal feuchte und warme Qualitäten besitzende Merkur die Geburtsstunde und teilte demnach dem Neugeborenen ein sanguinisches Temperament mit, das sich denn auch in der Heiterkeit seines Gemütes, in der Liebhaberei für Maskenscherz und Tanz, sowie seiner »geschicklichkeit in der musiken« äußerte.[4] Aber im Buche vom gesunden Leben steht, daß »die diener musarum und anhanger der lere« entweder »von anfang her melancholici seind oder werden also von der steten lere«, und ausdrücklich bringt Celtis die Melancholie mit dem Alter in Verbindung. In der Tat konstatierten die Ärzte bei Maximilian später das Walten des humor melancholicus; so diagnostizierte Tannstetter ihn als Ursache der Krankheit, die den Kaiser 1518 befiel, und sah ihren tödlichen Verlauf voraus, weil der die Melancholie beherrschende Saturn zur Zeit ihrer krankhaften Entartung sich an einer unheilbringenden Himmelsstelle befunden hatte.[5]

Demnach gewannen Marsiglios Lehren vom Verhalten der melancholischen Flüssigkeit im menschlichen Körper, sowie seine Ratschläge, wie die »candida bilis zu suchen sei und zu erneren als die beste und allein, die so deren wieder ist, zu vermeiden als die allerböseste«, für Maximilian eine wichtige praktische Bedeutung. In dem Meinungsstreit über die Natur des Saturn erblickte er, der ja selbst im Weißkunig der Überzeugung Ausdruck gibt, daß »die

---

[1] Vgl. hierüber Gottlieb a. a. O., S. 38 und 173 über Ranck, S. 65 und 128 über Benignus, sowie S. 121 und 142 über Grünpeck. Die wichtigen Stellen sind in extenso abgedruckt.

[2] Vgl. oben die Ausführungen am Schlusse des ersten und zu Anfang des nächsten Kapitels.

[3] Vgl. Jahrbuch der Kunstsammlungen des A. h. Kaiserhauses, Bd. VI, Der Weißkunig, herausgegeben von Alwin Schultz, S. 68.

[4] Vgl. Edmund Weiß, A. Dürers geographische, astronomische und astrologische Tafeln im Jahrbuch, Bd. VII, S. 215 ff.

[5] Georgius Collimitius Tanstetterus — vgl. artificium de applicatione astrologiae ad medicinam, Argentorati 1531 mense Aprili bei Georgius Ulricherus erschienen — läßt sich darüber in den p. 37 ff. enthaltenen axiomata pro complemento judicii de crisi, utrum ad salutem futura necne folgendermaßen aus: Verum et hic spectandum est, quales moveat humores ♄ (Saturnus) et a quali humore ingruat morbus aegroto ♄ (Saturnus) enim non commovet choleram; igitur si a cholera proveniat ille morbus, non statim est mortis metus. Quod si fuerit melancholia (possunt enim morbi varii in anno accidere), ea sorte erit huic perniciosus, qui juxta planetae mali dominantis naturam excitatur. Ita enim contigit Maximiliano Caesari anno Christi 1518. Nach Cuspinian soll Tannstetter den Tod des Kaisers Freunden schon lange vorausgesagt haben, vgl. E. Weiß a. a. O. S. 218, der nur Cuspinians vita Maximiliani, aber nicht obige Angabe Tannstetters kennt.

menschen ir natur und wesen von des himels einfluß und der stern wurkung empfahen«,[1] wahrlich nicht ein müßiges Doktorengezänk. Daß hierbei dem kaiserlichen Grübler und Forscher, der an sich selbst die Anzeichen der Melancholie zu beobachten begann, die neue Auffassung vom Saturn als einem auch wohltätig wirkenden Gestirn sympathischer erscheinen mußte, leuchtet wohl ein. Schwerlich werden ihm gegenüber selbst die anders gesonnenen Astrologen ihre Einwendungen aufrecht erhalten haben. Denn wie leicht man bereit war, eine althergebrachte Meinung zu verlassen, sobald die Person des Kaisers in Frage kam, zeigt die Deutung des zur Zeit der Geburt Maximilians beobachteten Kometen. »Wiewohl« — heißt es darüber im Weißkunig — »die comet albeyen dem herzen swermuetig sein zu sehen aus viel ursachen, so was doch dieser comet mit seinem schein fruntlich anzusehen« und »ain zeichen des kinds kunftig regierung.« Man kann daraus entnehmen, welch geringem Widerspruch die Schilderungen Agrippas von den wunderbaren Kräften der Melancholie und des Saturn, die sicher bald zur Kenntnis des Kaisers gelangten, ausgesetzt waren, und wie unter dem Einfluß der den Florentiner Philosophen rückhaltlos bewundernden Gelehrten Maximilians ursprünglich so ungünstige Ansicht über das Wesen des melancholischen Temperamentes zu Gunsten der Auffassung Ficinos sich veränderte.

Diese Umwandlung hatte sich bestimmt schon vollzogen, als Peutinger der Aufforderung des Kaisers nachkam, ihm seine Meinung über die Provenienz der Herkulesmünze, sowie das Lebensschicksal des bewunderten Heros mitzuteilen.[2] Denn dafür spricht außer der Entstehungszeit besonders auch der Inhalt seines Gutachtens. Es bezieht sich nicht etwa auf die im kaiserlichen Gedenkbuche von 1502 vorkommende Notiz: »Item Numismata quere Peytinger«[3], auf eine Zeit, wo vielleicht erst die Lektüre der quatuor libri amorum die alten Anschauungen Maximilians ins Wanken brachte, sondern auf eine spätere Anfrage, deren genauere Datierung sich aus dem noch heute im bischöflichen Archiv zu Augsburg abschriftlich erhaltenen Briefwechsel Peutingers mit dem ihm eng befreundeten Veit Bild, dem gelehrten Mönche vom dortigen St. Ulrichskloster, über die Lesart der Münze ergibt. Zwar weist das Schreiben des ersteren, mit dem er seine Erklärung der Inschrift dem im Griechischen besser unterrichteten Freunde zuschickte, überhaupt kein Datum auf; aber dafür ist die übrigens in allen Punkten beistimmende Antwort mit der Jahreszahl 1514 versehen und zwischen Briefe an andere Adressaten eingeordnet, die im Januar, beziehungsweise am ersten März dieses Jahres abgefaßt sind. Da Peutinger selbst schreibt »singula remittas cito«, Bild auf erneutes Drängen Bezug nimmt und schließlich die Reinschrift der Abhandlung mit einem umfangreichen Randzusatz des kaiserlichen Rates offenbar in Eile abging, so hat dieser sehr wahrscheinlich die Anfrage zu Anfang des Jahres, der Kaiser die Antwort, wenn nicht schon im Februar, so sicher im März 1514 erhalten.[4]

Entstand aber das Gutachten ein paar Jahre vor dem Hinscheiden des Kaisers, als er selbst schon auf die Wirkungen des humor melancholicus bei sich »gemerkt« haben wird, so befremdet es umsomehr, daß Peutinger den aus einem krankhaften Verhalten der melancholischen Flüssigkeit entstehenden morbus comitialis als Todesursache des ägyptischen Herkules bezeichnet, ohne die Besorgnisse, die eine solche Nachricht doch zu erwecken vermochte, irgendwie zu beseitigen;[5] aber gerade in diesem Mangel liegt der Beweis für den bereits vorher erfolgten Umschwung in den Ansichten Maximilians über das Wesen der Melancholie. Wie hätte wohl der über das Befinden und Denken seines Gönners stets so gut informierte Humanist sich dazu verstanden, wenn er nicht bestimmt gewußt hätte, daß der kaiserliche Fragsteller die glänzenden Erscheinungsformen der candida oder naturalis bilis bei sich bewunderte und in den von Ficino beschriebenen Verhaltungsmaßregeln, nicht zumindest in den magischen Bildern einen sicheren Schutz gegen die Überhandnahme der bilis innaturalis sowie die Tücken des Saturn zu besitzen glaubte! Die Vertrautheit

---

[1] Vgl. Weißkunig im Jahrb. a. a. O. S. 62: »Wie der jung weyßkunig lernet die kunst des sternsehens.«

[2] Vgl. oben den Anfang des Kapitels I.

[3] Vgl. die Auszüge aus dem ersten Gedenkbuch des Kaisers bei Gottlieb a. a. O. S. 58.

[4] Vgl. Alfred Schröder, Der Humanist Veit Bild, Mönch bei St. Ulrich. Sein Leben und sein Briefwechsel, in der Zeitschrift des historischen Vereins für Schwaben und Neuburg, XX. Jahrgang, Augsburg 1893. Der Brief Peutingers (Bd. III, f. 9, der Briefsammlung) ist demnach Januar oder Februar 1514 geschrieben und nimmt Bezug auf folgende Zusendungen, »dictionarium Albertini Rosarii, numisma Heraclii, bullam Leonis papae, orationem nostri (nostram, wohl unrichtig geschrieben) formis excussam,« welches Adressat dem Subprior zeigen möge, und eine Karte von Europa. Der Brief ist unvollständig von Veith-Lotter in der vita Peutingeri, S. 211, abgedruckt als Nr. I. Unter einer besonderen Nummer als II folgt darauf der Nachsatz zu diesem Briefe, welcher im Original lautet: Ego ad te emisi, quae miseram, non petivi, volui numisma, quid de eo sentires, ut transcriberem Caes. Majestati. Et mentem meam ab exemplo tibi transmitto. Tuum erit, ut rogo, singula vel bene perspicere vel, si non placeant, despicere vel confodere velis. Expunge et adde, singula remittas cito; at si quid ex me volueris, jube. Vale et rescribe, iterum rogo. Die im Band II, f. 83 der Briefsammlung mit dem Jahr 1514 datierte Antwort Bilds wird von Schröder ebenfalls noch in den Januar oder Februar 1514 gesetzt. Der nächste Brief von Bild an Peutinger (Bd. II, f. 85) trägt das Datum des 11. April 1514 und bezieht sich nicht mehr auf das Gutachten; er ist ebenso wie die Antwort abgedruckt bei Placidus Braun, Notitia historico-literaria de codicibus manuscriptis in bibliotheca ... monasterii ordinis S. Benedicti ad SS. Udalricum et Afram Augustae extantibus; Augustae Vindelicorum 1793, IV, p. 174. Die Eingangsworte der Entgegnung Bilds lauten: lectis d. v. litteris res mihi dudum creditas non semel esse postulatas probe intellexi. Für die Erlaubnis, die Briefsammlung einsehen zu dürfen, ist der bischöflichen Archivverwaltung Dank abzustatten, Sr. Ehrwürden Dr. Riedmüller besonders dafür, daß er auch brieflich liebenswürdigst unterstützte. Über das Konzept Peutingers vgl. Veith-Lotter a. a. O. Kap. II, § IX, No. XII, p. 108.

[5] Vgl. den Anfang des ersten Kapitels dieses Aufsatzes.

Maximilians mit der im Buch vom Leben enthaltenen, so befriedigenden Erklärung des aristotelischen Problems hat den Augsburger Ratsherrn davon befreit, auf die Natur des humor melancholicus und des ihn beherrschenden Saturn näher einzugehen.

Über die Aufnahme, welche Peutingers Auskunft beim Kaiser und seiner gelehrten Umgebung fand, schweigen vorderhand noch die Archive; indes hat die vorliegende Untersuchung bereits genügend Anhaltspunkte ergeben, um sich wenigstens im großen und auch in einigen Einzelheiten ein Bild davon machen zu können.

Schwerlich verkümmerte das Gutachten Maximilian die Freude, sich mit seinem heroischen Urahnen zu vergleichen; vielmehr wurde er darin weiter bestärkt, wenn er das Zitat aus Aristoteles las, demzufolge der Herkules Ägyptius nach der Ansicht Peutingers zu jenen Männern gehörte, die dank ihrer melancholischen Natur sich ebenso als Regenten und Dichter wie als Philosophen und Künstler auszeichneten. Wird es wohl an entsprechenden schmeichelhaften Parallelen seitens der Hofhumanisten gefehlt haben, die der Kaiser zur Mitarbeit an seinen großartigen, 1514 im vollen Fluß befindlichen, literarisch-künstlerischen Unternehmungen herangezogen hatte? Zu jener Zeit betrachtete man Nannis da Viterbo »Antiquitates« als Quelle für jenen Teil des kaiserlichen Stammbaumes, der von Hektors Vater Priamus aufwärts bis zum libyschen oder ägyptischen Herkules, bis zu Osiris, Cham und Noah reichte; damals wurden zur Verherrlichung von Maximilians Herrschertugenden die Hieroglyphen der Ehrenpforte, jenes »misterium der alten Egiptischen Buchstaben, herkumend von dem kunig Osyris«, zusammengestellt; damals entstand die Reinschrift des Weißkunig-Textes, in dem die wissenschaftlichen Gaben und Erfolge Maximilians besonders gefeiert werden. So starke, echt humanistische Übertreibungen dabei auch zutage treten, ein ehrlicher Wissenstrieb ist doch dem sich so mannigfaltig betätigenden Kaiser nicht abzusprechen und zwar nach den obigen Zeugnissen am wenigsten auf naturwissenschaftlichem Gebiete. Die für ihn neue Nachricht von der Melancholie des Herkules mußte den Wunsch erwecken, den Inhalt des von Peutinger zitierten Problems näher kennen zu lernen, ein Verlangen, das seine Umgebung sicher dazu veranlaßt haben wird, auch die übrigen, von Cuspinian zum weiteren Studium empfohlenen Werke sich wieder oder zum erstenmale anzusehen. Das konnte natürlich nicht ohne Vergleiche mit Marsiglios Buche vom Leben geschehen, so daß daraufhin alle die vielfältigen, oben erörterten Fragen nach dem Wesen der Melancholie und dem Grunde ihrer Verschiedenartigkeit von selbst sich aufrollten.

Dadurch erlitt die Bewunderung vor den glänzenden Theorien des Italieners wahrlich keinen Schaden. Denn während die Praktika des Alexander von Tralles lediglich melancholische Krankheitsfälle schildert, berührt zwar Albertus Magnus in seinen libri animalium wiederholt das aristotelische Problem und schreibt auch der erdige Qualitäten besitzenden melancholia naturalis günstige Wirkungen auf den menschlichen Geist zu;[1] aber seine näheren Erklärungen sind ebenso gezwungen, dunkel und widerspruchsvoll wie die späteren des Pietro da Abano, daß es sich wohl versteht, daß trotz der großen Autorität der beiden Gelehrten sich im Mittelalter die populären Ansichten über die Melancholie als die schlechthin »unedelst komplex« haben ausbilden können. Von dem so bestechenden Gedanken Ficinos, daß die in der Erde vorhandene Konzentrationskraft auch den Geist des »nach dem element der erden genaturten« Melancholikers zwinge, sich nach innen zu sammeln, findet sich bei Albertus und Pietro keine Spur.

Deswegen verliert die Schrift des naturkundigen Albert von Bollstädt, den Celtis ungeachtet seiner Abneigung gegen die Scholastik als »sapiens Germanorum« zusammen mit Plato auf dem Holzschnitt der Philosophie hat abbilden lassen, für die Beurteilung von Maximilians Verhalten gegenüber dem Gutachten Peutingers nicht ihre Wichtigkeit. Abgesehen davon, daß als Beispiele geistig hervorragender Melancholiker wieder heroische Urahnen wie Priamus und Hektor angeführt werden, behandelt »der deutsche Aristoteles« das Problem nicht nur im Rahmen seiner »doctrina generalis humidorum animalium«, sondern beobachtet die Wirkungen der einzelnen Säfte überhaupt bei allen Lebewesen, nicht allein beim Menschen.[2] Da für Maximilian als Verfasser eines libellus de naturis animalium das Werk des Albertus eine besondere Bedeutung besaß, liegt der Schluß sehr nahe, daß der kaiserliche Forscher von denselben Gesichtspunkten aus an die Auskunft Peutingers herantrat und sie im Zusammenhange mit der Temperamentenlehre zur Erörterung brachte.

Im Unterschiede zu Ficino ist die astrologische Seite von den beiden mittelalterlichen Interpreten des Problems unberührt gelassen. Das bedeutete einen weiteren Mangel in den Augen der Hofhumanisten, die durch die soeben

---

[1] Außer dem von Cuspinian zitierten Kapitel: digressio declarans diversitatem humorum naturalium et innaturalium handelt Albertus von dem melancholischen Temperament noch lib. XX, tract. I, cap. XI, de complexionibus humorum et de proprietatibus, quae fiunt ex eis in corporum animatorum commixtione.

[2] So heißt es in lib. III, tract. II, cap. III: isti igitur sunt modi melancholiae, et ea quidem, quae est naturalis, abundat in multis animalibus, ita, quod totus sanguis eorum est melancholicus, sicut bubali et uri et bones, qui apud nos wisent vocantur et similiter in aliis animalibus. In hominibus autem etiam diversimode participatur ista. Das Problem des Aristoteles wird dort folgendermaßen erwähnt: et ideo dicit Aristoteles in libro de problematibus, quod omnes majores philosophi Anaxagoras et Thales Milesius et omnes qui virtutibus praecellebant heroicis, sicut Hector et Aeneas et Priamus et alii, erant de tali melancholia. Nicht viel anders lautet es im anderen Kapitel. Hinsichtlich der Heranziehung des Wisent beachte man die weiter unten besprochene Rolle, welche es in den Maximilian verherrlichenden Allegorien des Triumphzuges und des Gebetbuches spielt.

gekennzeichneten Interessen Maximilians vor die Entscheidung verschiedener astrologischer Fragen gestellt wurden. Die geringste Sorge wird ihnen der sich naturgemäß wieder erhebende, prinzipielle Streit bereitet haben, ob überhaupt der Saturn ohne Zutun des Jupiter im Melancholiker hervorragende Fähigkeiten zu erwecken vermöge. Im Frühjahre 1514 waren die eindringlichen Worte, mit denen der vom Kaiser so ausgezeichnete Agrippa für die Ansicht des Florentiners eintrat, noch frisch in ihrer Erinnerung; die gelehrten Höflinge wußten zu gut, welche wohlgefällige Saite damit bei Maximilian angeschlagen war, um diesem gegenüber eine abweichende Meinung zu äußern. Mehr Kopfzerbrechen verursachte die Frage, welche Zweige der Wissenschaften und Künste im einzelnen als die dem melancholischen Geiste zugehörende Domäne anzusehen wären. Denn Marsiglio äußerte sich darüber nur ganz im allgemeinen, wenn er die Melancholiker als die »fürtrefflichen philosophi«, als die »diener musarum«, als Propheten und Erfinder neuer, ungewöhnlicher Dinge bezeichnete.

Auf keinen Fall konnten die kaiserlichen Gelehrten die Auslegung Pietros da Abano übernehmen, der unter den Worten des Aristoteles: »in studiis philosophiae vel in republica administranda vel in carmine pangendo vel in artibus exercendis« das ganze Gebiet menschlichen Wissens und Könnens verstand.[1] Eine solche Ausdehnung der saturnischen Macht hätte direkt dem von allen Humanisten festgehaltenen Grundsatze der Astrologie widersprochen, daß die einzelnen wissenschaftlichen und künstlerischen Fähigkeiten, ebenso wie die Berufstätigkeiten dem Einflusse der verschiedenen, mit den Komplexionen wieder zusammenhängenden Planeten unterstehen.

Aber auch wörtlich genommen bot das Zitat, soweit es über die Studien der Philosophie hinausgeht, viele Schwierigkeiten. Bisher wurden von den Astrologen die Dichter mit dem Gestirn der Venus, die Staatsmänner mit dem Jupiter in Verbindung gebracht, jetzt auf einmal als Melancholiker mit dem Saturn.[2] Jedoch wird hier die Autorität des Aristoteles wohl die Bedenken zerstreut haben, zumal auch Celtis einen Virgil und einen Cicero unter die Philosophen rechnete, die ja nach Marsiglios Ansicht gerade der Saturn »zu den allerhöchsten Dingen fiert«. Dagegen war es eine astrologische Unmöglichkeit, sich mit dem Ausdrucke »in artibus exercendis« im unbeschränkten, scholastischen Wortsinne abzufinden. Pietro da Abano stellte anheim, darunter die sieben freien oder auch die sieben mechanischen Künste zu begreifen. Schon das Erstere war zu weit; denn wenn sich auch gegen die Grammatik, Dialektik und Rethorik, sowie gegen die Geometrie, Arithmetik und vor allem gegen die damals mit der Astrologie sich verquickende Astronomie als Spezialgebiete des grübelnden, melancholischen Geistes nichts einwenden ließ, umsoviel mehr gegen die Musik. Zwar wurde sie als ein vorzügliches Trostmittel gegen die aus dem humor melancholicus sich entwickelnde »trurigkeit des gemuts« geschätzt, aber niemals für eine dem saturnischen Melancholiker eigentümliche Veranlagung angesehen; vielmehr wurden die Musiker in der Regel entweder unter die vom Jupiter beherrschten Sanguiniker oder unter die Phlegmatiker gereiht, weil diese die Venus regierte. Desgleichen verhält es sich mit den mechanischen Künsten obendrein in der von Celtis beliebten Zusammenstellung.[3] In der agricultura und architectura sogenannte »dona« des Saturn zu erblicken, war zwar allgemeine Ansicht; dagegen gehörte die von Celtis mit der Kriegskunst gleichgestellte Jagd ebenso wie die Kunst der Metallbearbeitung unter die Einflußsphäre des cholerischen Mars, unterstand die Kochkunst den das Phlegma beherrschenden Gestirnen, der Handel dem Merkur, der allerdings bei einer Konjunktion auch saturnische Qualitäten anzunehmen vermochte, und die von Celtis »vestiaria« genannte Kunst, Kleidungsstücke herzustellen, als Tuchwalkerei freilich wieder dem Saturn, als Weberei aber der Venus.[4]

Anderseits war Pietros scholastische Auslegung des Wortes »artes« wieder viel zu eng. Gerade in den astrologischen Schriften kehrt man sich wenig an das unzulängliche Schema der mechanischen Künste, wenn es gilt, die Vielfältigkeiten menschlicher Tätigkeiten unter die Planeten zu subsumieren. Welche Mannigfaltigkeit gewährt nur ein Blick auf die hier bereits besprochenen Werke eines Perlach, Agrippa und Indagine! Je mehr man sich mit den klassischen und arabischen Astrologen beschäftigte, desto umfangreicher wurde die Aufzählung der von den einzelnen

---

[1] Im Kommentar des Pietro steht: notandum, quod per istas facultates expressas auditur cognitio omnis ut speculativa, activa et factiva: omnis enim haec metaphysicis) in 6°, unde philosophiam audio eam, quae essentialis, et naturalem, divinam et mathematicam, et accidentalem, sicut grammaticam, dyalecticam et rethoricam. Per politicam, quae activa, vero moralem ac [illegible], ut monasticam, yconomicam et politicam expressam, ut militarem, quae sunt practicae philosophiae. Per poesim vero scientiam quandam suspicionis inductivam, quam sibi grammatici usurpare, quae apud Arabes 6° ponitur cum rethorica, etiam pars logicae, quia privatim philosophia. Per artes vero, quantum ad factivam, mechanicas audio septem notas, ut lanificium, armatura, navigatio, agricultura, theorica (soll heißen theatrica), pastoralis et medicina — in naturalem tamen hanc reducunt medici — vel quas forte per artes septem audiet liberales.

[2] Vgl. hier den aus Tannstetters Kommentaren exzerpierten Usus almanach des Andreas Perlach. Als dona des Jupiter werden aufgezählt dignitates et officia in spiritibus, jurisprudentia et judicium, als solche der Venus musica, ars textoria, pictura, aromatum negotiatio et in universum ad ornamentum pertinens. Auch Indagine schreibt der das Phlegma beherrschenden Venus den musicum, cytharoedum, cantorem sowie den pictorem zu; zusammen mit Merkur macht sie aus dem Phlegmatiker einen Poeten.

[3] Eine solche enthält der nach Angaben Celtis' von Burgkmair gezeichnete Holzschnitt des sog. Reichsadlers, vgl. die Abbildung bei J. von Schlosser im Jahrbuch XVII, 89. Reisch in der margaritha philosophica gibt dieselbe Aufzählung wie Pietro, nur statt der pastoralis die venatio. Über die Veränderungen des Schemas der sieben mechanischen Künste, vgl. J. Weber, Beiträge zu Dürers Weltanschauung. Auf ihre Beziehungen zur Astrologie wird jedoch nicht eingegangen.

[4] Vgl. den Abdruck aus dem mehrgenannten Usus almanach oben im dritten Kapitel.

Planeten abhängigen Kunstfertigkeiten, wobei oft weniger ein innerer Grund als die Autorität der Quelle den Ausschlag gegeben haben wird.[1] Bei dieser Sachlage wäre es zwecklos, weiter Vermutungen über die Deutung anzustellen, die das Peutinger'sche Zitat seitens der Gelehrten des Kaisers gefunden hat. Nur soviel läßt sich sagen, daß dabei Maximilian schon als Anhänger Marsiglios den im Buche des Lebens ausgesprochenen Grundsatz berücksichtigt haben wird, wonach von den drei Seelentätigkeiten der Verstand dem kalten, trockenen, melancholischen Saturn unterworfen ist.

VI. Dürers Aussprüche über »die viererlei Cumplex der Menschen« und Ficinos Buch vom Leben.

Wenn auch die literarischen Quellen nicht ausreichen, um in allen Einzelheiten das Gebiet zu begrenzen, das die Humanisten Maximilians als Betätigungsfeld dem melancholischen Temperamente im Unterschiede zu den anderen Komplexionen zuzuweisen hatten, so sind damit noch nicht alle Auskunftsmittel erschöpft, um einen tieferen Einblick zu erhalten. Es bleibt »die stumme Sprache der Bilder«. Gelingt der Nachweis, daß zwischen dem für den Kaiser ausgearbeiteten Gutachten des Augsburger Humanisten und Dürers »Melencolia I« ein innerer Zusammenhang besteht, daß der Künstler sie besonders im Hinblick auf Maximilians in der Ornamentik der Ehrenpforte so hervortretendes Interesse an hieroglyphischen Bildzeichen geschaffen hat, dann ist in ihren Ideogrammen eine Urkunde erhalten, die demjenigen, der sie zu entziffern vermag, auch Aufschluß über die hier noch unbeantwortet gebliebenen Fragen verspricht. Und kann man sich dieser Hoffnung verschließen, sobald man auf dem Stiche Dürers über dem Monogramm die Jahreszahl 1514 gelesen und sich gleichzeitig vor Augen geführt hat, daß dieses Jahr Peutinger den Satz über die Melancholie des Herkules, jenes Sohnes des in der geheimnisvollen Bildersprache so wohlerfahrenen Osiris, hat niederschreiben sehen!

Allerdings erhebt sich gegen die Abhängigkeit des Dürer-Stiches von dem Gutachten gleich der Einwand, daß gerade in den Jahren vorher Dürer Marsiglios Buch vom Leben studierte, dessen Inhalt selbst den Verleger Grünniger veranlaßte, auf die Melancholie bezügliche Formschnitte beizufügen. Sollte da nicht ganz aus sich heraus der Künstler das Bedürfnis empfunden haben, Ficinos Schilderungen in ein Bild zu fassen und somit das zeitliche Zusammentreffen der reine Zufall sein!

In der Tat geht eine Anzahl der Vorschriften Dürers für die Heranbildung des Malers, welche die Vorrede zu seinem bald »Unterricht in der Malerei«, bald »Speis der Malerknaben« genannten, großen Malerbuche bilden sollten, auf die Gesundheitslehren des Italieners zurück.[2] Wenn es dort heißt, daß »der Knab gezogen werd, von Gott zu begehren die Gnad der Subtilität«, so hatte der Verfasser das zweite Kapitel des Buches vom gesunden Leben im Sinne, das »sagt, wie fleissige sorg sei zu haben zu dem leiplichen Geist« und diesen beschreibt als »einen reinen subtilen Dunst des Bluts, heiß, warm und clar«, der den Sinnen und der Vernunft dient. Seine Mahnung, den Jungen in der Kost mäßig zu halten, »desgleichen mit Schlafen«, ihn »vor fräulichem Geschlecht« und aller Unlauterkeit zu behüten, entspricht Ficinos Warnung vor diesen »drei feinden des gelerten, weisen und hochsinnigen«. Auch die seltsamen Gedanken, daß der Knabe »eine lüstige Wohnung hab, da er durch keinerlei Hindernuß geirrt werd« und »sein wahrgenummen werd mit Ertzei, so ers bedarf«, erklären sich aus den gegen die Melancholie gerichteten Maßregeln des Florentiners, der ja unter anderem besonders empfiehlt, hoch in nebelfreier Luft zu wohnen, und »uß der ertzet Werkstatt« entsprechende Mittel für »einen yeden er sei jung oder alt« beschreibt.[3] Vollends fußt auf der italienischen Makrobiotik die Vorschrift des ersten Teils der Vorrede: »Das Sechst, ob sich der Jung zu viel übte, davon ihm die Melecoley überhand mocht nehmen, daß er durch kurzweilig Saitenspiel zu lehren davon gezogen werd zur Ergetzlichkeit seines Geblüts«. Denn einmal kommt darin Marsiglios Ansicht zum Ausdruck, daß »eine stete übung der vernunfft« »den subtilsten und clarsten teil des bluts« verbraucht und so »ein melancholischen geist«,

---

[1] Eine solche Zusammenstellung aus späterer Zeit folgt nach den Abhandlungen Tannstetters in dem oben näher bezeichneten Artificium de applicatione astrologiae ad medicinam vom Jahre 1531, p. 46, unter dem Titel: de septem planetis et rebus, super quas dominium habent; im Index heißt es de naturis et proprietatibus planetarum ex Alkabitio, Firmico et Haly. Besonders fällt auf, daß hier von den Komplexionen die Melancholia, von den humoren die atra bilis dem Saturn, dagegen die melancholia adusta dem Merkur unterworfen sein soll, und daß dementsprechend der Saturn nur agricolas, lapicidas, caementarios, figulos, coriarios et in summa omnium hominum [illegible] hervorrufe, während vom Merkur die scribae, consiliarii, mercatores, philosophi, mathematici, magistri, divinatores et novarum artium inventores abhängen. Der Verfasser hat sich nicht bemüßigt gefühlt, diesen Widerspruch zur populären Anschauung der Kalender ebensowohl als zu der Theorie Marsiglios aufzuhellen; es genügte ihm, die exzerpierten Schriftsteller anzuführen. Unvermittelt gibt er später auch das Zitat aus Ptolemäus, wonach Merkur im Hause des Saturn »das profundum intellectum«.

[2] Vgl. Lange und Fuhse, Dürers schriftlicher Nachlaß, Halle 1893, S. 282 ff. und hier Kapitel II.

[3] Marsiglio schreibt darüber im Buche de sanitate tuenda cap. IX.: »Habitatio alta a gravi nebulosque aere remotissima«; Mülich übersetzt frei, der Melancholiker soll eine »einige wohnung« vermeiden, vgl. hier Kapitel II am Schluß.

Von dē vier Complexion.
Melencolicus.
Unser complexion ist von erden trückē
Darūb sey wir schwärmütigkeyt gleich
Flegmaticus.
Unser complex ist mit wasser mer getan
Sanguineus.
Unser complexion sind von lusten vil.
Darumb sey wir hochmütig one zyl.
Colericus.
Unser complexion ist gar von feüer

Die vier Temperamente, Holzschnitte aus einem Augsburger Kalender Ende des XV. Jahrhunderts. Nach Muther, Die deutsche Buchillustration der Gotik und Frührenaissance, Taf. 34.

»ein trurig, forchtsam gemüt« hervorruft, anderseits sein eindringlicher, selbst erprobter Rat, dieses »trurig und verruckt gemüt mit saitenspyl und gesang stetigs zusammenzulesen«.[1]

[1] Lange hat das Verdienst, zuerst in seinem Aufsatze »Albrecht Dürer« — vgl. Grenzboten 51. Jahrgang, Leipzig 1891, S. 380 — auf die Bedeutung dieses Ausspruches Dürers für die Erklärung des Stiches als Allegorie des melancholischen Temperamentes hingewiesen zu haben, wobei er auch das Problem des Aristoteles kurz erwähnt. Trotzdem hat er später, wie Paul Weber in seinen mehrfach zitierten Beiträgen zu Dürers Weltanschauung, S. 8, mitteilt, die Auslegung Friedrich Lippmanns übernommen, der in Dürers Blättern »Melencolia I«, »Ritter, Tod und Teufel« und »Hieronymus im Gehäus« Darstellungen der virtutes intellectuales, morales und theologicales gemäß der Margaritha philosophica des Gregor Reisch erblickt. Weber beweist zwar die Hinfälligkeit dieser Hypothese, kommt aber auf Grund der Voraussetzung, daß die Melancholie und der Hieronymus als Gegenbilder der seelischen Schwermut und des vollen Seelenfriedens komponiert wären, zu dem Schlusse, es habe Dürers »Melencolia« mit dem Temperament nichts zu tun. Vgl. S. 60 a. a. O.

Das sanguinische Temperament, Kupferstich von Virgil Solis.

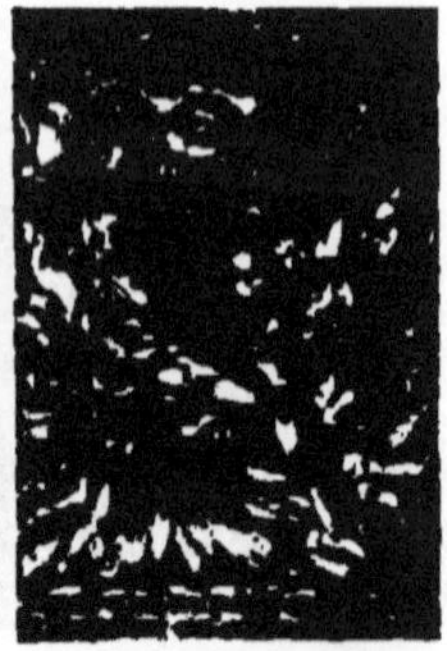

Das cholerische Temperament, Kupferstich von Virgil Solis.

Das phlegmatische Temperament, Kupferstich von Virgil Solis.

Das melancholische Temperament, Kupferstich von Virgil Solis.

Darnach hätte es freilich Dürer nahe genug gelegen, den Eindruck dieser Worte auch bildlich wiederzugeben, zumal die Unbeholfenheit der Grüningerschen Abbildung zu einer besseren Darstellung des die Zeitgenossen so interessierenden Gedankens förmlich herausforderte. Statt dessen kehrt auf dem Dürerstiche wohl das Motiv der melancholischen Haltung wieder und ist von neuem auch das im Schmelzofen stehende, dreiwandige Gefäß als Symbol der Alchimie verwendet, zu deren technischen Erfordernissen es ebenso gehörte, wie die Zange und der eisenummantelte Hammer,[1] dagegen fehlte jede Andeutung eines die »trurikeit« verscheuchenden Musikinstrumentes,[2] obwohl Ficino außer der »lüten« und »harpffen« auch das »clavicord« als vorzüglich dazu geeignet hervorhebt. Das geschah sicher aus besonderer Absicht.

So wenig Bedenken eben damals bestanden, auf einem Einzelbilde der Melancholie Symbole oder eine Allegorie der Musik als eines der besten Heilmittel gegen schwermütige Gedanken anzubringen, umsomehr mußten sie rege werden, sobald es sich darum handelte, die Melancholie als Bestandteil einer Folge der vier Temperamente darzustellen und dementsprechend durch die ihr zugewiesenen Anlagen und Fähigkeiten zu charakterisieren. Denn es ist klar, daß ein auf solchem Bilde befindliches Tonwerkzeug den Beschauer vor die Frage stellte, ob damit nicht eine neue, dem Melancholiker eigentümliche Gabe gemeint sein könne. Eine derartige Doppeldeutigkeit vermochte aber dem Künstler den Vorwurf einzutragen, einen groben Verstoß gegen eine allgemein anerkannte Grundregel der Temperamentenlehre begangen zu haben. Denn der Sanguiniker oder der Phlegmatiker, aber nicht der Melancholiker wird als Musiker auf bildlichen Darstellungen der vier Komplexionen geschildert, mögen sie wie die volkstümlichen Holzschnitte eines sehr beliebten Augsburger Kalenders (vgl. die gegenüberstehenden Abbildungen) in dem letzten Viertel des XV. Jahrhunderts[3] oder wie die Kupferstiche Virgil Solis' einige Jahrzehnte später entstanden sein.[4] Gerade die Serie dieses

[1] Vgl. die Abbildung des Melancholikers hier im Kapitel II und die Illustration zu Petrarcas Trostspiegel lib. I cap. CXI, wo ein Alchimist in seinem Laboratorium abgebildet ist.

[2] Die über dem Zauberquadrat hängende Glocke des Dürer-Stiches galt dem Künstler nicht als Symbol der die Traurigkeit verscheuchenden Musik. Wie sie am Schwengel hängt, ist sie bestimmt, die sieben Tagzeiten zu läuten. Sie ist das Zeitglöcklein, das auch das Ableben eines Menschen verkündet; so dichtet Dürer über den Tod desjenigen, der »gute Werk« wollte sparen, »den bezahlt man mit Glockanton, damit laeft sein Gedächtnuß davon.« Auch Maximilian gebraucht diese Wendung im Weißkunig. Im Trostspiegel bildet der Künstler zum lib. II. cap. CXXX, »von einem, der sich im sterben bekümmert, was nach seinem Tod von jm gesagt und gehalten werde«, eine große Glocke ab. Darauf, daß Dürer dem Pferde, das der Tod reitet, eine Glocke umhängt, ist schon öfters gewiesen worden.

[3] Der Holzschnitt der Melancholie, der nach Weber a. a. O., S. 83, sich im Kalender des Hans Schönsperger (Augsburg 1495) befindet, scheint mit dem gegenüberstehenden übereinzustimmen.

[4] Vgl. darüber W. Zucker, Dürer (Halle 1900) S. 169.

Nürnberger Kleinmeisters (vgl. die umseitigen Abbildungen) verdient hier besondere Beachtung, weil er, ein jüngerer Zeitgenosse Dürers, die »Melencolia I« als einen Teil einer Temperamentenfolge nicht nur aufgefaßt, sondern auch als solchen bei der eigenen Arbeit verwertet hat. So frei er dabei kopierte, Attribute wegließ und neue hinzufügte, behielt er die Symbole der Musik, das Notenbuch und die Laute, wohlweislich doch dem sanguinischen Temperamente vor, wodurch er gleichzeitig erreichte, daß der Schwan, dieser phoebeische Vogel, auf dem Blatte des Melancholicus nur die Gabe prophetischer Poesie versinnlicht.

Aus der gleichen Überlegung heraus, um einem Mißverständnisse vorzubeugen und ein charakteristisches Attribut für eine andere Komplexion aufzusparen, hat Dürer jegliches Sinnbild, das ihm auf eine Ausübung der Musik deutbar erschien, beiseite gelassen. Demnach ist darin nicht »ein feiner, persönlicher Zug« des Künstlers zu erblicken, dem eine Symbolisierung der Musik auf einem Bilde der Schwermut unpassend dünkte,[1] sondern eine notwendige Folge seiner Absicht, mit der »Melencolia I« eine Folge der vier Komplexionen zu beginnen. Wahrlich, der alte Heller hatte ganz Recht, als er schon auf Grund der Eins ein solches Vorhaben bei Dürer vermutete.[2]

Auch dieser Plan zwingt, für sich allein betrachtet, noch nicht dazu, ein inneres Band zwischen dem Stich und Peutingers Gutachten anzunehmen. Zu bedenken bleibt, daß Dürer mit jenem eine so genaue Kenntnis Ficinos verratenden Passus über die Behandlung der Melancholie des Malerjungen den als »Hauptpunkt« des ersten Teils der Vorrede hingestellten Gedanken weiter ausgeführt hat, »wie der Knab erlesen und der Geschicklichkeit seiner Cumpex Acht genummen soll werden.« Leider enthalten die noch vorhandenen Entwürfe zum Malerbuche nichts Näheres über »die etlichen Erklärungen«, die sowohl für die entsprechende erste Vorschrift, »daß man des Jungen Geburt Acht soll haben, in was Zeichen; — bitt Gott um eine glückhaftige Stunde«, als auch für die nächste, »daß man seiner Geschtalt und Gliedmaß Acht nehm«, ausdrücklich versprochen werden. Aber zur Genüge erhellt die Absicht des Autors, darin eingehender darzulegen, welche Schlüsse auf die Veranlagung eines Menschen sich einmal aus dem seine Nativität beherrschenden Gestirne, dann aber auch aus dem an der Proportion seines Körpers erkennbaren Temperamente ergeben. Um darüber aufzuklären, war aber Dürer selbstverständlich genötigt, Marsiglios Schilderungen von den wunderbaren Kräften des dem Saturn unterworfenen, melancholischen Temperamentes im Zusammenhange mit den Eigentümlichkeiten der übrigen ins Auge zu fassen. Es läßt sich nicht abstreiten, daß solche Erwägungen didaktischer Tendenz an sich schon den Gedanken eingeben konnten, in einer Sinnbilderreihe die Eigenschaften der vier Komplexionen zur Darstellung zu bringen. Dazu kommen die künstlerischen Anregungen, welche die Studien über die menschliche Proportion mit sich brachten.

Seitdem der junge Dürer weder von Jacopo de' Barbari noch aus den Schriften der Alten näheren Aufschluß über »die menschliche Maaß« hatte erlangen können, war für seine eigene Forschung die Lehre von den Temperamenten der gegebene Ausgangspunkt. Aus jedem Königspergerschen Kalender konnte er schon entnehmen, daß »beim Colericus der obertail seines leibs größer denn der unter ist,« oder daß »der Flegmaticus vil Flaisch« und »kleine Augen« hat. Die Schriften der »Flaycy«, bei deren Auswahl und Lesen wohl Pirckheimer seinem im Latein nicht sonderlich bewanderten Freunde geholfen hat, vermittelten die tieferen Kenntnisse; auf ihrem »Bericht« beruht der oft wiederholte Ausspruch: »wir haben mancherlei Gestalt der Menschen, Ursach der vier Complexen.«[3] Es ist hier nicht der Ort, den Lehrbüchern im einzelnen nachzuspüren, die Dürer benutzte. Sicherlich zog er die naturwissenschaftlichen Werke des Albertus Magnus zu Rate, dessen Bild er dem befreundeten Celtis ja auch gezeichnet hat. Der von Albertus auf Empedokles zurückgeführte Satz, daß jede Form eines Lebewesens nichts anderes als eine Harmonie der Mischungen ist, die aus der Zahl und der Proportion der einfachen Bestandteile resultieren, mag sich in Dürers Geist mit den Vorstellungen eines Luca Paciuoli verbunden haben, als er in einem frühen Entwurfe seiner Proportionslehre schrieb: »Ich will aus Maaß, Zahl und Gewicht mein Fürnehmen anfahen.«[4] Sein Wissen über die Kennzeichen der einzelnen Komplexionen erweiterte er aus medizinischen Quellen; so enthalten die Lehren des damals immer noch hochgeschätzten, arabischen Arztes Rhazes über die Farbe, die Formen, die Maße der einzelnen Temperamente und

---

[1] Dies die Ansicht Webers a. a. O., S. 71 und 88.

[2] Vgl. Josef Heller, Das Leben und die Werke Albrecht Dürers, Bd. II., S. 470. Heller weiß bereits, daß Zauberquadrate bei Cornelius Agrippa und Paracelsus vorkommen, vermag jedoch nicht ihre astrologische Bedeutung bei der Auslegung des Stiches zu verwerten.

[3] Vgl. Lange und Fuhse a. a. O., S. 293, 299, 303, 305.

[4] Vgl. besonders Albertus Magnus in Animalium lib. XX, de natura corporum animalium, tract. I de his, quae constituunt corpus, cap. X de ratione, secundum quam perficitur mixtura corporum animalium. Dort heißt es: »Oportet autem mixturam esse secundum rationem et proportionem, ut bene dicit Empedocles .... Hanc enim rationem et proportionem Pythagoras numerum vocavit, quo elementa ligantur in mixto ...... Opinati sunt non esse aliquam formam rerum nisi harmoniam mixtorum, quae resultant ex numero et proportione eorum simplicium, quae componuntur et conveniunt in mixto.« Den Dürer-Ausspruch vgl. bei Lange und Fuhse a. a. O., S. 316. Dort äußert sich auch Dürer über die verschiedenen Proportionen, welche die Alten dem Jupiter, dem Apollo, der Venus und dem Herkules beilegten. Da für den Humanisten die antiken Götter, wie Borinski feinsinnig bemerkt, reale Mächte waren, soweit sie sich mit den Gestirnen deckten, bekommt man eine Vorstellung von den verschiedenen Maßen, die ihnen Dürer zugeschrieben haben wird, wenn man die Identifizierung der Temperamente mit den einzelnen Planeten beachtet.

ihrer Zwischenstufen auffallende Übereinstimmungen mit Anschauungen Dürers.[1] Derart entstand seine Überzeugung, daß aus der Messung einer menschlichen Gestalt ihre »Natur«, will sagen ihre Komplexion, zu erkennen ist, und daß eine Beobachtung dieser Maße den Künstler in den Stand setzt, »allerlei Gestalt der Menschen zu machen, sie seien ja von welchen Complexionen sie wollen: Melancolici, Flegmatici, Colerici oder Sanguinici.«[2]

Dürer hat diese Gedanken mit Hinweis auf die Ergebnisse seiner eigenen Messungen immer wieder formuliert, wobei er die Temperamente von verschiedenen Seiten aus auffaßt. Das Psychische wird berücksichtigt, wenn er schreibt: »Durch Messen magst du erfinden zu machen allerlei Gestalt der Menschen, zornig oder gütig, erschrocken oder freudenreich und dergleichen«; das Elementare betonen die Worte: »also ist durch die Maaß von außen allerlei Geschlecht der Menschen anzuzeigen, welche feurig, luftig, wäßrig oder irdisch sind«; das Astrologische hebt der Satz hervor: »so dann Einer zu dir kummt und will von dir haben ein untreus saturnisch oder martialisch Bild oder eins, das Venerem anzeigt, das lieblich holdselig soll sehen, so würdest du aus den vorgemeldten Lehren, so du der geübt bist, leichtlich wissen, was Maaß und Art du dazu brauchen sollt«.[3]

Gerade die letztere Stelle hat, bevor sie ihre endgültige Form in dem Drucke der Proportionslehre von 1528 erhielt, durchgreifende Veränderungen durchzumachen gehabt, ein Beweis dafür, wie die Beziehungen der Gestirne zu den Temperamenten den Künstler stets von neuem beschäftigt haben. Besonders beachtenswert ist die Fassung eines auf der Nürnberger Stadtbibliothek befindlichen Entwurfes. Unmittelbar nach dem Gedanken, daß die Temperamente unter Berücksichtigung der vorher gegebenen Regeln »leichtlich« darzustellen sind, folgt die Bemerkung: »denn man kann wol ein Bild machen, dem der Saturnus oder Venus zu den Augen herausscheint, und sunderlich im Gemäl der Farben halben, also mit andern Dingen auch«. Klarer als der gedruckte bringt dieser besonders für die Maler geschriebene Satz die Tatsache zum Ausdrucke, daß Dürer ganz auf dem Boden der damaligen Astrologie stand, die einzelnen Komplexionen mit bestimmten Planeten identifizierte und nicht nur in den ihnen eigentümlichen Proportionen, sondern vornehmlich auch in ihren Farben die künstlerischen Mittel erblickte, den Charakter der sie beherrschenden Gestirne wiederzugeben.[4] Die Aufgabe, ein melancholisches oder saturnisches »Bild zu machen«, war für ihn gleichbedeutend.

Die Berücksichtigung des »Gemäls« deutet zwar auf eine frühe Zeit der Niederschrift, als Dürer sich noch mit dem Malerbuche und nicht ausschließlich mit der Proportionslehre beschäftigte; dagegen beweist die Bezugnahme auf die Maße als einen vorhergehenden Teil des Buches, daß die Anordnung der »Salus 1512« und »Salus 1513« überschriebenen Entwürfe, welche die Maße erst später nach den ihre Bedeutung würdigenden Ausführungen behandelt wissen wollen, bereits aufgegeben war. Darum hat sicherlich das Gefühl schöpferischer Kraft und der Wunsch zu ihrer Betätigung Dürer nicht weniger beseelt, als er damals, 1512, das Ergebnis seiner bisherigen Studien zusammenzufassen begann.[5] Durch den bereits mehr als ein Jahrzehnt zurückliegenden Auftrag des Celtis war der Anreiz, die Temperamente in charakteristischen Gestalten darzustellen, gewiß nicht ausgelöst worden, und das Gefühl, mit den theoretischen Arbeiten zu einem Abschluß gekommen zu sein, vermochte die praktische Gestaltungslust nur zu steigern.

Außerdem gelangten sehr wahrscheinlich um das Jahr 1512 die begeisterten Schilderungen Agrippas von der Macht des humor melancholicus, die ja auch vorzügliche Maler zeitigen soll, zu Dürers Kenntnis. Trithemius, der Gönner des jungen Vorkämpfers für Ficinos Philosophie, stand Pirckheimer sehr nahe; überdies befand sich der Künstler, der im Auftrage Maximilians Anfang 1512 Kölderers Entwürfe der Ehrenpforte und des Triumphzuges[6] zur Übertragung auf den Holzstock erhalten hatte, in engster Fühlung mit den gelehrten Hofkreisen. Der Astronom Stabius, Maximilians Historiograph und wissenschaftlicher Berater, verweilte abwechselnd am Hoflager und in Nürnberg, hier um Dürers Arbeit zu beaufsichtigen und seine Kunst auch für eigene astronomische Zwecke zu verwenden, dort um neue Direktiven vom Kaiser zu erhalten. Berichte über Agrippas Aufsehen erregendes Werk vermochten

---

[1] Vgl. die Inkunabel Albubetri razis filii zachariae liber; cap. I. de cognitione complexionum corporis humani: corporis complexio ex colore et corporis habitudine et ex tactu et ex operationibus et ab exeuntibus a corpore cognoscitur.« Darunter »color autem puro fuscus, qui viriditati appropinquat, colerae nigrae ostendit dominium.« Weiter heißt es: »ex forma quoque corporis complexionum cognitio habetur. Crossum namque et carnosum complexionem significat humidam; gracile et macrum si fuerit corpus, complexio monstratur sicca .... membrorum etiam aequalitas et proportionum observantia in suis mensuris, quando unum alii comparatum fuerit, suarum propinquitatem complexionum ostendit. Quae si in hoc diversificantur, innuitur, quod earum complexio nec una est nec propinqua.« Lange in seinem Aufsatz über Dürers ästhetisches Glaubensbekenntnis — Zeitschrift für bildende Kunst N. F.; X. 1898/99 — geht auf die literarischen Quellen Dürers in naturwissenschaftlicher Hinsicht nicht ein.

[2] Vgl. Lange und Fuhse a. a. O., S. 247. Überhaupt ist es geraten, das Wort Natur in den Schriften Dürers oft ebenso eng aufzufassen, wie es in den Kalendern und Komplexionenbüchern bei Beschreibung der Temperamente geschieht.

[3] Vgl. Lange und Fuhse a. a. O., S. 291, 364 und 228.

[4] Vgl. Lange und Fuhse a. a. O., S. 247. Die astrologischen Vorstellungen Dürers werden in Langes Aufsatze über Dürers ästhetisches Glaubensbekenntnis nicht erörtert.

[5] Über die Entstehung der kunsttheoretischen Schriften Dürers vgl. Lange und Fuhse a. a. O., S. 278 ff.

[6] Vgl. den Aufsatz: Urkundenauszüge zur Ehrenpforte Maximilians I. in »Beiträge zur Kunstgeschichte. Franz Wickhoff gewidmet von einem Kreise von Freunden und Schülern. Wien 1903.« S. 91 ff.

daher sehr leicht Dürer zu erreichen. Auf diesem Wege bereits konnte er die magischen Kräfte der Planetensiegel kennen lernen, falls nicht, wie schon jetzt zu vermuten, Pirckheimer, ein gläubiger Jünger der Astrologie, durch Trithemius oder bei seinen weitverzweigten Verbindungen sonst irgendwie davon gehört und seinem Freunde Mitteilung gemacht hat. Jedenfalls läßt die Tatsache, daß eine »mensula Jovis« über der saturnischen Melancholie auf dem Stiche angebracht ist, auf eine Stellungnahme zu der durch Agrippas Auftreten neu rege gewordenen Streitfrage schließen, ob der Saturn aus eigener Kraft oder nur mit Hilfe des Jupiter den Melancholiker »von oben mit göttlichem influß und insprechen« erfüllen könne. Das bedingte wiederum ein Studium von Marsiglios ganz im Geiste der Platoniker gehaltenen Büchern de vita, womit die Beobachtung gut übereinstimmt, daß auch in den theoretischen Entwürfen aus den Jahren 1512 und 1513 wiederholt von Plato und den »oberen Eingießungen« die Rede ist. Selbstverständlich wird hierbei Dürer seine humanistischen Freunde um Rat und Belehrung ersucht haben; darum braucht aber die Lust, die Melancholie im Sinne der neuen Auffassung Ficinos darzustellen, nicht geringer geworden zu sein. Vielmehr mag ein Ansporn darin gelegen haben, neugewonnene Kenntnisse im Bilde auch denjenigen mitzuteilen, die dem melancholischen Temperamente im Sinne der gerade damals wiederholt erscheinenden »Büchlein von complexion der menschen« lediglich unheilvolle Eigenschaften beimaßen.[1]

Man sieht, die Entstehung der »Melencolia I« als Anfang einer Folge der vier Temperamente läßt sich aus den künstlerischen und wissenschaftlichen Motiven, die in Dürers reicher Persönlichkeit liegen, ungezwungen erklären. Sind sie aber für den Künstler allein maßgebend gewesen, dann kann freilich das Blatt als Quelle für die Beurteilung der von den Hofhumanisten und dem Kaiser gehegten Ansichten über Peutingers Gutachten nur insofern gelten, als Dürer nachweislich es für gut gefunden hat, sich über Einzelheiten bei den kaiserlichen Gelehrten zu unterrichten und ihre Auffassung zu übernehmen. Indes braucht bei näherer Betrachtung das Vorhandensein der oben gekennzeichneten Beweggründe nicht auszuschließen, daß die zuletzt ausschlaggebende Ursache für den Beginn der Arbeit an dem Stiche doch dem Bestreben entsprang, einem Interesse Maximilians zu willfahren. War das der Fall, drückte die Rücksicht auf den kaiserlichen Mäcen Dürer den Stichel in die Hand, dann schrieb sich ihm die Maximilian gefällige Anschauung vom Wesen der Melancholie als Norm vor und gewinnt für ihre Erkenntnis der Stich die oben vermutete urkundliche Bedeutung. Und gerade für diesen Hergang fallen gewichtige Gründe in die Wagschale.

In dem gewöhnlich Ritter, Tod und Teufel genannten Stiche vom Jahre 1513 sind von Dürer bekanntlich langjährige Studien über den Bau des Pferdes verwertet, während das 1514 vollendete Blatt »Der heilige Hieronymus im Gehäus« die Summe der auf dem Gebiete der Perspektive, sowie der Licht- und Schattenwirkungen gesammelten Erfahrungen enthält.[2] Unmittelbar vorher hat der Künstler, wie bereits hervorgehoben, damit angefangen, seine Theorien zu gruppieren und schriftlich auszuarbeiten. Da eine damals entstandene Inhaltsangabe zum großen Malerbuche besondere Abschnitte »vom Maß der Pferd«, »von Perspectiva« und »von Licht und Schatten« vorsieht, wollte Dürer offenbar eingedenk der Wahrheit: »es ist eine große Unterscheid, von einem Ding zu reden oder dasselb zu machen«,[3] mit beiden Stichen sowohl Beweise des eigenen Könnens als Beispiele der Nutzanwendung liefern. Damit gleichzeitig seine Anschauungen über den Einfluß der »complexen« auf die Proportion und die Farbe des Menschen vorbildweise zu illustrieren, kam ihm aber nicht in den Sinn.

Früher hat man zwar in dem ersten von Dürer selbst »Der Reiter« bezeichneten Stiche auf Grund des vor der Jahreszahl befindlichen S, das einfach das beliebte Salus abkürzt, das Bild des Sanguinicus erblickt, obwohl die »militia« dem vom Mars beeinflußten, cholerischen Temperament vorbehalten ist. Dieses mag Dürer dem Ritter beigelegt haben; aber besonders als Type des Cholerikers und Beginn einer Komplexionenfolge entstand das Blatt nicht. Abgesehen davon, daß jede auf eine Serie deutende Ziffer fehlt, hat der Künstler damit beabsichtigt, das die damalige

---

1 Vgl. Lange und Fuhse a. a. O., S. 205, 297, 298 und 313.

2 Muther führt sechs verschiedene Drucke dieses Werkes an, und zwar aus den Jahren 1512, 1513, 1515, 1516, 1518 und 1519. Eine Ausgabe von 1510 befindet sich nach gütiger Mitteilung Herrn Dr. Dörnhöffers in der Wiener Hofbibliothek, eine von 1514 in der Hof- und Staatsbibliothek zu München, die auch noch einen ohne Angabe des Jahres und Druckers zu Augsburg und einen zu Straßburg bei Cammerlander erschienenen Druck enthält. Der letztere hat fünf Bücher mehr als die anderen. Textlich sind diese Komplexionenbücher, wie Professor Franz Boll freundlichst mitteilte, nichts anderes als ein Auszug aus der Physiognomie und Astrologie des Michael Scotus, über den Bolls »Sphaera« (Leipzig 1903) Kapitel XV, S. 439, zu vergleichen ist. Die Ausgabe von 1514 enthält einen Holzschnitt, der einen menschlichen Kopf darstellt, nach rechts gewendet, in einem Rund als Medaille aufgefaßt. Am Rande rechts befinden sich die Worte: HANC PROFILAM PINXERAT EFFIGIEM (sic!), zwischen ihnen und dem Kopf wagrecht die Buchstaben A. B. C. Der Holzschnitt rührt von Hans Burgkmair her, der ihn für Hans Schönsperger den Jüngeren noch vor dem 10. Juli 1514, dem genauen Datum des Kolophons, gezeichnet hat; er ist bisher noch nicht beschrieben und dürfte umsomehr Interesse besitzen, als das Profil eine Ähnlichkeit mit den neu entdeckten Porträts Burgkmairs — vgl. den Aufsatz Dörnhöffers in den Beiträgen der Wickhoff-Schrift, S. 128 — aufweist.

3 Vgl. Karl Rapke, Die Perspektive und Architektur auf den Dürer'schen Handzeichnungen, Straßburg 1902, Heft 39 der Studien zur deutschen Kunstgeschichte, S. 73. Es wäre schon eine Erwähnung wert gewesen, daß als Anhang zu der Margaritha philosophica des Gregor Reisch, die Dürer sicher kannte, in den Ausgaben Grüningers (Straßburg 1512 und 1515) »Architecturae et perspectivae rudimenta« gegeben werden.

4 Vgl. Lange und Fuhse a. a. O., S. 229.

Zeit und besonders Maximilian so beherrschende Ideal des christlichen Ritters zu verkörpern.[1] Trotz des Mangels einer Numerierung galt lange Zeit auch »Der heilige Hieronymus im Gehäus« als Fortsetzung der »Melencolia I«, lediglich aus dem Grunde, weil das Blatt dieselbe Jahreszahl trägt und die Kupferplatte dieselbe Größe wie die der Melancholie und auch des Reiters hatte. Der Kirchenvater sollte den Phlegmatiker darstellen. Ein solcher neigt aber zu wissenschaftlichen Studien nur unter Mitwirkung des Merkur; schon aus diesem Grunde erscheint der emsig schreibende Heilige nicht als eine glückliche Personifikation des phlegmatischen Temperamentes, wie denn überhaupt das ganze Bild nichts mit der in der »Melencolia« deutlich gekennzeichneten Auffassung gemein hat, in der sich Dürer damals Allegorisationen der Temperamente dachte. Mit dem Stiche ist vielmehr ohne solchen Nebensinn ein Bild desjenigen Heiligen geschaffen, dem damals eine große Verehrung besonders seitens der Humanisten wegen seiner Bibelübersetzung entgegengebracht wurde; behufs Entfaltung der perspektivischen Kenntnisse hat für Dürer der Vorwurf der Studierstube einen besonderen Reiz besessen, umsomehr, als er in seiner Jugendzeit sich bereits an dieselbe Aufgabe gewagt hatte.[2]

Setzt aber das Blatt des heiligen Hieronymus die »Melencolia I« nicht fort, so geht es ihr voraus und ist wohl schon während des Jahres 1513 in Angriff genommen worden. Denn daß Dürer die einmal begonnene Temperamentenfolge ohne zwingende Gründe aufgegeben haben sollte, was der Fall wäre, wenn er darnach das Heiligenbild gestochen hätte, ist von vornherein unwahrscheinlich. Bei der umgekehrten Reihenfolge liegen die Dinge jedoch derart, daß er die Serie gleich mit dem ersten Blatte abbrechen mußte. Ende Sommer oder Anfang Herbst 1513 war das Maximilian feiernde »misterium ob dem Tittel« der Ehrenpforte endgültig festgestellt worden, so daß Dürer aus den Hieroglyphen dieses Panegyrikus die Ornamentik neu für die Hauptteile zusammenstellen konnte.[3] Damit nicht genug, hat er diese Entwürfe zur Hälfte des ganzen, riesigen Werkes auf die Holzstöcke selbst übertragen, eine Arbeit, die seine Kräfte Ende des Jahres vollauf beansprucht hat, da bereits Anfang Juni 1515 der Formschneider ein Ehrengeschenk erhält.[4] Gegenüber solcher Tätigkeit mußte freilich jede andere zurücktreten. Es fallen daher auch die kleineren, 1514 datierten Kupferstiche, wie die Madonna an der Mauer, die Apostel und die Bauernbilder vor den Beginn der Arbeit an der »Melencolia«, und rückt diese selbst damit weiter in das Jahr 1514, gerade in die Zeit, als das spätestens im März dem Kaiser bekannt gewordene Gutachten Peutingers mit seinem oben erörterten Fragenkreise die Umgebung Maximilians und ihn selbst lebhaft beschäftigte.

Das bei den eben besprochenen Werken beobachtete Bestreben Dürers, Theorie und Praxis gleichmäßig zu pflegen, läßt es zwar auffallend erscheinen, daß er trotz der 1512 geäußerten Absicht, vor allem seine Theorien über die menschlichen Maße herauszugeben, nicht mit der Verkörperung einer »complex«, sondern den Proportionen des Pferdes begann und auch noch die Lehre von der Perspektive erprobte, bevor er sich an die Temperamente machte. Doch dieses Vorgehen machen die Schwierigkeiten verständlich, die ihm die Entscheidung der wissenschaftlichen Vorfragen seit dem Auftreten Agrippas besonders in astrologischer Hinsicht bereitete. Auffälliger ist es, daß gerade damals, als Peutinger die Gelehrten durch den Hinweis auf den Originaltext des Problems vor die heikle Aufgabe stellte, dementsprechend die saturnische Veranlagung des Melancholikers zu begrenzen, der Künstler, statt sich neue Bedenken zu machen, die Hindernisse gegenständlicher Art überwindet und endlich seiner Schaffenslust Raum gewährt. Das läßt sich aber auf das einfachste dadurch erklären, daß der Künstler, den ja schon Stabius über die Vorgänge am Hofe auf dem Laufenden erhielt, zugleich mit dem Auftauchen der neuen Fragen auch die Maximilian genehme Lösung erfahren, somit die »Melencolia I« im engen Anschluß an das Gutachten Peutingers über die Melancholie des Herkules gestochen hat. Umsoweniger wird er gezaudert haben, die Auffassung des Kaisers zu übernehmen und so sich des weiteren Grübelns zu entheben, als er bestimmt voraussehen konnte, daß der für seine Kunst begeisterte Fürst den Stich vor Augen bekommen und vom Standpunkte der eigenen naturphilosophischen Ansichten aus beurteilen würde.

Hierin liegt freilich ein wichtiger Anhaltspunkt für das Vorhandensein eines Nexus zwischen Peutingers Arbeit und dem Blatte Dürers, aber noch nicht dafür, daß die Kenntnis eines in Maximilian selbst vorhandenen Interesses, die Temperamente und besonders die Melancholie hieroglyphisch dargestellt zu sehen, den Künstler zur Arbeit unmittelbar veranlaßt habe. Darauf lassen erst die urkundlichen Nachrichten schließen, die sich über den in diese Zeit fallenden persönlichen Verkehr von Dürers vertrautestem Freunde Willibald Pirckheimer mit dem Kaiser selbst erhalten haben.

---

[1] Vgl. Paul Weber a. a. O., Kapitel I—III. Von ihm stammt die Erklärung des S im obigen Sinne. Der freie Weg, den er damit geschaffen hat, die drei Dürer-Blätter in gegenständlicher Hinsicht als unabhängig von einander zu betrachten, wurde jedoch nicht bis zu Ende verfolgt. Die von ihm noch aufrecht erhaltene Ansicht, daß die Melancholie und der Hieronymus Gegenstücke sind, ist erst durch die Rezension seiner Arbeit von Arpad Weixlgärtner beseitigt, der auch hinsichtlich des »Ritter, Tod und Teufel« auf Maximilian die Aufmerksamkeit lenkt — vgl. die hiesigen Mitteilungen, Jahrgang 1901, Nr. 4, S. 48.

[2] Vgl. Karl Rapke a. a. O., S. 12. Dort auch Abbildung des heiligen Hieronymus von 1492 auf Tafel I.

[3] Vgl. die mehrerwähnte, in Vorbereitung befindliche Arbeit des Verfassers über die Hieroglyphenkunde des Humanismus in der Allegorie der Renaissance, besonders der Ehrenpforte Kaisers Maximilian I.

[4] Vgl. Chmelarz, Die Ehrenpforte des Kaisers Maximilian I. im Jahrbuch der kunsthistorischen Sammlungen des Allerhöchsten Kaiserhauses, Bd. IV, S. 310 und Regest 365 in Bd. I.

VII. Maximilians Interesse an einer hieroglyphischen Darstellung der melancholischen Komplexion.

Ausweislich der Briefbücher des Nürnberger Rates[1] brach Pirckheimer mit Kaspar Nützel, seinem Kollegen im Rat, und dem Stadtschreiber Lazarus Spengler anfangs März 1514 von Nürnberg nach Augsburg auf, wohin für Reminiscere — den zwölften des Monats — ein Tag des schwäbischen Bundes einberufen war.[2] Um den zehnten verweilten die Gesandten in der befreundeten Reichsstadt und ließen von dort dem heimischen Rat die schon am fünfzehnten in seinen Händen befindliche Nachricht zugehen, daß sie nach Linz, dem damaligen Hoflager Maximilians, zu ziehen beabsichtigen. Sie reisten über Regensburg, wo sie um den 18. oder 19. März an Stelle des abberufenen Spengler den Kanzleischreiber Karl Oertel zugeschickt erhielten, um ihn »zu dem tag gein Lintz füren und prauchen«.

In Augsburg erneuerte Pirckheimer wieder sein altes Freundschaftsbündnis mit dem politisch und humanistisch gleichgesonnenen Peutinger, das zu Lebzeiten des unvergeßlichen Celtis so schöne Beweise opferwilliger Hilfsbereitschaft gegenüber dem in Not geratenen Trithemius gezeitigt hatte.[3] Wohl in Erinnerung an diese Märztage beruft sich Willibald im Dezember Rhenanus gegenüber auf den Augsburger Ratsherrn als »communis amicus«.[4] Dieser hat sicherlich die Gelegenheit nicht verpaßt, seinen Freund, den berühmtesten Gräcisten Deutschlands, über die Lesart der Inschrift auf der Herkulesmünze und die Richtigkeit seiner Deutung zu befragen. Im Anschluß daran mußte notgedrungen auch der übrige Inhalt des Gutachtens zur Sprache kommen, um in Pirckheimer nicht weniger Bewunderung vor dem Wissenstriebe Maximilians als der Gelehrsamkeit des Berichterstatters hervorzurufen. Der Nürnberger konnte aber Gleiches mit Gleichem vergelten. Er führte damals die im Auftrage des Kaisers gefertigte, lateinische Übersetzung des ersten Buches der Hieroglyphika des Horapollon mit sich, sehr wahrscheinlich in einer Reinschrift, die Dürer selbst mit Bildern nach dem heute noch in Resten vorhandenen Konzepte ausgeschmückt hatte.[5] Der Eindruck, den diese für den Kaiser bestimmte Arbeit auf Peutinger machte, läßt sich danach beurteilen, daß es sein Wunsch wurde, auch eine ihm zugängliche Übertragung zu besitzen. Im Hinblick darauf widmete ihm eine solche der Italiener Bernardinus Trebatius als Dank für die in Augsburg fünf Monate lang genossene Gastfreundschaft im April 1515. Voll Freude darüber hat Peutinger für den baldigen Druck Sorge getragen, während dem Werke Pirckheimers bis heute eine Veröffentlichung versagt geblieben ist.

Dem Auftrage, den der Rat am 25. März Pirckheimer und Nutzel erteilte, sie sollen »bei seiner kaiserlichen Majestät arbeiten, die Tagsatzung wieder abzubringen«, ist zu entnehmen, daß sie damals schon in Linz vermutet wurden. Anfang der dritten Märzwoche mögen sie dort angelangt sein; sie haben aber nicht mehr den Kaiser angetroffen, der bereits am 14. März die Stadt verlassen hatte.[6] Da er aber am 5. April dorthin zurückkehrt, wird er wahrscheinlich nicht die ganze Kanzlei mit sich genommen haben, sodaß mit den zurückgebliebenen Sekretären verhandelt werden konnte. Die Ratschläge, die am 2. April vom Rate den Gesandten für den Fall, daß sie »am widerweg« wären, bezüglich der Wahl eines sicheren Reiseweges gegeben werden, können Zweifel rege machen, ob von ihnen noch die Ankunft des Kaisers abgewartet worden ist; aber jedes Bedenken darüber behebt eine eigenhändige Bemerkung Pirckheimers in seinem Frühjahr 1515 niedergeschriebenen Entwurfe[7] zu der Widmung, mit der er dem Kaiser die Übersetzung von Lucians Kommentar de ratione historiae conscribendae zuschickte. Dort heißt es ausdrücklich: Agitur jam annus, cum Majestati tuae librum Hori Nyliaci de literis Aegyptiacis a me tuo jussu ex Graeco in Latinum versum in Lintz perquam humiliter obtuli.

---

[1] Sie befinden sich auf dem königlich bayrischen Kreisarchiv zu Nürnberg, dessen Dirigenten, Herrn Kreisarchivar Dr. Knapp, nicht nur für die bei Einsicht der Urkunden geleistete Hilfe, sondern auch für die späteren, ausführlichst gehaltenen Mitteilungen daraus der wärmste Dank auszusprechen ist. Auf letzteren beruhen im wesentlichen die obigen und folgenden Angaben über Pirckheimers Reisen im Jahre 1514

[2] Vgl. Th. Herberger, Konrad Peutinger in seinem Verhältnis zu Kaiser Maximilian im XV. und XVI. kombinierten Jahresbericht des historischen Kreisvereines im Regierungsbezirk Schwaben und Neuburg für 1849 und 1850, Augsburg 1850, auch gesondert erschienen, S. 20. Darnach teilte Maximilian, welcher ursprünglich den Bundestag auf Reminiscere in Augsburg besuchen wollte, aus Rattenberg am Inn unterm 14. Februar 1514 Peutinger mit, daß er die Walstatt wegen Götz' von Berlichingen nach Lintz verlege, weil es ihm unmöglich wäre, nach Augsburg zu kommen.

[3] Vgl. Veith Lotter, Vita Peutingeri, Augustae Vindelicorum 1783, S. 130.

[4] Vgl. Adalbert Horawitz und Karl Hartfelder, der Briefwechsel des Beatus Rhenanus, Leipzig 1886, S. 67. Der Brief Pirckheimers ist vom 9. Dezember 1514.

[5] Vgl. Zeitschrift für bildende Kunst, Kunstchronik N. F. Bd. 9. 1897/98, Sp. 280 f.

[6] Vgl. Viktor von Kraus, das Itinerarium Maximilian I 1508—1518 mit einleitenden Bemerkungen über das Kanzleiwesen Maximilians, im Archiv für österreichische Geschichte, Bd. 87, 1899.

[7] Auf diese Urkunde machte in selbstloser Liebenswürdigkeit Herr Dr. Reicke, Kustos an der Nürnberger Stadtbibliothek, aufmerksam, wofür ihm herzlich zu danken ist.

Der Kaiser verblieb bis zum 7. April in Linz und hat währenddessen Pirckheimer, wie dieser in der schließlich gedruckten Widmung sagt, »benignissime« und »gratiosissime« empfangen.[1] Für solche Aufnahme bot diesmal die Horapollo-Übersetzung einen ganz besonderen Grund. Denn sie galt den Italienern selbst seit langem als eine der schwierigsten Aufgaben. Mit welchem Stolze mag der Kaiser gegenüber den in seiner Umgebung befindlichen, italienischen Humanisten auf diese Leistung deutschen Geistes hingewiesen haben! Es kennzeichnet die Sachlage, daß Erasmus 1508 zu Venedig auf Grund der Belehrungen eines Fra Urbano, des bewunderten Ägyptologen, seine Adagien mit den geistreichen Ausführungen über das Wesen der Hieroglyphen unter Hinweis auf Chaeremon und Horapollo bereichert hat, daß der kaiserliche Sekretär Jacopo de Banissis bald darauf den Neffen Urbanos Pierio Valeriano Bolzanio, den Verfasser des die ganze vorchampolionische Hieroglyphenkunde beherrschenden Lehrbuches, zum Eintritt in die kaiserlichen Dienste zu bereden versuchte, daß Kommentare über einzelne Hieroglyphen, die Valeriano um jene Zeit schon geschrieben und dem kaiserlichen Vertreter in Rom, dem Grafen Alberto Pio da Carpi, vorgelegt hatte, diesem wegkamen und in Deutschland auftauchten, daß schließlich 1513 bis 1515 als päpstlicher Legat am Hoflager Maximilians Lorenzo Campeggi sich aufhielt, dem der Bolognese Fasanini 1517 eine neue Übersetzung des Horapollo gewidmet hat.[2] Allen ultramontalen Rivalen hatte Pirckheimer den Rang abgelaufen, vollends in der Verwendung der Hieroglyphen zum Schreiben selbst.

Die Proben, die in dieser Hinsicht der erste deutsche Hieroglyphiker dem Kaiser zu liefern vermochte, haben weiter dazu beigetragen, Maximilian in der huldvollsten Laune zu erhalten. Mag Pirckheimer ihm damals nur mündlich seine Gedanken vorgetragen haben, wie aus den Hieroglyphen Horapollos das »misterium ob dem Tittel« der Ehrenpforte zu bilden wäre, oder brachte er bereits den Entwurf mit, der später fälschlich auf Karl V. bezogen wurde,[3] jedenfalls bestand jetzt die beste Aussicht, die hieroglyphische Ausgestaltung des dem Kaiser so am Herzen liegenden Werkes in absehbarer Zeit zum Abschluß zu bringen. Nach den früheren Versuchen mit den bekannten Hieroglyphen besonders der Hypnerotomachie Francesco Colonnas bot nun eine neu erschlossene, mit allen Reizen eines lange verwahrt gebliebenen Geheimnisses ausgestattete Quelle die Möglichkeit, das »Geheimbild« noch reichhaltiger und tiefsinniger auszuklügeln. Hieroglyphe für Hieroglyphe haben Pirckheimer und Maximilian daraufhin den Inhalt der Übersetzung durchgeprüft. Dieser ist aber derart, daß sie beide auf die durch Peutinger rege gewordenen Fragen nach dem Wesen des humor melancholicus und seinem Walten in der Person des ägyptischen Herkules geraten mußten. Man bedenke, daß der Nürnberger Humanist während seines Augsburger Aufenthaltes vom Verfasser bereits über das kurz vorher an den Kaiser abgegangene Gutachten unterrichtet worden sein wird und letzterer, wie es stets sein Bestreben war, den Besuch eines Gelehrten zur Erweiterung des eigenen Wissens auszunützen,[4] gewiß nicht säumte, die Ansicht Pirckheimers über die Melancholie des Herkules einzuholen.

Auf Grund der »Antiquitates« Nannis da Viterbo betrachtete Maximilian die im »misterium« der Ehrenpforte verwendeten Hieroglyphen als »Egiptische buchstaben herkumend von dem kunig Osyris«. Zum ewigen Ruhme des sich bis zu den Quellen der Donau erstreckenden Siegeszuges hatte nach Nanni, der hier auf Diodor fußt, jener vermeintliche Stammvater der Habsburger die »sacrae Egyptiae literae« auf Siegessäulen einmeißeln lassen, sodaß sich daraus das besondere Interesse der Hofhumanisten und ihres Schutzherrn für die damals öfters im Donaugebiete aufgefundenen Inschriftensteine des mit dem Osiris identifizierten Serapis erklärt. Es waren das Beweise für den durch die Anwesenheit des ägyptischen Königs in diesen Gegenden verbreiteten Serapisdienst, die hoffen ließen, auch einmal eine der von ihm selbst zurückgelassenen Säulen zu finden, wie es dem Nanni nach seinen Schilderungen in der eigenen Heimat geglückt war.[5] Die einzelnen Hieroglyphen galten aber dem damaligen Gelehrten als Ergebnisse eines die Welt durchdringenden, philosophischen Denkens. Enthalten doch, wie der vielgelesene Plinius ihnen berichtete, die Inschriften der von den Rompilgern angestaunten Obelisken gemäß der Philosophie der Ägypter »rerum naturae interpretationem«![6] Wenn also Maximilian die tiefsten Weisheitsschlüsse in den ägyptischen Bildzeichen erblickte, so lag beim Lesen der Pirckheimerschen Übersetzung des Horapollo ein Gedankenübergang auf die von Peutinger zitierte Stelle des Aristoteles genug nahe, wonach Herkules als Melancholiker »in studiis philosophiae« sich ausgezeichnet habe. Auf die Hieroglyphen bezogen wurde sie verständlich; sie besagte nichts anderes, als daß der für den Sohn des Osiris angesehene Heros ein außerordentlicher Kenner der vom Vater herkommenden, alle Philosophie in sich bergenden »Egyptischen buchstaben« gewesen sei.

---

[1] Vgl. Melchior Goldast, Bilibaldi Pirckheimeri Opera, Francofurti 1610, S. 51. Dort schreibt Pirckheimer: Quotiescunque enim te, Norimbergensis reipublicae legatus, adeo, ... non solum me, ut optimum decet principem, benignissime audis, sed et gratiosissime ac muneribus quandoque donatum absolvis ac dimittis.

[2] Wörtliche Anführungen aus den Quellen enthält der mehrerwähnte Aufsatz über die Hieroglyphenkunde.

[3] Vgl. Goldast a. a. O., S. 202, die interpretatio quarundam literarum Aegyptiacarum ex Oro Niliaco, Bilibaldo Pirckheimero auctore.

[4] Man vergleiche hier die Schilderungen des Georg Benignus, abgedruckt bei Ph. Gottlieb, Die Büchersammlung Kaiser Maximilians I., S. 129 ff.

[5] Vgl. Joannes Annius Viterbensis, Opera de Antiquitatibus, Romae 1498 per Eucharium Silber alias Franck, Fol. f des Anhanges: »sexta Osiriana egyptia tabula«.

[6] C. Plinii secundi naturalis historia, lib. XXXVI, 8—9, ed. Detlefsen (Berlin 1872) p. 166.

Die Erklärungen des Horapollo zu seinen zahlreichen, der Tierwelt entlehnten Bildzeichen führten den Kaiser vollends in den Kreis jener naturphilosophischen Diskussionen, die sich an das Gutachten des Augsburger Humanisten knüpften. Von vornherein müssen die Naturbeobachtungen des alten Hieroglyphikers die Aufmerksamkeit Maximilians besonders gefesselt haben. Ihm, dem schriftstellerisch tätigen Jägersmanne, hatte ja Sebastian Ranck das »Büchlein« gewidmet, »dar inn gar subtil beschlossen, was die Meister und Philosophi von Natur der Valken, der Habich, der Spärber und der hund und dartzu auch von natur der pferdt geschrieben haben«. Von den Eigenschaften derselben Tiere, vornehmlich der Sperber und Hunde, handeln aber die Hieroglyphen des Horapollo auf eine ebenso ausführliche, wie geheimnisvolle Art. Was da oft die Geburt einer orientalischen Phantasie ist, galt schwerlich dem sich gern in mystischen Betrachtungen des Tierlebens gefallenden Kaiser als Fabelei. Auch ein Aldovrandi hat sich viele Jahre später nicht gescheut, die Erzählungen der Hieroglyphika als echte Münze seiner Zoologie einzuverleiben. Man hatte Freude am Dunklen; so wurde die Hieroglyphe des eine Stola tragenden Hundes als Sinnbild des »princeps optimus« in dem »misterium« verwertet, weil »dieses Tier«, wie Pirckheimer die Erklärung des Horapollo wiedergibt, »die Tempel betritt und die Bilder der Götter scharf betrachtet, auch in uralten Zeiten die Richter allein mit der Stola angetan den König anzusehen pflegten«.[1] Ehrfurcht und Scheu vor der ägyptischen Priesterweisheit ersetzten hier offenbar das innere Verständnis; doch ist nicht zu übersehen, daß in der Exegese der vorausgehenden Hieroglyphe, auf welche die ebenerwähnte besonders Bezug nimmt, sich andere Beobachtungen über Eigenschaften des Hundes befinden, welche die neuen Theorien über das Wesen der Melancholie in merkwürdiger Weise bestätigten und dem Glauben an der Richtigkeit der übrigen Nachrichten Vorschub leisten konnten.

Nach Horapollo beherrscht die Milz den Organismus des Hundes; überaus zart, entartet sie leicht, wodurch das Tier seine Fröhlichkeit sowie seinen Geruchssinn verliert und schließlich der Tollwut anheim fällt. Anderseits aber liegt es in seiner Natur wie in der des Gelehrten und des Propheten, über eine Sache nachzusinnen, ihr nachzujagen und sich nur mit ihr zu beschäftigen. Also wieder die Milz, die bei der Ausbildung des humor melancholicus eine so wichtige Rolle spielt, wieder die Gegensätze der intensivsten, geistigen Tätigkeit und ihres tiefsten Verfalles, ganz dieselben Erscheinungen, welche die Melancholie im Herkules Ägyptius zeitigte. Genie und Wahnsinn auch beim Tiere! Der Hund ist demnach ein Vertreter der melancholischen Komplexion; und ausdrücklich sagt Pierio Valeriano in seinem Kommentar zu dieser Hieroglyphe, daß derjenige Hund im Aufspüren und Laufen der beste wäre, welcher »faciem melancholicam prae se ferat«.[2]

Hatte die enge Zusammengehörigkeit der Hieroglyphe des »princeps optimus« zu den vorhergehenden Bildzeichen einmal das Augenmerk des Kaisers auf dessen Erklärung gelenkt, so konnte ihm bei näherer Prüfung ihres Inhaltes die soeben hervorgehobene Übereinstimmung mit dem Gutachten Peutingers und der stillschweigend vorausgesetzten Schrift »Vom gesunden Leben« nicht entgehen. Vielleicht wurde Maximilian auf diese schon beim ersten Anblick der genannten Hieroglyphen seitens Pirckheimers, der in Marsiglio Ficino den »allerverdientesten und einer ewigen Erinnerung würdigen Gelehrten« verehrte, dadurch gewiesen, daß er hörte, welch großes Wohlgefallen ebenfalls der berühmte Florentiner an dem Vergleich des Hundes mit einem Philosophen in dem letzten der den Büchern »de vita« beigegebenen Briefe bekundet hat;[3] sicher kamen die neuen Theorien des Italieners bei Erörterung

---

[1] Im Kodex 3255 der Wiener Hofbibliothek, einer Kopie der Pirckheimerschen, mit Dürer-Zeichnungen ausgestatteten Übersetzung des Horapollo, befindet sich auf Blatt 49ᵛ ein sitzender Hund mit Stola gezeichnet — vgl. dessen Original unter den von Lippmann veröffentlichten Dürer-Zeichnungen, dort abgebildet als N. 83 in Bd. II —, gegenüber auf Blatt 50ʳ der dazu gehörige Text: »quomodo ostendunt principem vel judicem. Principem vero vel judicem depingentes, canem in caeteris medium regia exornant stola, quoniam, ut praedixi, acute deorum intuetur idola, ita et princeps priscis temporibus cum existeret judex, nudum inspiciebat regem; ideo et regia stola illum exornant.« Daraus hat Pirckheimer für den Entwurf der das »misterium« bildenden Hieroglyphen folgendes übernommen: »Princeps optimus. Principem optimum exprimere volentes, canem stola decoratum pingebant, quoniam animal hoc templa ingreditur et deorum imagines acute aspicit. Priscis quoque temporibus judices soli regem videbant stola amictum.« Den Text des Kodex nebst Vervielfältigungen der Abbildungen wird der Aufsatz über die Hieroglyphenkunde des Humanismus enthalten.

[2] Zu der Hieroglyphe eines riechenden Hundes Bl. 48ᵛ des eben erwähnten Kodex steht auf Blatt 49ʳ: »quomodo sacras litteras. Sacras litteras vel prophetam sive funeratorem aut splen odoratumve seu risum vel sternutationem pingere volentes, canem effingunt. Sacras quidem litteras, quoniam sacrarum litterarum compotem fieri volentem multa meditari oportet latrareque continue ac tenuari nullique vel alii inservire, quemadmodum canes; prophetam vero, quoniam canis praeter alia animalia deorum intueri consuevit idola, quemadmodum prophetes; funeratorem vero sacrorum, quoniam ille quoque nuda et detecta aspicit idola, quae ab eo sepeliuntur; splen vero, quoniam hoc animal solum prae caeteris fragilem habet splenem; ita sive moriatur vel rabiem incurrat, id a splenis accidat morbo; quique funera hujus curant animalis, cum ad mortem perveniunt, ut plurimi splenetici fiunt idque ob concisi canis odorem patiuntur; odoratum vero risum vel sternutationem, quoniam omnino splenetici neque odorant nec rident nec sternutare valeant.« Hierzu vergleiche man die in die gleiche Zeit wie Pirckheimers Übersetzung zu setzenden Exegesen des Pierio Valeriano Bolzanio in seinen Hieroglyphica (Basileae 1556) S. 38 ff. Dort heißt es S. 41: »rarissimum enim vel difficillimum esse risum iis, qui splene laborant, medici tradunt: et ea est canis praerogativa, ut is a venatoribus maxime expetatur, qui faciem magis, ut vulgo aiunt, melancholicam prae se ferat: signum enim id esse bonitatis ajunt, persicaciores et in cursu perseverantiores, qui tales sunt, esse praedicant.« Über die Entstehung der Hieroglyphika handelt ausführlich der mehr genannte Aufsatz des Jahrbuches.

[3] Ficinus hat den Brief an Bernardus Canisianus, Johannes Canacius und Amerigus Corsinus gerichtet. Dort heißt es: »Philosophantes enim vel legitimi sunt vel spurii, ambo canes.... Habet etiam nostra academia canes etc.«

der den beiden Hieroglyphen und dem Gutachten gemeinsamen Gedanken zur Sprache. Denn die Nachricht, daß das Bild eines Hundes außer dem die Bestattung der heiligen Tiere besorgenden Priester sowohl die hieroglyphische Wissenschaft als auch die Prophetie bedeuten kann, war ein wichtiger Anlaß, näher auf die Grenzen der melancholischen Veranlagung und ihr Verhältnis zu den übrigen Komplexionen einzugehen. Die oben geschilderten Kontroversen über die Natur des Saturn mußten da berührt werden; nur wird man sie, die hier Seiten kosteten, um sie einigermaßen verständlich zu machen, mit ein paar Worten haben erledigen können. Gerade in Pirckheimer hatte der Kaiser einen Humanisten vor sich, der auf dem Gebiete der Astrologie wohl zu Hause war; er hat nicht nur Freunden, sondern auch Maximilian das Horoskop gestellt und sich später zur Zeit der Bauernkriege nicht wenig darauf eingebildet, die gewaltigen, politischen Umwälzungen jener Tage vor zehn Jahren schon vorausgesagt zu haben.[1] Zu den Zweiflern, die damals ihm entgegentraten, gehörte sicherlich nicht der Kaiser, von dem der Humanist selbst als Augenzeuge aus früherer Zeit überliefert hat, wie ihn nach der unglücklichen Entscheidungsschlacht des Schweizerkrieges der Anblick der Gestirne sofort wieder heiter zu stimmen vermochte.[2]

Horapollos Hinweis auf die seherische Gabe des Melancholikers ließ nun gleich eine Lücke in Peutingers Gutachten spüren, da es die von der Divinationsgabe der Sibyllen handelnde Stelle des aristotelischen Problems ganz unberücksichtigt gelassen hat. Pirckheimer wurde dadurch in die Lage versetzt, seine Auffassung von der intellektuellen Machtsphäre des Saturn auseinanderzusetzen. Hiebei hatte er dann die Beobachtung zu machen, daß die uralte Autorität der Hieroglyphe dem Agrippa vollkommen Recht gab, mit solchem Nachdruck die astrologischen Anschauungen Ficinos verfochten und für die hervorragenden Geisteseigenschaften, besonders die prophetische Veranlagung des Melancholikers als selbständige Eigenwirkung seiner saturnischen Säfte sich ins Zeug gelegt zu haben.[3] Das war, wie bereits oben angedeutet, auch die Meinung, welche dem sich selbst so sorgsam beobachtenden Kaiser von vornherein als die genehme dünken mußte.

Im Hinblick auf den eigenen Körperzustand Maximilians werden die von Horapollo gekennzeichneten Entartungserscheinungen der mit der Melancholie so enge zusammenhängenden Milz von selbst die Unterhaltung auf die verschiedenen Heilmittel und Kuren gebracht haben, die Marsiglio in so vertrauenerweckender Weise anzuempfehlen wußte. Zu den wohltätigen Wirkungen der Musik kam aber jetzt als wirksame Entdeckung auf astrologischem Gebiete der Gebrauch der Planetensiegel, von denen selbstverständlich die tabula Jovis mit ihrer Macht, die im Saturn lauernden, bösen Kräfte zu paralysieren, ganz besonders geeignet war, das Interesse des Kaisers zu erwecken.

Bei der vollkommenen Unkenntnis über das wirkliche Alter der Hieroglyphika — sie sind erst zur Zeit der römischen Herrschaft in Ägypten als ein Mischprodukt ägyptischen und griechischen Wissens entstanden — offenbarten sich Maximilian nicht nur die wiederbelebten Ansichten der Alten über das Wesen der Melancholie, die Ficino so geschickt mit den herrschenden Naturanschauungen zu verbinden verstanden hatte, sondern auch diese selbst als Wissensschatz der Ägypter aus den ältesten Zeiten her. Die von Celtis mit poetischer Mystik vorgetragene Naturphilosophie hatte sich schon ihren Priestern enthüllt, als sie in den Eigenschaften, die der Hund mit dem Melancholiker gemeinschaftlich hat, die Wirksamkeit derselben Naturkraft erkannten. Die Beobachtung des Albertus Magnus in jenem von Cuspinian den Humanisten zur Lektüre empfohlenen Kapitel, daß die melancholia naturalis auch die Eigentümlichkeit der Tiere, zum Beispiel die des Wisent bedinge, wurde durch die Hieroglyphe des Hundes neu bekräftigt.[4] Sein Ideogramm illustrierte auf das Beste den Ausspruch des Erasmus in den allbekannten, übrigens auch von Peutinger zitierten Adagien, daß die »Ägyptii vates ac theologi« aus der tiefsten Ergründung der animalischen Natur ihre Hieroglyphen zu bilden pflegten und nur eine »solers contemplatio rerum causarumque naturalium« sie zu enträtseln verstände.[5] Darnach läßt sich ermessen, auf welch harte Probe das naturphilosophische Wissen Maximilians und Pirckheimers bei der Prüfung der Hieroglyphen des Horapollo, besonders der letzterwähnten, gestellt worden ist.

Die Beschäftigung des Kaisers mit der ägyptischen Bilderschrift, die, nach den die Hypnerotomachie berücksichtigenden Entwürfen Pirckheimers zu urteilen, weit zurückreicht und wohl mit dem Planen der Ehrenpforte zusammenfällt, hat seine Ansichten über die Bedeutung des Bildes und dessen Stellung zum Texte wesentlich erweitert. Zu der Anschauung, die im Weißkunig zum Ausdruck kommt, daß »die zu der geschrift gestellten Figuren« dazu da sind, »damit daß der leser mit mund und augen mag versten den grund des pueches«,[6] ist die Überzeugung

[1] Vgl. Emil Reicke, Der Gelehrte (Monographien zur deutschen Kulturgeschichte Bd. VII), Leipzig 1900, S. 93 und Goldast a. a. O., S. 35, der den von ihm lateinisch übersetzten Brief Pirckheimers an Andreas Imhof über die Bedeutung der Kometen und seine Prophezeiungen in extenso abdruckt.

[2] Vgl. Karl Rück, Willibald Pirckheimers Schweizerkrieg, München 1895, S. 119 und Johann Friedrich, Astrologie und Reformation, München 1864, S. 30.

[3] Vgl. oben Kapitel IV.

[4] Vgl. oben Kapitel V.

[5] In der Basler Ausgabe der Adagien von 1513 befindet sich die Stelle p. 112.

[6] Vgl. Jahrbuch der kunsthistorischen Sammlungen des Allerhöchsten Kaiserhauses, Band VI, S. 16.

getreten, daß die Bilder sogar die Schrift zu ersetzen und allein für sich eine dem Kundigen wohlverständliche Sprache zu reden vermögen. Auch außerhalb der Ehrenpforte hat Maximilians Bewunderung vor diesem von den Griechen und Römern in ihrer Symbolik nachgeahmten Brauch der Ägypter deutliche Spuren hinterlassen.

Die 1515 in besonderer Rücksicht auf ihn entworfenen Randzeichnungen für die Prachtausgabe des den St. Georgsrittern zugedachten Gebetbuches sind nicht in dem Maße Schöpfungen ungebundener Künstlerlaune, wie man bislang annahm. Es wiederholen sich darin gerade diejenigen Tiere in auffallender Weise, welche als Hieroglyphen des Mysteriums der Ehrenpforte Eigenschaften und Tugenden des Kaisers preisen; besonders häufig kehrt der Kranich wieder, durch den der oben bereits erwähnte Entwurf Pirckheimers auf Grund einer Übersetzung des zweiten Teils der Hieroglyphika später vermehrt worden ist. Sein Bild bedeutet nach Horapollo denjenigen, der »sich vor aufsatz seins veindts ganntz vernunfftigklich beschutzt und verwaret«,[1] und wird im Geheimbild somit auf die militärische Geschicklichkeit des Kaisers bezogen. Beachtet man diese hieroglyphische Bedeutung, so erklärt sich auch die seltsame Variierung, die Dürer seinem Stiche »Ritter, Tod und Teufel« im Gebetbuche gegeben hat; hier wird der Reitersmann vom Tode und dem Teufel verfolgt; aber er flieht nicht, sondern er entrinnt dank der Vorsicht Maximilians, die in dem über dem Ganzen sich erhebenden Kranich angedeutet ist. Dieselbe Hieroglyphe hat der Künstler auch auf dem Blatte angebracht, das den Heiligen Maximilian mit der Kaiserkrone aufweist; so wird gleichfalls das ebendort gezeichnete Wisent[2] eine sinnvolle Beziehung auf Maximilian enthalten. Die ihm beigelegte melancholische Natur spielt offenbar auf den Kaiser an, während sein männliches Geschlecht entsprechend der von Pirckheimer zum »misterium ob dem Tittel« gelieferten Erklärung die größte kriegerische Tüchtigkeit und zugleich die höchste Mäßigung[3] bedeutet, also der »Kaiserlichen Majestät Reymen: Halt Maß« versinnlicht. Es läßt sich hier eine innere Verbindung mit den eben geschilderten Gedanken durchfühlen, die im Anschluß an Peutingers Gutachten zwischen dem Kaiser und seinem Humanisten zur Erörterung gekommen sein müssen.

In einem Zusammenhange mit hieroglyphischen Studien, wie er inniger schwer zu denken ist, hat also Pirckheimer während seines Linzer Aufenthaltes Gelegenheit gehabt, Maximilians Ansichten über die neuen Theorien Marsiglios vom Wesen der Melancholie und ihrem Verhältnisse zu dem aristotelischen Probleme kennen zu lernen. Sollte da nicht den beiden humanistischen Ägyptologen der Gedanke aufgetaucht sein, ob es nicht möglich wäre, das melancholische Temperament auch hieroglyphisch darzustellen und so den erstaunten Gelehrten den Nachweis zu liefern, daß man ebenso wie die ägyptischen Philosophen Bilder schaffen könne, die gleich den Hieroglyphen der Obelisken »rerum naturae interpretationem« enthalten? Der Wunsch, mit den Alten zu wetteifern, sie womöglich noch zu übertreffen, war in Maximilian wie in jedem Humanisten lebendig und das Bedürfnis nach einer Illustration der Melancholie überhaupt schon allgemein vorhanden, wie die Darstellung der melancholischen Komplexion auf der »Philosophie« des Celtis und die bildlichen Beigaben Grüningers zu den verschiedenen Auflagen des Buches vom gesunden Leben es gezeigt haben.

Der Gedanke freilich, daß infolge der Linzer Besprechungen Pirckheimer seinem Freunde Dürer außer dem Auftrage des Kaisers, die beschlossenen neuen Verbesserungen an dem »misterium« anzubringen, auch die besondere Bestellung übermittelt habe, mit der Melancholie eine Folge der vier Temperamente zu beginnen, ist von vorneherein auszuschalten. Bei allen für Maximilian angefertigten Werken bestand ein strenges Verbot, sie in den Handel zu bringen, während sich bezüglich der »Melencolia I« gerade die Nachricht erhalten hat, daß Anton Tucher am 13. Oktober 1515 von Dürer selbst vier »Melencholie« kaufte, um sie dem Engelhart Schauer und Jakob Rumpff »gen Rom zu vereren,« in jener Stadt, wo Pierio Valeriano mit seinen hieroglyphischen Forschungen so großes Aufsehen machte.[4]

Das hindert aber nicht, aus dem nahen Verkehre Maximilians mit Pirckheimer wenigstens die Vermutung zu gewinnen, daß dieser den für die neue Rätselschrift so eingenommenen Fürsten mit dem Entschlusse verlassen habe, ihm bald in einer hieroglyphischen Darstellung der Melancholie eine neue Probe seiner Hieroglyphenkunde zu liefern, daß somit Pirckheimer es gewesen ist, der durch seine Hinweise auf die entsprechenden Interessen des Kaisers Dürer den Anstoß gab, die langgeplante Folge der Komplexionen mit der »Melencolia I« zu eröffnen. In der Tat spricht dafür Folgendes:

---

[1] So übersetzt Stabius in der Erklärung der Ehrenpforte die im Kodex 3255 enthaltene lateinische Interpretation dieser Hieroglyphe als desjenigen, »qui ab insidiis inimici sapienter se vendicavit.«

[2] Über das Aussehen des Wisent stritt man sich damals. Nach Siegmund Freiherrn von Herberstein, der noch zu Lebzeiten Maximilians als sein Gesandter in Rußland weilte, ist das von Dürer abgebildete Tier mit Mähne der »Bisont«, ein solches ohne Mähne »der Aurox«, vgl. Moscovia, die Hauptstadt in Reussen, Wien, 1557, p. 97. Als Burgkmair das Blatt der Triumphzugminiatur mit den »zway wysente« auf den Holzstock zu übertragen hatte, fiel ihm auf, daß die Tiere entgegen der üblichen Vorstellung nicht gemähnt abgebildet waren. Er fühlte sich daher veranlaßt, zur Erklärung das Wort »wisende« darüber einschreiben zu lassen.

[3] Vgl. Giehlow a. a. O., S. 203: Virtutem vero bellicam seu virilitatem cum modestia ostendere volentes, taurum depingunt.

[4] Vgl. Anton Tuchers Haushaltbuch (1507—1517). Herausgegeben von W. Loose 1877 (Bibliothek des litterarischen Vereins in Stuttgart 134), S. 126. Die Stelle auch abgedruckt bei Zucker, Dürer, S. 93.

Während der zweiten Aprilhälfte weilte der Humanist wieder in seiner Heimatstadt, wie sich aus einem Briefe seines Reisegefährten Nützel vom 22. desselben Monats ergibt, worin er ausdrücklich schreibt: »alle wir vnnsers wegs von Lyntz anheim gelangt.« Er hat sich darauf, abgesehen von kurzen Geschäftsreisen im Mai und Juni,[1] dauernd in Nürnberg aufgehalten, bis er am 26. August aufbrach, um über Augsburg an das Hoflager nach Innsbruck zu ziehen, und von dort in der letzten Hälfte des November wieder heimzukehren. Genau zur gleichen Zeit, in welche Dürers Arbeit an dem Stiche fällt, befand sich demnach Pirckheimer in unmittelbarer Nähe des ihm so eng befreundeten Künstlers, dessen geschickter Hand er überdies in jenen Tagen für die bildliche Ausgestaltung des hieroglyphischen »misteriums« der Ehrenpforte dringend bedurfte. Wer kann sich da des Gedankens erwehren, daß Dürer damals den Kupferstich in Berücksichtigung der ihm von Pirckheimer mitgeteilten Ansichten des Kaisers über das Wesen der melancholischen Komplexion sowohl in elementarer als astraler Hinsicht geschaffen hat! Die urkundlichen Nachrichten führen dazu; und die Beobachtung, daß sich unter den Attributen der Melencolia verschiedene befinden, die im Verfolg der durch Peutingers Gutachten angeregten Fragen zwischen Maximilian und dem Humanisten zur Sprache gekommen sein müssen, vermag die Richtigkeit des Schlusses nur zu bestätigen.

Vor allem kommt hier die an der Turmwand angebrachte mensula Jovis in Betracht. Sie läßt die Rücksichten erkennen, die Pirckheimer und Dürer den Ansichten des Kaisers über das Wesen der Melancholie entgegenbrachten, obwohl die Stellung, die sie früher gegenüber der Frage einnahmen, ob die dem Saturn unterworfene, erdige Natur des Melancholikers ohne Beistand eines anderen Gestirns, besonders des Jupiter, wie Ficino es wollte, ihre wundersamen Wirkungen hervorzubringen vermöge, nicht mit völliger Gewißheit zu bestimmen ist. Zwar ist bei der immer weiter um sich greifenden, besonders von Agrippa genährten Bewunderung vor den philosophischen Anschauungen des Italieners anzunehmen, daß der Humanist und der Künstler ebenfalls die von Maximilian gutgeheißene Auffassung Ficinos teilten, zumal auch die Autorität der hieroglyphischen Weisheit dafür war. Jedoch gibt die Tatsache, daß Tannstetter und Indagine die abweichenden Anschauungen eines Celtis aufrechterhielten, zu denken, und verraten die Epitheta »untreu« oder »erschrocken«, die Dürer dem saturnischen Melancholiker beilegt, daß ihm die Vorstellung von den im Saturn lauernden, bösen Kräften recht geläufig war. Sollten demnach Pirckheimer und Dürer vordem doch der Meinung gewesen sein, daß erst dem Zutun des Jupiter der Melancholiker seine großartigen Geisteskräfte verdanke, so würde gerade die Planetentafel auf dem Stiche zeigen, daß sie diese Auffassung zu Gunsten der dem Kaiser sympathischen Ansicht damals verlassen haben.

Die Tatsache, daß das in Zinn oder Silber eingeschnittene Zauberquadrat eingemauert ist und nicht von der Melencolia als Amulet getragen wird, könnte allerdings zunächst Zweifel erwecken, ob auf diese Weise nicht doch der Einfluß des Jupiter als von außen kommend dargestellt sein sollte, um so die durch ihn erst vor sich gehende Auslösung der in dem saturnischen humor melancholicus vorhandenen, wohltätigen Kräfte anzudeuten. Aber das trifft nicht zu! Denn ein auf den Tod des Paracelsus (1541) erschienener Kupferstich bildet hinter der Halbfigur des berühmten Jatrochemikers die tabula Jovis in der von Dürer befolgten Ziffernfolge, wie nebenstehend, nur auf eine andere Seite gestellt, aber gleichfalls in eine Mauer eingelassen ab, ohne daß damit auf etwas anderes, als seine astrologisch-medizinischen Kenntnisse hingewiesen wäre.[2] Wird doch unmittelbar daneben die neue Heilmethode des Paracelsus folgendermaßen gefeiert:

13	8	12	1
2	11	7	14
3	10	6	15
16	5	9	4

»Zerreißen wirt falsch artzenei
darzu all andre stumplerei,
Dieweil man mein warhafte schrifften
befindt von Erd und Himmelskrefften!«

In demselben Sinne das Dürersche Zauberquadrat zu deuten, ist man aber um so mehr berechtigt, als der Verfasser den Stich kannte, und somit dieser das beste Zeugnis gibt, wie die gelehrten Zeitgenossen Dürers[3] die magische Tafel auslegten. Denn er vergleicht den Künstler selbst mit dem Arzte in folgenden Versen:

---

[1] Die Ersteren ergeben die Protokolle des Nürnberger Rates im königlichen Kreisarchiv zu Nürnberg, deren diesbezüglichen Inhalt Herr Kreisarchivar Dr. Knapp liebenswürdigst mitteilte.

[2] Ein solches Flugblatt bewahren das Museum Carolino Augusteum zu Salzburg und die Porträtsammlung des Kupferstichkabinetts der k. k. Hofbibliothek zu Wien, abgebildet bei H. Peters, Arzt und Heilkunst in der deutschen Vergangenheit, Leipzig 1900, S. 92.

[3] Für ungelehrte Kreise blieb sie ein geheimnisvolles Rätsel; so verstand der Künstler, der die Melancholie auf einer Titelumrahmung für das bei Christian Egenolff zu Frankfurt a. M. 1544 erschienene »New Formular etc.« nachzeichnete — vgl. T. Volbehr, Zwei Dürer-Stiche als Vorlagen zu einem Holzschnitte, Mitteilungen des German. Nationalmuseums (Nürnberg 1887/89) Bd. II, S. 158 ff. — nicht die Bedeutung der Ziffernfolgen und verwechselte daher die Zahlen in sinnloser Weise. Durch das Flugblatt wird vollends jene Deutung des magischen Quadrates hinfällig, welche darin eine Anspielung auf das Todesdatum der Mutter, den 17. Mai 1514, sehen will. Trotzdem Zucker — vgl. seinen Dürer, S. 109 — auf die Willkürlichkeit dieser Ansicht hingewiesen hat, ist sie von Rudolf Wustmann in seinem Aufsatz »Als Dürers Mutter starb« wieder herangezogen worden; vgl. Kunstchronik N. F. XIV. Jahrgang, 1902/1903, Nr. 27.

»Wie Dürer in der Malerei
so dieser in der Artzenei:
Vor und nach ihnen keiner kam,
der Ihnn hierin den preis benam.«

Die Mensula kennzeichnet demnach die astrologische Medizin als eines der Fächer, worin der außergewöhnliche Verstand des Melancholikers Neues ersinnt, während gleichzeitig ihre schwierige, arithmetische Aufgabe sein Wissen auch auf diesem Felde versinnlicht. Dieser kennt die mystischen Kräfte, welche die immateriellen Zahlen beherbergen, und weiß sich ihrer zum eigenen Wohle zu bedienen. Denn das Siegel des Jupiter besitzt, wie oben ausgeführt, die Macht, durch seine den Blutzufluß fördernden Eigenschaften die Überhandnahme der Schwarzgalligkeit zu »temperieren«. Es stellt daher ein neues Heilmittel gegen die bösen Erscheinungsformen der Melancholie dar und vertritt somit die auf Einzeldarstellungen übliche Symbolisierung der Musik. Außer den Heilwirkungen sicherte es aber auch soziale Vorteile zu, die der glückbringenden Natur des Jupiter entspringen, besonders Reichtum, Macht und Ehre, womit die Kleidung, die Geldtaschen, die Schlüssel[1] und der Kranz symbolisch übereinstimmen.

Anstatt also ein Verhalten des Jupiter anzudeuten, dem der saturnische Melancholiker überhaupt erst seine geistige Begabung zu danken hat, ist die tabula Jovis auf dem Dürer-Blatte in erster Linie als ein Ergebnis der erfinderischen Genialität des vom Saturn beeinflußten Geistes aufgefaßt, der demzufolge die entsprechenden Verstandeskräfte schon vorher aus seiner ihm eigentümlichen, »irdischen Natur« besessen haben muß. Danach haben Pirckheimer und Dürer die von Agrippa mit solchem Nachdruck vertretene astrologische Auffassung Marsiglios vom Wesen des humor melancholicus wiedergegeben, und zwar durch ein Bild, das, wie oben erörtert, dem Kaiser schon im Hinblick auf das eigene Naturell von Wichtigkeit gewesen ist.

Das Bestreben Pirckheimers, bei der Allegorisation des melancholischen Temperamentes den hieroglyphischen Interessen Maximilians gerecht zu werden, tritt besonders klar bei zwei Sinnbildern zutage, deren Deutung bisher viel ergebnisloses Mühen verursachte, bei dem zu Füßen der »Melencolia« liegenden Hunde und jenem kreisrunden, durch Schnüre mit einer Kapsel verbundenen Gefäße. Der Hund ist ein Windspiel von derselben großen Art, wie sie damals für die Jagd bevorzugt wurde; auch auf der ersten »gefiert Feldung« der Ehrenpforte, die den Kaiser als den in Theorie und Praxis gleicherfahrenen Krieger und Jägersmann schildert, steht ein solches Tier. Jedoch ist ausgeschlossen, daß es die Jagd auf dem Stiche verkörpern soll; denn diese wird nach dem oben erwähnten, ausnahmslos geltenden Grundsatze der Astrologie zusammen mit der militia dem vom Mars beherrschten Choleriker zugewiesen. Als Trabant der saturnischen Melancholia besitzt hier der Hund vielmehr die hieroglyphische Bedeutung der Milz, die so wichtige Funktionen bei der Bildung des humor melancholicus versieht. Es kann nur fraglich sein, ob er insbesondere die prophetische Veranlagung oder die »sacrae litterae« mit ihrem, alle Philosophie enthaltenden Wissen bezeichnen soll. In dieser Hinsicht wird es wichtig, daß das Tier schlafend dargestellt ist; derart aufgefaßt deutet es ebensowohl auf die alte, von Brunschwig erzählte Beobachtung, daß »die forchtsam Dröm oft von bosheit des bösen miltz kummen«, als auf die im Schlafe vor sich gehende Divination, von der Agrippa auf Grund der gleichlautenden Abhandlung so ausführlich berichtet, und die Indagine ebenfalls im Auge hat, als er schrieb, daß die Träume des Melancholikers stets eintreffen.[2] Als Hieroglyphe für einen Propheten hat der Hund der Melencolia eine mystische Bedeutung, die ihn den humanistischen Magiern besonders lieb machte; sein Bild ist ein Glied in jener Kette von Vorstellungen, die über ihn als mittelalterliches Symbol der Dialektik[3] bis zu dem Schakal der ägyptischen Priester zurück und weiter vor bis zum Pudel des Faust reichen.

Dagegen werden die Leistungen des Melancholikers auf philosophischem Gebiete durch die beiden neben dem Hunde liegenden Gegenstände versinnbildlicht. Bis in die letzte Zeit wurden Zweifel darüber laut, ob das Gefäß ein Tintenfaß und somit die Kapsel einen Federbehälter darstellt,[4] obwohl sich ganz des gleichen Schreibzeuges der Evangelist Johannes auf einer Randzeichnung Dürers im Gebetbuch Maximilians bedient. Nach Horapollo ist aber ein Tintenfaß nebst Rohrfeder die Hieroglyphe für die »Aegypciacae litterae sacraeve«, weil die Ägypter allein damit zu schreiben pflegen.[5] Da die Humanisten in den »Egiptischen buchstaben« eine Fundgrube alles Wissens gefunden zu haben

---

[1] Vgl. Lange und Fuhse, Dürers schriftlicher Nachlaß, Halle a. S., 1893, S. 304. Die dort abgedruckte Notiz »Schlüssel, Beutel bedeutt Gewalt, Reichthum« bezieht sich offenbar auf die Ausstattung der Melencolie.

[2] Vgl. oben Kapitel I am Schluß, IV und III gegen Ende.

[3] Vgl. Weber a. a. O., S. 66, Anmerkung 1; die hieroglyphische Bedeutung des Hundes wird nicht beachtet.

[4] Weber hat es richtig erkannt, während Zucker in der Besprechung von Webers Arbeit Bedenken äußert; vgl. Repertorium für Kunstgeschichte Bd. XXIII, 1900, S. 486.

[5] Vgl. Kodex 3255 der Wiener Hofbibliothek, Fol. 45': Quomodo litteras Aegypciacas. Aegypciacas ostendentes litteras sacrasve aut finem atramentum et cribrum, calamum quoque effigiant; litteras quidem, quoniam apud Aegypcios omnia scripta cum his perficiuntur; calamo enim ac nulla alia re scribunt; cribrum vero, quoniam cribrum principal vas conficiendi panis ex calamis fieri solet; ostendunt itaque, quemadmodum omnis, qui victus suppeditat, litteras discere potest; qui vero illis caret, alia arte utitur, necesse est; quamobrem apud ipsos disciplina Sbo vocatur, quod interpretari potest victus abundancia. Sacras vero litteras, quoniam cribrum vitam ac mortem discernit: est et apud sacrarum litterarum peritos liber

glaubten und dementsprechend auch den mit dieser Schrift vertrauten Herkules Aegyptius mit unter die Philosophen rechneten, weist also das Schreibzeug neben dem Hunde deutlich auf den von Marsiglio so anschaulich geschilderten Hang des Melancholikers zum Grübeln, Denken und Philosophieren. Ob es außerdem den anderen ihm von Horapollo beigelegten Sinn des dem Weisen beschiedenen, friedlichen Endes bezeichnen soll, wäre nicht unmöglich. »Er gelangt in den ruhigen Hafen«, heißt es in der Exegese dazu. In der Tat spielt das glatte Meer mit der Bucht, in der Schiffe vor einer Stadt ankern, auf solche Gedankenverbindung an.

Das Ideogramm des Schreibzeuges steht aber in den Hieroglyphika des Horapollo unmittelbar vor dem soeben besprochenen des Hundes. Beide Hieroglyphen befinden sich inmitten von Bildzeichen, die im »misterium« der Ehrenpforte verwertet wurden; voran geht das Zeichen des vom Himmel fallenden Taues als Sinnbild der disciplina, womit Pirckheimer den Kaiser als »cunctis naturae bonis praeditus, artibus et disciplinis egregie eruditus« feiert;[1] hinterher folgt, wie bereits erwähnt, der die Stola tragende Hund als Symbol des »princeps vel judex«. Der örtliche Zusammenhang schließt schon aus, daß bei der sorgfältigen Prüfung der aus Pirckheimers Übersetzung für das »misterium« auszuwählenden Hieroglyphen dem Kaiser das Bild des Schreibzeuges mit seiner merkwürdigen Erklärung entging. Vollends mußte es dadurch, daß es die Bedeutung der »litterae sacrae« mit dem Hunde gemeinsam hat, zu Auseinandersetzungen zwischen dem Humanisten und seinem Gönner führen, die selbstverständlich im engen Anschluß an die so naheliegenden Erörterungen über die melancholische Natur des Hundes erfolgten. Die Aufnahme der beiden Hieroglyphen in den Stich der »Melencolia I« hängt demnach mit jenen Linzer Gesprächen zusammen, über deren Inhalt so eingehend nur Pirckheimer seinen Freund unterrichten konnte. Ihr Vorkommen auf dem Blatte bekräftigt nicht nur den aus zeitlicher Koinzidenz gewonnenen Schluß, daß der Künstler gerade auf Betreiben des die Interessen des Kaisers so gut kennenden Humanisten endlich die Arbeit an der Komplexionenfolge in Angriff nahm und unter seiner Aufsicht weiterführte, sondern berechtigt auch dazu, in dem Stiche selbst ein Analogon zu dem hieroglyphischen Bilde der Ehrenpforte zu erblicken.

Die oben ausgesprochene Hoffnung, aus einer Deutung des Dürer-Blattes Aufschluß über die Fragen erhalten zu können, wie im einzelnen der Kaiser und seine Hofhumanisten die geistige Veranlagung des saturnischen Melancholikers begrenzten, erweist sich also keineswegs als aussichtslos. Je mehr es gelingt, Einblick in die Hieroglyphenkunde Pirckheimers und Dürers zu erhalten, desto reicheren Aufschluß versprechen die noch nicht erörterten Bildzeichen in dieser Hinsicht. Das ist aber eine Aufgabe, der später näher zu treten ist. Hier galt es, darauf vorzubereiten, in den Vorstellungskreis einzuführen, der den Kaiser und seine gelehrte Umgebung beherrschte, als Peutinger sein bewundertes Gutachten über das melancholische Temperament des Herkules abstattete, und dem gegenüber die Stellung der „Melencolia I" zu bestimmen. Dieses Ziel ist mit der Feststellung erreicht, daß der Stich den Wert einer hieroglyphisch geschriebenen Urkunde besitzt, deren Bildzeichen die Ansichten Maximilians und Pirckheimers über das Aristotelische Zitat und seine Auslegung durch Marsiglio Ficino wiedergeben.

Damit sind zugleich die beiden auf die Entstehung und Erklärung des Blattes bezüglichen Hauptstreitfragen entschieden, deren befriedigende Lösung bislang deshalb ausblieb, weil merkwürdigerweise versäumt wurde, das Kunstwerk im Zusammenhange mit gleichzeitigen, hieroglyphisch-symbolischen Arbeiten vom Gesichtspunkte eines Humanisten ins Auge zu fassen. Einmal beseitigt die auf diesem Wege gewonnene Tatsache, daß Pirckheimer und Dürer vor allem Ficinos Bücher »de vita« ihrer Allegorie zugrunde gelegt haben, die immer wieder geäußerten Zweifel, ob auf dem Stiche wirklich das melancholische Temperament dargestellt ist.[2] Beiden kam es darauf an, die Auffassung des Florentiner Philosophen, der aus dem Verhalten des saturnischen humor melancholicus ebensosehr die höchste, sibyllinische Geistestätigkeit, wie die traurigste Geistesentfremdung ableitet, in ein Bild zu fassen. So erklärt es sich, daß bisher ein Teil der Forscher nur das tiefe Grübeln, ein anderer lediglich die Schwermut und die Trauer aus den Gesichtszügen und der Haltung der »Melencolia« herauslas. Dürers großer Kunst ist es eben gelungen, die verschiedenen, damals mit der melancholischen Komplexion sich verbindenden Gedanken zum fühlbaren Ausdruck zu bringen. Der Kupferstich gibt eine meisterhafte Illustration der Vorstellungen, die in dem von mystischer Astrologie so erfüllten Buche »vom gesunden Leben« über das Wesen des humor melancholicus enthalten sind. Dieses Werk und die darauf beruhenden Schilderungen eines Agrippa muß man lesen, um den geistigen Gehalt der Komposition zu erfassen.

Der andere Streit betrifft die Frage, ob die Entstehung des Blattes auf einen wohl durchdachten Vorsatz zur Sinnbildnerei zurückzuführen ist. Gerade ein in diesem Sinne kürzlich durchgeführter Deutungsversuch hat lebhaften

---

sacra vocatus ambre, quo aegrotorum judicant morbos, numquid victuri sint necne; itaque ab morbi felicis egrediuntur. Finem vero, quoniam litteris eductus in portum pervenit tranquillum, non amplius vitae malis perurgetur.

[1] Vgl. Kodex 3255, Fol. 47: Quomodo disciplinam. Disciplinam vero pingentes coelum rorem emittens depingunt etc. Die Verwertung der Hieroglyphe seitens Pirkheimers für die Ehrenpforte vgl. Goldast l. c., pag. 203

[2] So besonders Weber a. a. O., S. 75, Anmkg. 1 und S. 80. Wustmann bringt die Melencolia mit Dürers Trauer über den Tod seiner Mutter in Zusammenhang

Widerspruch erfahren. Indes die eingehende Prüfung der Hieroglyphen des Horapollo seitens Maximilians und Pirckheimers und ihre Verwertung auf dem Stiche liefern schon den Beweis für die Sorgfalt, mit der vom Humanisten der Gedankeninhalt unter Berücksichtigung der Interessen des Kaisers vorbereitet wurde.[1] In gegenständlicher Hinsicht ist demnach das Blatt mehr als Werk Pirckheimers denn Dürers aufzufassen. Der Zwang, sich auf fremde Hilfe zu verlassen, vergällte diesem indessen die Freude an der Ausgestaltung des Vorwurfes umsoweniger, als es sich darum handelte, die tiefsten Probleme des menschlichen Seelenlebens, die Frage nach der geheimnisvollen Grenze zwischen Genie und Wahnsinn einer künstlerischen Lösung zuzuführen. Im Innersten mußten die darüber geführten Gespräche den grübelnden Albrecht packen und fesseln. Dieses Interesse ist nicht einer der geringsten Gründe, die Dürer beim Schaffen trotz der Notwendigkeit, die subtilste Gelehrsamkeit zu verarbeiten, nicht die ursprüngliche Frische verlieren ließen.

Sicher trifft es zu, daß der Eindruck eines Kunstwerkes nicht von der Kenntnis des gegenständlichen Inhaltes abhängt. Aber wie vertieft sich das Verständnis für seinen Schöpfer, wenn es gelungen ist, die ihn bewegenden Gedanken aufzuspüren, sowohl die Hindernisse kennen zu lernen, die sich seiner Künstlerphantasie entgegenstellten, als die Kräfte, welche sie wieder zu beflügeln vermochten! So erhält die „Melencolia I" eine neue Beleuchtung dadurch, daß die Schrift Ficinos Dürers Absicht klarlegt, in den saturnischen Gesichtszügen auch die divinatorische Geisteskonzentration auszudrücken. Er hat sich somit auch vor der Aufgabe befunden, die einem Michelangelo in den Sibyllen der Sixtinischen Kapelle gestellt war. Doch die in dieser Hinsicht sich aufdrängenden Gedanken festzuhalten, sei einer berufeneren Feder überlassen; hier heißt es sich damit bescheiden, die Hauptquellen literarischer und künstlerischer Art geschildert zu haben, aus denen heraus sich ein Urteil über die Stellung des Dürer-Stiches inmitten der humanistischen Geistesbewegung schöpfen läßt.

Karl Giehlow.

[1] Webers Ansicht, daß zufällig nichts auf dem Stiche sei und bis in die kleinsten Kleinigkeiten das sinnvolle Schaffen erwiesen werden müsse, findet ihre Bestätigung in der humanistischen Hieroglyphenkunde. Gegen Weber vgl. besonders Ludwig Kämmerer in seiner Kritik, Deutsche Literaturzeitung, 1900, Nr. 44, S. 2878. Über die anderen Besprechungen vgl. Hans Wolfgang Singer, Versuch einer Dürer-Bibliographie, in Studien zur deutschen Kunstgeschichte, Heft 41, Straßburg 1903, S. 87. Die angeblich im Allgemeinen Literaturblatt (Wien 1900) Nr. 48 befindliche Kritik war dort nicht aufzufinden. Dazu kommt noch die Rezension F. Baumgartens in der Zeitschrift für bildende Kunst, N. F. XIII, 1902, S. 124.

Aus Sammlungen.

Paris. — Die Bibliothèque nationale hat in der Galerie Mazarine eine Ausstellung ihrer schönsten Miniaturhandschriften veranstaltet, vornehmlich aus der berühmten Scheferschen Sammlung, die sie im letzten Jahre erworben hat.

Das Département des Estampes hat neuerworben: zwei Porträtkarikaturen von Horace Vernet und zwar sein Selbstbildnis und das des Musikers Spontini; desgleichen Porträtkarikaturen von Isabey und zwar des Schauspielers Favart, des Barons du Sommerard, des Dr. Fabreguettes u. a.; Originalzeichnungen zu Theaterkostümen von Leduc und Pilatte (1830—1840) in vier Albums; endlich 18 gebundene Albums mit mehr als 3000 Vorlagen für bedruckte Wollstoffe (Indiennes), erzeugt zu Mühlhausen 1830—1880, eine ganz einzig dastehende Sammlung, die überaus wertvoll ist für die Geschichte der französischen Textilkunst im letzten Jahrhundert und ein würdiges Seitenstück bildet zu den ähnlichen Sammlungen des Herzogs Richelieu, die dem XVIII. Jahrhundert gewidmet sind. Als Geschenke erhielt das genannte Departement: ein mit der Feder gezeichnetes Porträt des Architekten Percier von David d'Angers, eine Porträtskizze Voltaires von Duplessi-Berteaux, eine Porträtminiature des Architekten Ricard de Montferrand und 61 Originalaquarelle, die sich auf die Erbauung der Kirche St. Isaak und der Alexandersäule in St. Petersburg beziehen.

Von den neuen Erwerbungen des Louvre wären zu erwähnen: Porträt eines Unbekannten, gemalt von Robert Nanteuil, bezeichnet und datiert 1660, und vier Architekturzeichnungen von Vaudoyer.

Das Musée des Arts décoratifs erhielt zum Geschenk: ein Spiel aus dem XVIII. Jahrhundert, genannt »Biribi«, dessen 70 Figuren gestochene Reproduktionen nach Watteau, Boucher u. a. sind, ferner 150 Albums, die alle Drucke enthalten, die in dem Gillotschen Verfahren seit seiner Erfindung (1850) ausgeführt worden sind.

Das neu errichtete Musée historique du ministère des Affaires Etrangères enthält neben verschiedenen Reliquien, sehr schönen Bildern (darunter der Pariser Kongreß von Ed. Dubufe) und den Büsten von Fürstlichkeiten und Staatsmännern auch eine große Zahl von Stichen nach Historiengemälden. *C. J.*

Ausstellungen.

Paris. — Ch. Hessèle veranstaltet im März eine Ausstellung von Arbeiten Alphonse Legros' und gibt bei dieser Gelegenheit ein vollständiges Verzeichnis der Radierungen und Lithographien des Künstlers heraus. Der Katalog enthält außerdem einen Aufsatz von G. Soulier und zwei Tafeln, eine Originalradierung und ein

Porträt in Heliogravüre. Diese Ausstellung ist seit wenigen Jahren die dritte, die in Frankreich diesem bedeutenden Künstler gewidmet wird. Die erste fand 1898 bei Bing statt, die zweite 1900 im Luxenbourg. Alphonse Legros ist bekanntlich in Frankreich geboren, lebt aber seit 1863 in London und ist ein naturalisierter Engländer.

Eine Ausstellung von Arbeiten Louis Mettlings wird angekündigt. Dieser Künstler, der aus Burgund stammt, ist gegenwärtig irrsinnig. Seine Zeichnungen werden von den Liebhabern fast ebenso gesucht wie die Adolphe Herviers. Besonders in England werden seine Werke sehr geschätzt. Er behandelt meist ernste und traurige Stoffe, Bilder des menschlichen Elends, Bettler u. dgl., und das behagt nicht sonderlich dem Geschmack des französischen Publikums.

Im Petit Palais sind jetzt die prächtigen Stiche Robert Nanteuils den Blättern Callots, Dürers und Rembrandts gefolgt. Sie stammen gleich den soeben genannten aus der unschätzbaren Dutuitschen Sammlung, die so reich ist an seltenen und tadellos erhaltenen Stücken. *C.-J.*

Der Maler Paul Soyer, dessen Nachlaß jetzt ausgestellt ist, hat nie den großen Ruhm kennen gelernt, trotz unleugbarer Begabung. Er hatte als Holzschneider angefangen und viele seiner Holzschnitte, die er um 1840 ausführte, sind von den Künstlern bezeichnet, in deren Atelier er arbeitete, so daß es nicht leicht ist zu bestimmen, was von seiner Hand geschnitten worden ist. Es gibt auch ein radiertes Blatt Soyers: »Le fauteuil de la grand' mère«, worin er von Desboutin beeinflußt erscheint und das die Reproduktion seines Ölgemäldes im Salon vom Jahre 1880 ist.

Die vierte Ausstellung der Société des Peintres-Lithographes bei Durand-Ruel gibt kein sehr erfreuliches Bild, ganz abgesehen von der geringen Zahl der ausgestellten Arbeiten. Aber man braucht deshalb noch nicht an der Lebensfähigkeit der Lithographie zu verzweifeln. Der Fortschritt in einer Kunst geht wohl nie von Künstlervereinigungen aus, sondern von den einzelnen Künstlern. — Vor allem sündigt diese Ausstellung dadurch, daß zu viel Altes zu sehen ist. Chéret, Léandre, Jean Veber, Alphonse Legros, Rivière, Cottet, Carrière haben Blätter eingesandt, die zum Teil sogar fünfzehn oder zwanzig Jahre alt sind. So die Bildnisse Tennysons, Huxleys, Cardinal Mannings von Legros, so die Rötelskizzen Chérets, die einst im Artiste oder in den Maîtres du dessin erschienen sind. Freilich sind diese zwei Künstler schon seit langem auf dem Gipfel ihrer Kunst angelangt und deshalb unterscheiden sich auch ihre neueren Arbeiten kaum merklich von den älteren. Aber nicht zu billigen ist es, daß von Rivière nichts da ist außer einigen Blättern aus der schon vor Jahresfrist im Buchhandel erschienenen Folge der »36 vues de la Tour Eiffel«, und daß Léandre seine »Frau mit dem Affen« oder seine »Yvette Guilbert en tournée« wieder einmal hervorgeholt hat. Für bedeutender als Léandre halte ich Abel Faivre. Auch er schwankt zwischen Komik und Grazie. Aber seine Komik geht hervor aus unmittelbarer, wenn auch etwas eng begrenzter Beobachtung, und seine Grazie kann unsagbar verführerisch sein. Das ausgestellte Blatt: »La Sylphe« ist ein Wunder an Gefühl, Reiz und zarter Ausführung. — Eine zweite betrübende Wahrnehmung ist, daß das eigentliche lithographische Handwerk immer mehr für nebensächlich gehalten wird. Es scheint fast, als hätte Bracquemond Schule gemacht und als betrachteten die modernen Lithographen den Stein oder das Umdruckpapier wirklich nur als das Blatt eines Skizzenbuches, auf dem sie zeichnend improvisieren. Wenn ein Fantin-Latour oder Legros so verfahren, gut! Die kennen das Handwerk aus dem Grunde und darum ist ein solches Verfahren bei ihnen die gewollte Beschränkung der Meister. Bei der Schar ihrer Nachahmer aber ist es einfach Unvermögen. Die Blätter von Chalon, Cottet, Zacharie, Belleroche mögen sonst noch so viele künstlerische Vorzüge haben, gute Lithographien sind sie nicht. Auf der anderen Seite ist wieder zuviel des Handwerkes in den Arbeiten von G. Redon, Bahuet, Maurice Neumont, Alleaume, Dillon. Zum Glück gibt es doch noch einige Künstler, die beides zugleich sind: gute Zeichner und gute lithographische Praktiker. Da sind zu nennen: Lunois, Frau Marthe Abran, Grün, Carrière und wiederum Abel Faivre. — Sehr beliebt ist die Farbe. Auch dabei sind zwei grundverschiedene Richtungen nicht zu verkennen. Für die einen ist die Farbe nur ein nachträgliches Mittel, um die Wirkung der Blätter zu erhöhen, für die anderen ist sie von Haus aus ein wesentlicher Bestandteil des Blattes. Wir hüten uns in dieser schwierigen Streitfrage ein Urteil zu fällen, um so mehr, als in beiden Arten vorzügliche Erfolge erzielt werden. Und in der Kunst entscheidet allein der Erfolg. — Neben der Vereinigung der Maler-Lithographen, deren Ausstellung uns hier beschäftigt hat, gibt es auch eine solche der reproduzierenden Lithographen. Auch diese wird wohl bald mit einer Ausstellung vor die Öffentlichkeit treten. Es wäre gewiß am besten, wenn die beiden sich vereinigten und mit vereinten Kräften den harten Kampf gegen ihre Konkurrenten, vor allem gegen die Photographie, aufnähmen. Nur so könnte die schwer erschütterte Position der Lithographie noch mit Ehren behauptet werden. *C.-J.*

Vermischte Nachrichten.

Nekrolog französischer Graphiker. — Audibert, Pierre-Alphonse, geboren zu Montpont-sur-l'Isle, gestorben Oktober 1903; Lithograph. — Baseilhac, Jacques, geboren zu Trebours (Hautes Pyrénées) 1874, gestorben zu Savigny-sur-Orge (Seine et Oise) Oktober 1903; hat 1901 Illustrationen zu der Chanson des Geux und einige Zeichnungen ausgestellt. — Fanart, Antonin, geboren Besançon 1831, gestorben daselbst 2. September 1903; von ihm Lithographien mit Landschaften aus der Schweiz und dem Jura. — Fichot, Michel-Charles, geboren Troyes 6. Juni 1807, gestorben Paris 7. Juli 1903; hat sich fast ausschließlich damit beschäftigt, die alten Monumente der Champagne in Bleistiftzeichnungen und Lithographien abzubilden. Diese Arbeiten erschienen in den Zeitschriften Magasin Pittoresque und L'Illustration, in Baron Taylors Voyage archéologique en Champagne, im Album pittoresque et monumental du département de l'Aube und in den Monuments de Seine et Marne; seit 1881 arbeitete er an dem großen Werke Statistique monumental du département de l'Aube, das leider unvollendet geblieben ist. Fünf Bände sind bloß erschienen, aber die Zeichnungen sind für das ganze Werk fertiggestellt. — Gauguin, Paul, geboren 1851, gestorben in Tahiti im August 1903; Maler und Gründer der symbolistischen Schule von Pont-Aven; von ihm eine große Anzahl origineller Monotypes. — Montluçon, Alphonse, geboren 1881, gestorben zu Paris im August 1903; Blumenmaler, hat viele, sehr geschätzte Zeichnungen hinterlassen. — Pissarro, Camille, geboren auf St. Thomas 1830, gestorben Paris 12. November 1903; der bekannte impressionistische Maler; von ihm auch einige Radierungen und Lithographien, die die impressionistische Technik seiner Gemälde nicht verleugnen können, so wenig sie hier auch am Platze sein mag. — Rivey, Arsène-Hippolyte, geboren Caen 1838, gestorben Paris im Oktober 1903; Maler; von ihm einige Lithographien und Radierungen.

C.-J.

Neue graphische Arbeiten von Pariser Künstlern. — Ein interessantes Werk wird demnächst von der Société des Cent Bibliophiles herausgegeben werden, ein Büchlein über die berühmte Tänzerin Loïe Fuller, mit Text von Roger Marx und mit »Gypsographien«, das heißt kolorierten Reliefdrucken, von Pierre Roche. So wenig erhaben auch diese Reliefs sind, so kann doch die Rückseite nicht bedruckt werden, und deshalb wird das Werkchen in der Art der japanischen Bücher geheftet werden, so daß also je zwei aufeinanderfolgende Blätter am äußeren Rande des Buches ungebrochen werden.

Bei Pelletan ist eine Ausgabe der Chanson des Geux von Richepin in Vorbereitung, die von Steinlen mit 216 Originallithographien illustriert sein wird.

Im Sommer 1904 erscheint Gustave Geffroys Buch über Constantin Guys mit Reproduktionen in Holzschnitt von den beiden Beltrand, Vater und Sohn.

Jeanniot kündigt eine Ausgabe der Liaisons dangereuses von Choderlos de Laclos an, die er mit farbigen Radierungen und mit Zierbuchstaben in farbigem Holzschnitt illustrieren wird. Es sollen nur 40 Exemplare gedruckt werden und der Preis eines Exemplares 1000 Franken betragen.

Perrichon hat es übernommen, 100 Zeichnungen Rodins in Holz zu schneiden. Auch diese Holzschnitte werden nur in einer kleinen Anzahl von Exemplaren gedruckt werden.

Von Prunaire ist bei Gauthern ein Album mit acht Zeichnungen von Edme Saint-Marcel und einem Porträt dieses Künstlers in Holzschnitten erschienen. Der Preis des Albums, auf chinesischem Papier, ist 50 Franken.

C.-J.

Paris. Versteigerung der Soulavieschen Sammlung. — Große Versteigerungen von Kupferstichen sind in Paris selten. Die der Soulavieschen Sammlung, bei der ein außergewöhnlich hoher Erlös erzielt worden ist, verdient besondere Erwähnung. Jean-Louis Soulavie, ein Geistlicher, begann seine Sammlung im Jahre 1782 und setzte sie bis zum Jahre 1811 fort. So brachte er ungefähr 15000 Blätter zusammen. 1818 wurden sie an den Prinzen Eugene Beauharnais verkauft, kamen dann in den Besitz der Prinzessin Leuchtenberg und später nach Rußland, von wo sie jetzt wieder nach Paris zurückgekehrt sind und hier unter der Leitung Loys Delteils versteigert worden sind. Einige Preise sind vielleicht für unsere Leser von Interesse: Alix, die Konsuln Bonaparte, Cambacérès, Lebrun, in Farben, Fr. 1500; derselbe, Le Tourneur, in Farben, Fr. 500; Allais, Mirabeau, 1791, in Farben, Fr. 415; Anonym, Charlotte Corday, in Farben, Fr. 150; Anselin, Frau von Pompadour als schöne Gärtnerin, nach Vanloo, Fr. 710; Bericourt, Fest der Freiheit, koloriert, Fr. 132; derselbe, Ländliche Erholung und Ländliches Mahl, koloriert, Fr. 240; Blanchard, Das Pariser Serail oder Der gute Ton im Jahre 1802, nach Naudet, farbig, Fr. 250; Coqueret, zwei patriotische Blätter, nach Duteilly, in Farben, Fr. 250; Cosway, Bildnis des Herzogs von Orleans, 1788, Rötel, Fr. 245; derselbe, Frau Vigée le Brun, in Farben, Fr. 440; Debucourt, Der Garten des Palais Royal, 1787, prachtvoller Abdruck in Farben, Fr. 2800; Duclos, Die Königin und Frau von Bellegarde, Mai 1777, in Farben, Fr. 220; Gautier d. Ä., Marie Antoinette und ihre Kinder, in Farben, Fr. 175; Gautier-Dagoty, Marie Antoinette wird dem Kronprinzen vorgestellt, Schabkunst, Fr. 1500; derselbe, Exemple d'humanité, Fr. 243; derselbe, Der Kronprinz Louis-Auguste, farbig gedruckt, Fr. 245; derselbe,

Marie Antoinette, in zwei Tönen gedruckt, Fr. 2250; **Louis Germain**, Hochzeit des Kronprinzen mit Marie Antoinette, Fr. 180; **Laurent Guyot**, Ludwig XVI., in Farben, Fr. 105; **Huet**, Nach ihm, Der Altar der französischen Freiheit, in Farben, Fr. 180; **Janinet**, Marie Antoinette, farbig, Fr. 530; derselbe, Les Sentiments de la Nation, in Farben, Fr. 180; derselbe, Entwurf zu einem Denkmal für Ludwig XVI., mit eigenhändigen Unterschriften von Janinet und Varennes, Fr. 270; **Le Campion**, drei farbige Blätter, Fr. 240; **Le Coeur**, Serment fédératif, in Farben, Fr. 410; derselbe, La Constitution française, in Farben, Fr. 470; derselbe, Krönung Napoleons, sieben Blätter, in Farben, Fr. 400; **Le Vachez**, Bonaparte als erster Konsul, in Farben, Fr. 1130; derselbe Cambacérès als zweiter Konsul, in Farben, Fr. 730; **Masquelier's** La Borde, Fr. 182; **Moreau le Jeune**, Nach ihm, Le Bal masqué und Le festin royal, Fr. 200; **Morret**, Bonaparte als erster Konsul, in Farben, Fr. 235; **Roy**, Siege Napoleons, Fr. 180; **Sergent**, Le Royal Allemand, in Farben, Fr. 160; **Swebach-Desfontaines**, Nach ihm, Le Café des Patriotes, 1792, farbig, Fr. 345. — Eine Sammlung von zehn Almanachen brachte Fr. 704, ein Konvolut mit Stichen, auf Ballonfahrten bezüglich, Fr. 1030, 40 Hefte mit Theaterkostümen Fr. 3576 und 35 Fächer Fr. 8125.

C.-J.

Besprechungen neuer Erscheinungen (Einzelblätter, Mappen und Bücher).

Moritz von Schwind. Das Märchen von den sieben Raben und der treuen Schwester. — **Derselbe**, Die schöne Melusine. Herausgegeben vom Kunstwart München, Georg D. W. Callwey, Kunstwartverlag. Fol.

Der Kunstwartverlag hat nicht nur durch ein schönes, Schwind gewidmetes Heft seiner Zeitschrift, sondern auch durch die beiden uns vorliegenden Publikationen Schwinds 100jährigen Geburtstag auf eine ebenso würdige wie dankenswerte Weise begangen. Nun sind wenigstens diese beiden köstlichen Werke in nicht nur vortrefflichen, sondern auch billigen Ausgaben vorhanden, sodaß sie — hinsichtlich der Reproduktion — auch empfindlicheren Augen genügen und selbst von minderbemittelten Kunstfreunden angeschafft werden können. An der Melusine hätte ich nur auszusetzen, daß sich die Kästchen auf den Vorder- und Rückseiten der Blätter befinden, wodurch es unmöglich geworden ist, alle Bilder in der Reihe nebeneinander zu betrachten. Da dieser Übelstand bei den Sieben Raben vermieden ist, so kann die leidige, so vieles entschuldigende Kostenfrage nicht der Grund gewesen sein. Daß der Zyklus nach seiner Wanderung nicht gleich im Kunsthistorischen Museum, wie es im Texte heißt, sondern zuerst im Belvedere aufgestellt wurde, interessiert wohl nur den Wiener, und von geringem Belang ist auch, daß für das Anfangs- und Schlußbild dasselbe Klischee verwendet worden ist. Die beiden Aquarelle »Fontes Melusinae« decken sich zwar in allem wesentlichen, weisen aber doch einige kleine Verschiedenheiten auf. So ist auf dem Schlußbild des Originals das linke Vorderbein des singenden Tritons im Medaillon des unteren Randes über das Wasser erhoben, während es auf dem Anfangsbilde nicht sichtbar ist.

A. W.

Moritz von Schwinds Philostratische Gemälde. Im Namen des Vereins für Geschichte der bildenden Künste zu Breslau herausgegeben von Richard Foerster. Kommissionsverlag von Breitkopf & Härtel, Leipzig.

Die Zahl der wirklich wertvollen Veröffentlichungen, die uns zur Feier von Schwinds hundertstem Geburtstag beschert worden sind, ist nicht allzu groß. Das vorliegende Buch ist da an erster Stelle zu nennen. Gibt es doch, wie der Herausgeber in seinem vortrefflichen Text mit Recht bemerkt, kaum ein anderes Werk Schwinds, dessen Ruf so wenig in die Öffentlichkeit gedrungen ist, wie diese Wandgemälde. Reproduziert worden sind sie bisher überhaupt nicht, ein einziges Mal eingehender, aber ungenau, besprochen von Ernst Förster. Vor zehn Jahren etwa hat dann, was Richard Foerster entgangen zu sein scheint, Otto Benndorf in der Einleitung zu der Teubnerschen Ausgabe des griechischen Textes der Philostratischen Bilder auf Schwinds Fresken neuerdings hingewiesen und ihre Veröffentlichung anzuregen versucht.

Acht wohlgelungene Lichtdrucktafeln zeigen uns nun das ganze Werk, und zwar zum Teil die bekanntlich von fremden Händen ausgeführten Fresken, zum Teil die ersten, eigenhändigen Entwürfe aus dem Skizzenbuche des Meisters. Indem für alles nähere einfach auf Richard Foersters inhaltsreichen Text verwiesen sei, möge hier nur kurz eine Beobachtung mitgeteilt werden, die sich uns beim Beschauen der Bilder ergeben hat. Unter den Werken Schwinds findet sich in etwas auffälliger Weise eine Reihe von Blättern mit antiken, mythologischen Stoffen, der Zeit nach wohl insgesamt dem Jahrzehnt nach der Vollendung der Philostratischen Bilder angehörig. In einer hübschen Briefstelle (vom 14. März 1836, an Bernhard Schädel), wo von einer Bestellung die Rede ist, fragt dann auch Schwind, an die bekannte Überschrift zu Goethes Gedichten scherzhaft anspielend, was dem Auftraggeber lieber sein möge, »ob ein Romantikum, oder das Antike sich nähernde«. Vier dieser erwähnten Kompositionen erweisen sich nun als Wiederholungen aus den Karlsruher Bildern zum Philostrat: Tanzende Nymphen und Satyrn (Frankfurter Schwind-Ausstellung 1887 Nr. 49; darnach der Farbenholzschnitt von Grueß), Bacchus und Ariadne (ebenda Nr. 209), Nymphen necken einen gefesselten Satyr (in Photographie ebenda Nr. 750) und das Urteil des Midas (L. v. Führich S. 120, zweimal); bei R. Foerster Tafel I und VII.

Zum Schlusse darf nicht unerwähnt bleiben, daß der Herausgeber im Eingange seines Textes auch noch über ein anderes Werk Schwinds neue und wertvolle Mitteilungen bringt, nämlich über die Titelvignetten zur Tausendundeinen Nacht. Das berühmte Proemion Goethes sichert dieser Jugendarbeit für immer eine bedeutende Stelle in der Lebensgeschichte unseres Künstlers.

Alois Trost.

12 Originalradierungen. Erste Jahresmappe des Radierklub Wiener Künstlerinnen 1903.

Unter den Schülerinnen Professor **Michaleks** hat sich ein Verein von Radiererinnen konstituiert, der gegenwärtig zehn ausübende Mitglieder umfaßt. Der Klub trat zu Weihnachten 1903 zum erstenmal mit einer Publikation hervor und zwar mit der uns vorliegenden Mappe, die im Selbstverlag und in Kommission bei Artaria & Co. erschienen ist. Die »Stifter« und »teilnehmenden Mitglieder« des Radierklubs sowie die Wiener »Kunstschule für Frauen und Mädchen« erhalten statutengemäß dieses Portefeuille unentgeltlich. »Die Drucke werden in Wien und zwar bis zur Zahl 25 von den Künstlerinnen selbst hergestellt.« Die zwölf Blätter, von denen drei sogar farbig gedruckt sind, rühren von neun Damen her, von **Marie Adler** (der Präsidentin), **Josefine Elbogen**, **Hedwig Gerber**, **Lilly Hoffmann**, **Emma Hrnčyra**, **Lena Mendel**, **Anna Mik**, **Minka Podhajska** und **Marie Spitz**. Die

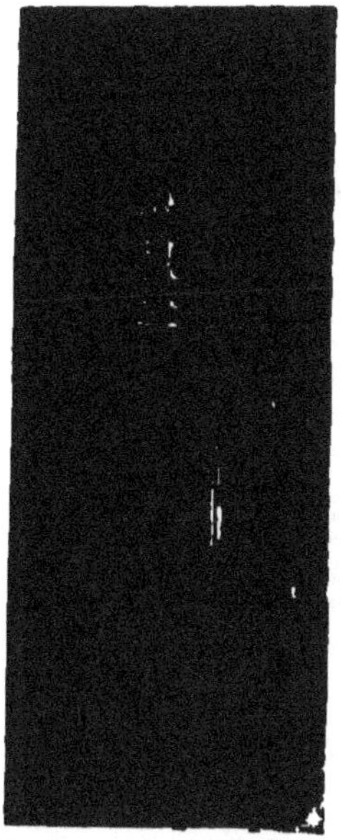

Anna Mik. Originalradierung.

meisten Blätter verraten Talent, und das eine oder andere scheint sogar den Schritt vom sympathischen Dilettantismus zu ernster Künstlerschaft tun zu wollen. Die interessantesten Blätter wurden meines Erachtens von Marie Spitz (Kind mit Katze), Josefine Elbogen (Kapelle bei Schottwien), Anna Mik (gut sind das hier abgebildete Interieur »aus der Kirche Maria am Gestade, Wien« und das »Waldmotiv aus Cabunse«, während mir die farbige Radierung »Blick auf die Stephanskirche« weniger gelungen zu sein scheint), Marie Adler (Rauhensteingasse, Wien) und Emma Hrnčyrz (Kapelle bei Brunn am Gebirge) beigesteuert. Jedenfalls ist gleicherweise den Schülerinnen zu ihrem Lehrer und dem Lehrer zu seinen Schülerinnen zu gratulieren und ist zu wünschen, daß sich das Unternehmen seinem erfreulichen Anfang entsprechend weiterentwickle.

A. W.

Badische Kunst 1903. Zwanglose Veröffentlichungen der Vereinigung »Heimatliche Kunstpflege«, Karlsruhe. Herausgegeben von Albert Geiger. Druck und Verlag der Braunschen Hofbuchdruckerei.

An dem Buche, zu dem die Dichter und bildenden Künstler gleicherweise beigesteuert haben, können uns hier nur die Illustrationen interessieren; die Namen ihrer Autoren sind von gutem Klang: ich nenne nur: Kampmann, Schönleber, Volkmann und Thoma. Gleichwohl gibt die »Badische Kunst«, um es nur ehrlich zu gestehen, nicht nur keine gute, sondern auch keine richtige Vorstellung von der gegenwärtigen Kunst des Großherzogtums. Einmal ist viel Unbedeutendes von bedeutenden Künstlern da, und dann verrät sich gerade hier, wo die Künstler unter sich waren und vielleicht auch hauptsächlich landsmännisches Publikum vor Augen hatten, das Zöpfchen ihrer Heimatkunst. Nicht nur Thoma und Volkmann, die ja oft ans Spießbürgerliche und Dilettantische streifen, sondern auch dem sonst so großzügigen Kampmann passiert es hier, recht primitiv und kleinlich zu wirken. Den besten Eindruck macht noch die Wiedergabe einer Zeichnung Schönlebers, wenngleich auch diese ganz gut von jemand anderem sein könnte.

A. W.

Hans Thoma und seine Kunst fürs Volk von Dr. M. Spanier. Leipzig, Breitkopf und Härtel.

Das Büchlein ist nicht ohne Bedeutung, weil der Plan zu ihm von Thoma freudig gutgeheißen und es sozusagen unter seiner Aufsicht geschrieben worden ist. Der Verfasser wendet sich an »die reifere Jugend«, an »Lehrer, die mit ihren Schülern, Mütter, die mit ihren Kindern die Bilder besehen wollen«. Der Text besteht im wesentlichen aus guten Beschreibungen der abgebildeten Werke Thomas. Spanier vertieft sich liebevoll in die einzelne Schöpfung und holt auch — gegenständlich wenigstens — alles Wichtige aus ihr heraus. Die Auswahl der Abbildungen ist gut, doch könnte sie besser sein. Vieles scheint doch nur aus Verlagsrücksichten gebracht worden zu sein. Die Klischees sind nicht groß, aber klar.

A. W.

G. Bourcard, A travers Cinq Siècles de Gravures (1350–1903). Les Estampes célèbres rares ou curieuses. Paris, Rapilly, 1903.

Der Verfasser hat mit diesem Buche eine Arbeit geliefert, für die ihm die Kupferstichsammler zu großem Dank verpflichtet sind. Selbst ein Sammler, war es ihm von Anfang an darum zu tun, nur das zu bieten, was seinen Mitbrüdern nützlich und notwendig ist. Er berücksichtigt denn auch nur die Blätter, die heute allgemein gesammelt werden. Daraus erklären sich Vorzüge und Mängel des Buches. Warum, wird man fragen, gerade diese Blätter und nicht ebenso gut andere? Der Geschmack wechselt, und ein Blatt, das heute außerordentlich hoch bezahlt wird, kann morgen fast wertlos sein. Warum überschätzt man heute so über alles Maß und Ziel die farbigen reproduzierenden Stiche der Engländer des XVIII. Jahrhunderts und achtet fast für nichts die modernen reproduzierenden Stiche, selbst wenn sie auch farbig sind? Es ist Modesache und Snobismus, nichts anderes.

Aber der Verfasser hatte eben nicht die Absicht, für die Sammler eines späteren Jahrhunderts zu schreiben, sondern für die des gegenwärtigen. Sehen wir also, wieweit diesen sein Buch nützlich sein kann.

Das Werk zerfällt in sieben Abteilungen: die deutsche Schule, die französische, die holländische und vlämische, die italienische, die englische, die französische des XVIII. Jahrhunderts und endlich die Künstler des XIX. und XX. Jahrhunderts, Franzosen sowie Ausländer. In jeder dieser Abteilungen werden die Künstler alphabetisch aufgezählt, mit kurzen Biographien, dann werden ihre bemerkenswerten Blätter angeführt und beschrieben, ihre Zustände, ihre Preise, die öffentlichen und privaten Sammlungen, in denen man sie finden kann, die Händler, bei denen sie zu haben sind, und die Bücher, die von ihnen sprechen. Dem Beispiele folgend, das Beraldi in seinen Graveurs du XIXe siècle gegeben hat, unterbricht der Verfasser die mitunter etwas trockene Aufzählung durch mannigfaltige Abschweifungen, die immer sehr interessant sind, wenn sie nur irgendwie mit dem behandelten Stoffe in Zusammenhang stehen. So spricht er zum Beispiel aus Anlaß Chahines von dem Kunsthändler Sagot oder aus Anlaß der Arbeiten der Frau Kollwitz von Herrn Hessele. Ein anderesmal spricht er über Technik oder erzählt eine Anekdote oder wagt gar eine kritische Bemerkung. Der Verfasser versteht es mit einem Wort, vollständig zu sein, ohne dabei langweilig zu werden.

Eine Lücke freilich erregt unser Bedauern, mag sie auch der Verfasser absichtlich offen gelassen haben. Für die ältere Zeit, worüber schon frühere Kataloge vorliegen, gibt der Verfasser biographische Daten über die Künstler, nicht aber über die lebenden, bei denen es an solchen Hilfsmitteln mangelt. Wir finden also in seinem Buche das, was wir auch wo anders finden können, und das, was wir wo anders nicht finden, das suchen wir darin vergeblich. Das ist, wie gesagt, recht bedauerlich, doch darf man sich nicht verhehlen, daß sich der Verfasser diese Angaben nur mit großen Schwierigkeiten hätte verschaffen können.

Aber das Buch hat so viele andere Vorzüge, daß man es den Kunstfreunden wärmstens empfehlen muß. Es ist eine ernste und sehr schätzenswerte Arbeit.

Clément-Janin.

Anzeigen neuer Erscheinungen.

1. MAPPEN, ILLUSTRIERTE BÜCHER UND LITERATUR DER GRAPHISCHEN KÜNSTE.

Dähnhardt, Oskar, Deutsches Märchenbuch. Mit vielen Zeichnungen u. farb. Orig.-Lithogr. von Erich Kuithan. 2 Bdchn. (IV, 156 S.) Gr. 8°. Leipzig, B. G. Teubner. Mk. 2.80.

Dehmel, Paula, Rumpumpel. Mit farb. Bildern von Karl Hofer. (46 S.) Qu. Gr. 4°. Köln, Schafstein & Co. Mk. 3.—.

Forbes-Mosse, Irene. Peregrinas Sommerabende. Lieder etc. Mit vielen Zeichnungen von Heinr. Vogeler-Worpswede. (218 S.) Gr. 8°. Leipzig, Insel-Verlag. Mk. 5.—.

Fuchs, Eduard, Die Karikatur der europäischen Völker vom Jahre 1848 bis zur Gegenwart. Mit 515 Illustr. u. 65 Taf. (X u. S. 193—488.) Hoch 4° Berlin, A. Hofmann & Co. Mk. 12.50.

Gerlachs Jugendbücherei. 10—12 Bdchn. Kl. 4°. 10. Lenau, Ausgewählte Gedichte. Bilder v. Hugo Steiner. (95 S.) — 11. Musäus, Die Nymphe des Brunnens. Bilder v. Ign. Taschner. (50 S.) — 12. Kinder- u. Hausmärchen, nach der Sammlg. der Brüder Grimm. Bilder v. Otto Tauschek (98 S.) Wien, M. Gerlach & Co. Je Mk. 1.50.

Holbein-Mappe. Hrsg. vom Kunstwart. 19 Bl. u. 5 S. Text. Fol. München, G. D. W. Callwey. Mk. 3.—.

Keck, Heinr., Deutsche Heldensagen. 1. Bd. Gudrun- und Nibelungensage. Mit 7 Orig.-Lith. v. Rob. Engels. (VIII, 306 S.) Gr. 8°. Leipzig, B. G. Teubner. Mk. 3.—.

Kratzner, Karl, Josef von Führich. Mit 10 Abb. (30 S.) Gr. 8° (Nr. 300 u. 301 der Sammlg. gemeinnütziger Vorträge, hrsg. vom deutschen Verein zur Verbreitung gemeinnütziger Vorträge in Prag). Prag, J. G. Calve. Kr. —.50.

Kreidolf Ernst, Schwätzchen. Bilder u. Reime. (18 S. mit farb. Abb.) Gr. 4°. Köln, Schafstein & Co. Mk. 1.80.

Lange, Adf., Deutsche Götter- u. Heldensagen. Mit 12 Orig.-Lith. v. Rob. Engels. (XII, 403 S.) Gr. 8°. Leipzig, B. G. Teubner. Mk. 6.—.

Lugo, Emil. Handzeichnungen und Aquarelle. 18 unveröffentlichte Blätter aus dem Nachlasse (67×44 cm.) Mit Vorwort (4 S. Text mit Bildnis) von Siegfr. Graf Pückler-Limpurg. München, F. Rothbarth. Mk. 27.

Kane, Julius, Werk und Wirken von Moritz von Schwind. Eine Erinnerung seines Schülers. Mit 4 Abb. (30 S.) Gr. 8°. München, Piloty & Loehle. Mk. 1.—.

Orlik, Emil, Japan, farb. Orig.-Lith. u. farb. Orig.-Radgn. 1901—1903. Fol. K 240.—.

Perzyński, Fr., Hokusai. Mit 97 Abb. und 8 farb. Taf. (96 S.) Lex. 8° (Knackfuß'sche Künstler-Monographien, 68. Bd.) Bielefeld u. Leipzig, Velhagen & Klasing. Mk. 4.—.

Schwaiger, Hans. Auswahl seiner Werke. 36 z. T. farb. Taf. u. 25 S. Text von Fr. Táborsky mit zum Teil farbigen Abbild. (45×34 cm). Prag, »Unie«. Mk. 60.—.

Schwind, Moritz von, Bilder in der Schack-Galerie zu München. 21 Photogravüren. (67·5×51 cm). — Ders., Die schöne Melusine. 11 Photogravüren im gleichen Format 3. u. 4. Liefg. des Werkes »Deutsche Kunst«. Berlin, Photograph. Gesellschaft. Je Mk 125.—.

Singer, H. W., James Mc. N. Whistler. (19. Bd. der Sammlung: Die Kunst). Mit 11 Taf. (64 S.) 12°. Berlin, Bard, Marquardt & Co. Mk 1.25.

Spielmann, Der deutsche. Eine Auswahl aus dem Schatz deutscher Dichtg. f. Jugend u. Volk. Hrsg. v. Ernst Weber. 1.—7. Bd. 4°. München, Verlag des deutschen Spielmannes. 1. Kindheit. Bildschmuck v. Ernst Kreidolf. (64 S.) — 2. Wandrer. Bildschmuck v. J. V. Cissarz. (64 S.) — 3. Wald. Bildschmuck v. Willib. Weingärtner. (63 S.) — 4. Hochland. Bildschmuck v. Franz Hoch. (68 S.) — 5. Meer. Bildschmuck v. J. V. Cissarz. (70 S.) — 6. Helden. Bildschmuck v. Willib. Weingärtner. (64 S.) — 7. Schalk. Bildschmuck v. Jul. Diez. (70 S.) Je Mk. 1.—.

Steinzeichnungen deutscher Maler. Hrsg. von Wilh. Schäfer. Nr. 1. Heinrich Otto, Im Dorfe. — Nr. 2. Erich Nikutowski, Bilder am Rhein. Je 6 farb. Orig.-Lithogr. Imp.-4°. Düsseldorf, Fischer & Franke. Je Mk. 8.—. (Subskr.-Pr. Mk. 2.50).

Teuerdank. Fahrten u. Träume deutscher Maler. 20. Folge Bek-Gran, Hermann, Die deutsche Frau. (10 Bl.) Gr.-4°. Berlin u. Düsseldorf, Fischer & Franke. Mk. 2.—.

Trog, H., Hans Sandreuter. (45 S. mit Abb.). gr 8°. (Neujahrsblatt der Kunstgesellschaft in Zürich f. 1904.) Zürich, Fäsi & Beer. Mk. 3.—.

Vogel, Julius, Das römische Haus in Leipzig. Ein Beitrag zur Kunstgeschichte des 19. Jahrhunderts. Mit 12 Lichtdrucktaf. u. 26 Abb. (nach Preller, Genelli, J. A. Koch). (VII, 84 S.) Gr.-4°. Leipzig, Breitkopf & Härtel. Mk. 10.—.

Wetting, Walth., Künstlerisches aus den Briefen Friedrich Prellers des Älteren. Zu seinem 100. Geburtstage. Mit der Abb. von Prellers Atelier in Dreifarbendruck. (X, 63 S.) Gr.-8°. Weimar, H. Böhlaus Nachf. Mk. 2.40.

Worpsweder Taschenkalender. Mit 12 Federzeichnungen von Heinr. Vogeler. Gr.-16°. Lübeck, L. Möller. Mk. 6.—.

Bone, Muirhead, Ten Dry Points. London. Obach & Co. 20 £.

Brinton, Selwyn, Bartolozzi and his Pupils in England. Mit 15 Abb. London, A. Siegle 2 s. 6 d.

Cruikshank's Water-Colours. With introduction by Joseph Grego. London A. & C. Black 8°. 20 K 25 h.

Strange, E. F., The Colour Prints of Japan. London, A. Siegle. 2 s. 6 d.

Collection Ch. Gillot, Estampes Japonaises et Livres Illustrés. Evreux, Charles Herissey. 4°. 75 fr.

Falgairolle, Prosper, Recherches sur les Cartiers et les Cartes à jouer à Montpellier et à Nîmes, avant 1790. Mit 10 Taf. Nîmes, Debroas-Duplan; Paris, E. Lechevalier. Fr. 3.50.

2. DIE GRAPHISCHEN KÜNSTE IN DEN ZEITSCHRIFTEN (DEZEMBER 1903 BIS FEBRUAR 1904).

Dekorative Kunst. Februar. K. E. Graf zu Leiningen-Westerburg, Richard Grimm. Mit ca. 20 Abb.

Deutsche Kunst und Dekoration. Dezember: Otto Schulze, Neue Original-Künstler-Lithographien. Aus der Artistischen Anstalt von Emil Hochdanz in Stuttgart. Mit 3 Abb. nach A. Eckener und Helene Rau. — H. Scheidemantel, Photograph Nicola Perscheid. Mit 15 Abb.

Die Graphischen Künste. 27. Jahrgg. 2. Heft. Max Dvořák, von Manes zu Švabinský. Mit 14 Abb. u. 3 Taf.

Hochland (München). I. Jahrgg. 4. Heft: H. Holland, Moritz von Schwind. Mit 1. Abb.

(Leipziger) Illustrierte Zeitung. 21. Januar. Zu Moritz von Schwinds hundertjährigem Geburtstage. Mit 6 Abb.

Die Kunst für Alle. 15. Dezember. Gustav Pauli, Graf Leopold von Kalckreuth. Mit 25 Abb. u. 1 farb. Taf. — — 1. Januar: Hans Rosenhagen, Max Liebermann. Mit 33 Abb. — — 15. Januar: F. Haack, Moritz von Schwind. Mit 17 Abb. — — 1. Feb. F. W. Bredt, Ein Nürnberger Griffelkünstler: Ludwig Kühn. Mit 5 Abb. u. 1 farb. Orig.-Lithogr. »Windiges Wetter« als Taf.

Kunst und Handwerk. 54. Jahrgg. 5. Heft: Otto Grautoff, Moritz von Schwind zum hundertsten Geburtstag. Mit 43 Abb.

Die Kunst unserer Zeit. 15. Jahrgg. 6. Heft: F. v. Ostini, zum hundertsten Geburtstage Franz Hanfstaengls. Mit 1 Taf. u. 1. Abb.

Kunstwart. Schwind-Heft. Mit 18 Taf.

Monatsberichte über Kunst und Kunstwissenschaft. 3. Jahrgang 11 u. 12. Heft: Otto Grautoff, Moritz von Schwind zum hundertsten Geburtstag. Mit 18. Abb. — Robert Bruck, Die Originalentwürfe zu den Wittenberger Heiligtümern. Mit 4 Abb. — Walter Gräff, Die vierte Ausstellung der Maler-Lithographen in Paris.

Die Rheinlande. Dezember: H. E. Kromer, Albert Welti. Mit 11 Abb. — Max Geisberg, Der Hausbuchmeister. Mit 5 Abb. — Als Beilagen: 1 farb. Lithogr. von R. Nikutowski (»Rheinfelden«) und Fritz von Wille (»In einem kühlen Grunde«). — — Januar: W. Schäfer, Gregor von Bochmann. Mit 15 Abb. und 1 Tafel (farb. Lithogr.: »Der Waldhüter«). — S., Ein schwimmendes Wohnhaus. (Das Schiff W. O. J. Nieuwenkamps.) Mit 6 Abb. und 1 Tafel. — Beilage: »Am alten Kohlentor in Düsseldorf«, farb. Lithogr. von E. Nikutowski. — — Februar: Arthur Lindner, Moritz von Schwind. Mit 14 Abb. — Beilagen: 2 farb. Lithogr. von E. Nikutowski (»Burg Sonneck«) und Fritz von Wille (»Der Bergfriede«) und die Reprod. einer Federzeichnung von Aloys Kolb (»Colombine«).

Zeitschrift für bildende Kunst. Dezember: Henri Bouchot, Über einige Inkunabeln des Kupferstichs aus dem Gebiete von Douai. Mit 4 Abb. — Neues von Bruno Héroux. Mit 1 Orig.-Holzschn. im Text und 1 Tafel. — Beilage: W. Unger, »Die Clavecinspielerin«, Radg. nach dem Gemälde von Frans Hals. — — Jänner: Karl M. Kuzmany, Ludwig Michalek als Maler. Mit 4 Abb. — Beilagen: Fritz Lang, »Japanische Kehlflecken«, Farb. Orig.-Holzschn. und Friedrich Barth, Studienkopf, Orig.-Radg. — — Februar: Als Beilage eine Orig.-Radg. von Oswald Roux.

Zeitschrift für Bücherfreunde. Dezember. Max Osborn, Die Wiedergeburt des Holzschnitts. III. Mit 20 Abb. — Reproduktionen von 6 Exlibris von Theodor Crampe. — — Jänner: Als Beilagen 3 Exlibris von Ernst Kreidolf. — — Februar: Carus Sterne, Mercurius, der Schriftgott, in Deutschland. Unter den Abb. viele nach alten Holzschnitten und Stichen.

The Burlington Magazine. Dezember: Count Emiliano di Parravicino, Three packs of Italian tarocco cards. Mit 4 Taf. — E. Blochet, Mussulman manuscripts and miniatures as illustrated in the recent exhibition at Paris. Mit 3 Taf. — W. H. James Weale, Ausführliche Besprechung von L. Kämmerers Buch »Ahnenreihen aus dem Stammbaum des Portugiesischen Königshauses, Miniaturenfolge in der Bibliothek des British Museum zu London«. — — Jänner: B. E. F. Study of a Goat by Pisanello. Mit 1 Taf.

The Connoisseur. Januar: Martin Hardie, A great Painter Etcher: Old Crome. Mit 8 Abb. — Lewis Melville, Thackeray as Artist. P. I. Concerning Thackeray's Drawings. Mit 5 Abb. — Ralph Nevill, Hawel de Rouen and the Cries of Paris. Mit 1 farb. Tafel. — Unter den Beilagen 1 farb. Tafel nach einer Zeichnung von Phil May (»A Cavalier«).

The Magazine of Art. Dezember: Horsley Hinton, Artistic Photography of to-day: As illustrated by the Works of Representative Men. Mr. Alexander Keighley. An »Impressionist« in Photography. Mit 8 Abb. — England as seen by a Japanese Artist: »Church Parade« A Note on the Picture by Yoshio Markino. Mit 1 farb. Taf. — J. J. Guthrie, The Minor Arts. Concerning recent Bookplates. Mit 26 Abb.

The Studio. Dezember: Modern Dutch Art: The Etchings of Matthew Maris. Mit 4 Abb. — — G. H. Boughton, A few of the various Whistlers I have known. Mit 2 Abb. und 2 Tafeln. — Leonard van der Veer, Lewis Baumers coloured Chalk Drawings. Mit 4 Abb. und 2 farb. Tafeln. — Im »Studio-Talk« S. 249—251: 5 Abb. von Radgn. Whistlers. — — Januar: A. L. Baldry, The Paintings and Etchings of Sir Charles Holroyd. Mit 10 Abb. und 2 Tafeln. — H. W. Singer, Recent German Lithographs in Colours. Mit 14 Abb. und 2 Tafeln. — L. van der Veer, The Drawings of Stephen B. De la Bere. Mit 2 Abb. — H. Frantz, Jules Chéret's Drawings in Sanguine. Mit 9 Abb. — Im »Studio-Talk« 6 Abb. nach Zeichngn. von F. L. Emanuel (Londoner Ansichten). — — Februar: Oxford Colleges. Drawn by Vernon Howe Bayley. 8 Abb. — H. Frantz, Victor Hugo's Drawings. Mit 11 Abb. und 1 Tafel. — W. K. West, The Photographic Work of W. J. Day. Mit 8 Abb.

L'Art. November: Beilagen: F. E. Jeannin, »Jeune Femme«, farb. Radg. nach einer Studie von Watteau und F. Courboin, Orig.-Pointe sèche. — — Dezember: Henry de Chennevières, Jules Buisson, eaux-fortes à la pointe sur cuivre, eaux-fortes à la plume sur papier. II. Mit 3 Abb. — Beilage: E. Pennequin, Étude de Femme d'après Léonard de Vinci, farb. Radg. — — Jänner: Paul Leroi, Les Dessins de Paul Renouard au Musée National du Luxembourg. — Beilage F. E. Jeannin, »Dame Russe«, Dessin de Jean Baptiste Leprince aux crayons rouge et noire, farb. Radg. — — Februar. Beilagen: Donald Shaw Mac Laughlan, »Cour des Gobelins«, Orig.-Radg. und Mlle. G. Romain, Portrait de Madame de B., Rad. nach dem Gemälde von Heim.

Art et Décoration. Januar: Léonce Bénédite, Auguste Lepère. Mit 30 Abb. und 1 farb. Holzschn. »Pêcheurs de coquillages« als Tafel.

La Chronique des Arts. Nr. 1: L. Dimier, Nouveaux dessins de Christophe Huet. — Nr. 6, 7, 8: Paul Durrieu, Les Manuscrits à peintures de la Bibliothèque incendiée de Turin.

Gazette des Beaux-Arts. Dezember: Roger Marx, Albert Lebourg I. Mit 5 Abb. — Pierre de Nolhac, »L'avènement de Louis XVI. et de Marie-Antoinette«. Mit 4 Abb. — — Jänner: Salomon Reinach, deux miniatures de la bibliothèque de Heidelberg attribuées à Jean Malouel. Mit 4 Abb. — Roger Marx, Albert Lebourg II. Mit 8 Abb. — Beilage: Jean Patricot, »La Dame en Blanc«, Kupferstich nach dem Gemälde von G. Romney. — — Februar: Baron Roger Portalis, Un portrait d'enfant »Elisabeth Laura Henrietta Russell«. Mit einer farb. Taf. (Repr. des Mezzotintoblattes von Henry Meyer nach W. Owens Gemälde).

La Revue de l'Art ancien et moderne. November 1903: Beilagen: W. Barbotin, »L'Amour et l'Innocence«, Radg. nach Prudhon, und A. Hotin, »Coffret en Cuir gravé (XVe siècle)«. Radg. — Léonce Bénédite, A propos des »Peintres-Lithographes«. Deux nouvelles oeuvres de Fantin-Latour. Mit 1 Abb. und der Beilage: »Duo des ‚Troyens'«, Orig.-Lithogr. des Künstlers. — Henri Bouchot, Un »Ouvrage de Lombardie« à propos d'un récent Livre de M. Le Prince d'Essling. Mit 6 Abb. — — Dezember 1903: Robert de la Sizeranne, Whistler, Ruskin et l'Impressionnisme. Mit 9 Abb. und einer Heliogravure und Helleus Pointe sèche: Whistler als Beilage. — Henry Havard, Léopold Flameng. Mit 8 Abb. und 1 Orig.-Radg. des Künstlers als Beilage. — Henri Bouchot, Un »Ouvrage de Lombardie«. II. Mit 6 Abb. — Léonce Bénédite, Les »Peintres-Lithographes«. Mit 10 Abb. und 2 Beilagen: H. P. Dillon »La comptabilité«, Orig.-Lithogr. und Abel Faivre, »La Baigneuse«, Orig.-Lithogr.

Emporium. Dezember 1903: William Ritter, Hermann Urban. Mit 21 Abb. — Vittorio Pica, Acquafortisti Belgi. Mit 14 Abb.

Onze Kunst. Dezember 1903: Max Rooses, De Teekeningen der Vlaamsche Meesters. Jordaens en andere Historieschilders der XVIIe eeuw. Mit 17 Abb.

Mitteilungen der Gesellschaft.

Als Gründer sind der Gesellschaft beigetreten: Seine Durchlaucht Fürst Christian Kraft zu Hohenlohe-Öhringen, Slawentzitz; Herr Franz Krojanker, Direktor, Leipzig.

KURATORIUMS-VERSAMMLUNG.

Die statutenmäßige Sitzung des Kuratoriums fand am 28. April 1904 im k. k. Österreichischen Museum für Kunst und Industrie statt.

Zu Beginn der Sitzung begrüßte der Präsident des Kuratoriums, Seine Exzellenz der Oberstkämmerer Graf Abensperg-Traun, die zum erstenmal erschienenen neuen Kuratoren: die Herren Hofrat von Scala, Hofrat von Karabaček und Dr. J. Margulies. Dann widmete er dem so plötzlich dahingeschiedenen Mitglied des Kuratoriums, dem Maler Josef Hoffmann, einen warmen Nachruf. Hierauf gratulierte er dem Direktor der Gesellschaft, kaiserlichem Rat Paulussen, zu der ihm verliehenen Auszeichnung.

Der nachstehend abgedruckte Jahresbericht wurde zur Kenntnis genommen und hierauf einstimmig ihm und dem Rechnungsabschluß die Genehmigung sowie dem Verwaltungsrat das Absolutorium erteilt. Zum Punkte »Theaterwerk« teilte Regierungsrat Leisching mit, daß in Schriftsteller Hugo Wittmann der Verfasser für die Geschichte der Oper gefunden wurde, und daß man hoffe, unmittelbar nach dem Schlusse der Geschichte des Burgtheaters die erste Lieferung des Opernbandes ausgeben zu können. Ferner erstattete Baron Weckbecker ausführlichen Bericht über die im folgenden gleichfalls abgedruckten neuen Statuten. Sie wurden mit einem kleinen Amendement Regierungsrat Ritters auf Antrag Seiner Exzellenz des Freiherrn von Chlumecky en bloc angenommen.

Jahresbericht des Verwaltungsrates über seine Tätigkeit im Jahre 1903.

Die Lage der Gesellschaft hat sich auch in diesem Jahre recht erfreulich gestaltet. Die Mitgliederzahl hielt sich ungefähr auf der gleichen Höhe wie im vorigen Jahre. Die Zahl von Gründern hat in diesem Jahre den höchsten Stand seit dem Bestehen der Gesellschaft erreicht: es sind deren gegenwärtig nicht weniger als 82. Dies darf wohl dem Verwaltungsrate als Beweis dafür gelten, daß sein Bestreben, in den Publikationen der Gesellschaft alle künstlerisch berechtigten Erscheinungen zu Worte kommen zu lassen, in weiten Kreisen volle Billigung findet.

Die durch die Liquidation des Bilderbogenunternehmens laut Beschluß des Kuratoriums in der Sitzung vom 30. April 1903 der Gesellschaft zugefallenen Lasten wurden durch das überaus liebenswürdige Entgegenkommen des k. k. Finanzministeriums (für die k. k. Hof- und Staatsdruckerei) und der Firma Angerer & Göschl in Wien wesentlich erleichtert. Von dem Stande der Lasten wurden in diesem Jahre 10.011 K 94 h abgezahlt, so daß noch ein Rest von 5076 K 35 h zur weiteren Tilgung verbleibt, der in 5 Jahresraten an die k. k. Hof- und Staatsdruckerei zu zahlen ist.

Obwohl die Gesellschaft fernerhin in diesem Jahre an Immobilien, Platten etc. 5449 K 74 h abgeschrieben hat, kann sie doch einen Reingewinn von 2160 K 72 h verzeichnen. Diesbezüglich stellt der Verwaltungsrat den Antrag, die genannte Summe möge dem Konto der Gelder mit bestimmter Widmung zugeschrieben werden, das sich gegenwärtig auf 11.197 K 74 h beläuft, damit dieses herangezogen werden könne, falls die in Angriff genommene »Geschichte des deutschen und niederländischen Kupferstiches im XV. Jahrhundert« von Professor Lehrs und die »Theater Wiens« einen Zuschuß erfordern sollten.

Anläßlich des Abschlusses des Bilderbogenunternehmens wurde dem Leiter des xylographischen Institutes der k. k. Hof- und Staatsdruckerei, Professor Wilhelm Hecht, der Ausdruck der Allerhöchsten Anerkennung bekanntgegeben und dem Direktor der Gesellschaft, dem kaiserlichen Rat Richard Paulussen das Ritterkreuz des Franz-Josephs-Ordens verliehen.

Für ihre langjährige verdienstvolle Tätigkeit wurden der Beamte der Gesellschaft Julius Edhoffer durch die Verleihung des goldenen Verdienstkreuzes und die Faktoren Karl Hofmann, Ernst Röhm und Josef Rupprecht durch die Verleihung des silbernen Verdienstkreuzes mit der Krone ausgezeichnet.

I. Ordentliche Publikationen.

Veröffentlichungen im Jahre 1903.

1. Die Graphischen Künste brachten in diesem Jahre wieder eine stattliche Reihe von Aufsätzen über hervorragende Graphiker des In- und Auslandes, darunter

solche über Marcellin Desboutin, Georg Erler, Ludwig von Gleichen-Rußwurm, Otto Greiner, Paul Helleu, Franz Hoch, Felix Hollenberg, Käthe Kollwitz, Richard Ranft, Charles Shannon und Franz Stuck.

Auch die Illustration des Jahrganges steht auf der alten Höhe. Unter den Tafeln verdienen die sieben graphischen Originalarbeiten von Georg Erler, Erzherzog Heinrich Ferdinand, Felix Hollenberg, Käthe Kollwitz, Fritz Pontini und Charles Shannon sowie eine Anzahl von ausgezeichneten farbigen Kombinationsdrucken der k. k. Hof- und Staatsdruckerei besonders hervorgehoben zu werden. Dem Texte, der wie gewöhnlich reich illustriert wurde, konnten wieder auch einige Originalarbeiten eingefügt werden.

Die Bearbeitung des literarischen Teiles war den bewährten Kräften folgender Herren anvertraut: Clément-Janin in Paris, Campbell Dodgson M. A., Assistent am Print Room des British Museum in London, Frau Professor Berta Franzel in Berlin, Professor Dr. Max Lehrs, Direktor des königlichen Kupferstichkabinettes in Dresden, Dr. Karl Mayr, Privatdozent und Sekretär der königlichen bayerischen Akademie der Wissenschaften in München, und Dr. Artur Weese, Privatdozent in München.

2. Die Mitteilungen der Gesellschaft bürgern sich, wie mit Genugtuung festgestellt werden kann, als wissenschaftliches Fachblatt auf dem Gebiete alter und neuer Graphik immer mehr ein. Über letztere orientieren vortreffliche Berichte über Sammlungen, Ausstellungen und neue Erscheinungen. Obwohl die Rubrik »Graphische Arbeiten, von den Künstlern selbst angezeigt« wegen Mangels an Beteiligung vorläufig aufgelassen werden mußte, nahm der Umfang unseres Beiblattes erheblich zu, was namentlich dem ebenso reichhaltigen wie sachlich vorzüglichen Teile »Studien und Forschungen« zuzuschreiben ist. Für seine wissenschaftliche Gediegenheit bürgen die Namen der Mitarbeiter: Campbell Dodgson M. A. in London, Dr. Karl Giehlow in Wien und Dr. Siegfried Graf Pückler-Limpurg, Assistent an der königlichen Kupferstichsammlung in München.

3. An der Jahresmappe fiel diesmal ihr künstlerisch einheitlicher Charakter besonders auf. Sie enthielt nämlich nur farbige Original-Holzschnitte und »Lithographien. Mit Holzschnitten waren die drei Österreicher Max Kurzweil, Karl Moll und Adolf Zdrasila, sowie der Franzose Paul Colin vertreten, Lithographien hatten Matthäus Schiestl und Franz Hoch beigesteuert.

4. Als Prämie wurde in diesem Jahre zum erstenmale eine graphische Originalarbeit ausgegeben, und zwar die Lithographie »Am Webstuhl« von dem begabten tschechischen Künstler Max Švabinský.

Veröffentlichungen im Jahre 1904.

1. Von den Graphischen Künsten sind bereits die ersten zwei Lieferungen erschienen. Das erste Heft konnte mit einer bescheidenen Huldigung zum 75. Geburtstag unseres hochverehrten Präsidenten Sr. Exzellenz des Grafen Hugo von Abensperg-Traun eröffnet werden. Den warmen Worten unseres Obmannes, des Herrn Regierungsrates Dr. Eduard Leisching, war das wohlgetroffene Porträt Sr. Exzellenz von William Ungers Meisterhand beigegeben. Der markigen Erscheinung Matthäus Schiestls wurde Dr. Alfred Hagelstange in Nürnberg gerecht, über den interessanten Holzschneider Paul Colin berichtete Clément-Janin in Paris, und Direktor Karl Schäfer in Bremen beleuchtete die vielseitige Tätigkeit des jungen Hessen Otto Ubbelohde. Das erste Heft war mit nicht weniger als vier Originalradierungen geschmückt. Das zweite Heft wird durch einen sehr interessanten Aufsatz aus der Feder des Herrn Dr. Max Dvořák, Privatdozent an der Wiener Universität, über die tschechischen Künstler Josef Mánes und Max Švabinský, den Urheber unseres letzten Prämienblattes, gefüllt.

In den Mitteilungen seien der Aufsatz Dr. Friedrich Dörnhöffers über einen bisher unbekannten Holzschnitt Burgkmairs, die Fortsetzung von Giehlows wertvoller Untersuchung über »Dürers Stich Melencolia I. und den maximilianischen Humanistenkreis«, die Studie Henri Hymans' über Lancelot Blondeel und die interessanten Mitteilungen über »Die Anfänge der Lithographie in Frankreich« von Walter Gräff hervorgehoben.

Das dritte Heft, das sich bereits in der Presse befindet, wird Artikel über Albert Haueisen, Charles Huard, Friedrich Preller und Mc Neill Whistler enthalten. Weiters werden Aufsätze über D. Y. Cameron, Georg Jahn, Alexandre Steinlen, Adolf Zdrasila und Anders Zorn vorbereitet; in Aussicht genommen sind Studien über den modernen Wiener Holzschnitt, über Ferdinand Andri, Marius Bauer, Chahine, Heinrich Lefler, Karl Larsson, Alphonse Legros, Louis Legrand, Karl Moll, Nicholson u. a.

Die Hefte der Graphischen Künste haben vom laufenden Jahrgang an einen neuen Umschlag erhalten, dem entsprechend auch der Einband des Jahrganges neu gestaltet wurde.

2. Die Jahresmappe wird diesmal ausschließlich aus Radierungen bestehen. Erworben sind einstweilen Blätter von Oskar Graf und Charles Huard.

3. Als Prämienblatt wird eine große Radierung William Ungers nach Rembrandts »Singendem Jüngling« in der Gemäldesammlung des kunsthistorischen Hofmuseums in Wien gegeben werden.

II. Außerordentliche Publikationen.

1. Das Geschichtswerk

a) Die vervielfältigende Kunst der Gegenwart.

Mit dem Erscheinen der Schlußlieferung des Bandes über die Lithographie hat das ganze Werk seinen Abschluß gefunden. Dieses Heft enthält eine auf originalen Studien gegründete Abhandlung über die Geschichte der

Lithographie in Holland aus der Feder des bekannten Malers, Lithographen und Kunstschriftstellers Jan Veth, ferner eine kritische Übersicht über die neuesten Erscheinungen auf lithographischem Gebiete in Frankreich und Deutschland von Professor Dr. Ludwig Kämmerer, Direktor des Provinzialmuseums in Posen. Den Schluß bildet eine Darstellung der photomechanischen Reproduktionsverfahren, wobei sich die Redaktion des Rates und der Unterstützung verschiedener fachmännischer Autoritäten erfreute.

So liegt nun das ganze große Werk in vier stattlichen Folianten vollendet vor und darf den Anspruch erheben, nicht nur textlich als sichere Grundlage für jede weitere auf dieses Gebiet gerichtete Forschung zu gelten, sondern auch mit seinen 281 Tafeln und 669 Textillustrationen einen wahren Kodex der graphischen Künste im 19. Jahrhundert darzustellen. Es darf mit besonderer Genugtuung betont werden, daß dem Werke zu einem unbestrittenen idealen Erfolge auch ein voller materieller zuteil geworden ist.

b) Geschichte des deutschen, niederländischen und französischen Kupferstiches im XV. Jahrhundert.

Nach dem von dem Verfasser des Werkes Herrn Professor Dr. Max Lehrs in Dresden vorgelegten Programme steht die Vollendung des ersten Teiles des Textes im nächsten Jahre zu erwarten. Unterdessen wurde an der Herbeischaffung des Illustrationsmateriales gearbeitet, welche Aufgabe bis auf ganz wenige Blätter bereits abgeschlossen ist. Es wurden gegen 900 photographische Aufnahmen nach originalen Stichen gemacht. Die Aufnahmen erfolgten sämtlich genau in Originalgröße und unter fortwährender fachmännischer Kontrolle. Folgende Sammlungen stellten uns ihre Bestände zu diesem Zwecke zur Verfügung: das Reichsmuseum in Amsterdam, die städtischen Kunstsammlungen in Basel, die königliche Bibliothek und die Sammlung des Herzogs von Arenberg in Brüssel, die v. Gersdorffsche Sammlung in Bautzen, das königliche Kupferstichkabinett in Berlin, die Stadtbibliothek und das herzogliche Museum in Braunschweig, die Kunsthalle in Bremen, das schlesische Museum in Breslau, die Universitätssammlung in Cambridge, das Beuth-Schinkelsche Museum in Charlottenburg, die herzogliche Kunstsammlung auf der Veste Coburg, das großherzogliche Museum in Darmstadt, das königliche Kupferstichkabinett und die Kupferstichsammlung Friedrich Augusts II. in Dresden, die Universitätssammlung in Erlangen, die Riccordiana in Florenz, das Städelsche Institut in Frankfurt a. M., das herzogliche Museum in Gotha, die Kunsthalle in Hamburg, das großherzogliche Museum in Karlsruhe, die Sammlung York in Klein-Oels, das Museum Wallraf-Richartz in Köln, das königliche Kupferstichkabinett in Kopenhagen, die Bibliothek des Stiftes Kremsmünster, das Kupferstichkabinett des Britischen Museums und die Kings-Library in London, die Trivulziana in Mailand, das königliche Kupferstichkabinett, die königliche Hof- und Staatsbibliothek und die Universitätssammlung in München, das Germanische Museum in Nürnberg, das Kupferstichkabinett der Nationalbibliothek, die Sammlungen des Barons E. v. Rothschild und des Fürsten Essling in Paris, die städtische Sammlung in Stettin, das großherzogliche Museum in Weimar, die Albertina, die k. k. Hofbibliothek, die Sammlungen des Fürsten Liechtenstein und Julius Hofmanns in Wien, die Sammlung des Polytechnikums in Zürich.

2. Die Theater Wiens.

Im Jahre 1903 erschienen von dem Werke »Die Theater Wiens« die ersten zwei Lieferungen des letzten Bandes über das Burgtheater, weitere zwei Lieferungen werden demnächst ausgegeben werden. Sie umfassen das Wirken Schreyvogels (1814—1832) und bringen den Beginn der Leitung Deinhardsteins (1832—1841). Die ebenfalls bereits in Vorbereitung befindliche fünfte Lieferung führt dieses Kapitel zu Ende und schließt die Darstellung von Holbeins Direktion (1841—1849) an, so daß mit der sechsten Lieferung die Periode der Leitung H. Laubes in Angriff genommen werden kann.

3. Hausschatz älterer Kunst.

Diese ebenso künstlerisch wertvolle wie im besten Sinne populäre Publikation hat mit der 20. Lieferung, der ein erklärender Text beigegeben wurde, ihr Ende erreicht.

Zum Schlusse fühlen wir uns verpflichtet, der Direktion des k. k. Österreichischen Museums für Kunst und Industrie für die freundliche Überlassung des Sitzungssaales, sowie der Presse für die uns stets bewährte Sympathie unseren wärmsten Dank auszusprechen.

Gewinn- und Verlust-Konto pro 31. Dezember 1903.

	Soll K	Soll h	Haben K	Haben h	Verlust K	Verlust h	Gewinn K	Gewinn h
Konto der ordentlichen Publikationen	69.414	33	69.949	47	.	.	535	14
„ „ außerordentlichen Publikationen	36.5[illegible]	63	42.427	12	.	.	5.887	49
„ des Theaterwerkes	11.061	75	11.061	75	.	.	.	.
„ der Mappen und Rahmen	5.876	32	5.931	10	.	.	54	78
„ „ außerordentlichen Einnahmen und Ausgaben	110	85	200	.	.	.	89	15
„ „ Ausstellungen	43	35	.	.	43	35	.	.
„ „ Kupferdruckerei	267.749	57	289.134	67	.	.	21.385	10
„ „ Hausverwaltung	4.[illegible]	08	5.200	.	.	.	393	92
„ „ Betriebsanlagen	21.582	78	.	.	21.582	78	.	.
Abschreibung vom Immobilien-Konto	2.000	.	.	.	2.000	.	.	.
„ „ Mobilien-Konto	68	25	.	.	68	25	.	.
„ „ Platten-Konto	2.881	50	.	.	2.881	50	.	.
„ „ Maschinen-Konto	500	.	.	.	500	.	.	.
Gewinn-Saldo	2.199	72	.	.	2.199	72	.	.
	423.914	11	423.914	11	29.245	58	29.245	58

Bilanz-Konto pro 31. Dezember 1903.

Aktiva		K	h	K	h
Immobilien-Konto		72.000	.		
Abschreibung		2.000	.	70.000	.
Mobilien-Konto		534	50		
Anschaffungen		39	75		
		574	25		
Verkauf	156 —				
Abschreibung	68 25	224	25	350	
Maschinen-Konto		5000	.		
Abschreibung		500	.	4.500	.
Zeichnungen- und Gemälde-Konto		1.340	10		
Verkauf		800	.	540	10
Platten-Konto		39.481	50		
Zuwachs		400	.		
		39.881	50		
Abschreibung		2.881	50	37.000	.
Materialien-Konto		.	.	250	.
Papier-Konto		.		9.580	
Kommissions-Verlags-Konto		.		1.572	2[illegible]
Debitoren:					
Für ordentliche Publikationen		7.8[illegible]	20		
„ außerordentliche Publikationen		6.137	30		
„ das Theaterwerk		1.417	80		
„ Mappen und Rahmen		975	65	16.517	3[illegible]
„ Druckerei-Lieferungen		.	.	51.834	60
Vorräte:					
An ordentlichen Publikationen		16.300	.		
„ außerordentlichen Publikationen		11.035	.		
„ Theaterwerk		1.500	.		
„ Mappen und Rahmen		1.200	60	30.035	60
Saldo beim Kommissionär in Leipzig		.	.	336	97
„ „ „ „ Berlin			.	810	17
Kassa			.	23.572	8[illegible]
			.	240.884	[illegible]

Passiva	K	h	K	h
Krediteren			5.676	35
der Druckerei			22.700	33
Hypotheken-Konto			38.002	71
Konto der Vorauslagen und Vorausnahmen			27.077	10
Konto der Gelder mit bestimmter Widmung	11.167	71		
Hiezu Gewinn-Saldo de 1903	2.199	72	13.367	43
Betriebsfond Ende 1902			140.000	.
			24[illegible].684	[illegible]

SATZUNGEN

der Gesellschaft für vervielfältigende Kunst.

Zweck und Sitz der Gesellschaft.

Art. 1.

Die Gesellschaft für vervielfältigende Kunst, hervorgegangen aus dem im Jahre 1832 gegründeten Vereine zur Beförderung der bildenden Künste in Wien, hat den Zweck, die künstlerische Graphik in allen ihren Formen zu pflegen und zu fördern, insbesondere ihren Mitgliedern hervorragende graphische Arbeiten, und zwar sowohl Originalwerke als auch Reproduktionen in möglichster Vollendung zu bieten. Die Gesellschaft hat ihren Sitz in Wien.

Art. 2.

Zur Erreichung des Zweckes der Gesellschaft dienen:

a) Die Erteilung von Aufträgen zur Ausführung graphischer Arbeiten, die Erwerbung graphischer Originalwerke, allenfalls die Erwerbung des Vervielfältigungsrechtes an Werken der bildenden Kunst. — Die Vervielfältigung wird durch Reproduktionsmittel aller Art bewirkt, wobei sich die Gesellschaft der ihr selbst gehörigen Kupferdruckerei und der Reproduktionsanstalten anderer Unternehmer bedient,

b) die Herausgabe von literarisch-artistischen und wissenschaftlichen Publikationen,

c) die Veranstaltung von Ausstellungen graphischer Werke,

d) sonstige Unternehmungen oder Veranstaltungen, die geeignet sind, das Interesse und tiefere Verständnis für die künstlerische Graphik zu fördern.

Mitglieder der Gesellschaft.

Art. 3.

Die Mitglieder der Gesellschaft scheiden sich in Gründer, ordentliche Mitglieder und Ehrenmitglieder.

Gründer entrichten, wenn sie in Österreich-Ungarn ihren Wohnsitz haben, jährlich 100 Kronen oder ein- für allemal 1500 Kronen; wenn sie im Auslande ihren Wohnsitz haben, jährlich 100 Mark deutscher Reichswährung oder ein- für allemal 1500 Mark deutscher Reichswährung. Die Zahl der Gründer ist auf 100 beschränkt.

Ordentliche Mitglieder entrichten, wenn sie in Österreich-Ungarn ihren Wohnsitz haben, jährlich 30 Kronen, wenn sie im Auslande ihren Wohnsitz haben, jährlich 30 Mark deutscher Reichswährung.

Zu Ehrenmitgliedern der Gesellschaft können Personen ernannt werden, die sich auf dem Gebiete der Kunst als ausübende Künstler oder in anderer Weise hervorragende Verdienste erworben haben.

Rechte der Mitglieder der Gesellschaft.

Art. 4.

A. Allgemeine Rechte der Mitglieder.

Alle Mitglieder erhalten die von der Gesellschaft herauszugebende periodische Publikation »Die Graphischen Künste« samt den dazugehörigen Tafeln und dem allfälligen Beiblatt (derzeit »Mitteilungen der Gesellschaft für vervielfältigende Kunst«) ferner je nach Beschluß des Verwaltungsrates entweder Jahresmappen mit Originalarbeiten oder einzelne graphische Blätter, Zyklen oder ähnliches.

Kostspieligere ordentliche Publikationen der letzteren Art erhalten nur jene Mitglieder, die ihr eine von Fall zu Fall vom Kuratorium zu bezeichnende Reihe von Jahren angehören oder einen entsprechenden Nachtrag zum Jahresbeitrage leisten. Wenn neu Eintretende einen solchen Nachtrag nicht zu leisten wünschen, bleibt es ihnen überlassen, statt der entfallenden Publikation, deren Bezug an mehrjährige Mitgliedschaft geknüpft ist, eine andere zu wählen, welche dieser Bedingung nicht unterliegt.

Gründern und Mitgliedern werden die Publikationen innerhalb der Grenzen von Österreich-Ungarn und des Deutschen Reiches franko zugestellt.

B. Besondere Rechte der Gründer.

Die Gründer erhalten die »Graphischen Künste« in besonderer Ausstattung, die Jahresmappen oder Einzelblätter in Remarquedrucken oder, wenn dies möglich ist, in signierten Drucken. Zu den »Graphischen Künsten« erhalten die Gründer ferner von jeder selbständigen Kunstbeilage des Jahrbuches, insoweit es sich um Kunstblätter handelt, deren Platten Eigentum der Gesellschaft sind, ein abgesondertes zweites Exemplar im Vorzugsdruck.

Jedem, einem Gründer zukommenden Exemplare der »Graphischen Künste« ist der Name des betreffenden Gründers auf einem besonderen Blatte vorgedruckt.

Jeder Gründer kann Anspruch auf eine Kuratorstelle erheben, zu deren Erlangung er aber der Empfehlung zweier Mitglieder des Kuratoriums bedarf.

C. Besondere Rechte der Ehrenmitglieder.

Jedem Ehrenmitgliede werden vom Tage seiner Ernennung an unentgeltlich die den übrigen Mitgliedern zukommenden Publikationen der Gesellschaft (A dieses Art.) zugesandt; sein Name wird dem für ihn bestimmten Exemplare der »Graphischen Künste« vorgedruckt.

Geschäftsjahr und Einzahlung der Beiträge.

Art. 5.

Das Geschäftsjahr fällt mit dem Kalenderjahr zusammen. Die Jahresbeiträge (Art. 3) werden vom 1. Oktober eines jeden Jahres an im vorhinein für das folgende Geschäftsjahr eingehoben. Die einmaligen Gründerbeiträge sind bei Eintritt in die Gesellschaft zu bezahlen.

Erlöschen der Mitgliedschaft.

Art. 6.

Die Mitgliedschaft erlischt

a) durch den Tod,

b) durch Austritt, der bis spätestens 30. September angemeldet sein muß.

Verkauf der Publikationen durch den Buch- und Kunsthandel.

Art. 7.

Die Gesellschaft kann alle ihre Publikationen auch durch den Buch- und Kunsthandel vertreiben lassen.

Organisation der Gesellschaft.

Art. 8.

Die Leitung der Gesellschaft wird durch ein Kuratorium und einen Verwaltungsrat besorgt.

Das Kuratorium besteht aus den Gründern der Gesellschaft (Art. 4 B. al. 3) und aus Personen, die aus dem Schoße der übrigen Mitgliedschaft gewählt werden (Art. 9, al. 3). Die Zahl der Kuratoren ist nicht beschränkt, doch müssen mindestens 25 von ihnen in Wien ansässig sein.

Der Verwaltungsrat besteht aus 9 bis 14 von dem Kuratorium aus seiner Mitte für drei Jahre gewählten, stets wieder wählbaren Mitgliedern der Gesellschaft (Art. 9, al. 1.).

Organisation des Kuratoriums und dessen Wirkungskreis.

Art. 9.

Das Kuratorium wählt aus seiner Mitte den Präsidenten der Gesellschaft auf drei Jahre; nach Ablauf dieser Funktionsdauer ist er stets wieder wählbar. Der Präsident der Gesellschaft leitet die Sitzungen des Kuratoriums.

Dem Kuratorium kommt ferner zu:

1. die Wahl der Mitglieder des Verwaltungsrates aus seiner Mitte,
2. die Ernennung von Ehrenmitgliedern,
3. die Wahl von Kuratoren nach Vorschlag der Wahlkommission, die aus dem Obmann des Verwaltungsrates und zwei hiefür auf 3 Jahre zu wählenden Kuratoren besteht,
4. die Prüfung der Gebarung des Verwaltungsrates, die Verwendung des Reinertrages und die Genehmigung des Jahresberichtes,
5. die Bewilligung des Voranschlages,
6. die Wahl von Rechnungsprüfern,
7. die Änderung der Satzungen,
8. die Beschlußfassung wegen Auflösung der Gesellschaft,
9. die Entscheidung über alle Angelegenheiten der Gesellschaft, die nicht nach diesen Satzungen dem Verwaltungsrate zukommen.

Das Kuratorium versammelt sich auf Einladung des Verwaltungsrates mindestens einmal im Jahre, außerdem aber auch, wenn es von acht Kuratoren beantragt wird.

Das Kuratorium ist bei Anwesenheit von zehn seiner Mitglieder beschlußfähig. Erscheinen zu einer Versammlung weniger als zehn Kuratoren, so wird binnen acht Tagen eine neue Versammlung abgehalten, die dann unter allen Umständen beschlußfähig ist, wenn sie die gleiche Tagesordnung hat.

Das Kuratorium faßt seine Beschlüsse mit absoluter Stimmenmehrheit, sofern es sich nicht um Änderungen der Satzungen oder Auflösung der Gesellschaft handelt. Bei Stimmengleichheit entscheidet die Stimme des Präsidenten.

Änderungen der Satzungen können nur bei Anwesenheit von mindestens zwanzig Kuratoren mit Zweidrittelmehrheit beschlossen werden. Findet sich diese Zahl nicht ein, so wird innerhalb acht Tagen eine zweite Versammlung mit der gleichen Tagesordnung abgehalten, die dann unter allen Umständen beschlußfähig ist.

Die Auflösung der Gesellschaft kann nur bei Anwesenheit von mindestens dreißig Kuratoren oder, wenn die Zahl der Kuratoren auf vierzig oder weniger gesunken ist, bei Anwesenheit von zweidrittel dieser mit Zweidrittelmehrheit beschlossen werden.

Organisation des Verwaltungsrates und dessen Wirkungskreis.

Art. 10.

Der Verwaltungsrat wählt aus seiner Mitte für die Zeit seiner Funktionsdauer einen Obmann, der die Gesellschaft auch nach außen vertritt. Wenn der Verwaltungsrat aus weniger als vierzehn Personen besteht, hat er das Recht, sich bis zu dieser Zahl aus dem Kreise der Mitglieder des Kuratoriums bis zur nächsten Sitzung des Kuratoriums zu ergänzen. Es ist ihm auch freigestellt, sich zum Zwecke der Durchführung einzelner Unternehmungen vorübergehend durch Sachverständige zu verstärken.

Dem Verwaltungsrate steht zu:

1. Die Verwaltung des Gesellschaftseinkommens und Vermögens,

2. die Auswahl und der Ankauf des Materiales für die Publikationen,

3. die Bewilligung aller Auslagen, die nach dem Gesellschaftszwecke gerechtfertigt sind und im Rahmen des Voranschlages liegen,

4. der Abschluß aller Verträge für die Gesellschaft,

5. die Anstellung von Beamten und Dienern,

6. die Rechnungslegung, Verfassung des Voranschlages, sowie die Berichterstattung an das Kuratorium,

7. die Leitung und Führung aller sonstigen nicht dem Kuratorium vorbehaltenen Angelegenheiten der Gesellschaft.

Der Verwaltungsrat ist bei Anwesenheit von fünf seiner Mitglieder beschlußfähig und faßt seine Beschlüsse mit einfacher Stimmenmehrheit. Bei Stimmengleichheit entscheidet die Stimme des Obmannes.

Art. 11.

Verträge, Bekanntmachungen und andere wichtige Schriftstücke müssen vom Obmanne und einem andern Mitgliede des Verwaltungsrates unterzeichnet sein.

Betriebs- und Reservefond der Gesellschaft.

Art. 12.

Zur Führung der Kupferdruckerei und zur Bestreitung aller andern Betriebskosten ist aus den Erträgnissen der Gesellschaft ein Betriebs- und ein Reservefond zu bilden. Ferner ist auf die Bildung eines Unterstützungsfonds für die Bediensteten der Gesellschaft Bedacht zu nehmen.

Schiedsgericht.

Art. 13.

Streitigkeiten, welche aus dem Vereinsverhältnisse entstehen, sind durch ein aus sechs Mitgliedern der Gesellschaft und einem von diesen zu wählenden Obmanne bestehendes Schiedsgericht zu entscheiden. Jede Partei wählt drei Schiedsrichter; wenn jedoch die aufgeforderte Partei die Wahl ihrer drei Schiedsrichter nicht vornimmt, so kann die das Schiedsgericht anrufende Partei auch die drei andern Schiedsrichter wählen.

Sind die Schiedsrichter in dieser Weise bestellt, so wählen sie eine, dem Kreise der Schiedsrichter oder der Gesellschaft nicht angehörige Person zum Obmanne. Als gewählter Obmann ist derjenige anzusehen, für welchen sich bei der Wahl die absolute Majorität ergeben hat. Wird bei dieser Wahl die absolute Majorität für eine bestimmte Person nicht erzielt, so entscheidet das Los unter jenen Personen, auf welche die meisten Stimmen entfallen sind.

Zur Vornahme der Wahlen ist eine angemessene Frist zu bestimmen.

Das Schiedsgericht fällt seinen Spruch mit absoluter Stimmenmehrheit; bei Stimmengleichheit entscheidet die Stimme des Obmannes. Gegen den Ausspruch des Schiedsgerichtes findet keine Berufung statt.

Auflösung.

Art. 14.

Sollten die Verhältnisse zur Auflösung der Gesellschaft nötigen, so ist gleichzeitig über die Verwendung des Vermögens der Gesellschaft zu einem verwandten Zwecke zu beschließen.

REGISTER DER KÜNSTLERNAMEN.

([illegible])

—•••—

GESELLSCHAFT FÜR VERVIELFÄLTIGENDE KUNST IN WIEN.

Protektor: Seine k. und k. Hoheit Erzherzog Otto.

Gründer:

Seine Majestät Kaiser Franz Joseph I.
Seine k. und k. Hoheit Erzherzog Friedrich.
Seine k. und k. Hoheit Erzherzog Ludwig Viktor.
Ihre k. und k. Hoheit Erzherzogin Clotilde.
Seine Majestät Wilhelm II., Kaiser von Deutschland.
Seine Majestät König Carol I. von Rumänien
Ihre Majestät Königin-Mutter Emma der Niederlande.
Seine kön. Hoheit Großherzog Friedrich Franz IV. von Mecklenburg-Schwerin.
Seine kön. Hoheit Prinz Philipp von Sachsen-Coburg-Gotha.
Seine Hoheit Fürst Ferdinand I. von Bulgarien.
Seine Hoheit Herzog Friedrich von Anhalt.
Seine Durchlaucht Johann Fürst Liechtenstein, Wien.
Seine Durchlaucht Josef Adolf Fürst Schwarzenberg, Wien.
Ihre Durchlaucht Frau Fürstin Espérance Solms-Braunfels, Schloß Ober-Waltersdorf.
Seine Durchlaucht Prinz Clodwig zu Hohenlohe-Waldenburg, Wien.
Seine Durchlaucht Fürst Christian Kraft zu Hohenlohe-Oehringen, Slawentzitz.
Seine Durchlaucht Fürst Emanuel von Collalto et San Salvatore, Wien.

Die k. k. Akademie der bildenden Künste, Wien.
Die kön. Akademie der Künste, Berlin.
Herr Gustav Amsinck, New-York.
» G. Arnhold, Kommerzienrat, Dresden.
» Max Arnhold, kgl. württemberg. Konsul, Dresden.
» Béla Bäcker, Budapest.
» Max Biach, Wien.
» Leo Biermann, Maler, Bremen.
» W. v. Boschan, kais. Rat, Wien.
» Karl Graf Chotek, Großpriesen.
Frau Lola Elbogen, Kommerzialratsgattin, Prag.
Frl. Gertrud Gandt, Narva.
Die Genossenschaft der bildenden Künstler Wiens.
Herr Peter Halm, Professor, München
» Oskar von Hainisch-Heinegg, Wien.
» Chr. Herholdt, Sowitz.
Frau Sanitätsrat Hersheimer, Frankfurt a. M.
Herr L. H. Heijens, Aachen.
» Dr. August Heymann, Wien.
Die k. u. k. Hof-Bibliothek, Wien.
Herr Richard Freiherr von Hoffmann, Obermais-Meran.
Herr Dr. Julius Hofmann, Wien.
» Dr. F. Imhoof-Blumer, Winterthur.
» Hermann Jacoby, Berlin.
» Louis Jacoby, Professor, Berlin.
» Rodolphe Kann, Paris.
» Emil Kessel, Oppeln.
» Dr. Anton Kesseroler, Bozen.
» Franz Krojanker, Direktor, Leipzig.
Die Kunsthalle, Hamburg.
Herr Karl Graf Lanckoroński-Brzezie, Exzellenz, Wien.
» Adalbert Ritter von Lanna, Prag.
» Dr. Julius Licht, Dresden.
» Leopold v. Lieben, Wien.
» Franz Liebermann, Hamburg.
» Dr. Liebmann, Justizrat, Frankfurt a. M.
» Graf und Edler Herr zur Lippe-Biesterfeld-Weissenfeld auf Dölzschen, Regierungsrat a. D., Bautzen.
» Dr. Ad. Lint, Magdeburg.
» Eduard Mandl, Wien.
» Dr. Isidor Margulies, Wien.
» Hugo Mars, Gaden.
» Dr. Heinrich Ritter v. Maurer, Wien.
» Dr. H. H. Meier, Bremen.
Herr Julius Model, Berlin.
» E. Mohr, Oppeln.
» Dr. A. Neisser, Geheimer, Prof., Breslau.
Die Neue Papier-Manufaktur Straßburg i. Els.
Herr Henry Oppenheimer, London.
» Vinzenz Pfannschmidt, Lobositz.
» Dr. Karl Reissig jun., Advokat, Brünn.
» Baron Alphonse de Rothschild, Paris.
» Baron S. M. von Rothschild, Wien.
» Otto Schlein, Fabrikant, Königshof a. E.
» Dr. W. Schöller, Ober-Landesgerichtsrat, Frankfurt a. M.
» Philipp Ritter von Schöller, Wien.
Frau Geh. Rat Schwabach, Berlin.
Herr Ch. Sedelmeyer, Paris.
» Dr. S. Ritter von Sonnenthal, Wien.
» Dr. Stinnes, Regierungs-Assessor, Oppeln.
» Dr. K. von Stremayr, Exzellenz, Wien.
» Dr. Josef Tragy, Prag.
Frau Poldy Wittgenstein, Wien.
Herr A. Waworsky, Berlin.
» V. Zuckerkandl, Direktor, Gleiwitz.
» Dr. Franz Zweybrück, Schriftsteller, Wien.

Gewählte Kuratoren:

Herr Hugo Graf Abensperg-Traun, Exzellenz, Obersthofkämmerer Seiner Majestät des Kaisers, Präsident.
» Rudolf Ritter von Alt, Maler.
» Dominik Artaria.
» Dr. Otto Benndorf, Hofrat.
» Dr. Wilhelm Bode, Geheimrat, Berlin.
» Hugo Charlemont, Maler.
» Johann Baron Chlumecky, Exzellenz.
» Franz Graf Colloredo-Mannsfeld.
» Dr. Friedrich Dörnhöffer.
» A. Eisenmenger, Professor.
» Dr. Richard Faber.
» Dr. Friedrich Fechtner.
» Otto Friedrich, Maler.
» Karl Fröschl, Maler.
» Ernst Gangelhauer, Hofrat, Direktor.
» Dr. Karl Glossy, Direktor.
» Dr. R. Graul, Direktor, Leipzig.
» Christian Griepenkerl, Professor.
Se. Erlaucht Fr. Johann Graf Harrach.
Herr Baron Friedrich Hess-Diller, Baden.
» Ludwig Hevesi, Schriftsteller.
Herr Dr. August Heymann.
» Adolf Hirschl, Historienmaler, Rom.
Se. Durchl. Prinz Clodwig zu Hohenlohe-Waldenburg.
Herr Dr. Julius Hofmann.
» Henri Hymans, Konservator, Brüssel.
» A. Ritter von Kalmár, k. u. k. Vize-Admiral i. P., Exzellenz.
» Prof. Dr. J. v. Karabacek, Hofrat, Direktor.
» Gustav Klimt, Maler.
» Franz Kornheisl, fürsterzb. Kons.-Rat, Domherr.
» Heinrich Lefler, Maler, Professor.
» Dr. Max Lehrs, Professor, Direktor, Dresden.
» Dr. Ed. Leisching, Regierungsrat.
» Ed. R. v. Lichtenfels, Professor.
» Dr. Karl Masner, Professor, Direktor, Breslau.
» Franz Matsch, Professor, Maler.
» Dr. J. Meder, Kustos.
» H. O. Miethke.
» Koloman Moser, Professor.
Herr Felician Freih. v. Myrbach, Direktor.
» George Niemann, Professor.
» Emil Orlik, Maler, Prag.
» Alfons Markgraf Pallavicini.
» G. Ráth, Hofrat und Senatspräsident, Budapest.
» Dr. Alois Riegl, Professor.
» Franz Ritter, Regierungsrat.
» W. Roese, Professor, Berlin.
» Dr. Max Rooses, Konservator, Antwerpen.
» Artur von Scala, Hofrat, Direktor.
» Aug. Schäffer, Regierungsrat, Direktor.
» Dr. R. v. Schneider, Professor, Direktor.
» Philipp Ritter von Schöller, Wien.
» Johannes Sonnenleiter, Professor.
» Friedrich Stadler von Wolffersgrün, Sektions-Chef.
» William Unger, Professor.
» Wilh. Freih. v. Weckbecker, Hofrat.
» Rudolf Weyr, Professor.
» Dr. Franz Wickhoff, Hofrat.
» Baron Josef Wisser, Architekt.

Kuratoren-Wahl-Kommission:

Herr Regierungsrat Dr. Ed. Leisching. Herr Leopold von Lieben. Herr Wilh. Freiherr v. Weckbecker, Hofrat.

Verwaltungsrat:

Herr Reg.-Rat Dr. Ed. Leisching, Obmann.
» Dr. Friedrich Dörnhöffer.
» Otto Friedrich.
» Ludwig Hevesi.
Herr Dr. August Heymann, Schriftführer.
» Dr. Julius Hofmann.
Se. Durchl. Prinz Clodwig zu Hohenlohe-Waldenburg.
Herr F. Freiherr von Myrbach.
» Franz Ritter, Regierungsrat.
» William Unger, Professor.

Sekretäre: Herr Dr. Gustav Glück und Herr Dr. Arpad Weixlgärtner.

Direktor: Herr Richard Paulussen, kaiserlicher Rat.

www.ingramcontent.com/pod-product-compliance
Lightning Source LLC
Chambersburg PA
CBHW020845270326
41928CB00006B/562